MEGA Senior

Sous la direction de Serge Cosseron

Rédaction

Eliane Baranowska
Anne Brigaudeau
Serge Cosseron
Jacques Darmon
Alain Dussort
Philippe Faverjon
Henri Friedel
Sylvie Garrec
Alexandre Gedilaghine
Patrick Jusseaux
Sylvie Verhée

Illustration

Sous la direction artistique de Annick Hersienne

Danielle Beck
Frank
François Garcia-Panzani
Donald Grant
Florence Guiraud
Catherine Loget
Pascal Maisonnat
Olivier Matouk
Frankie Merlier
Jean-Marc Pariselle
Jean Pattou
Laurent Schmitz
Jean-Claude Senée

Cartographie

Philippe Rekacewicz

Mise en pages et correction

Bernard Rousselot

La réalisation de ce volume a été assurée par l'Atelier d'édition européen, Paris.

MEGA *Senior*

NATHAN

SOMMAIRE

HISTOIRE

GÉOGRAPHIE

L'EUROPE

LE MONDE VIVANT

SOMMAIRE

SCIENCES ET TECHNIQUES

LANGUE ET LITTÉRATURE

CULTURES D'HIER ET D'AUJOURD'HUI

HISTOIRE

Après la lente acquisition des premiers gestes techniques durant la préhistoire, la civilisation humaine se met peu à peu en place avec l'écriture et les grands empires d'Égypte et du Moyen-Orient. Depuis ces berceaux de l'humanité vieux de cinq mille ans, de riches civilisations ont fleuri en Chine, au Japon, aux Indes, en Amérique. Ensuite, les sociétés occidentales se sont imposées, armées de leur goût pour l'aventure dès le XVIe siècle et de leur puissance industrielle au XIXe siècle.

Les grands événements de l'histoire universelle

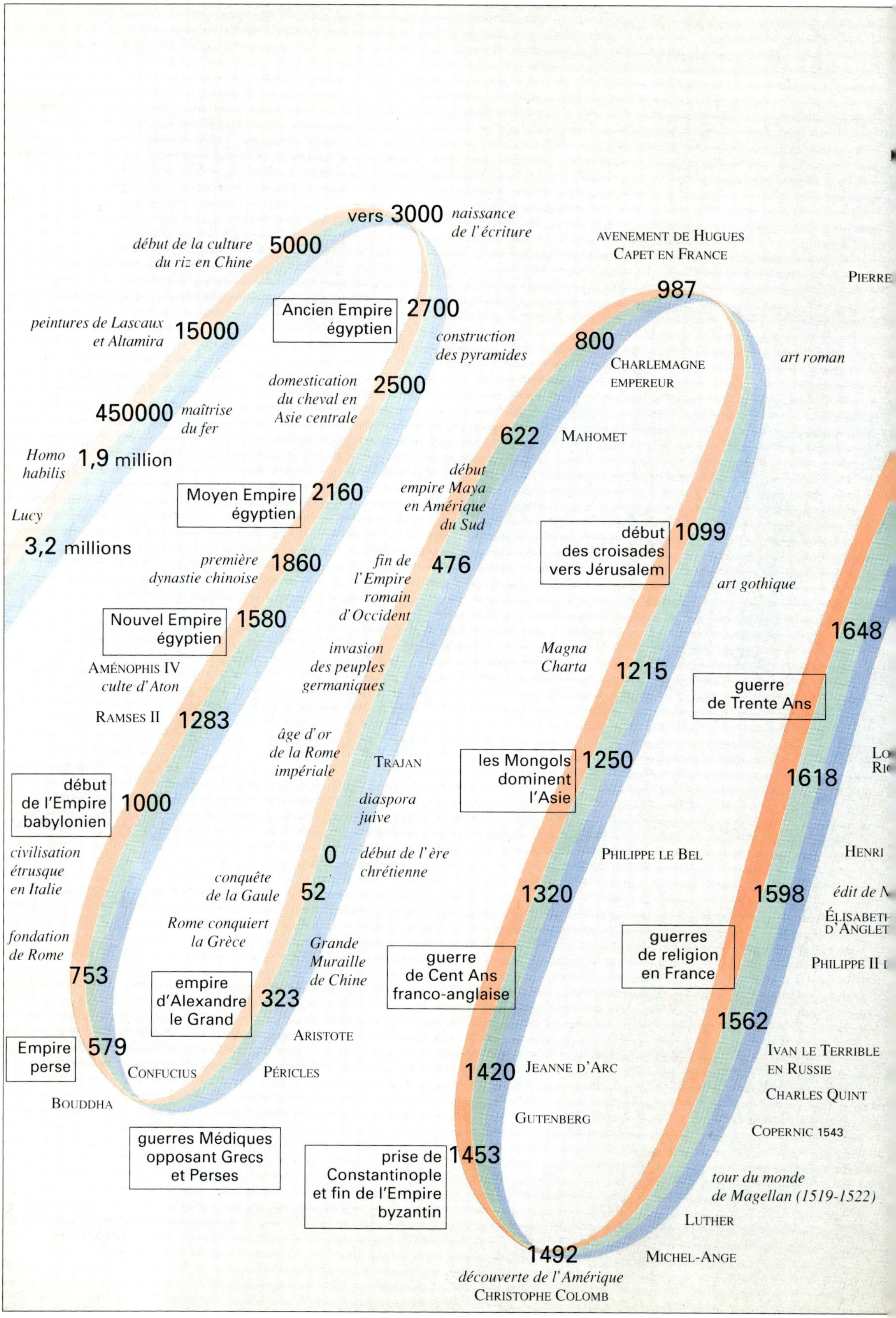

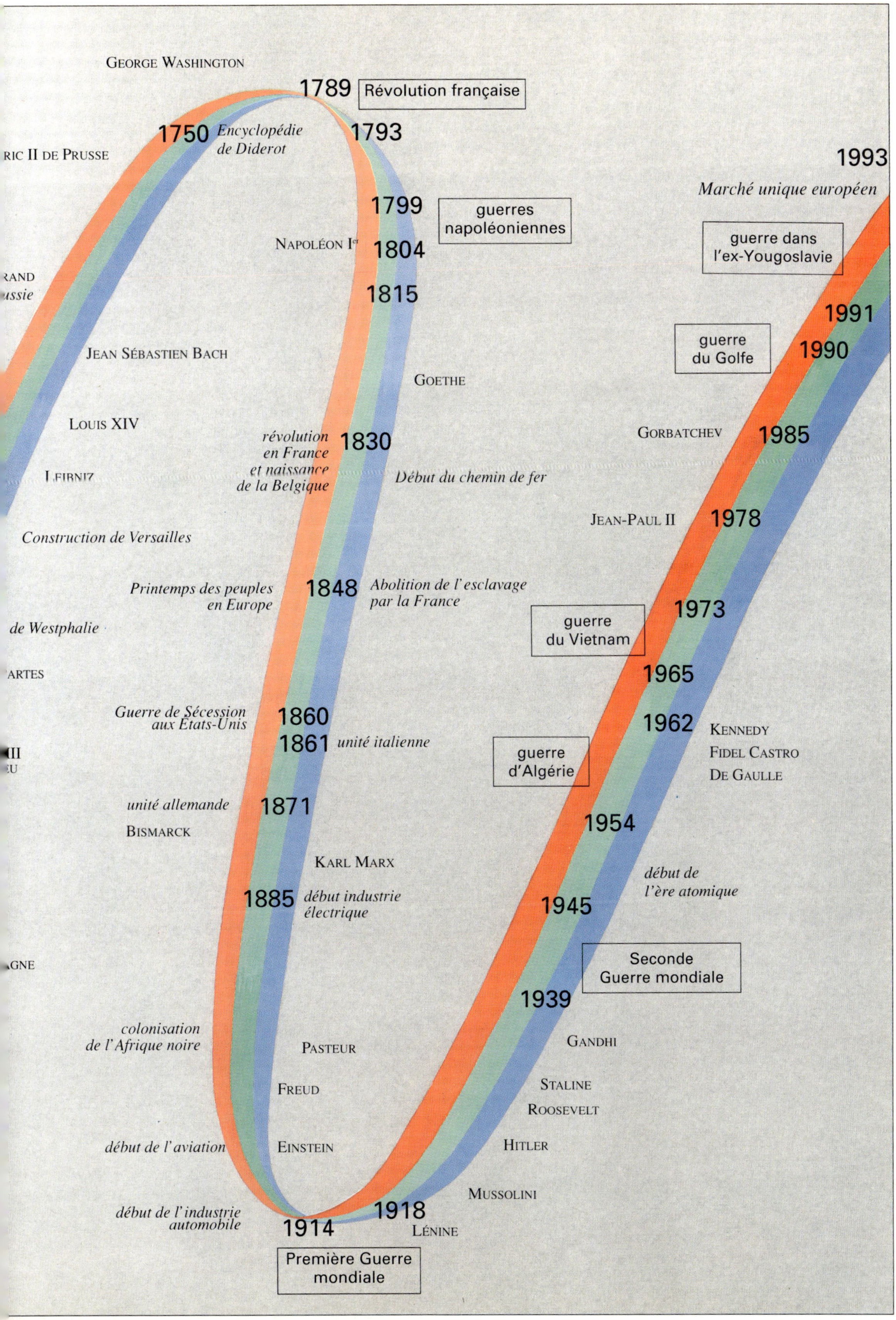
George Washington
1789 Révolution française
1750 Encyclopédie de Diderot
1793
ric II de Prusse
1993
Marché unique européen
1799
guerres napoléoniennes
guerre dans l'ex-Yougoslavie
Napoléon Ier
1804
rand
ussie
1815
1991
guerre du Golfe
1990
Jean Sébastien Bach
Goethe
Louis XIV
Gorbatchev
1985
révolution en France et naissance de la Belgique
1830
Leibniz
Début du chemin de fer
Jean-Paul II
1978
Construction de Versailles
Printemps des peuples en Europe
1848
Abolition de l'esclavage par la France
de Westphalie
guerre du Vietnam
1973
artes
1965
Guerre de Sécession aux États-Unis
1860
1962
Kennedy
1861
unité italienne
guerre d'Algérie
Fidel Castro
De Gaulle
unité allemande
1871
Bismarck
1954
Karl Marx
début de l'ère atomique
1885
début industrie électrique
1945
gne
Seconde Guerre mondiale
1939
colonisation de l'Afrique noire
Gandhi
Pasteur
Staline
Freud
Roosevelt
début de l'aviation
Einstein
Hitler
Mussolini
début de l'industrie automobile
1914
1918
Lénine
Première Guerre mondiale

Comment écrit-on l'Histoire?

L'historien se sert de toutes les traces abandonnées par les hommes au cours de leur existence. Ces traces peuvent être laissées volontairement (rites funéraires, documents officiels) ou involontairement (objets oubliés, etc.). Le travail de l'historien ou de l'archéologue consiste à les découvrir, à les ordonner et à les comparer. Auparavant, l'historien doit s'assurer de leur caractère authentique.

1

2

Des traces par millions
Au siècle dernier, les historiens puisaient leurs sources essentiellement dans les archives d'État ou privées. Aujourd'hui, ils interrogent toutes sortes de documents écrits, oraux ou illustrés, de provenances diverses. L'aide de l'informatique leur permet de compter et de mesurer plus rapidement les informations contenues dans les registres commerciaux pour étudier l'économie d'une entreprise ou d'un pays ou, dans les registres paroissiaux, l'ancien état-civil.
De nouvelles disciplines apparaissent alors, comme la démographie historique.

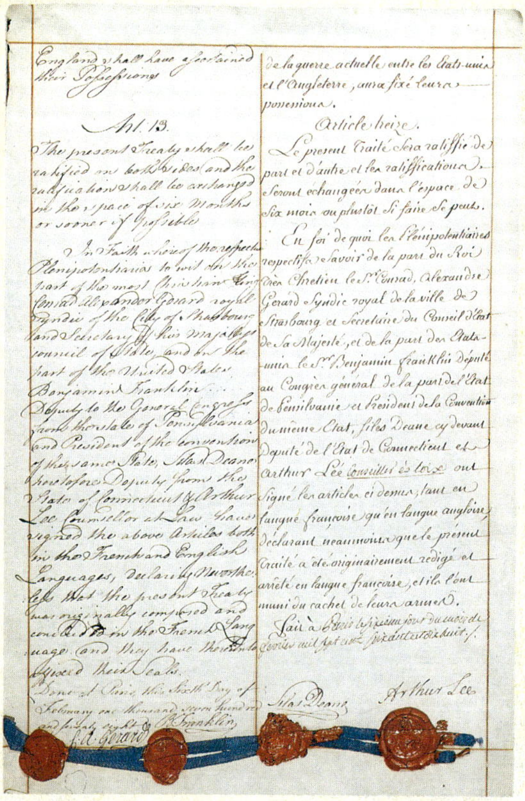

England shall have ascertained their Possessions

Art. 13.

The present Treaty shall be ratified on both sides and the ratifications shall be exchanged in the space of six Months or sooner if possible.

In Faith whereof the respective Plenipotentiaries to wit on the part of the most Christian King Conrad Alexander Gerard royal Syndic of the City of Strasbourg and Secretary of his Majesty's Council of State, and on the part of the United States Benjamin Franklin Deputy to the General Congress from the State of Pennsylvania and President of the Convention of the same State, Silas Deane heretofore Deputy from the State of Connecticut & Arthur Lee Counsellor at Law have signed the above Articles both in the French and English Languages, declaring Nevertheless that the present Treaty was originally composed and concluded in the French Language and they have thereunto affixed their Seals.

Done at Paris, the Sixth Day of February one thousand seven hundred and seventy eight.

C.A. Gerard — B Franklin

de la guerre actuelle entre les États-unis et l'Angleterre, auront fixé leurs possessions.

Article treize.

Le present Traité sera ratiffié de part et d'autre et les ratiffications seront échangées dans l'espace de six mois ou plustôt si faire se peut.

En foi de quoi les Plenipotentiaires respectifs, savoir de la part du Roi très Chretien le Sr Conrad, Alexandre Gerard Syndic royal de la ville de Strasbourg et Secretaire du Conseil d'Etat de Sa Majesté, et de la part des Etats-unis le Sr Benjamin Franklin député au Congrès général de la part de l'Etat de Pensilvanie et Président de la Convention du même Etat, Silas Deane cy devant Député de l'Etat de Connecticut et Arthur Lée Conseiller ès loix, ont signé les articles ci dessus, tant en langue françoise qu'en langue angloise, déclarant neanmoins que le present traité a été originairement rédigé et arrêté en langue françoise, et ils l'ont muni du cachet de leurs armes.

Fait à Paris le sixième jour du mois de fevrier mil sept cent soixante et dix huit.

Silas Deane — Arthur Lee

3

4

Tout est Histoire

Grâce à des historiens comme les Français Marc Bloch et Fernand Braudel, les directions de recherche se sont multipliées : les mentalités, les coutumes, les sentiments les plus secrets de l'homme sont de plus en plus l'objet d'études des nouveaux historiens. La mort, la sexualité, le sport, les maladies sont devenus des thèmes à la mode. En effet, l'Histoire et les historiens évoluent au rythme de la société d'aujourd'hui.

5

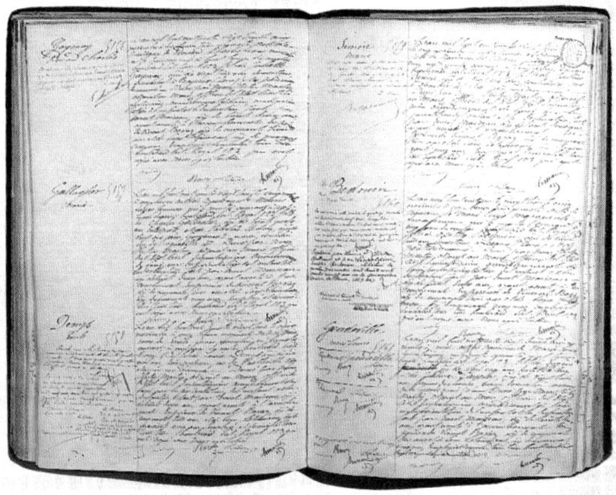

Le sceau de Philippe IV d'Espagne authentifie tous les documents sur lesquels il est apposé (1).
Le tétradrachme en argent à l'effigie de Démétrios Ier, roi de Macédoine (IIe siècle av. J.-C.) montre le seul portrait qui nous reste de ce souverain (2).
Le traité d'alliance signé entre la France et Benjamin Franklin (6 février 1778) est un des premiers actes diplomatiques des futurs États-Unis d'Amérique (3).
Le blason de la maison d'Albret est surmonté d'une couronne princière depuis que cette famille est montée sur le trône de Navarre (4).
L'état-civil conservé dans les mairies parisiennes (ici celui du XIVe arrondissement pour 1883) sert à l'étude de la démographie de la capitale (5).
La charte signée par Hugues Capet en 988 témoigne de l'activité du premier des Capétiens (6).

Chasser le faux

Lorsque l'historien se trouve devant un document nouveau, son premier travail est de le soumettre à une critique méthodique pour vérifier sa véracité. Ainsi, de nombreux documents médiévaux, chartes ou récits de vies confectionnés dans de grandes abbayes, sont des faux sciemment écrits pour plaire ou pour aider un puissant de l'époque.
Récemment, en Allemagne, un escroc a voulu vendre des carnets soi-disant écrits par le dictateur nazi Adolf Hitler; il parvint à tromper des historiens trop peu attentifs.

6

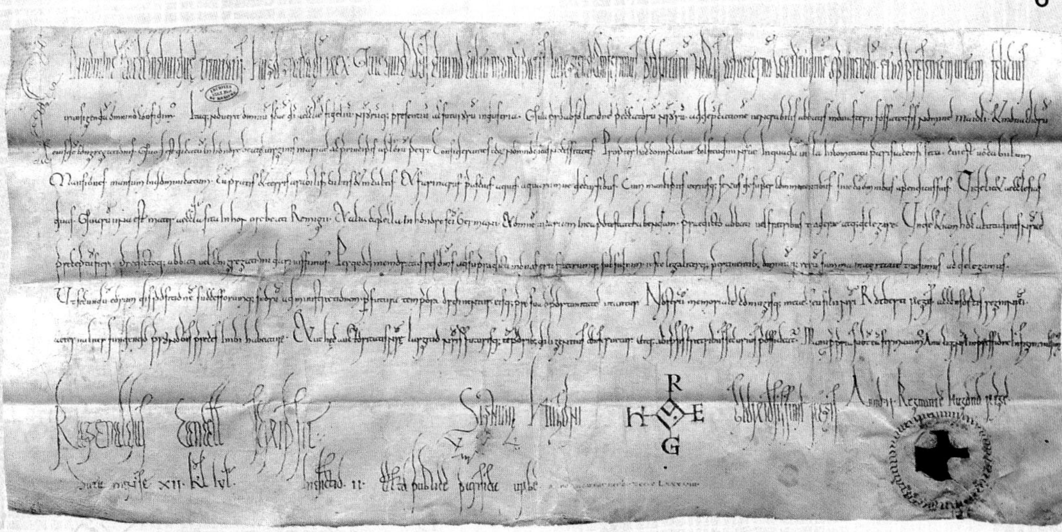

De Lucy à Lascaux

L'évolution qui va des premiers hommes jusqu'à nous a été très lente.
Les plus anciennes traces d'êtres humains, vivant il y a près de 4 millions d'années, ont été retrouvées en Afrique.
C'est sur ce continent, en effet, qu'il faut rechercher le berceau de l'humanité.

Une jeune femme nommée Lucy
Lucy habitait la vallée de l'Omo, en Afrique orientale, il y a quelque 3 millions d'années. Elle est morte à l'âge de 25 ans environ, sans doute noyée. C'est le plus ancien squelette retrouvé : 52 os (sur 206) ont pu être identifiés. Lucy appartenait à l'espèce des Australopithèques; elle était petite, légèrement voûtée et pesait une trentaine de kilos.

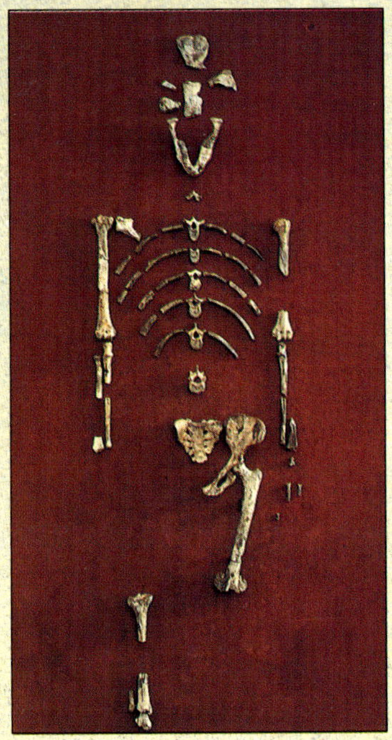
Le squelette reconstitué de Lucy.

La révolution du feu
En faisant jaillir, il y a 450 000 ans, le feu par le frottement de pierres ou de tiges de bois, l'homme a bouleversé son existence. Il peut se protéger du froid et cuire ses aliments. Il se libère des contraintes du cycle solaire. Mais la possession du feu devient désormais un enjeu de pouvoir.

Premières habitations et première grande migration
Pendant longtemps, l'homme a vécu de façon nomade dans les abris que la nature lui offrait au gré de ses déplacements. Mais, il y a 1,5 million d'années, il semble qu'il ait commencé à construire ses propres habitations. Il s'agit alors de pieux calés dans le sol par des pierres et supportant des branchages. A la même époque, l'homme a quitté l'Afrique pour gagner l'Asie et l'Europe.

Des outils pour mieux vivre

Cueillir et chasser ont été les premières activités humaines. Au fil des générations, l'homme a évolué. Tout d'abord végétarien, il est devenu carnivore.
Mais pour chasser les grands animaux préhistoriques, encore fallait-il posséder des outils pour tuer, dépecer, découper. Apparu il y a 2 millions d'années, un nouvel homme y est parvenu en créant des outils de pierre : l'*Homo habilis*.

La naissance de l'art

A partir de 30 000 ans av. J.-C., apparaît l'*Homo sapiens*, qui nous ressemble comme un frère. Il est plus grand que ses prédécesseurs et son crâne est plus développé. Très habile de ses mains, c'est avec lui que commence l'aventure de l'art. Il se met à peindre, sur les parois des grottes, de grands animaux et des scènes de chasse, comme à Lascaux ou à Altamira (Espagne). Ailleurs, il réalise des petites sculptures de divinités représentant des déesses de la fécondité, telle la Vénus retrouvée à Brassempouy (Landes).

Quatre phases de l'évolution de l'espèce humaine.

La sédentarisation : agriculture et artisanat

Il faut attendre le néolithique, à partir de 8 000 à 7 500 ans environ av. J.-C., pour que l'homme abandonne petit à petit son mode de vie ancestral. L'atmosphère s'est réchauffée, la dernière grande glaciation est passée. L'homme commence à cultiver graines et plantes. Il domestique certains animaux, comme le chien, puis le mouton, et construit de véritables villages. Il invente la poterie, qu'il perfectionne inlassablement en multipliant formes et dimensions.

Enterrer les morts

L'*Homo sapiens*, dont la capacité crânienne est triple de celle de Lucy, semble avoir pris conscience d'un au-delà qui fait suite à la vie. Il est le premier à enterrer ses morts selon des rites reproduits à chaque décès. Il enterre aux côtés du défunt nombre d'objets usuels ou sacrés destinés à accompagner le mort dans son dernier voyage.

L'Égypte des pharaons

L'Empire égyptien est un exemple unique dans l'histoire de l'humanité. Il est le premier des grands empires nés sur les rives de la Méditerranée et est aussi celui qui dure le plus longtemps : trois millénaires. L'État y atteint un grand degré de perfection, modelant une société à son image : très hiérarchisé, centralisé, il a à son service une puissante bureaucratie de fonctionnaires tournés vers ses prêtres et son pharaon.

L'Égypte, don du Nil

Le Nil, qui traverse l'Afrique du sud au nord sur plus de 6 000 km, est le véritable «poumon» de l'Égypte.
Bordée à l'ouest et à l'est par le désert, sa vallée constitue la seule partie fertile et habitable du pays.
La population égyptienne est tributaire de ses crues, plus ou moins abondantes. Tour à tour pacifique et destructeur, il rythme les travaux et les jours de tout un peuple.

Un État unifié

Très tôt, la nécessité d'un État dominant toute la vallée s'est fait sentir. Ce fut le rôle du roi Narmer, venu de Haute-Égypte, de soumettre, en 3100 av. J.-C., les populations du Delta et de fonder la première dynastie. Le royaume s'étendait alors de la première cataracte en amont jusqu'à la Méditerranée.
Au fil des siècles, le siège de la capitale passa de Memphis, en Basse-Égypte, à Thèbes, au sud, en Haute-Égypte.

Le pharaon est couvert du *pschent*, symbole de sa fonction.

Un roi-dieu, le pharaon

Véritable dieu pour ses sujets, le pharaon est un personnage sacré, fils du dieu solaire Rê. A ce titre, il possédait toutes les terres d'Égypte, dont il pouvait disposer à son gré pour les offrir à ses protégés, hauts fonctionnaires, militaires, nobles.
La fonction pharaonique a traversé toutes les tempêtes. Trente dynasties se sont succédé jusqu'à l'annexion du pays par Rome.

Une religion très élaborée

La religion prenait une place prépondérante dans la vie quotidienne des Égyptiens : le clergé disposait d'une fortune considérable en terres et en bâtiments. Dans les périodes troublées, les grands prêtres ont joué le rôle de rempart contre les influences étrangères. Les Égyptiens croyaient en l'immortalité de l'âme. Ils adoraient des dieux qu'ils représentaient sous des formes animales, comme Anubis (chacal) et Thôt (ibis), ou bien humaines, comme Isis et Osiris. Ce dernier était le juge suprême des âmes de tous les morts.

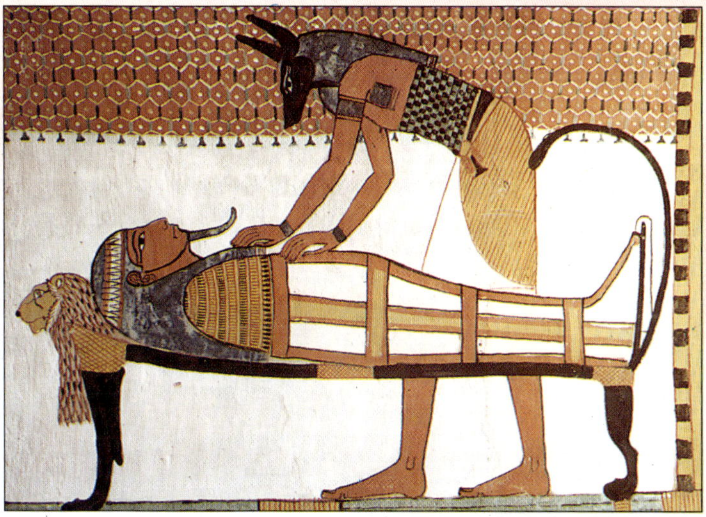

L'Égypte reste mystérieuse parce qu'elle a voulu répondre au mystère de la mort et de l'au-delà. Les pyramides, les *mastabas* (gigantesques tombeaux à l'usage des puissants) et les rites de momification sont autant de défis que les Égyptiens ont lancés à l'usure du temps.

Principaux règnes et souverains célèbres

3100 av. J.-C. : unification du pays
3100-2800 : époque thinite
2800-2200 : Ancien Empire
2200-2065 : crise du pouvoir royal
2065-1785 : Moyen Empire
1785-1580 : crise, invasion des Hyksos
1580-1085 : Nouvel Empire (Aménophis IV et la reine Nefertiti, Sethi Ier, Toutankhamon, Ramsès II)
1085-664 : crise
664-332 : Basse Époque
323-30 : dynastie des Lagides (Cléopâtre)
30 : annexion par Rome

Un pays convoité

L'Égypte, par ses richesses agricoles et la magnificence de ses souverains, a été l'objet des convoitises de ses puissants voisins. De tout temps, les souverains ont dû surveiller leurs frontières, menacées de trois côtés. Tout d'abord celles de l'ouest, menacées par les tribus libyennes, et celles du sud, par les peuples noirs de Nubie. Mais c'est de l'est que vinrent les plus grands dangers : les Hyksos (XVIIIe siècle av. J.-C.), puis les Assyriens et les Perses de Cambyse et de Darius, et enfin les Macédoniens d'Alexandre le Grand.

Sumer et la Mésopotamie

La Mésopotamie, ce «pays-d'entre-les-fleuves» comme le nommaient les Anciens, a vu naître l'Histoire. En effet, dans cette plaine fertile arrosée par le Tigre et l'Euphrate se sont succédé pendant trois millénaires des civilisations très brillantes : Sumériens, Akkadiens, Assyriens, Babyloniens et Perses.
C'est à Sumer que revient l'honneur d'avoir organisé le premier État et inventé l'écriture.

Une floraison de cités-États
Au IVe millénaire av. J.-C., les Sumériens construisent des villes indépendantes comme Ur, Lagash ou Uruk qui profitent de la grande richesse agricole de la Mésopotamie. Ainsi, Uruk comptait déjà 50 000 habitants vers 2800 av. J.-C. Des grands travaux d'irrigation poussent les cités à s'entendre. Leurs richesses vont susciter les convoitises de peuples voisins.
Un État puissant naît vers 2400 av. J.-C. sous l'égide de l'Akkadien Sargon.
Dès cette époque, les hommes maîtrisent les métaux : cuivre, bronze et fer.

Un Chaldéen allant au temple.

L'écriture cunéiforme
C'est certainement la nécessité de compter pour lever les impôts qui a conduit les hommes à inscrire des informations que leur mémoire ne permettait pas d'emmagasiner.
Le premier support pratique a été l'argile, que l'on trouve en abondance dans le bassin mésopotamien.
Le scribe traçait des signes avec un stylet sur des tablettes d'argile fraîche. Ces signes formaient des coins, d'où le nom d'écriture cunéiforme (du latin *cuneus*, coin).
Il fallut attendre 1857 pour parvenir à la déchiffrer.

Une architecture fragile

La grande plaine mésopotamienne n'offrait aux Sumériens que peu de pierres dures. Aussi l'architecture est-elle essentiellement à base de briques séchées au soleil. Les Sumériens faisaient venir les pierres dures d'Assyrie, au nord, et même d'Égypte. Dans chaque ville, il y avait une *ziggourat*, cette impressionnante tour à étages aux volumes dégressifs qui abritait les divinités propres à la ville.

La ziggourat d'Ur.

Un pouvoir théocratique

Le prince sumérien est à la fois roi et dieu. Représentant de la divinité sur terre, sa personne est sacrée. Dans ces sociétés, le pouvoir religieux se confond avec les autres pouvoirs, politique et économique. La classe des prêtres est la plus importante. Le temple est le lieu autour duquel tourne la vie de la cité.

Goudéa. Roi de Lagash (Sumer). Cette statue était placée au centre du temple de la ville.

Peuples et souverains mésopotamiens

3600-2300 : Sumériens
2300-2200 : Akkadiens (Sargon)
2200-1700 : Amorites (Hammourabi)
1200-606 : Assyriens (Nabuchodonosor)
605-539 : Babyloniens
538-331 : Perses (Cambyse, Darius Ier)
331 : la Mésopotamie est conquise par Alexandre le Grand

Crétois, Hittites et Hébreux

La partie orientale de la Méditerranée a connu de brillantes civilisations qui ont considérablement enrichi le patrimoine de l'humanité, de l'essor de la métallurgie en Asie Mineure au premier alphabet grâce aux Phéniciens.
C'est également dans cette région qu'est née la première religion monothéiste de l'histoire : la religion juive.

La Crète, royaume de Minos

Vivant vers 1500 av. J.-C. dans un somptueux palais, à Cnossos, Minos est le plus célèbre des souverains crétois. Grands architectes (ils connaissaient le tout-à-l'égout), marins expérimentés, les Crétois ont été les premiers à dominer le commerce méditerranéen. Leur civilisation entra en décadence en 1375 av. J.-C., avant que l'île ne soit conquise par les Doriens, ancêtres des Grecs.

La représentation de la déesse aux serpents domine l'art décoratif crétois vers 1600 av. J.-C. Ces faïences figurent souvent des déesses habillées d'une robe en cloche, d'un tablier et d'un corsage serré laissant apparaître leur poitrine, symbole par excellence de la fécondité.

Les Phéniciens, peuples de la mer

Sur la côte orientale de la Méditerranée (actuel Liban), de grandes cités portuaires comme Byblos, Sidon et Tyr développèrent une civilisation commerçante.
Gouvernés par des rois assistés d'un Conseil des anciens, ces peuples de la mer établirent des comptoirs sur le pourtour méditerranéen : le plus célèbre sera Carthage, la rivale de Rome.
A partir du XIIe siècle av. J.-C., ils perdirent leur indépendance et payèrent un tribut aux empires voisins : Assyriens, Égyptiens et aussi Hébreux.

Les Hébreux, le «peuple élu»
Ce peuple de bergers originaire de la Mésopotamie s'installa une seconde fois en Palestine (aujourd'hui les États d'Israël et de Jordanie) vers 1220 av. J.-C., après avoir fui l'Égypte, d'où Moïse les libéra de l'esclavage.
Trois souverains, Saül, Salomon et David, vont, de 1030 à 931 av. J.-C., unir ce peuple divisé en douze tribus. Cet âge d'or politique laissera la place à une longue période d'exodes et de dépendance.
Une dernière révolte, celle des Macchabées, en 70 apr. J.-C., fut écrasée par les légions romaines de l'empereur Titus.
A la suite de cette défaite, une grande partie du peuple juif prit la route de l'exil et s'installa dans le pourtour du Bassin méditerranéen : la diaspora.

Le judaïsme, une religion nouvelle
Contrairement à tous leurs voisins, qui adoraient de multiples dieux (polythéisme) et procédaient parfois à des sacrifices humains, les Hébreux croyaient en un dieu unique (monothéisme), Yahvé, dont l'existence leur a été révélée par des prophètes.
Ces prophètes ont joué un grand rôle dans les périodes difficiles du peuple hébreu (exils et déportations).
La Bible rassemble les textes des prophètes et des chants religieux : les psaumes.
C'est à Jérusalem que Salomon fit ériger leur principal lieu de culte : le Temple, qui sera détruit deux fois, vers 586 av. J.-C. par les Assyriens, puis en 70 apr. J.-C. par les Romains.

Le mur des Lamentations, devant lequel les juifs se recueillent toujours, est le seul vestige de l'enceinte de l'immense Temple de Jérusalem.

La Chine et la Grande Muraille

C'est en 221 av. J.-C. que le maître du royaume de Qin prend le titre de premier empereur de Chine, sous le nom de Shi Huangdi. A ce moment, la civilisation chinoise, née en Asie entre le fleuve Jaune (Huang He) au nord et le fleuve Bleu (Yanzi Jiang) au sud, unit plus de 50 millions d'hommes et domine un immense espace, de la Corée au Vietnam actuel. L'empire du Milieu (c'est ainsi qu'il se baptise) devient le plus grand empire de la planète.

Le premier empereur
Shi Huangdi, c'est-à-dire «Premier Auguste Souverain», a réussi à s'imposer à tous les royaumes voisins. Devenu maître du pays, il entreprend de nombreuses réformes : création de circonscriptions administratives en relation étroite avec la capitale, Xianyang, élimination de la noblesse, unification des mesures, de la monnaie, introduction d'un code pénal rigoureux.
En 213, il s'attaqua à la caste puissante des lettrés et organisa la destruction des livres classiques. Il fit entreprendre la construction de la Grande Muraille.

La Chine au fil du temps

Les fleurons de l'art chinois

- ❑ orfèvrerie (période Tang)
- ❑ sculpture (périodes Sui et Tang)
- ❑ peinture (période Song)
- ❑ céramique (périodes Song et Ming)

La Chine a précédé l'Occident pour

- ❑ la métallurgie du fer
- ❑ le tissage de la soie
- ❑ la porcelaine
- ❑ le gouvernail d'étambot
- ❑ la poudre à fusée
- ❑ le papier...
- ❑ et aussi la brouette et le collier d'attelage

Le premier empereur de Chine était avide de prestige et de gloire. Pour l'accompagner dans sa tombe, il fit enterrer une armée de 6 400 fantassins en terre cuite, tous individualisés, hauts de 1,78 à 1,96 m. Placés en ordre de bataille, ils étaient suivis également de cavaliers avec leurs chevaux.

La construction de la Grande Muraille a demandé plusieurs siècles et a coûté certainement un grand nombre de vies humaines. Elle avait pour but de protéger la frontière nord de la Chine contre les nomades de Mongolie et de Mandchourie. Plus symbolique qu'efficace, elle n'en demeure pas moins une des plus grandes entreprises de l'histoire de l'humanité.

La Grande Muraille

- Longueur : 3 500 km (à vol d'oiseau 2 000 km)
- Hauteur maximale : 9,15 m
- Largeur à la base : 7,5 m
- Largeur au sommet : 4,5 m
- Tours de garde : 25 000 (20 000 encore debout)
- Postes de vigie : 20 000 (10 000 existent encore)

Cette véritable merveille du monde a nécessité la manipulation de 180 millions de mètres cubes de terre et de 60 millions de mètres cubes de pierres.

Confucius, prince des lettrés

Confucius a vécu au VIe siècle av. J.-C. Membre de l'importante classe des lettrés, il fut le chef d'une école de pensée. Son existence durant, il chercha à définir l'idéal aristocratique de l'honnête homme.
C'est à ce titre qu'il établit les maximes et les préceptes d'une morale qui influença durablement le peuple chinois.

Céramique Song.

Une civilisation raffinée

Philosophie, histoire et surtout poésie sont les trois arts littéraires les plus appréciés en Chine.
Les poèmes sont le plus souvent très courts (4 ou 8 vers). Au IXe siècle de notre ère, on compte quelque 2 300 poètes dont on connaît encore aujourd'hui 50 000 œuvres!
L'art chinois domine aussi bien le gigantisme que les productions les plus fines, comme l'attestent les statuettes de bronze et de jade représentant des hommes ou des animaux. Finesse du trait et de l'expression, réalisme des postures caractérisent toutes les époques de la civilisation chinoise.

La Grèce, entre Athènes et Sparte

Au contact des grands empires despotiques du Proche-Orient, la Grèce, et plus particulièrement Athènes, a vu naître un régime politique tout à fait nouveau : la démocratie.
Avec leurs reliefs escarpés et leurs milliers d'îles, la péninsule grecque et les côtes d'Asie Mineure ont été un lieu propice à la naissance de petites cités-États où se sont développées les idées d'indépendance et de liberté.

La cité grecque
Elle fut tout d'abord gouvernée par des rois qui s'appuyaient sur les aristocrates, grands propriétaires nobles, descendant des envahisseurs doriens.
Au VIIe siècle av. J.-C., à la suite du développement des échanges commerciaux et de la production locale, la société devient plus complexe, avec de nouveaux riches (marchands, armateurs, artisans), mais aussi de nouveaux pauvres (manœuvres, petits propriétaires endettés). De cette situation explosive est née la démocratie.

La démocratie
C'est à Athènes que naît la démocratie, lorsque Clisthène, en 508 av. J.-C., donne à l'*ecclésia,* l'assemblée des citoyens, la quasi-totalité des pouvoirs. Réunie tous les dix jours, l'ecclésia vote les lois à main levée et surveille les magistrats.
Un conseil de 500 membres gère la ville au jour le jour. Les citoyens peuvent accéder à toutes les fonctions par le tirage au sort.

La Grande-Grèce
A partir du VIIIe siècle av. J.-C., la civilisation grecque se diffuse sur tout le pourtour méditerranéen. Poussées par les mauvaises récoltes et la croissance démographique, des cités organisent la colonisation d'îles ou de ports en Afrique ou en Europe.
Les Grecs abordent en Sicile, dans le sud de l'Italie, en Gaule (fondation de Massilia, future Marseille). Partout en Europe, on retrouve les produits fabriqués en Grèce.

Démosthène
l'orateur

Hippocrate
le médecin

Euripide
le dramaturge

Socrate
le philosophe

Homère
le poète

Le panthéon grec
(nom romain entre parenthèses)

Zeus (Jupiter)
Héra (Junon)
Arès (Mars)
Aphrodite (Vénus)
Hermès (Mercure)
Héphaïstos (Vulcain)
Dionysos (Bacchus)
Apollon (Apollon)
Poséidon (Neptune)
Hestia (Vesta)
Déméter (Cérès)
Athéna (Minerve)

Le Parthénon, qui domine l'Acropole d'Athènes, a été construit au Ve siècle av. J.-C.

Athènes contre Sparte

Formée d'une multitude de cités-États, la Grèce ancienne connaît des rivalités et des luttes fratricides, comme celle qui oppose Sparte, la cité de la guerre, à Athènes, la cité du commerce. Tout oppose ces deux villes. Leur rayonnement : alors qu'Athènes domine le commerce méditerranéen, Sparte conquiert le Péloponnèse; Athènes, assiégée en 404 av. J.-C. par les Spartiates, dut s'incliner. Mais aussi leur système social : Sparte est gouvernée par un roi s'appuyant sur un groupe de citoyens puissants dont la seule préoccupation était la guerre et le maintien de l'ordre. Vivant du travail de leurs esclaves, les citoyens n'étaient pas plus de 5 000 quand la ville atteignait 200 000 habitants, esclaves compris.

Les grandes dates

1500 av. J.-C. : civilisation mycénienne
1200 av. J.-C. : invasion des Doriens par le nord
800-500 av. J.-C. : naissance des cités
500-479 av. J.-C. : guerres Médiques
478-448 av. J.-C. : hégémonie athénienne
431-404 av. J.-C. : guerre du Péloponnèse, victoire de Sparte sur Athènes.
404-338 av. J.-C. : déclin des cités; Philippe de Macédoine défait Athènes et Thèbes

Le berceau de la civilisation occidentale

Tout en reprenant les connaissances dont disposaient les Égyptiens et les Mésopotamiens, les Grecs ont développé, voire inventé, des disciplines scientifiques.
Pythagore et Archimède ont laissé leur nom à des découvertes de première importance dans les sciences des nombres. Les philosophes Socrate, Platon et Aristote ont posé des questions sur lesquelles nous réfléchissons encore.
Thucydide, en affranchissant de la légende le récit du passé, a inventé l'histoire, Hérodote la géographie.
Enfin, avec Homère, le poète-conteur, les Grecs ont offert deux chefs-d'œuvre à l'Occident : *l'Iliade* et *l'Odyssée*.

Rome, maîtresse de la Méditerranée

Tout en adoptant certains aspects de la civilisation grecque, Rome a bâti un immense empire autour de la Méditerranée.
Pendant cinq siècles, cet empire impose ses lois à des dizaines de peuples, des Berbères d'Afrique du Nord aux Mésopotamiens, des Égyptiens aux Celtes des îles Britanniques.
La «paix romaine» ne s'effondre que sous la pression des grandes migrations des peuples germaniques et slaves des IVe et Ve siècles apr. J.-C.

Rome, une société de citoyens-soldats
A l'origine, ce petit peuple du Latium, formé de guerriers-paysans, tire sa force de ses vertus militaires, familiales et civiques qui forment la base de l'éducation des citoyens.
C'est par la puissance de ses légions que la Rome impériale impose la *pax romana*. Privilège du citoyen romain, le service militaire commence dès 17 ans.
C'est seulement en 107 av. J.-C. que la réforme de Marius permet aux citoyens les plus pauvres de s'enrôler dans les légions.

L'uniforme et l'équipement d'un légionnaire.

Les grandes étapes de l'Empire romain

750 av. J.-C. : fondation de Rome
509 av. J.-C. : fondation de la république
89 av. J.-C. : la citoyenneté romaine est accordée à tous les Italiens qui en font la demande
27 av. J.-C. : Octave devient « auguste »
212 apr. J.-C. : la citoyenneté romaine est accordée à tous les habitants de l'Empire par l'Édit de Caracalla
395 : division de l'Empire en deux parties : empire d'Occident (Rome) et empire d'Orient (Constantinople)

Rome, capitale du monde antique
Rome, une petite bourgade établie au sommet du Capitole (l'une des sept collines de Rome), devient la première ville du monde antique à abriter un million d'habitants.
La pauvreté côtoie la plus insolente richesse. Pour asseoir leur popularité et se constituer une clientèle fidèle, les empereurs offrent du pain et des jeux gratuits aux citoyens pauvres.
Ils contribuent ainsi à maintenir la paix sociale.

L'empereur

Au fur et à mesure de ses conquêtes, Rome devient la proie de conflits opposant les chefs des armées et les sénateurs.
Jules César (à gauche), accusé de vouloir renverser la république, est assassiné en 44 av. J.-C. Son fils adoptif Octave (à droite) réussit là où César a échoué : il se fait donner les plus hautes fonctions romaines (titre sacré d'auguste en 27 av. J.-C. et l'imperium en 23).

Des architectes et des urbanistes

Constructeurs infatigables, les Romains imposent un urbanisme de grande qualité, à l'image de leurs campements militaires : les rues se croisent à angle droit pour constituer un damier organisé autour de deux axes qui aboutissent aux portes de la ville.
Partout dans l'Empire, on retrouve les mêmes bâtiments publics : temple, forum, théâtre, cirque, arcs de triomphe, thermes.
Ils ont construit un impressionnant réseau de routes, joignant à Rome les points les plus éloignés de l'Empire.

Le christianisme à la conquête de l'Europe

Sous le règne de l'empereur Tibère, Jésus-Christ s'affirme le messie d'une nouvelle religion : le christianisme. Il annonce l'existence d'un dieu unique et bon pour tous les hommes.
Les Romains, qui accueillent les dieux de tous les points de l'Empire, trouvent scandaleuse la prétention du christianisme d'être la seule religion. Pourtant, un millénaire plus tard, en dépit de sanglantes persécutions, le christianisme a construit un réseau serré d'églises et de monastères dans toute l'Europe.

Le pape, chef de l'Église
Le christianisme s'est doté d'une organisation très solide. A sa tête, le pape, successeur de Pierre, le premier des apôtres. Il est désigné par les fidèles, plus tard par les évêques, et le siège de la papauté est à Rome.
Au fil des siècles, deux types de clergé apparaissent : le clergé séculier, proche des gens, constitué des prêtres et des curés, et le clergé dit «régulier» parce qu'il suit une règle de vie très précise, en général dans les monastères.

Le christianisme s'impose à Rome
Malgré les persécutions, le christianisme se diffuse grâce à l'activité des apôtres. Né en Judée, sur la côte orientale de la Méditerranée, il gagne l'Asie Mineure. A Rome, il attire les élites dégoûtées par le système impérial et les pauvres des villes en quête de salut. En 313, l'empereur Constantin sort le christianisme de deux siècles de clandestinité et, en 324, s'affirme le protecteur de l'Église.

La façade sculptée de Notre-Dame de Poitiers témoigne de l'intention du clergé de montrer aux fidèles les grands événements du Nouveau Testament.

L'Église sauve l'Europe
Lors des invasions germaniques, l'Église reste le seul pouvoir capable de s'opposer aux Barbares.
Grâce aux évêques, elle est représentée partout dans les villes.
Elle reçoit les dons des riches propriétaires et se constitue petit à petit un domaine très important.
A côté du pouvoir seigneurial, l'Église devient une riche puissance politique et une autorité spirituelle.

A la conquête du monde païen
Cette puissance qu'est devenue l'Église a souvent déformé le message du Christ.
Aussi des religieux comme saint Bruno ou saint Bernard, des laïcs comme saint François veulent-ils retrouver les racines de leur foi dans une vie réglée par le travail et la prière.
Au Moyen Age, ils fondent des communautés monastiques dans des endroits reculés, hors des villes.

Les moines, gardiens du savoir
Dans les monastères, des dizaines de moines conservent la tradition intellectuelle du monde gréco-romain en s'informant auprès des Arabes.
Ils installent des ateliers de copistes qui recopient textes sacrés et profanes.
Ils racontent l'histoire des rois et de leurs abbés; les plus célèbres de ces chroniques proviennent de l'abbaye de Saint-Denis.

Les principaux ordres monastiques

- les bénédictins suivent la règle de saint Benoît (dont Cluny est la principale abbaye)
- les cisterciens suivent la règle de saint Bernard (Cîteaux)
- les chartreux suivent la règle de saint Bruno (Grande Chartreuse)

Dans les villes, les évêques et les fidèles se lancent dans la construction de superbes édifices : les cathédrales. Le plus souvent, les travaux dureront deux, voire trois siècles.

L'islam et l'expansion arabe

C'est entre La Mecque et Médine, deux cités commerçantes de la péninsule Arabique, que naquit une des trois religions les plus pratiquées dans le monde actuel.
Fondé par Mahomet au VIIe siècle apr. J.-C., l'islam s'est répandu autour du Bassin méditerranéen à la vitesse du galop des cavaliers arabes, lançant un défi à l'autre religion monothéiste déjà établie, le christianisme.
Son expansion sera stoppée en Occident au VIIIe siècle.

Mahomet, le prophète
Vers 610, un commerçant de La Mecque, Muhammad ibn Abdallah (Mahomet), a la révélation d'un dieu unique dont il se dit le prophète. Après avoir regroupé une poignée de disciples, il fuit les persécutions et s'exile en 622 à Médine.
Cet événement, l'hégire, sert de point de départ au calendrier musulman.
Après s'être emparé du pouvoir, Mahomet reprend La Mecque (630) après de longs combats.
Il meurt deux ans plus tard, en 632.

La religion d'Allah
Le Coran est le texte sacré des Musulmans.
L'islam prévoit cinq obligations : la profession de foi envers Allah et son Prophète, la prière cinq fois par jour, le jeûne annuel du mois de Ramadhan, l'aumône et le pèlerinage à La Mecque.
Islam signifie « soumission à Dieu » et la relation du croyant avec l'au-delà est plus personnelle que dans les autres religions monothéistes.
Les Musulmans se rassemblent le vendredi à la Mosquée, où la prière est conduite par un imam.
Des interprétations divergentes du Coran conduisirent les Musulmans à se scinder.
Les Sunnites, majoritaires, et les Chiites, constituent aujourd'hui les deux principaux groupes.

La Kaaba, située au centre de la grande mosquée de La Mecque, renferme la pierre noire, objet de la vénération des musulmans.

L'Islam après Mahomet

Dès le milieu du VIIe siècle, les Arabes ont conquis un vaste empire allant du Golfe Persique à l'Océan Atlantique. Une brillante civilisation s'est élaborée, s'appropriant l'héritage des civilisations antiques.
A partir du VIIe siècle, les dynasties omayade, abbasside et fatimide assurèrent l'unité de l'empire mais firent place, dès le Xe siècle à des royaumes indépendants et parfois rivaux.

Les Arabes et les sciences

En conquérant l'Égypte, puis le Proche-Orient, les Arabes se sont faits les continuateurs des traditions scientifiques des époques antérieures.

- Avicenne (Ibn Sina), le médecin
- Averroès (Ibn Rushd), le mathématicien
- Ibn Khaldoun, l'historien

On leur doit aussi les chiffres tels que nous les écrivons et la notion de 0 (zéro).

L'Islam persan, turc et moghol

Le monde musulman a été ébranlé par des invasions successives : les croisades du XIe au XIIIe siècles, les Moghols qui détruisirent Bagdad en 1258 et, enfin, les Turcs. De nouveaux empires musulmans propagèrent l'Islam et lui donnèrent une nouvelle vigueur : c'est le rôle que jouèrent l'Inde moghole, l'Empire perse et l'Empire ottoman.

Un art raffiné

L'art musulman est reconnaissable entre tous. Ses formes amples et courbes animent les lieux du culte, les mosquées, mais aussi les remparts des villes fortifiées.
Les artistes, qu'ils soient sculpteurs, céramistes, orfèvres, ont développé les arts décoratifs, délaissant les représentations des formes humaines.

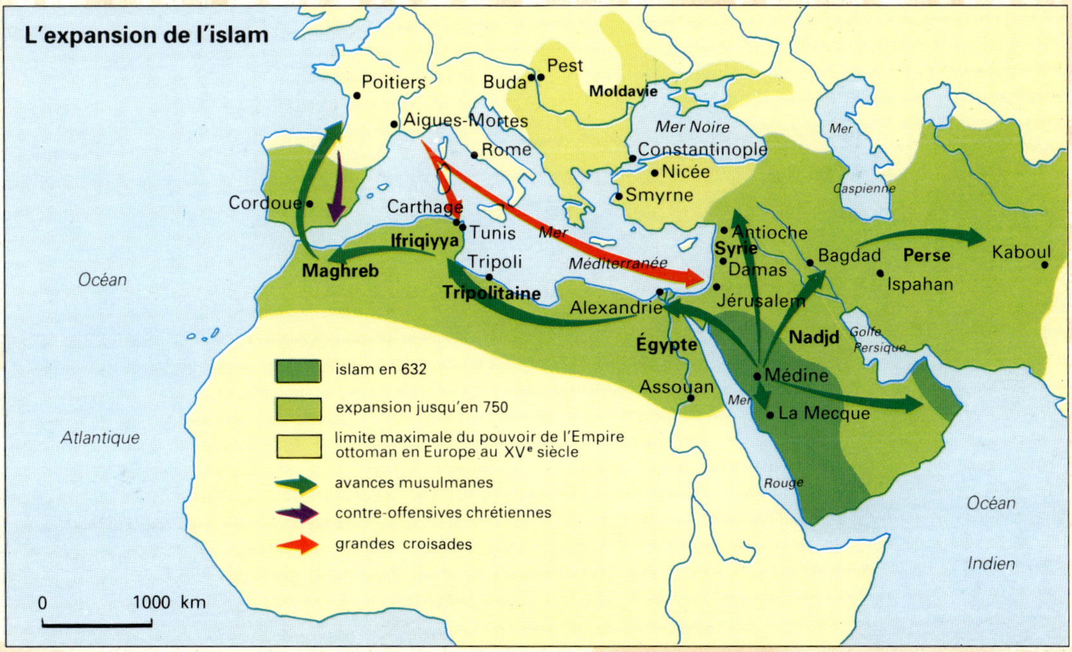

Les croisades et la lutte pour Jérusalem

Pendant deux siècles, des milliers de chrétiens ont mené des expéditions militaires pour chasser les musulmans installés dans les lieux saints du christianisme.
Un seul objectif : Jérusalem, où se trouve le tombeau du Christ. Après la prise de la ville en 1099, l'aventure franque en Palestine se poursuit jusqu'en 1291, date à laquelle les Turcs s'emparent de Saint-Jean-d'Acre.

Des rois, des pauvres et des enfants
En 1095, à Clermont-Ferrand, le pape Urbain II appela tous les chrétiens à conquérir Jérusalem. Les plus grands seigneurs répondirent à son appel. Des milliers de pauvres gens, conduits par Pierre l'Ermite, et même des enfants voulurent aussi participer à la croisade. Deux croisades d'enfants connurent un sort tragique et se terminèrent en massacres (1212 et 1251).

Après d'exténuantes marches, les croisés embarquent sur des nefs à travers la Méditerranée.

L'islam en difficulté
Après une phase d'expansion fulgurante, les Musulmans connaissent une période de divisions. Pis, ils doivent subir la contre-offensive des chrétiens qui procèdent à la « Reconquista ». A l'Ouest, le califat de Cordoue est menacé par les chevaliers de Castille. Les Normands prennent pied en Sicile. A l'Est, le danger vient des Turcs Seldjoukides, qui s'emparent de Jérusalem en 1076. Affaiblis et divisés, les Musulmans ne peuvent résister à la furia des Francs.

A pied ou à voile
Les pèlerins, appelés croisés à cause de la croix rouge qu'ils faisaient broder sur leurs tuniques, effectuèrent lors de la première croisade presque tout le chemin à pied ou à cheval. Par la suite, ils s'embarquèrent depuis les ports de la Méditerranée (Marseille, Aigues-Mortes, Venise ou Gênes) vers l'Asie Mineure.

Une épopée aux conséquences incalculables

La présence des Francs en Palestine a duré cent cinquante ans avant qu'ils ne soient chassés vers Chypre. Cette retraite permet aux Turcs d'avancer jusqu'au Bosphore et de menacer Constantinople. Mais entre-temps, l'Europe est entrée en contact avec les richesses de l'Orient et de la lointaine Chine. Les activités commerciales ou missionnaires à destination de l'Asie ou de l'Afrique en furent stimulées.

Les croisés, héros des chroniqueurs

Partir en croisade, abandonner femme, enfants et se battre pour son dieu, tel a été l'idéal de vie des croisés.
Des chroniqueurs comme Villehardouin ou Joinville les ont suivis. A leur retour, ils les ont célébrés dans la *Conquête de Constantinople* ou l'*Histoire de Saint Louis*.

Pour défendre leurs nouveaux territoires, les Francs ont bâti d'imposantes forteresses en pleine montagne, les kraks. Ici, le krak des Chevaliers (en actuelle Syrie).

Les huit croisades

1095-1099. Godefroy de Bouillon. Prise de Jérusalem (1099).

1147-1149. Louis VII, roi de France. Échec devant Damas.

(En 1187, le sultan Saladin reprend Jérusalem.)

1189-1192. Frédéric Ier Barberousse (empereur germanique), Philippe Auguste (roi de France), Richard Cœur de Lion (roi d'Angleterre). Mort de Frédéric Ier. Échec devant Jérusalem.

1202-1204. Les croisés s'emparent de Constantinople et fondent un Empire latin.

1215-1221. Léopold VI, duc d'Autriche, et Jean de Brienne. Échec au Caire.

1228. Frédéric II (excommunié) reprend provisoirement Jérusalem par la diplomatie.

(En 1244, les chrétiens perdent Jérusalem.)

1248-1250. Saint Louis, roi de France, est fait prisonnier à Mansourah.

1270. Saint Louis meurt devant Tunis, lors de la 8e croisade.

L'Empire byzantin et Constantinople

Lorsque, en 476 apr. J.-C., le dernier empereur de Rome est destitué par un chef barbare, la splendeur impériale s'est déjà depuis longtemps transportée sur les rives du Bosphore, à Constantinople, à la jonction de l'Asie et de l'Europe.
Tour à tour sous le nom de Constantinople, Byzance et enfin Istamboul, cette ville a symbolisé les grands changements qui ont affecté l'histoire du Bassin méditerranéen.

Pourquoi Constantinople?
En 330, l'empereur Constantin fait de Constantinople la deuxième capitale chrétienne de l'Empire romain. Elle est plus proche des champs de bataille où s'affrontent les légions romaines et les armées barbares. De plus, en 395, l'empereur Théodose décide de partager l'Empire entre ses deux jeunes fils : à l'aîné il attribue l'empire d'Orient, au cadet l'empire d'Occident.

Constantinople la résistante
Sous le règne de Justinien, l'empire d'Orient tente de reprendre pied en Italie. Mais Constantinople doit résister à la pression de plusieurs peuples : au nord les Bulgares, au sud les Arabes qui, au cours du VIIe siècle, parviennent sous les murailles de la ville.
Après avoir repoussé le danger musulman, l'empire d'Orient adopte une voie originale : à la suite d'un schisme religieux, une nouvelle Église naît à Constantinople, l'Église orthodoxe, directement concurrente de Rome.
L'Empire abandonne le latin comme langue officielle au profit du grec.

La princesse Théodora, entourée de dignitaires à la cour de Constantinople. Elle sauva l'Empire en 532 et inspira les réformes religieuses et législatives de Byzance.

La décadence
Les croisades, qui devaient renforcer les positions chrétiennes en Méditerranée, portèrent un coup fatal à l'Empire.
En effet, les riches commerçants de Venise, en 1204, payèrent les chefs de la 4e croisade pour s'emparer de Byzance et fonder un éphémère empire latin d'Orient.
En 1453, les Turcs ottomans de Mehmed II s'emparent de la ville, qui devient la capitale d'un nouvel empire, musulman cette fois.

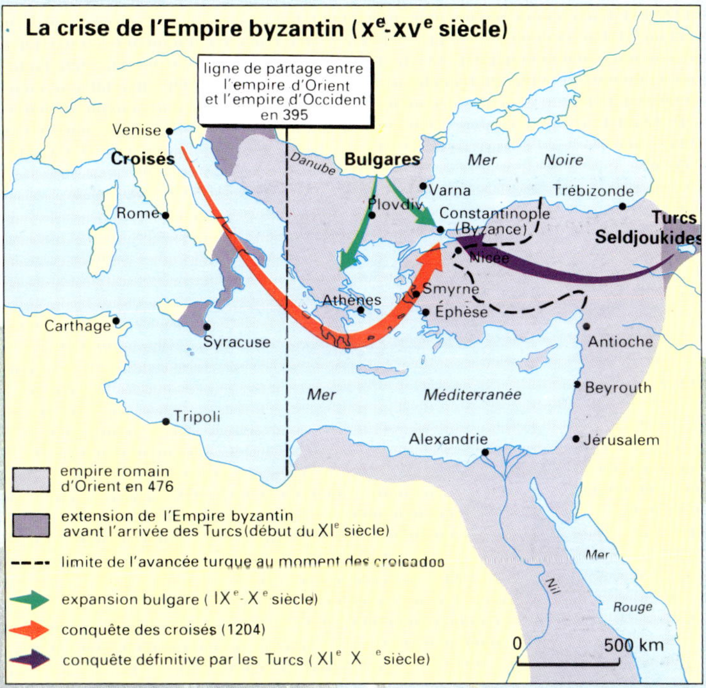

La basilique Sainte-Sophie (aujourd'hui un musée), à Constantinople (Istamboul, Turquie).

Un art riche en couleurs
L'art byzantin doit sa renommée à une technique sans faille et à un goût prononcé pour traduire les expressions avec grand réalisme.
Les artistes ont porté l'art de la mosaïque à son plus haut niveau.
A Constantinople, la basilique Sainte-Sophie, malgré ses dimensions, dégage une impression de légèreté et frappe par son harmonie.

Les grandes heures de l'Inde

La civilisation indienne, qui voit le jour vers 2000 ans av. J.-C., sur les rives de l'Indus et du Gange, se maintient dans un pays qui est de nombreuses fois envahi et conquis. La civilisation indienne a développé une organisation sociale rigide, fondée sur le système des castes.
Morcelée en de nombreux royaumes, l'Inde ne recouvrera son indépendance qu'en 1947, après deux siècles de colonisation anglaise.

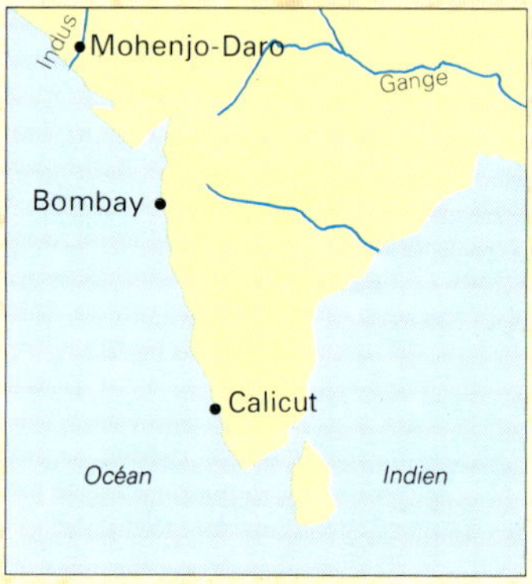

Un pays-continent rarement uni
L'Inde ancienne a connu plus de périodes de désordre que d'unité. Cette dernière n'a été réalisée qu'en trois moments : lors du règne d'Açoka (269-232 av. J.-C.) qui se convertit au bouddhisme; au IVe siècle avec la dynastie des Gupta; enfin lors de l'invasion des Moghols (musulmans venus d'Asie) conduite par Baber (1526-1530).

Baber Shah, à la tête des Moghols venus d'Afghanistan. Il s'est emparé tout d'abord de la plaine du Gange, puis a lancé ses armées à la conquête du sud de la péninsule.

Bouddha.

Bouddha le sage
C'est sur les bords du Gange que, au VIe siècle av. J.-C., le sage Gautama se retire du monde, à l'âge de 29 ans, pour mener une vie d'ermite.
En 523, il a une illumination et devient le Bouddha («l'Éveillé»); il commence à développer son idéal de vie : se libérer des passions, des illusions et de la douleur.
Ses disciples (les bonzes) répandent son enseignement dans tout le Sud-Est asiatique et au Tibet.
Aux Indes, le bouddhisme ne se maintient pas. L'hindouisme a fait de Bouddha une des multiples représentations du dieu Visnu.

L'hindouisme

Cette religion, qui n'a pas de fondateur, remonte aux origines de l'histoire indienne. Le dieu central, Visnu, possède plusieurs représentations, soit bienveillantes, soit terribles. Il en est de même de Siva, divinité féminine. Les hindouistes croient en la réincarnation successive des morts.

Visnu.

L'Inde, de la conquête à l'indépendance

C'est de l'ouest que vinrent les deux dernières grandes influences qui ont marqué le pays.
Tout d'abord l'islam avec, en 1206, la formation du premier royaume musulman à la suite des incursions d'armées turques.
Puis en 1498, les premiers Occidentaux, les Portugais de Vasco de Gama, qui abordent à Calicut, à la recherche des épices.
Ils furent suivis des Hollandais, puis des Anglais et des Français. La France et la Grande-Bretagne se livrèrent au XVIIIe siècle une concurrence acharnée, souvent armée, qui se termina à l'avantage de la seconde.
En 1947, l'Inde recouvre son indépendance grâce à l'action du mahatma Gandhi.

Un système social rigide

L'ensemble de la société est divisée selon les fonctions sociales, les races et les tribus. En haut de la société, la caste sacerdotale, celle des prêtres; ensuite les soldats, puis les marchands et enfin les artisans. Il est interdit de changer de caste par le mariage, au risque de devenir un «paria».

Le Taj Mahâl, immense monument funéraire du XVIIe siècle, tout de marbre blanc et incrusté de pierres semi-précieuses.

Florence et la Renaissance italienne

Depuis le rétablissement de la fonction impériale par Charlemagne en 800, l'Italie est sous l'influence de deux puissances concurrentes : l'empereur à la tête du Saint Empire romain germanique et le pape, chef spirituel des catholiques.
C'est en luttant tour à tour contre l'un et l'autre que les Italiens, surtout en Toscane et à Venise, vont développer une civilisation riche qui va rayonner dans toute l'Europe, et en particulier en France sous François Ier.

Florence et la Toscane
Florence est la principale ville de cette région traversée par l'Arno. Elle compte déjà, en 1300, quelque 100 000 habitants.
Sa monnaie d'or et ses banquiers dominent le commerce international.
La Toscane compte aussi d'autres villes importantes comme Pise et Sienne.

La richesse italienne
A partir du XIe siècle, l'Italie connaît un développement économique sans précédent. Venise, Pise et Gênes dominent le commerce de la Méditerranée. Marchands et artisans développent la production textile. Aspirant à l'autonomie, ils créent des communes ou des républiques indépendantes.
Mais à partir du XIIIe siècle, les conflits sociaux s'aggravent.
A Florence, les nobles sont exclus de la cité; le «petit peuple» des Ciompi se révolte. D'autres familles issues du peuple s'emparent du pouvoir, comme les Médicis, à partir de 1434.

Laurent de Médicis, dit le Magnifique, protecteur des arts, lui-même poète et collectionneur, régna de 1469 à 1492.

Cette fresque peinte sur les murs du palais communal de Sienne représente un condottiere (chef de guerre) victorieux au service de la ville.

Les Médicis

Après avoir obtenu le pouvoir, les Médicis renforcent le poids politique et militaire de Florence, mais, surtout, en devenant des mécènes cultivés et avisés, ils font de leur ville le centre de la Renaissance italienne qui brille dans tous les arts, de la littérature à la peinture.
La renommée et la richesse de cette famille sont telles qu'elle donnera deux reines à la France : Catherine et Marie de Médicis.

Dante Alighieri.

L'atelier de la Renaissance

Florence est la capitale de l'art de 1300 à 1550 environ : en littérature avec Dante (la *Divine Comédie*), Boccace (le *Décaméron*), Machiavel *(le Prince)*; en peinture avec Giotto, Botticelli, Raphaël, Michel-Ange.

Moïse, une œuvre de Michel-Ange.

Les civilisations précolombiennes

Avant l'arrivée de Christophe Colomb (1492), le continent américain a connu d'importantes civilisations, dites «précolombiennes». Les civilisations maya, aztèque et inca sont les plus connues et possèdent des caractères communs : une économie fondée sur le maïs, la construction de villes monumentales, une religion solaire, un clergé puissant, une écriture par signes et images.

Les Mayas du Yucatan
La civilisation des Mayas reste la plus mystérieuse. On n'a pas déchiffré son écriture et on ne connaît pas les raisons de sa décadence, vers les VIIIe et IXe siècles apr. J.-C. Les Mayas ont laissé des sites impressionnants dans la forêt de la presqu'île du Yucatan à Chichen-Itza ou Palenque.

Les Aztèques des hauts plateaux mexicains
Les Aztèques, venus du nord vers 1200, ont fondé leur capitale sur les hauts plateaux mexicains à Tenochtitlan (Mexico) et soumirent tous les peuples du Mexique actuel. Leur empereur, à la fois chef militaire et grand prêtre, règne sur des villes autonomes. Les Aztèques adorent le dieu Soleil, Huitzilopochtli, qui domine un panthéon de dieux aux formes animales.

Les Incas des Andes
Plus au sud, au Pérou, huit millions d'Indiens ont servi l'empereur inca pendant deux siècles, jusqu'en 1532. L'empereur, descendant du dieu Soleil, domine une société très hiérarchisée et organisée. Les terres sont divisées en trois lots : le premier pour l'Inca, le deuxième pour le clergé et enfin le troisième au profit des communautés paysannes, qui sont aussi tenues de cultiver les deux premiers.

Le sculpteur précolombien affectionne les formes géométriques, ainsi que la caricature des formes humaines.

Architecture et littérature
Les Précolombiens ont construit des centaines de villes aux dimensions gigantesques. Les imposants blocs de pierre sont assemblés sans le moindre mortier! Ils ont laissé également des témoignages littéraires de grande valeur, comme les légendes et les mythes conservés dans le *Chilam-Balam* ou le *Popol Vuh*.

Le temple de Chichen-Itza, sorte de pyramide à gradins avec des escaliers d'accès sur ses quatre faces.

Le Machu Picchu, citadelle inca qui échappa au pillage espagnol et qui ne fut découverte qu'en 1911.

La conquête espagnole
En deux campagnes menées respectivement par les Espagnols Hernan Cortès et Francisco Pizzaro en 1521 et 1532, les Empires aztèque et inca s'écroulent; leurs souverains sont exécutés, leurs richesses pillées et les Indiens contraints au travail forcé dans les mines où beaucoup trouvent la mort.
La première phase de conquête terminée, au milieu du XVIe siècle, les conquistadores laissent la place à l'administration royale espagnole qui se maintient jusqu'aux guerres d'indépendance (1811-1821).
Quant à la population indienne, elle est réduite à l'état de servitude et décimée par les maladies venues d'Europe.

La Réforme et la crise du christianisme

Au début du XVIe siècle, du fait de la conquête de l'Amérique, de l'invention de l'imprimerie, de la Renaissance italienne, l'Europe entre dans une période de mutations profondes. L'Église catholique est critiquée par des mouvements religieux qui aspirent à revenir à l'Église primitive, comme le préconisait Jan Hus (1369-1415) dès le XVe. Pendant un demi-siècle, le christianisme européen est déchiré entre protestants et catholiques.

Martin Luther

En 1517, le moine allemand Luther affiche sur les portes de l'église de Wittenberg, en Saxe, 95 thèses condamnant le pape. Il défend aussi l'idée du retour à l'évangile et affirme que seule la foi peut assurer le salut. Sa prédication gagna vite l'ensemble de la population allemande et obtint le soutien de nombreux princes.

Jean Calvin

Prêtre français, Jean Calvin va plus loin que Luther en donnant naissance à un mouvement plus austère. Il affirme que Dieu étant présent pour tous, c'est lui qui choisit de sauver ou non l'âme de chacun : c'est la théorie de la prédestination. Il réussit à s'installer à Genève où il put mettre en pratique sa morale «rigoriste».

Pour permettre à tous les fidèles de lire la parole de Dieu, les réformés ont traduit les textes sacrés (Bible et évangiles) en langue vulgaire (français, allemand...). Ci-contre, la bible de Martin Luther.

Perpétré à Paris, le massacre de la Saint-Barthélemy, qui fit plusieurs milliers de victimes, épargna le jeune Henri de Navarre, futur Henri IV, alors protestant.

Les guerres de religion
En France, la Réforme touche les élites politiques et sociales, plus particulièrement dans certaines régions (Aquitaine, Languedoc, Poitou et Navarre).
Le mouvement est stoppé au prix d'une sanglante et longue période de guerre civile (1560-1598), marquée par le massacre des protestants dans la nuit de la Saint-Barthélemy, sur ordre du roi Charles IX (24 août 1572).

La contre-offensive catholique
Menacée dans son existence, l'Église catholique réunit tous ses évêques dans un concile à Trente (Italie) de 1545 à 1563.
Le concile est chargé de proposer des réformes du dogme et des rites religieux. Ce mouvement est appelé la Contre-Réforme, ou Réforme catholique.

L'Europe à l'heure protestante
Les mouvements de protestation religieuse débouchent sur l'abandon du catholicisme dans de nombreux royaumes : l'Écosse, la Suède, le Danemark. En Angleterre, en 1534, une Réforme est réalisée par le roi Henri VIII lui-même, qui rompt avec la papauté.

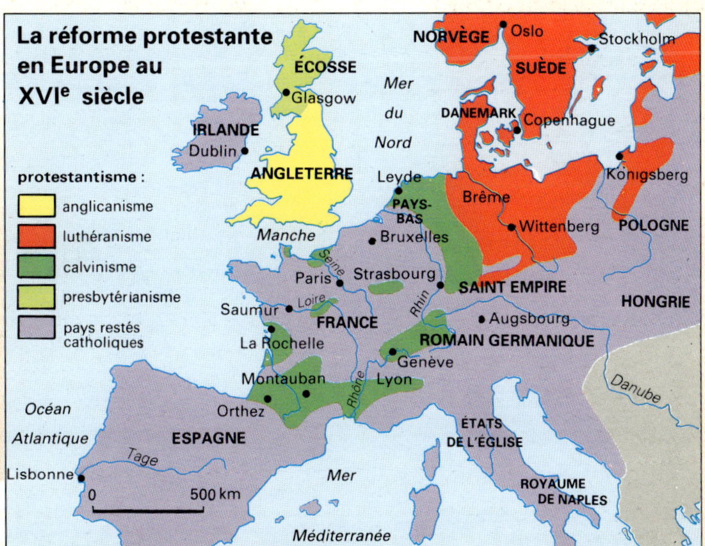

Le Grand Siècle de Louis XIV

En 1682, Louis XIV s'installe à Versailles et en fait sa capitale.
Doté d'un grand appétit de gloire et de prestige, il met tout en œuvre pour agrandir les frontières du royaume, défendre le catholicisme et imposer le rayonnement de la France en Europe.
Pensant tenir son pouvoir de Dieu, le «Roi-Soleil» impose son autorité aux seigneurs, au clergé, à la police et à la justice.
Son règne (1661-1715), le plus long de l'histoire de France, se confond avec le siècle : on parlera du «Grand Siècle».

Le «Roi-Soleil» exerce une réelle fascination en Europe. Le château de Versailles et ses jardins à la française font l'admiration de tous les princes, qui s'empressent de les imiter. Protecteur des arts et des lettres, Louis XIV entend que la culture française rayonne dans toute l'Europe où le français s'impose comme langue universelle.

Un monarque tout puissant
A la mort de Mazarin (1661), Louis XIV décide de ne plus avoir de Premier ministre. Seul un très petit nombre de ministres (le «Conseil d'en-haut») détient, auprès du roi, le pouvoir de décision.
Dans les provinces, les intendants supplantent les grands seigneurs, toujours suspects d'indépendance.

L'ordre à tout prix
Les armées royales répriment les soulèvements des paysans du Béarn, du Vivarais et de Bretagne (révolte du papier timbré, 1675) où les paysans, accablés d'impôts, s'en prennent aux châteaux et tuent des agents fiscaux.
Une juridiction spéciale décourage toute tentative de rébellion des nobles et des officiers royaux.
A Paris, le lieutenant général de police mène une guerre impitoyable contre les voleurs.

Louis XIV en costume de sacre, par Hyacinthe Rigaud. 1701. Revêtu d'un manteau doublé d'hermine aux couleurs royales, le Roi-Soleil est à l'apogée de sa gloire.

L'expansion française en Europe

Afin de dissocier l'Espagne et les pays allemands, Louis XIV se lance dans une série de campagnes militaires victorieuses : guerres de Dévolution pour obtenir, à la mort de son beau-père le roi d'Espagne, une partie de ses possessions du Brabant et de Franche-Comté (1667-1668) et guerres contre la Hollande (1672-1679).
La France devient alors la première puissance d'Europe (traités de Nimègue, 1678 et 1679).

Le comédien et auteur Molière

L'ingénieur et maréchal de France Vauban

L'intolérance du «roi très chrétien»

Sous l'impulsion du roi, l'Église mène de véritables campagnes de conversion des protestants.
En 1685, Louis XIV abroge l'édit de Nantes qui les protégeait depuis Henri IV.
Tandis que 200 000 d'entre eux fuient la France, une répression terrible s'abat sur les huguenots des Cévennes (révoltes des camisards, 1702-1710).
Il faut envoyer une armée pour venir à bout de la révolte.

Le ministre des Finances Colbert

La femme de lettres Mme de Sévigné

Le déclin du Roi-Soleil

Face à la politique ambitieuse de Louis XIV, les pays européens se dressent contre la France : guerre de la ligue d'Augsbourg (1689-1697) et guerre de succession d'Espagne (1701-1714).
L'Angleterre, principale bénéficiaire de la paix d'Utrecht (1713), sort renforcée de la guerre.
A la mort du roi (1715), la France est ruinée par les guerres et affaiblie par de terribles disettes.

L'architecte et dessinateur de jardins Le Nôtre

Le Japon, des samouraïs à l'État moderne

Le Japon du XVIIe siècle est un pays orgueilleusement fermé sur lui-même : depuis 1616, ses habitants n'ont pas le droit de quitter l'archipel qui reste encore, au siècle suivant, un pays féodal et agricole.
Tout change au XIXe siècle, quand les élites du pays se rendent compte de l'avance prise par l'Occident.
En 1868, l'empereur Mutsuhito se décide à rompre radicalement cet isolement et ouvre l'ère Meiji, celle des «lumières».

Jusqu'au XVIIe siècle, la plupart des samouraïs sont des cultivateurs qui accompagnaient leur seigneur au combat. Par la suite, ils deviennent les membres d'une véritable caste militaire.

Daimyos et samouraïs
Les pouvoirs économiques et politiques sont confisqués par quelque trois cents familles seigneuriales (les daimyos) et par leurs vassaux militaires, les samouraïs, qu'ils payent en riz et en terres.
Le pouvoir des daimyos et des samouraïs repose sur la possession de la terre et des armes. Véritable caste guerrière et terrienne, ils se maintiennent jusqu'à la fin du XVIIIe siècle.

Le pouvoir du shogun
De 1192 à 1867, le shogun est le véritable chef de l'État.
A l'origine, il n'était qu'un seigneur plus riche que les autres, possédant de nombreuses terres et disposant d'un grand nombre de samouraïs.
Cependant, au XVIe siècle, s'établit une véritable dynastie de shoguns et la charge du shogunat ne quitte plus la famille des Tokugawa.

La classe puissante des marchands

A la fin du XVIIIe siècle, la classe des marchands commence à prendre une très grande importance.
Les daimyos sont parfois obligés de leur emprunter de quoi subvenir à leurs fastueuses dépenses.
Des villes comme Kyoto ou Osaka connaissent alors une grande prospérité et la classe des chonins («hommes des villes») domine le transport maritime et le commerce du riz.

Devenu une puissance militaire, le Japon attaque la Chine en 1894 et obtient la cession de Formose (Taiwan).

Meiji Tenno (1852-1912), empereur du Japon sous le nom de Mutsuhito, abolit le régime féodal du shogunat.

Une civilisation raffinée

Le Moyen Age japonais est l'époque des romans historiques, des chroniques guerrières et des récits épiques.
Néanmoins, les jeux poétiques ont toujours la faveur de la cour.
Au XIVe siècle apparaît le nô, drame lyrique mêlant musique, danse et poésie.
La peinture et l'estampe atteignent des sommets dès la fin du XVIIIe avec Hokusai.

L'époque «éclairée» : l'ère Meiji

Un an après être monté sur le trône (1867), le jeune empereur Mutsuhito décide d'abolir le système du shogunat et d'ouvrir le Japon au monde occidental.
En 1889, il promulgue l'acte qui transforme l'État en une monarchie de type constitutionnel : dès lors, le Japon devient une grande puissance.

La révolution américaine

Depuis le début du XVIIe siècle, les Anglais sont présents en Amérique du Nord : la première colonie a été fondée en Virginie en 1607. Au milieu du XVIIIe siècle, ce sont treize colonies qui dépendent du gouvernement de Londres. A l'issue de la guerre d'Indépendance, elles parviennent à s'affranchir de la tutelle britannique. Pour la première fois dans l'Histoire, une colonie se libère de sa métropole par les armes.

Après la victoire contre l'Angleterre, George Washington (1732-1799) participe à l'établissement de la Constitution fédérale. Il devient le premier président des États-Unis (1789).

Le mécontentement gagne les colons
Le gouvernement de Londres entendait faire participer les colonies aux dépenses entraînées par la conquête du Canada aux dépens des Français (1763). Hostiles aux nouveaux impôts, les Américains menacent de ne plus acheter les produits importés d'Angleterre.
En 1773, à Boston, les colons jettent à la mer 18 000 livres de thé : la «Boston Tea Party» précipite la rupture avec la métropole.

Le congrès de Philadelphie
A partir de 1775, la guerre est inévitable. En avril, le massacre de Lexington et la fusillade de Concord mettent définitivement le feu aux poudres.
Le 4 juillet 1776, des représentants des treize colonies votent à Philadelphie la Déclaration d'indépendance des États-Unis d'Amérique, rédigée par Thomas Jefferson. Les colons arment des milices pour combattre l'armée britannique et les «Américains» fidèles à la couronne d'Angleterre (les loyalistes).

Les deux premiers drapeaux américains. Les bandes rouges ou blanches représentent les treize colonies d'origine. Chaque nouvel État sera symbolisé par une étoile.

1776-1783 :
la guerre d'Indépendance

L'armée de volontaires conduite par George Washington ne peut à elle seule remporter la victoire. Grâce à l'aide de la France (1778), puis de l'Espagne et des Provinces-Unies (Hollande), Washington contraint les troupes anglaises de Cornwallis à capituler à Yorktown (19 oct. 1781). En signant le traité de Versailles (1783), l'Angleterre reconnaît l'indépendance des États-Unis. Quand aux loyalistes, ils gagnent le Canada.

La démocratie américaine : un modèle

Le mouvement de libération des colonies américaines contre l'Angleterre a un grand retentissement en Europe. Parmi les Français qui participèrent à la guerre d'indépendance, nombreux sont ceux qui joueront un rôle lors de la Révolution de 1789, comme La Fayette.
Les colons américains ne s'étaient-ils pas libérés au nom des principes de liberté et d'égalité chers aux philosophes français?
La première république du monde moderne est ressentie comme un défi par les monarchies.

Lieutenant dans l'armée royale française, La Fayette (1757-1834) part à titre personnel en Amérique (1777) pour rejoindre les insurgés. Son intervention est déterminante dans la décision de Louis XVI de s'allier aux Américains.

1787 : la Constitution des États-Unis

La nouvelle nation est organisée en république fédérale : la Constitution partage les pouvoirs entre un gouvernement central et les États.
Le pouvoir de faire exécuter les lois appartient au président, élu pour quatre ans.
Le pouvoir de faire les lois (pouvoir législatif) est partagé entre le Sénat et la Chambre des représentants.

La France de la Révolution à l'Empire

En 1789, les privilèges d'une partie de la noblesse et du clergé apparaissent insupportables aux yeux du peuple.
Les dix ans qui séparent la prise de la Bastille du coup d'État de Bonaparte sont pour la France une période d'intense transformation à l'intérieur et de grands conflits à l'extérieur avec les monarchies européennes.
Cependant, le principe monarchique est à nouveau incarné par Napoléon Ier.

La fin de la monarchie
Face à l'incapacité de Louis XVI d'imposer des réformes fiscales pour régler le déficit de l'État, les idées d'égalité et de liberté gagnent peu à peu la France. La constitution de l'Assemblée nationale, puis la prise de la Bastille (14 juill. 1789) sonnent le glas de l'Ancien Régime : les privilèges sont abolis dans la nuit du 4 août 1789, la République est proclamée le 22 septembre 1792 et le roi, accusé de trahison, meurt sur l'échafaud le 21 janvier 1793.

Réunis dans le cadre des États généraux aux côtés des représentants de la noblesse et du clergé, les députés du tiers état s'opposent au roi et se déclarent «Assemblée nationale» le 17 juin 1789. Les députés élaborent une Constitution prévoyant une monarchie tempérée par une Assemblée élue, rédigent la Déclaration des droits de l'homme, entreprennent la réforme de l'administration, de la justice et des impôts et mettent les biens du clergé à la disposition de la Nation.

Luttes internes et guerres extérieures menacent la République
La Convention (1792-1795), déchirée entre extrémistes révolutionnaires et modérés, connaît les heures sombres de la Terreur, au cours desquelles les têtes des animateurs de la Révolution (Danton, Desmoulins, Saint-Just, Robespierre...) tombent sous la guillotine.

Au moment où l'Europe des rois et des princes se ligue contre la France, la Vendée, pourtant gagnée dans un premier temps aux idées révolutionnaires, se soulève contre la Convention (mars 1793-mars 1796).

Le Directoire et la fin de la Révolution

Succédant à la Convention en 1795, les cinq Directeurs chargés de l'exécutif ne peuvent faire face à la crise financière et à la réapparition des complots monarchistes ou révolutionnaires (Babeuf).
L'opinion, alarmée par l'instabilité politique, réclame un régime fort. Le général Bonaparte peut renverser le Directoire, par le coup d'État du 18 Brumaire (9-10 nov. 1799).

Pour avoir promu la vertu et la terreur comme soutien de la démocratie, Robespierre meurt à son tour sur l'échafaud (28 juill. 1794).

Du Consulat à l'Empire

Le Consulat succède au Directoire. Bonaparte, Premier consul, voulant mettre un terme à la Révolution, confisque peu à peu tous les pouvoirs et se proclame empereur des Français (2 déc. 1804). Désormais, aucun secteur de la vie politique, sociale, religieuse et culturelle n'échappe au pouvoir personnel de Napoléon Ier.

Le 2 décembre 1804, Napoléon se couronne empereur des Français en présence du pape Pie VII.

Les acquis de la Révolution et de l'Empire

- ❑ Déclaration des droits de l'homme et du citoyen (1789)
- ❑ Drapeau tricolore (1789)
- ❑ Régime parlementaire (1791)
- ❑ Mètre étalon et poids et mesures (1791)
- ❑ Musée du Louvre (1791)
- ❑ La Marseillaise (1792)
- ❑ Grandes écoles (1794-1795)
- ❑ Préfets (1800) et lycées (1802)
- ❑ Légion d'honneur (1802)
- ❑ Code civil (1804)

Le Grand Empire

De 1805 à 1811, les victoires de la Grande Armée portent les frontières de l'Empire de Lübeck à Rome. Mais à partir de 1812, la lassitude des Français et l'échec de la campagne de Russie précipitent la chute de Napoléon, en 1814.
Exilé à l'île d'Elbe, il réussit pourtant à reprendre le pouvoir (les Cent-Jours) avant d'être définitivement battu à Waterloo (18 juin 1815). Il est exilé à Sainte-Hélène et la France est ramenée un peu en deçà de ses frontières de 1789.

La révolution industrielle

Lors de la seconde moitié du XVIIIe siècle, l'Angleterre réalise, la première, la révolution industrielle. La mécanisation croissante des moyens de fabrication permet d'améliorer la production, tant en qualité qu'en quantité : à la fin du XVIIIe siècle, la métallurgie britannique est la première du monde.
Le développement des grandes industries s'accompagne d'une importance croissante des banquiers et de la Bourse.

Déclin du monde rural

En 1700, l'agriculture fait encore vivre les trois quarts des Britanniques. Cent ans plus tard, le monde rural ne représente plus qu'un tiers de la population active.
Dans l'intervalle, le développement des grandes propriétés agricoles s'accentue et prive la petite paysannerie de ses terres.
Celle-ci doit s'installer près des centres industriels naissants, auxquels elle fournit une main-d'œuvre abondante.

Le chemin de fer est étroitement lié à la révolution industrielle qu'il stimule par ses commandes à la sidérurgie et à l'industrie mécanique. L'ingénieur George Stephenson met au point les premières locomotives à vapeur. Après la célèbre «Rocket», il réalise la «North Star» (ci-dessus) en 1837.

La naissance du chemin de fer

1801 : 1re locomotive de Trevithick et Vivian
1814 : la locomotive de Stephenson tracte 30 tonnes à 7 km/h
1823 : 1re usine de construction de locomotives
1829 : la «Fusée» de Stephenson atteint 24 km/h
1842 : 1re locomotive électrique

L'énergie maîtrisée

En 1767, l'Écossais James Watt perfectionne la machine à vapeur mise au point par l'ingénieur Newcomen. Désormais, l'industrie britannique dispose d'un «moteur» qui utilise le charbon comme source d'énergie. Cette véritable révolution technologique bouleverse peu à peu professions et mentalités : la machine à vapeur actionne les métiers mécaniques. Le travail de l'homme s'adapte à la machine.

Mécanisation et grandes fabriques
Rapidement la mécanisation de l'industrie textile ruine le travail à domicile.
L'atelier, qui regroupe plusieurs centaines d'ouvriers, devient le centre de la croissance industrielle.
A la fin du XVIIIe siècle, les usines britanniques sont en mesure de fabriquer les premiers ponts et bateaux métalliques.

Tout au long du XIXe siècle, les sidérurgistes vont mettre au point des machines aux performances de plus en plus étonnantes. Ici une presse de 6 000 tonnes utilisée par l'usine John Brown à Sheffield.

L'argent, nerf du développement
Participant de très près à la révolution industrielle, nobles et bourgeois créent de nouveaux modes de financement adaptés à la taille croissante des usines.
Au milieu du XIXe siècle, les sociétés anonymes par actions se développent : chacun peut acheter des actions, finançant ainsi les activités de l'entreprise.
La Bourse est le lieu où s'achètent ou se vendent les actions cotées plus ou moins cher suivant l'état de santé des sociétés.

Les usines Schneider au Creusot (ici vers 1865) témoignent de la vitalité de l'industrie française, même si la France n'a commencé sa révolution industrielle que cinquante ans après la Grande-Bretagne.

Les grandes puissances à l'assaut du monde

Conquérir des territoires, telle est l'ambition des grandes puissances au cours du XIXe siècle. La Grande-Bretagne et la France d'abord, l'Allemagne et la Russie ensuite, les États-Unis et le Japon enfin se constituent des empires coloniaux.

Les puissances coloniales au XVIIIe siècle
Aux vieux empires espagnol et portugais d'Amérique du Sud viennent s'ajouter les colonies anglaises et françaises d'Amérique du Nord et des Antilles. Dans l'océan Indien, Français et Hollandais défendent leurs intérêts économiques face à l'extraordinaire vitalité de l'Angleterre.

Les nouveaux impérialismes au XIXe siècle
Tard entrées dans l'aventure coloniale, l'Italie, l'Allemagne et la Belgique sont présentes essentiellement en Afrique.
Entre 1800 et 1900, la Russie repousse considérablement vers l'est les frontières de son territoire.
Le Japon négocie plusieurs archipels et occupe Formose.
De leur côté, les États-Unis annexent plusieurs îles importantes dans le Pacifique et les Caraïbes.

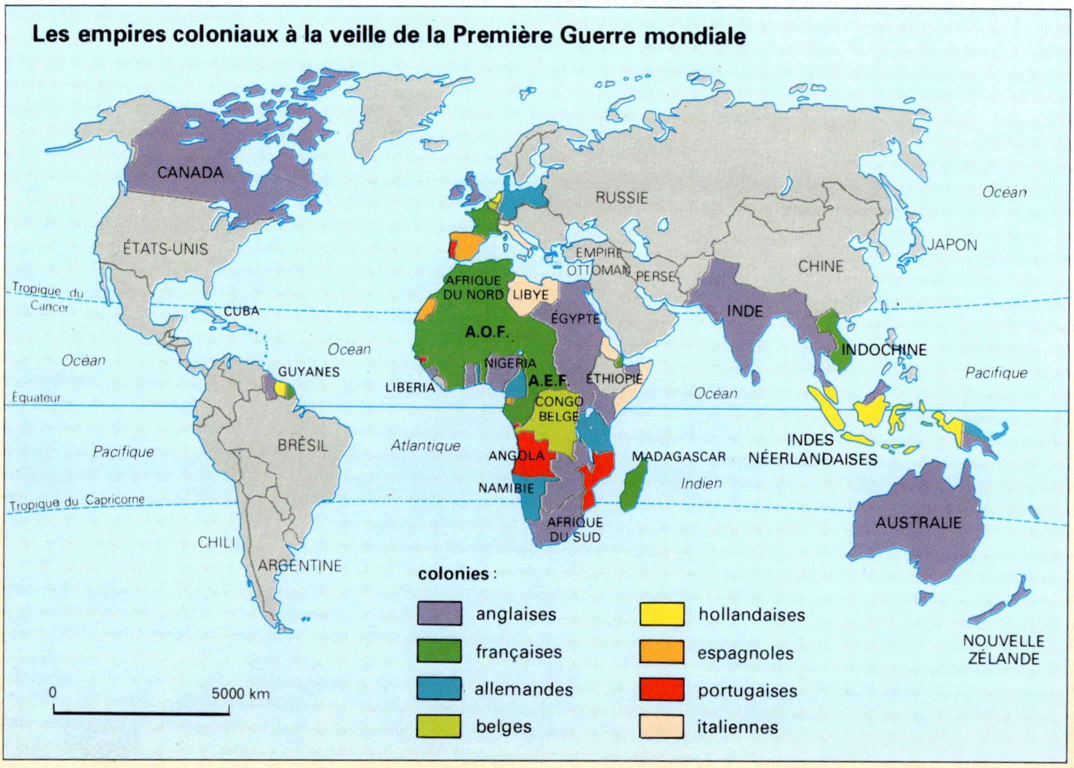

L'Angleterre, première puissance coloniale

Avec environ 490 millions d'habitants et 33 millions de kilomètres carrés, l'Empire britannique est de loin le plus important. Les Anglais possèdent des valeurs minières en Malaisie, en Bolivie, en Chine, en Afrique du Sud et contrôlent avec les Hollandais le pétrole des Indes néerlandaises. En 1900, plus de la moitié de la dette des pays dominés économiquement a été contractée envers l'Angleterre.

La conquête militaire de l'Algérie et du sud saharien par les Français dura plusieurs décennies. Commencée en 1830, elle suscita de nombreuses révoltes de la part des populations arabes et berbères.

L'exploitation des colonies

Ni l'alphabétisation ni l'encadrement médical ne peuvent compenser la perte de souveraineté et la dépendance économique des pays dominés. En Inde, au Tonkin, en Annam et en Égypte, l'aspiration à une plus grande autonomie provoque la naissance de mouvements nationalistes au début du XXe siècle.

Quelques étapes de l'expansion coloniale de la France

1830 : conquête d'Alger
1853 : occupation de la Nouvelle-Calédonie
1879 : protectorat sur le Congo
1881 : protectorat sur la Tunisie
1887 : création de l'Union indochinoise
1888-1893 : conquête du Haut-Niger
1896 : constitution de l'Indochine française
1900 : campagne du Tchad
1912 : protectorat sur le Maroc

En 1898, les troupes américaines débarquent à Cuba. Cette victoire des États-Unis sur l'Espagne illustre l'émergence de nouvelles puissances impériales. Cuba change de souverain et ne sera véritablement indépendante des États-Unis qu'en 1959, avec la victoire de l'insurrection menée par Fidel Castro.

1914-1918 : la Grande Guerre

Par le jeu des alliances politiques, la quasi-totalité de l'Europe, une partie de l'Afrique, la Chine, le Japon et les États-Unis sont impliqués dans une guerre devenue totale. Tous les pays en guerre doivent mobiliser leurs ressources économiques, démographiques et scientifiques.
Au terme de quatre années de guerre, le monde a changé de visage et l'Europe a perdu sa prépondérance.

L'Europe au bord de l'abîme
De 1905 à 1914, les rivalités coloniales et commerciales opposent la Triple Alliance (Allemagne, Autriche, Italie) à la Triple Entente (France, Angleterre, Russie).
Français et Allemands se disputent le Maroc; Russes et Autrichiens s'affrontent pour les Balkans : la paix est à la merci d'un incident.

L'engrenage de Sarajevo
Le 28 juin 1914, l'archiduc François Ferdinand, héritier du trône d'Autriche, est assassiné à Sarajevo, en Bosnie, alors sous tutelle autrichienne. Vienne y voit l'occasion de démanteler la Serbie indépendante et l'accuse du meurtre. Après s'être assurée du soutien de l'Allemagne, l'Autriche déclare la guerre à la Serbie (28 juill.).

La guerre totale
A l'encontre de toute prévision, la guerre va durer et déborder les frontières de l'Europe. Avec l'Empire ottoman, le Moyen-Orient entre en guerre aux côtés de l'Allemagne, de l'Autriche-Hongrie et de la Bulgarie.
La Triple Entente est rejointe par le Japon (1914), l'Italie (1915), la Roumanie (1916) et la Grèce (1917).
A la suite de l'entrée en guerre des États-Unis le 2 avril 1917, l'Allemagne est acculée à la reddition (11 nov. 1918).

L'aviation d'observation a aussi joué un rôle durant la bataille de Verdun où, en 1916, les Français ont résisté aux attaques allemandes : 360 000 tués et blessés côté français, 330 000 côté allemand.

L'Europe éclatée

Le démantèlement des deux empires centraux (Allemagne et Autriche) donne naissance à trois nouveaux États : Pologne, Tchécoslovaquie, Yougoslavie. De plus, l'Allemagne, selon les termes du traité de Versailles (juin 1919), doit restituer l'Alsace-Lorraine à la France et la haute Silésie à la Pologne. Afin de se protéger de la Révolution russe, les ennemis d'hier acceptent la création de trois États baltes (Estonie, Lettonie, Lituanie) aux dépens de la Russie. Quant à l'Empire ottoman, il est amputé de ses possessions arabes au profit de la France et de l'Angleterre.

La guerre provoqua de nombreux bouleversements sociaux. Afin de remplacer les hommes partis au front, les femmes ont dû travailler dans les usines d'armements, accédant ainsi à des métiers traditionnellement réservés aux hommes.

Les armes nouvelles

- les blindés
- l'artillerie lourde
- l'artillerie sur voie ferrée
- les sous-marins
- l'aviation de chasse
- l'aviation de bombardement
- les zeppelins
- les gaz de combat

Pertes humaines

- Allemagne 1 950 000
- Russie 1 700 000
- France 1 393 000
- Autriche 1 047 000
- Angleterre 776 000
- Italie 530 000
- Serbie 400 000
- Turquie 400 000
- Roumanie 158 000
- États-Unis 114 000
- Bulgarie 100 000
- Inde 75 000
- Canada 62 000

L'Europe dévastée

L'Europe compte plus de 8 millions de morts et 6 millions d'invalides. Des régions entières ont été dévastées par les combats et le montant des destructions est incalculable.
Les États-Unis sont les grands bénéficiaires de la Première Guerre mondiale : ils deviennent les banquiers de tous les anciens belligérants.

La révolution russe de 1917

En 1914, la Russie est un empire puissant, mais fragile. Peuplée de 169 millions d'habitants, elle est essentiellement rurale et connaît de fréquentes révoltes liées à la misère.
Son industrialisation récente, grâce à l'aide de capitaux étrangers, a conduit à la formation d'une classe ouvrière qui s'est déjà révoltée en 1905.
L'espérance démocratique ne dura pas plus d'un an : avec la dissolution de la première Douma (Assemblée nationale) dès 1906, il devint clair que le régime autocratique du tsar n'était plus réformable.
La révolution d'octobre 1917 est un des événements majeurs du XXe siècle.

La guerre aggrave la situation
Après les défaites de l'hiver 1915-1916, le peuple perd confiance dans son gouvernement. L'armée manque de moyens, la disette règne dans les villes et les campagnes, les grèves se multiplient et se politisent, mettant en cause le régime du tsar Nicolas II.

En 1905, l'Empire russe a montré ses faiblesses à l'ensemble de l'Europe : une première révolution et une défaite militaire face au Japon. Malgré ces deux avertissements, le régime n'a pas su se réformer.

Février : le tsar abdique
Début 1917, la faim, la guerre et la misère provoquent à Petrograd des troubles spontanés. Bientôt, la grève devient générale et les soldats, qui ont dû tirer sur les manifestants, se mutinent à leur tour.
Nicolas II est contraint à la démission.
Un gouvernement provisoire de nobles et de bourgeois se constitue, tandis qu'ouvriers et soldats s'organisent en conseils (les *soviets*).

La paix ou la guerre?
Le gouvernement provisoire, présidé par le social-démocrate Alexandre Kerenski qui veut poursuivre la guerre, perd rapidement la confiance du peuple. En effet, les soviets exigent la paix immédiate et la terre pour tous. Ces revendications, partagées par les bolcheviques, partisans d'une révolution socialiste immédiate, et par une partie croissante du peuple sont repoussées par Kerenski.

Engagé très tôt dans le mouvement révolutionnaire, Lénine (1870-1924) doit s'exiler après l'échec de la révolution de 1905. Sa conception de la prise du pouvoir triomphe en octobre 1917.

La révolution d'octobre
Suivant les instructions de leur dirigeant Lénine, les bolcheviques, Trotski à leur tête, s'emparent sans rencontrer de réelle résistance du palais d'Hiver à Petrograd (siège du gouvernement provisoire) et déposent le gouvernement de Kerenski : le pouvoir est aux mains des révolutionnaires.

Trotski (1879-1940) joue un rôle important dans la révolution et crée l'armée rouge. Exilé (1929), il sera assassiné au Mexique par un agent de Staline (secrétaire général du parti communiste).

La révolution en danger
La décision de Lénine de signer une paix séparée avec l'Allemagne (Brest-Litovsk, 3 mars 1918) suscite des oppositions. A l'intérieur, Lénine crée une police politique (la Tchéka) et supprime la liberté de la presse. Sur les frontières, des généraux tsaristes conduisent, avec l'appui d'armées étrangères, une guerre civile pour chasser les bolcheviques. Grâce à l'armée rouge, ces derniers se maintiennent au pouvoir. Fin 1919, la révolution est sauvée.

Les premières réformes communistes
Inspirés par les idées de Marx, les bolcheviques entreprennent la collectivisation des terres et la nationalisation des biens industriels. L'alphabétisation des adultes est activement poursuivie. En 1922, la Russie devient l'Union des républiques socialistes soviétiques (URSS).

1er mai 1917 à Petrograd. Un partisan de Lénine prône la confiscation des terres, la déchéance du gouvernement provisoire et la souveraineté du peuple.

Les fascismes en Europe

A partir de 1920, la crise économique et morale que connaissent l'Italie et l'Allemagne favorise l'apparition de régimes politiques fondés sur le culte du chef, le nationalisme et le rejet du communisme et de la démocratie. Cette évolution se manifeste dans de nombreux autres pays d'Europe, où dictatures militaires et régimes autoritaires s'imposent à des régimes aux trop récentes traditions démocratiques.
Ces régimes fascistes, incarnés par Mussolini en Italie et Hitler en Allemagne, sont à l'origine de la Seconde Guerre mondiale.

Entouré de son état-major, Benito Mussolini passe en revue les 35 000 fascistes mobilisés pour marcher sur Rome.

Le fascisme italien, nouveau mouvement politique
En 1920, l'Italie connaît une très grave crise économique. La paysannerie revendique un meilleur partage des terres, tandis que les ouvriers multiplient les grèves.
Grâce aux violences organisées par le parti fasciste, mouvement fondé par Benito Mussolini (mars 1919), le gouvernement étouffe l'agitation sociale. Mussolini exige alors le pouvoir et organise une marche sur Rome (28 oct. 1922).
Devenu chef du gouvernement, il instaure une véritable dictature.

Le laboratoire fasciste
Le régime fasciste vise à développer une économie indépendante.
Il se propose en même temps d'éliminer les oppositions entre patrons et ouvriers grâce à des organismes corporatistes.
Les institutions démocratiques sont abandonnées au profit du parti unique, seul détenteur du pouvoir.
Presse et cinéma sont chargés de la défense des mots d'ordre du régime («croire, obéir, combattre»).

Les régimes autoritaires en Europe 1920-1940

- Hongrie (Horthy, 1920)
- Italie (Mussolini, 1922)
- Portugal (Salazar, 1926)
- Pologne (Pilsudski, 1926)
- Allemagne (Hitler, 1933)
- Bulgarie (Boris III, 1935)
- Espagne (Franco, 1936)
- Grèce (Métaxas, 1936)
- Roumanie (Antonescu, 1940)

Allemagne, l'ascension de Hitler

Le parti national-socialiste de Hitler, créé en 1920, grandit à la faveur de la crise économique et sociale de l'après-guerre.
Devenu le premier parti de droite en 1930, le premier parti d'Allemagne en 1932, il reçoit dès lors l'appui des industriels qui voient en Hitler l'homme capable de redresser le pays.
Aussi est-il appelé légalement au poste de chancelier le 30 janvier 1933 par le président de la République, le maréchal Hindenburg.

Évolution des voix nazies à différentes élections

mai 1924 :	6 %
mai 1928 :	2,6 %
sept. 1930 :	18,3 %
juillet 1932 :	37,4 %
nov. 1932 :	33,1 %
mars 1933 :	43,9 %

Septembre 1938. Devant 200 000 militants fanatisés rassemblés à Nuremberg, Hitler prend une nouvelle fois la mesure de la fascination qu'il exerce sur les foules.

La dictature nazie

Sitôt au pouvoir, Hitler se débarrasse de toute opposition, dissout les syndicats en mai 1933 et supprime les partis en juillet.
Grâce à sa police politique (Gestapo) et à l'ouverture de camps de concentration, où sont enfermés dès mars 1933 les opposants, membres des partis social-démocrate et communiste, il construit un État autoritaire et raciste qui doit assurer, selon lui, la domination des Allemands sur tous les autres peuples, une thèse qu'il avait développée dans *Mein Kampf*, en 1923.

La politique raciale du nazisme

Rendus responsables de tous les maux de la société, les juifs sont écartés, en vertu des lois de Nuremberg (1935), du commerce, de la banque, de la médecine, de l'administration et de l'armée.
A partir de 1938, le régime nazi s'engage dans une politique d'élimination systématique qui aboutira, pendant la guerre de 1939-1945, à l'extermination de six millions de juifs.

1939-1945 : la Seconde Guerre mondiale

En 1918, les contemporains avaient appelé la Première Guerre mondiale la «der des ders». Vingt ans plus tard, l'Europe sombre à nouveau dans un conflit mondial qui dépasse en tout point le bilan déjà dramatique de 1918 : 72 mois de combats, 40 à 50 millions de victimes. Seul aspect nouveau, elle a mis aux prises des systèmes idéologiques opposés : d'un côté le totalitarisme fasciste, de l'autre la démocratie occidentale et le régime soviétique. Enfin, elle a abouti au partage du monde entre Américains et Russes en 1945 (Yalta).

La marche à la guerre

S'estimant humiliée par les conditions du traité de Versailles (1919), l'Allemagne entreprend à partir de 1935 une politique agressive. Elle crée une armée puissante et annexe l'Autriche (l'Anschluss). Profitant de la faiblesse de la France et de l'Angleterre à la conférence de Munich (sept. 1938), Hitler s'empare de la Tchécoslovaquie, puis lance ses troupes contre la Pologne (1er sept. 1939) : la guerre a commencé.

La guerre sous-marine a dangereusement menacé l'approvisionnement en armes et en matériels des Alliés. Les sous-marins allemands ont coulé 2 700 bateaux de commerce et une centaine de destroyers.

Les victoires éclair de l'Allemagne

De septembre 1939 à novembre 1942, les armées de Hitler occupent, à l'exception de l'Angleterre, la quasi-totalité de l'Europe occidentale. En juin 1941, elles envahissent l'URSS, menaçant Leningrad et Moscou. Le 7 décembre 1941, le Japon, qui a rejoint l'Italie et l'Allemagne au sein de l'Axe, bombarde la flotte américaine du Pacifique à Pearl Harbor : les États-Unis entrent en guerre.

Un conflit planétaire

Fin 1941, la guerre touche l'Europe, la moitié de la Russie occidentale, une partie de l'Afrique et du Proche-Orient, ainsi que toute l'Asie du Sud-Est. Dans l'Atlantique, les sous-marins allemands coulent des convois de ravitaillement et, dans le Pacifique, de gigantesques batailles aéronavales opposent les flottes américaine et japonaise.

Pertes humaines

- URSS 20 000 000
- Pologne 6 000 000
- Allemagne 4 500 000
- Japon 2 000 000
- Yougoslavie 1 500 000
- France 600 000
- Angleterre 500 000
- Grèce 500 000
- Italie 450 000
- Hongrie 450 000
- États-Unis 300 000
- Finlande 90 000

Alors que l'Allemagne a capitulé (7 et 8 mai 1945), le Japon continue la guerre. Les 6 et 9 août, deux bombes atomiques américaines explosent respectivement sur Hiroshima et Nagasaki. Devant leurs effets dévastateurs sans précédents, l'empereur Hiro Hito est contraint de demander l'arrêt des combats. La reddition du Japon est signée le 2 septembre.

1943 : le retournement

Le 8 novembre 1942, en débarquant en Afrique du Nord, les troupes alliées reprennent l'offensive. En janvier 1943, les Anglais repoussent les Allemands en Libye, tandis que les Américains débarquent en Sicile (10 juill. 1943), puis en Italie, rejetant ainsi l'Allemagne de la Méditerranée.
A l'Est, les Russes stoppent l'offensive allemande à Stalingrad.
Dans le Pacifique, la victoire aéronavale des Américains à Midway (4-5 juin 1942) marque le début du reflux japonais.

1944-1945 : la victoire des Alliés

A la fin de 1943, l'issue de la guerre semble certaine. Cependant, les forces de Hitler ne seront acculées à la défaite que par les effets conjoints du débarquement allié en Normandie (6 juin 1944) et de l'irrésistible avance des Soviétiques en Europe de l'Est. L'Allemagne capitule les 7 et 8 mai 1945 à Reims et à Berlin.

La guerre froide entre l'Est et l'Ouest (1945-1974)

A partir de 1945, le monde se trouve partagé entre deux systèmes idéologiques hostiles : le bloc communiste, représenté par l'URSS et les pays d'Europe de l'Est, et le bloc des démocraties occidentales, alliées des États-Unis. Chacun des deux grands cherche à affirmer sa suprématie en prenant part à des conflits localisés et en se lançant dans une course effrénée aux armements.

Yalta et la soviétisation de l'Europe de l'Est
Lors de la conférence de Yalta (févr. 1945), Staline (URSS) n'a aucun mal à imposer aux Alliés son point de vue sur l'organisation future des zones d'influence en Europe. Ses armées sont présentes dans la quasi-totalité des pays de l'Est. Aussi, dès la fin de la guerre (sept.), entreprend-il de les transformer en satellites de l'URSS.

La rupture idéologique
En mars 1947, Truman (États-Unis) propose une aide économique à la Turquie et à la Grèce, menacées par le communisme. Staline réplique par la mise en tutelle économique et politique de l'Europe de l'Est. Les démocraties occidentales et les États-Unis concluent une alliance militaire (OTAN, 1949); l'URSS répond par la création du Pacte de Varsovie (1955).

En novembre 1956, la Hongrie se révolte contre la tutelle soviétique et le régime stalinien. L'armée rouge écrase le soulèvement dans le sang et remet au pouvoir un gouvernement fidèle à Moscou.

Les membres de l'OTAN

Belgique, Canada, Danemark, Grande-Bretagne, Islande, Italie, Luxembourg, Pays-Bas, Norvège, Portugal, États-Unis, Grèce (1952), Turquie (1952), République fédérale d'Allemagne (1955), Espagne (1982).
La France quitte l'organisation en 1966.

Les membres du Pacte de Varsovie

Bulgarie, Pologne, Roumanie, Hongrie, Tchécoslovaquie, URSS, République démocratique allemande (1955).
L'Albanie quitte le Pacte en 1968.

L'Asie, terrain privilégié de l'affrontement Est-Ouest

En juin 1948, l'URSS essaie en vain de chasser Français, Britanniques et Américains de Berlin. Mais c'est en Asie que, vingt ans durant, l'affrontement se déroulera. La Corée du Nord communiste, soutenue par Staline et la Chine, se heurte aux forces américaines (1950-1953) en Corée du Sud. Celle-ci demeure dans le camp occidental. En revanche, le communisme s'installe au Vietnam du Nord malgré l'appui fourni par les États-Unis à la France (1950-1954).

A partir de 1949, les relations Est-Ouest vont devoir compter avec la Chine communiste de Mao Zedong. Mais la Chine, qui entend développer un communisme autonome, s'opposera à l'URSS (rupture des relations diplomatiques à partir de 1960).

Alors que partout ailleurs URSS et États-Unis évitent l'affrontement direct, à partir de 1964 ces derniers interviennent militairement au Vietnam pour endiguer le mouvement de libération nationale, d'inspiration communiste. En 1973, les accords de Paris sanctionnent l'échec des États-Unis. L'ensemble de la péninsule indochinoise passe sous l'influence de Hanoï.

En octobre 1962, le président Kennedy (États-Unis) est prêt à risquer une guerre atomique pour s'opposer à la présence de fusées nucléaires d'origine soviétique à Cuba. Aussi le Soviétique Nikita Khrouchtchev est-il contraint à renoncer à livrer ces armes.

La coexistence pacifique à l'épreuve

En 1956, Khrouchtchev (URSS) propose une nouvelle politique, la coexistence pacifique. Washington et Moscou font échouer l'intervention franco-britannique en Égypte (Suez, 1956). Au même moment, l'URSS réprime l'insurrection hongroise. La confrontation Est-Ouest culmine en 1962, lors de la crise de Cuba.

La fin des empires coloniaux

L'édification des empires coloniaux avait pris plus de quatre cents ans.
A partir de 1945, en moins de vingt ans, Britanniques et Français abandonnent l'essentiel de leurs possessions en Asie et en Afrique.
En reprenant les thèmes de liberté et d'indépendance développés par les démocraties lors de la Seconde Guerre mondiale, les peuples colonisés entrent en lutte pour leur affranchissement.
Fondée en 1945 et destinée à sauvegarder la paix internationale, l'Organisation des nations unies (ONU) comptait alors 51 membres (plus de 180 en 1993).

Le réveil de l'Asie
Au début du XXe siècle, la majorité de l'Asie est colonisée.
En raison de l'existence d'ensembles politiques organisés, l'Asie précède l'Afrique sur la voie de la décolonisation.
Les Britanniques accordent à l'Inde son indépendance (1947), mais l'Indochine doit combattre la présence française (1945-1954).

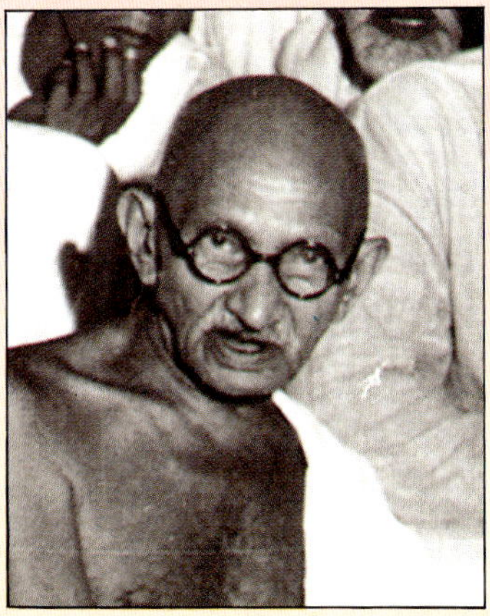

Refusant l'emploi de la violence, Gandhi développe des méthodes de lutte fondées sur la résistance passive aux Anglais.
A partir de 1927, il demande l'indépendance de l'Inde en conviant ses compatriotes à la désobéissance civile et en faisant la grève de la faim.

La conférence des peuples afro-asiatiques
A l'initiative notamment de l'Indonésie et de l'Inde, vingt-neuf pays qui connurent à différents degrés la domination étrangère se réunissent à Bandoung (Indonésie) en avril 1955 pour affirmer le droit des peuples à l'autodétermination.
Cette conférence aura de grandes répercussions sur les pays encore colonisés.

Menés par l'Égyptien Nasser et l'Indien Nehru, les pays du tiers monde réunis à Bandoung veulent s'affirmer en dehors des deux systèmes dominants (capitalisme et communisme).

Luttes armées en Afrique du Nord

De 1950 à 1956, en Tunisie et au Maroc, se constituent des mouvements nationalistes armés qui entrent en conflit avec la métropole.

En Algérie, le Front de libération nationale (FLN) mène une véritable guerre contre la présence française (1954-1962). Le principe du droit à l'indépendance proclamé à Bandoung dynamise les luttes armées.

L'Algérie obtint son indépendance le 1er juillet 1962 après une longue guerre de libération nationale. Commencée dans la nuit du 31 octobre au 1er novembre 1954 dans les Aurès, l'insurrection s'étendit à tout le pays et provoqua une grave crise politique en France.

Les grandes dates de l'indépendance

1947 : Inde, Pakistan
1949 : Indonésie
1954 : Vietnam du Nord et Vietnam du Sud
1956 : Tunisie, Maroc, Soudan
1957 : Ghâna, Malaisie
1960 : Nigeria
1961 : Tanzanie, Sierra Leone
1962 : Algérie, Ouganda
1963 : Kenya, Malawi
1965 : Rhodésie
1971 : Bangladesh
1975 : Angola
1989 : Namibie

L'Indépendance en Afrique noire francophone

1958 : Guinée
1960 : Madagascar, Gabon, Niger, Mauritanie, Mali, Rép. centrafricaine, Sénégal, Côte-d'Ivoire, Haute-Volta (Burkina Faso), Togo, Tchad, Congo, Dahomey (Bénin), Cameroun

L'Afrique noire à l'heure de l'indépendance

En Afrique anglophone, le passage à l'indépendance se fait pour l'essentiel sans heurts. De 1957 à 1965, l'ensemble de l'Empire britannique obtient l'autonomie.

De leur côté, en 1960, la quasi-totalité des pays d'Afrique francophone choisissent l'indépendance prévue par de Gaulle dans la Constitution de 1958.

Nkrumah (1909-1972) obtint de la Grande-Bretagne l'indépendance de la Côte de l'Or (Ghâna) en 1957. Le cas ghanéen prendra dans toute l'Afrique valeur de modèle.

La France sous la Ve République

Depuis la Révolution de 1789, cinq républiques se sont succédé de façon discontinue. La République, née en 1792, durera jusqu'en 1799. Après un très bref retour en 1848, elle ne redevient le régime politique de la France qu'à partir de la guerre de 1870. Enfin, la IVe République remplace le régime du maréchal Pétain à la Libération, en 1944. Actuellement, les règles de la vie politique sont régies par la Constitution proposée par le général de Gaulle en 1958 (Ve République).

Le retour du général de Gaulle
Le général de Gaulle quitte le gouvernement provisoire en 1946. La nouvelle Constitution, qui fonde la IVe République, favorise l'instabilité gouvernementale. Celle-ci est aggravée par des difficultés financières et coloniales (guerre d'Indochine et insurrections en Afrique du Nord). Les émeutes d'Alger du 13 mai 1958 aboutissent au retour au pouvoir du général de Gaulle.

La réforme des institutions
Investi en juin 1958 comme président du Conseil, de Gaulle va s'attacher à réformer les institutions. Un groupe de juristes rassemblé autour de Michel Debré rédige la nouvelle Constitution, qui est soumise à l'approbation du peuple par référendum.
Le 28 septembre, 80 % des votants approuvent la Constitution qui fonde la Ve République.

Le général de Gaulle
(1890-1970)

Les succès du gaullisme
Le gaullisme peut se prévaloir d'avoir mis un terme à l'instabilité gouvernementale chronique de la IVe République.
La présidence du général de Gaulle est marquée par une augmentation de la production agricole, une croissance industrielle soutenue, une balance commerciale équilibrée et le développement de la planification.
En 1960, l'essentiel des colonies françaises d'Afrique noire deviennent indépendantes et, deux ans plus tard, les accords d'Évian mettent fin à la guerre d'Algérie.

Les gouvernements de 1958 à 1969

M. Debré (1.59)
G. Pompidou (4.62)
M. Couve de Murville (7.68)

Georges Pompidou
(1911-1974)

Valéry Giscard
d'Estaing (né en 1926)

François Mitterrand
(né en 1916)

Les gouvernements de 1969 à 1974

J. Chaban-Delmas (6.69)
P. Messmer (7.72)

Les gouvernements de 1974 à 1981

J. Chirac (5.74)
R. Barre (8.76)

Les gouvernements depuis 1981

P. Mauroy (5.81)
L. Fabius (7.84)
J. Chirac (3.86)
M. Rocard (5.88)
É. Cresson (5.91)
P. Bérégovoy (4.92)
É. Balladur (4.93)

Quelques réalisations de la Ve République

- La bombe A (1961)
- Le Concorde (1969)
- L'Airbus A 300 (1972)
- Le centre Beaubourg (1977)
- Le VAL (métro lillois) (1983)
- La fusée Ariane (1979)
- Le TGV (1980)
- La centrale nucléaire Super-Phénix (1984)
- La Cité des sciences et de l'industrie de La Villette (1987)
- Le Grand Louvre (1989)
- L'opéra de la Bastille (1989)

1981-1989 :
la «génération Mitterrand»

En 1981, l'élection à la présidence de la République d'un socialiste, François Mitterrand, ouvre une nouvelle période d'évolutions économiques et sociales (nationalisations, revenu minimum d'insertion...).
Les valeurs fondamentales contenues dans la Constitution de 1958 ont été maintenues : indépendance de la France, régime présidentiel.

Le monde à la fin du XXe siècle

On a longtemps cru que la fin de la rivalité Est-Ouest apaiserait les conflits qui secouent la planète et ferait disparaître le danger d'une guerre nucléaire. On constate que le monde est à la recherche d'un nouvel équilibre. A la faillite économique d'une partie du tiers-monde s'ajoutent les difficultés des pays qui composaient le bloc communiste. Très souvent, de nouveaux affrontements — comme dans le Caucase et l'ex-Yougoslavie — plongent dans le désarroi les populations de pays qui venaient à peine de retrouver leur liberté. Si l'ONU semble trouver un nouveau rôle, comme au Cambodge, la communauté internationale est très souvent impuissante à gérer l'après-guerre froide.

Le poids des réalités économiques

Au cours des années 1970, l'intensification des relations commerciales entre l'Est et l'Ouest avait ouvert de grandes perspectives. L'écroulement de l'URSS (1989-1991) et du monde communiste laisse pourtant craindre pour ces pays une situation difficile. Du reste, les trois pôles majeurs de prospérité — États-Unis, Europe de l'Ouest et Japon — eux-mêmes touchés par la crise, comprennent qu'ils doivent aider, pour relancer la croissance mondiale, aussi bien le Sud que l'ex-monde communiste.

M. Gorbatchev (né en 1931). Arrivé au pouvoir en 1985 en URSS, il lance la perestroïka, qui ouvre son pays sur l'Occident, tout en permettant sa démocratisation au plan intérieur. Échouant à redresser la situation économique et provocant le réveil des nationalités, cette politique aboutit à la chute du communisme en Europe de l'Est et à l'éclatement de l'Union soviétique. M. Gorbatchev démissionne en 1991. Il demeure cependant l'homme qui a rendu possible les transformations que connaît aujourd'hui l'Europe de l'Est et l'ex-URSS.

Les dangers de l'après-guerre froide

La rivalité Est-Ouest avait engendré une course aux armements nucléaires que les deux super puissances s'efforcèrent à plusieurs reprises de freiner. Aujourd'hui, cependant, la disparition de l'URSS pose le problème de l'héritage de son arsenal nucléaire. Les jeunes États qui détiennent l'arme atomique se sentiront-ils toujours liés par les accords passés ? Les difficultés économiques qu'ils connaissent et les conflits régionaux de l'après-guerre froide peuvent laisser craindre un nouveau danger militaire, y compris nucléaire.

L'Europe de l'Est en transition
La démocratisation engagée par l'URSS a pour conséquence, dès l'été 1989, la disparition des régimes communistes en Europe de l'Est. La Pologne et la Hongrie donnent le ton en organisant les premières élections libres. La RDA, après la chute du mur de Berlin le 9 novembre 1989, se démocratise puis est intégrée à la RFA, le 3 octobre 1990, pour former une Allemagne unifiée. La Tchécoslovaquie, la Bulgarie, la Roumanie et l'Albanie accèdent à leur tour à la démocratie. Toutefois, la transition vers l'économie de marché, est difficile et la résurgence des tensions nationalistes fragilise la démocratie.

Élections législatives
dans une démocratie toute récente :
l'Albanie.

Les États-Unis : une suprématie renouvelée ?
Les États-Unis doivent faire face à la concurrence économique du Japon, de la CEE et aussi des NPI. Aux plans politique et militaire, la guerre du Golfe a montré que Washington était toujours en mesure d'affirmer son leadership mondial.
Les États-Unis font aujourd'hui figure de seule superpuissance.

La résurgence de haines nationales
fait éclater des conflits meurtriers
dans l'ex-Yougoslavie,
au cœur même de l'Europe.

De nouvelles tensions
Le passage à la démocratie et à l'économie de marché des pays d'Europe de l'Est et de l'ex-URSS a suscité de grands espoirs. Pourtant, la résurgence de conflits nationaux, gelés à l'époque de la Guerre froide, déchirent certaines régions, comme les Balkans — ex-Yougoslavie — ou le Caucase. L'apparition de difficultés économiques peuvent renforcer cette évolution, comme en Russie. Par ailleurs, d'anciens foyers de tension subsistent : au Moyen-Orient, Israël affronte la revendication nationale palestinienne tandis que l'Irak est toujours soumis à un embargo.

GÉOGRAPHIE

Les 5 milliards d'êtres humains qui peuplent la Terre connaissent des conditions de vie très différentes selon les régions où ils vivent. Climat, relief, fertilité des terres et proximité de ressources minières produisent des situations très diverses auxquelles les hommes ont dû s'adapter. L'histoire de cette adaptation a produit un monde contemporain dominé par trois grands ensembles économiques : l'Amérique du Nord (États-Unis et Canada), l'Europe occidentale conduite par la CEE et enfin le Japon à la tête de la zone Pacifique.

La mer et l'océan

La mer abrite et fait vivre une multitude d'êtres indispensables à l'équilibre écologique de la planète. Depuis la plus haute Antiquité jusqu'à l'avènement de la navigation moderne, elle a toujours été pour l'homme un vivier, une grande voie de commerce et... un champ de bataille.
Elle demeure un enjeu stratégique et économique, notamment en raison des richesses des fonds marins, mais, trop souvent utilisée comme poubelle (marées noires, pollutions industrielles et domestiques), elle est devenue un grave sujet d'inquiétude.

Les grands domaines océaniques
Près des côtes, les eaux du plateau continental sont riches en plancton car éclairées. Du fait de leur faible profondeur, elles sont le domaine privilégié de la pêche.
Au large, les bassins océaniques (haute mer), avec des profondeurs moyennes de 4 000 à 5 000 m, sont moins riches en plancton, sauf au voisinage des courants marins.
Des dorsales volcaniques et des fosses très profondes (abysses) — jusqu'à 10 000 m — accidentent le fond des océans. Elles sont presque dépourvues de vie (poissons lumineux aveugles).

Mers et océans en quelques chiffres

- Surface : 361 millions de km² (dont Pacifique 165,2, Atlantique 82,4, Indien 74,5), soit 71 % de la surface terrestre
- Volume global : 1 322 millions de km³
- Plus grande profondeur : 10 960 m (fosse des Mariannes, Pacifique)
- Amplitude des marées : de 60 cm à 15 m

Par ordre décroissant, le Japon, la Russie, la Chine, les États-Unis, le Chili, le Pérou, l'Inde et la Norvège réalisent à eux huit plus de la moitié de la pêche mondiale. Ici, un marché au poisson à Tokyo.

L'exploitation des océans

Depuis l'Antiquité, l'homme récupère le sel contenu dans l'eau de mer, ramasse les algues pour enrichir les terres et pêche les poissons. Depuis peu, il exploite les ressources pétrolifères du sous-sol marin et tente de ramasser les métaux (fer, nickel, cobalt, manganèse...) qui reposent au fond des océans sous forme de nodules polymétalliques. Enfin, de gros espoirs sont fondés sur la récolte des minuscules crustacés que recèlent les mers froides, le krill.

Le monde marin, avec ses 160 000 espèces différentes dénombrées, est très diversifié. Jusqu'à 500-600 m de profondeur, là où la lumière parvient encore à pénétrer, on peut rencontrer des raies (1), des dauphins (2), du krill (3), des bancs de thons (4), des vélelles (5), des requins bleus (6), des requins-pèlerins (7) et des baleines (8). Au-dessus de l'eau, évoluent les pélicans (9) et les goélands (10).

A partir de 600 m, dans les grands fonds, on trouve des grangousiers (11), des poissons-hachettes (12), des vipères des mers (13), des poissons-pêcheurs (14). Plus profondément encore, c'est le royaume des poissons-trépieds (15). Les fonds marins, dans les zones abyssales les plus chaudes, sont le domaine des vers pogonophores géants (16).

L'univers de la montagne

Les montagnes sont formées de roches qui se trouvaient jadis à l'intérieur de la Terre ou dans les profondeurs des océans. Le travail de la Terre les a fait surgir au fil des temps et l'érosion a modelé leurs formes.
Les massifs aux formes arrondies et aux altitudes modestes sont les montagnes les plus anciennes : elles datent de l'ère primaire, comme le Massif central.
Les chaînes montagneuses jeunes datent de l'ère tertiaire, sont plutôt étroites et offrent des reliefs accusés, comme les Alpes ou l'Himalaya.
En Europe, après avoir été le refuge des hommes, les montagnes ont été abandonnées au profit des villes et des plaines. Aujourd'hui, elles accueillent de nouvelles activités économiques liées au tourisme.

La formation des montagnes
De très anciens bouleversements à l'intérieur de la Terre ont soumis les roches à de fortes pressions qui les contraignirent à se plisser, à se soulever, à s'effondrer.
L'aspect des reliefs ainsi formés est en permanence modifié sous l'action des précipitations, des torrents, du vent.
Le gel, en produisant d'importantes pressions dans les fissures des roches, reste le premier agent destructeur des montagnes.
Dans les régions arides, les brusques différences de température entre le jour et la nuit provoquent l'effritement des roches, accentué encore par l'action du vent.

La construction de barrages en montagne permet la production d'énergie hydroélectrique, la «houille blanche». Ici le barrage du lac Chambon (Puy-de-Dôme).

L'Himalaya : le «Toit du monde»
Plus d'une dizaine de sommets de la chaîne de l'Himalaya culminent entre 6 000 et 8 000 m. Celle-ci s'étend sur le Pakistan, l'Inde, le Népal et la Chine et est peuplée de près de 30 millions d'habitants vivant entre 1 000 et 2 500 m. L'ascension de ces sommets constitue un exploit.

Les principaux massifs et leur point culminant

- ❏ Himalaya (Everest : 8 848 m)
- ❏ Chaîne des Andes (Aconcagua : 7 010 m)
- ❏ Les Rocheuses (Mac Kinley : 6 178 m)
- ❏ Kibo (Kilimandjaro : 5 895 m)
- ❏ Alpes (Mont-Blanc : 4 808 m)

La montagne, réservoir de la vie
Les montagnes jouent un rôle essentiel sur le climat : elles obligent les nuages à s'élever, provoquant des précipitations. Grâce aux torrents et aux ruisseaux, la montagne est souvent une source d'eau pour l'irrigation des plaines : leurs sols s'enrichissent grâce à l'apport d'alluvions riches en argile, en silice, en calcium et en potasse.

La montagne et l'homme
En Europe, la population vivant en altitude est peu importante. Il en va tout autrement en Amérique latine (Mexique et pays de la cordillère des Andes) et en Asie (Tibet). Les conditions climatiques spécifiques à la montagne influent sur la physiologie de ses habitants : la raréfaction de l'oxygène en altitude modifie la composition du sang.

A mesure que l'on monte en altitude, la faune et la flore se transforment. La raréfaction de l'oxygène, les températures plus rudes ainsi que l'ensoleillement, variable selon les versants, imposent de nouvelles conditions de vie aux organismes vivants. Ainsi, dans nos régions montagneuses, on rencontre jusqu'à 600-1 000 m des chênes-lièges (A), des pins d'Alep (B), des hêtres (C) et des chênes (D). Entre 1 000 et 1 500 m, des pins (E) et des sapins (F); plus haut encore, des mélèzes (G) ainsi que des rhododendrons (H) et des anémones (I); vers 2 400-3 000 m, près des neiges éternelles, seuls les edelweiss (J) résistent encore. Chez les animaux, on assiste au même phénomène. Entre 1 000 et 1 500 m, on rencontre la mésange huppée (1), la chouette (2) et le rouge-gorge (3); au-dessus, le pinson (4), l'alouette (5) et le bouvreuil (6). Au-delà de 2 000 m, la marmotte (7) fait son terrier tandis que l'aigle royal (8) surveille les bouquetins (9) et les chamois (10). A plus de 3 000 m règne le chocard (11).

La vie de la forêt

Sans l'intervention de l'homme, la forêt couvrirait une grande partie des terres. Il doit la protéger car elle joue un rôle déterminant dans l'équilibre écologique : elle utilise le gaz carbonique contenu dans l'atmosphère pour fabriquer des substances organiques dont ont besoin tous les organismes vivants.
Elle abrite toute une faune comprenant des milliers d'espèces, des plus petits insectes aux gros mammifères. Selon la latitude, la forêt offre des aspects très différenciés.

La forêt équatoriale
C'est la plus impressionnante : vue d'avion, elle ressemble à un véritable océan de verdure. Elle est difficilement pénétrable, c'est pourquoi on l'appelle la forêt vierge.
Sur un kilomètre carré, il n'est pas rare de trouver 3 000 à 4 000 variétés de plantes. Certaines d'entre elles, avides de lumière, s'élèvent couramment jusqu'à 70 m.
L'hévéa (arbre à caoutchouc), les bois précieux comme le palissandre, le tek ou l'acajou sont la richesse de cette forêt.

La forêt méditerranéenne
La végétation des abords de la Méditerranée est composée d'arbres, d'arbustes et de buissons résistants à la sécheresse. Les zones les moins sèches sont peuplées de chênes verts et de chênes-liège, arbres à feuilles persistantes; dans les zones les plus sèches, le chêne vert côtoie le thuya et le pin d'Alep.

L'équipement routier des pays équatoriaux et tropicaux contraint l'homme à s'attaquer à la forêt. Certains craignent un bouleversement des grands équilibres écologiques. Dans des régions comme l'Amazonie, l'existence même des populations indiennes est menacée.

Le domaine de la forêt tempérée

Le parc forestier français est un bon exemple de forêt tempérée. Le sous-bois est formé d'arbustes, de buissons et de plantes herbacées. Le hêtre domine dans les zones aux hivers peu marqués et aux étés humides, sans température trop élevée. Sinon règnent le chêne et, dans les montagnes, les conifères.

L'exploitation des forêts

Les débouchés directs de l'utilisation du bois sont nombreux : énergie (bois de chauffage), papiers, cartons, cellulose et bois de construction (ameublement...). Afin de préserver le parc forestier, l'homme a développé la sylviculture. Il s'agit de la création, du renouvellement et de l'exploitation rationnelle des forêts grâce à leur surveillance, à leur entretien.

Un équilibre écologique menacé

Les forêts jouent un rôle essentiel dans l'équilibre oxygène-gaz carbonique (cycle du carbone) et purifient l'atmosphère. Cependant, la forêt est menacée de destruction par les déboisements inconsidérés et par les incendies. La pollution de l'atmosphère et les pluies acides, attribuées aux gaz d'échappement des automobiles et, surtout, aux fumées d'usine, provoquent de très graves dégradations en Europe centrale.

Les mondes équatoriaux et tropicaux

Les mondes équatoriaux et tropicaux abritent les populations humaines les plus nombreuses depuis un demi-siècle.
C'est pourtant là, dans des conditions climatiques difficiles, que se concentrent les pays les plus pauvres.
C'est là aussi que vivent les dernières communautés primitives, encore peu touchées par la civilisation, mais en voie d'extinction.

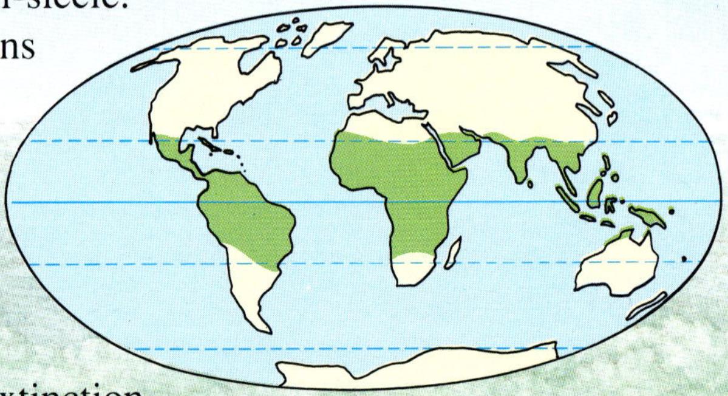

Deux mondes différents
Le monde équatorial, de part et d'autre de l'équateur, est très humide, avec des températures élevées et constantes toute l'année : il ne comprend qu'une seule saison.
Les mondes tropicaux sont plus variés. Certains n'ont aussi qu'une seule saison, mais totalement sèche (désert du Sahara). D'autres, situés entre la zone équatoriale et la zone tropicale aride, forment transition avec deux saisons, l'une sèche, l'autre humide et d'autant plus longue qu'on se rapproche de l'équateur.

Une nature très contrastée
La zone équatoriale est le royaume de la forêt vierge, haute, dense, presque impénétrable, toujours verte. On la trouve dans le bassin du Congo, en Amazonie, en Nouvelle-Guinée, en Indonésie.
Au fur et à mesure que l'on s'éloigne de cette zone, la forêt s'éclaircit, s'abaisse et fait place à la savane, aux herbes hautes et serrées parsemées d'arbres. Puis vient la steppe et sa végétation encore plus clairsemée et basse où les épineux, très résistants, annoncent le désert.

Le massacre des éléphants en Afrique. Comme d'autres espèces (rhinocéros), l'éléphant est en voie de disparition car, jusqu'à ce jour, les mesures de protection se sont révélées insuffisantes.

Un feu de savane au Burkina Faso. Avant de pouvoir cultiver la terre, les agriculteurs se débarrassent par le feu de la végétation abondante qui recouvre le sol. La culture sur brûlis est une pratique traditionnelle dans la zone intertropicale, que ce soit en Asie, en Afrique ou en Amérique.

Un sol pauvre et un sous-sol riche
Ces régions sont difficilement exploitables. Leurs sols ont le plus souvent besoin d'importants apports en engrais (phosphates et potasse). Il a fallu attendre le XXe siècle pour qu'on découvre que des pays comme le Zaïre, le Brésil amazonien, le Cameroun, le Gabon recèlent des ressources minières (métaux précieux et rares) et énergétiques (pétrole, hydroélectricité) importantes.

Les atouts des pays tropicaux

- Les cultures tropicales (thé, cacao, café, arachide, coton, canne à sucre...)
- Les matières premières et sources d'énergie (uranium au Gabon, cuivre au Zaïre, pétrole au Nigeria et au Venezuela, fer au Brésil...)
- Le tourisme

Le dur labeur des hommes
L'agriculture y revêt plusieurs formes :
• La culture sur brûlis, très traditionnelle et extensive, est pratiquée par de petits agriculteurs ou des communautés qui brûlent la végétation pour enrichir la terre avec les cendres obtenues. Y sont cultivées des céréales (mil, sorgho, manioc...), des fèves... La terre, vite épuisée, est mise en jachère pour de nombreuses années.
• La riziculture, le plus souvent irriguée (Asie du Sud-Est), est au contraire intensive, avec parfois deux récoltes par an. Elle est la base alimentaire de plus de deux milliards d'hommes.
• L'agriculture de plantation, héritée de la colonisation, correspond en général à de grandes exploitations. Les productions sont exportées (agrumes, café, cacao, bananes...).

Une région explosive
Correspondant aux zones des pays sous-développés, les pays tropicaux et équatoriaux font face à de grandes difficultés d'ordre climatique (sécheresse), économique (famines, baisses du prix des matières premières), social (explosion démographique et misère des populations urbaines) et politique (guerres civiles et ethniques).

Les mondes glaciaires

Autour des deux pôles, deux immenses calottes glaciaires forment des ensembles presque inhabités par l'homme en raison de conditions climatiques difficilement supportables : au nord l'Arctique, qui est un océan couvert par la banquise, au sud l'Antarctique, qui est un véritable continent.
Ces deux zones sont délimitées par les cercles polaires situés à 66° 34' de latitude nord et sud.

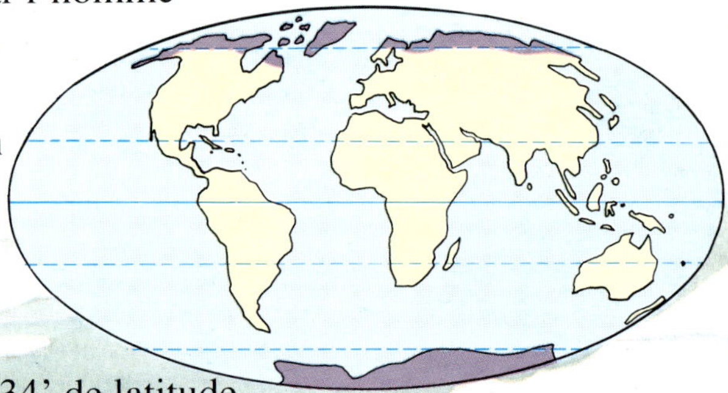

Un jour et une nuit
A cause de la position inclinée de la Terre dans sa rotation autour du Soleil, les mondes glaciaires ne connaissent qu'un long jour et une longue nuit de six mois chacun.
La température extérieure est largement au-dessous de zéro en permanence d'octobre à avril dans l'hémisphère Nord et de mars à octobre dans l'hémisphère Sud.
En été, le thermomètre peut monter jusqu'à 10 °C maximum.

Le Groenland
Le monde glaciaire arctique est habité par cent mille Eskimos dans les parties septentrionales de la Sibérie et du Canada, mais surtout au Groenland, immense île glaciaire.
Le Groenland est autonome depuis 1978 tout en dépendant du Danemark pour sa défense. Aux activités traditionnelles (pêche et chasse) s'est ajoutée l'activité minière : zinc et plomb.

Les calottes glaciaires

- ❑ Arctique : 11,2 millions de km^2; minimum de température enregistré : — 67,7 °C en Sibérie
- ❑ Antarctique : 14 millions de km^2; minimum de température enregistré : — 92,7 °C près du pôle Sud

L'Eskimo s'est adapté aux conditions de la civilisation moderne. Le Groenland fait partie des régions riches du globe.

Des zones stratégiques
L'Antarctique est inhabité, mais utilisé à des fins scientifiques (météorologie, géodésie, géologie, etc.) par onze pays : Australie, Argentine, Japon, Russie, États-Unis, Grande-Bretagne, Afrique du Sud, Chili, Nouvelle-Zélande, Norvège et France.
Chacun y a installé des postes d'observation.
Quant à l'Arctique, il revêt une importance stratégique : les États-Unis ont installé deux bases militaires à Thulé (Groenland).

Un autre type de paysage des régions froides : la taïga, en Sibérie.

Les glaciers
A plusieurs reprises, les glaciers continentaux, venus des pôles, se sont rapprochés de l'équateur, tandis que d'autres glaciers, dans les hautes montagnes (Alpes, Himalaya) creusaient des vallées en U. Les glaciers ne se limitent donc pas aux régions polaires. Ils sont nourris par les précipitations, mais sont attaqués par les radiations solaires.
Nous sommes actuellement dans une phase de recul des glaciers.
En cas de fonte générale des glaciers, le niveau de la mer s'élèverait de 60 m!

Quelques longueurs de glaciers

- Alaska : Bagley Icefield, 185 km
- Russie : Fedtchenko, 77 km
- Pakistan : Siachen, 75 km
- Nouvelle-Zélande : Tasman, 28 km
- Suisse : Aletsch, 24,7 km
- France : mer de Glace, 12 km

Les mondes désertiques

Les déserts chauds (en Afrique, Amérique et Australie) et les déserts froids (Asie, Antarctique) couvrent 28 % de la totalité des terres émergées du globe. Le plus souvent vides d'hommes, ils ne sont pas sans histoire. On a retrouvé des peintures préhistoriques en plein Sahara. Depuis 1945, grâce à la découverte du pétrole (Sahara et golfe Persique), de nouvelles puissances économiques sont nées dans le désert.

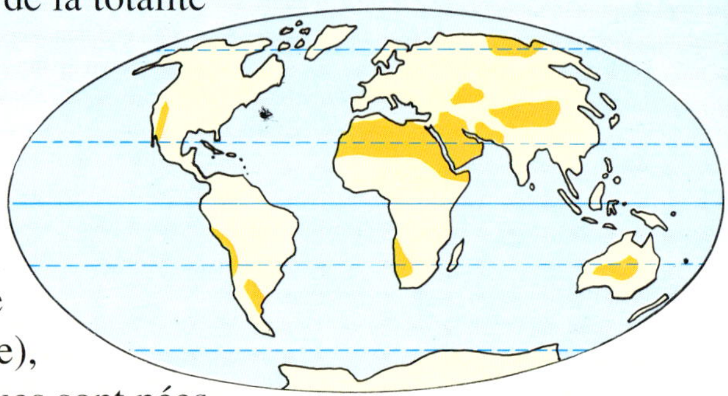

Le désert avance

Le sol devient désertique lorsque le niveau des précipitations passe au-dessous de 250 mm par an. La terre sèche, l'érosion détruit les roches, devenues plus friables. Aujourd'hui, le désert progresse de 5 à 6 millions d'hectares par an dans le monde : au Soudan, par exemple, il avance de 5 km.

Les déserts par continent
(en millions de km^2)

- ❑ Afrique : 17,3 (58 % du continent)
- ❑ Asie : 15,232 (37 % du continent)
- ❑ Amérique : 7,7 (20 % du continent)
- ❑ Australie : 6,2 (80 % de l'île)

La lutte contre le désert est possible. Ces plantations irriguées dans le sud du Maroc (gorges de Todgna) en témoignent. Toutefois, elles exigent souvent des investissements financiers considérables.

Un sous-sol riche et un terrain d'expérimentations

Le sous-sol de certains déserts, comme ceux du Sahara, des pays du golfe Persique, du Texas, renferme de gigantesques gisements d'hydrocarbures (pétrole et gaz naturel). Afin d'exploiter ces énergies essentielles à la civilisation moderne, des villes sont nées dans le désert.
Les étendues désertiques ont été propices aux expériences scientifiques, nucléaires en particulier : déserts du Nevada (États-Unis) et du Sahara (explosion de la première bombe atomique française à Reggane).

Des torchères sur le gisement pétrolier d'Hassi Messaoud (Algérie).

Les oasis

Les populations nomades disparaissent progressivement (Touaregs, etc.) et se sédentarisent autour des oasis. Celles-ci sont dues à des nappes souterraines ou aux sources d'une montagne voisine dont l'eau est apportée par des canalisations. L'agriculture y est très intensive. Les oasis sont les étapes obligatoires à toute traversée d'un désert et sont des lieux de commerce importants.

Le Paris-Dakar. La fascination qu'exerce le désert auprès des Occidentaux ne faiblit pas. Elle trouve dans les techniques les plus modernes un moyen de s'exprimer.

Quelques grands déserts
(en millions de km²)

- Sahara (Afrique du Nord) : 7,77
- Australie centrale : 1,5
- Gobi (Chine) : 1,036
- Kalahari (Namibie) : 0,518
- Atacama (Chili) : 0,181

Les mondes tempérés

Les milieux tempérés de l'hémisphère Nord concentrent la quasi-totalité des grandes puissances (Inde exceptée) et près de la moitié de la population mondiale. Moins éprouvant pour les espèces vivantes que les autres milieux, le monde tempéré est aussi celui où l'influence de l'homme est la plus visible sur les paysages. Dans l'hémisphère Sud, les zones tempérées ne concernent qu'une partie de l'Amérique du Sud, de l'Afrique australe et de l'Australie.

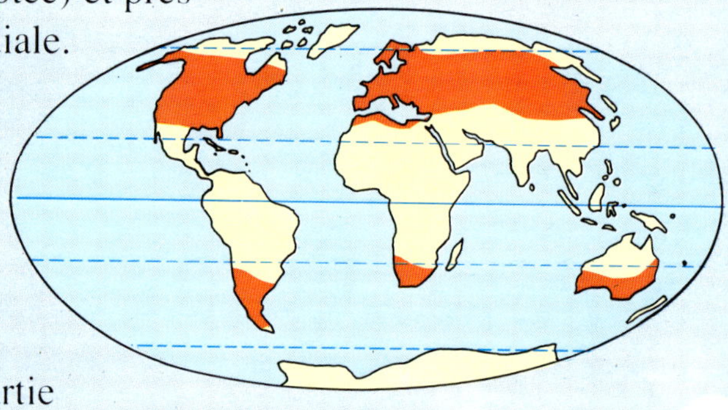

Un monde aux aspects multiples

Dans l'hémisphère Nord, le monde tempéré est délimité au nord par une ligne où la moyenne des températures estivales dépasse 10 °C et au sud par une ligne où les températures hivernales dépassent 18 °C. Malgré ce large éventail de conditions climatiques, ces régions vivent un cycle de quatre saisons bien contrastées.
Voilà pourquoi voisinent sous un même terme des climats si spécifiques que les climats océanique, continental, méditerranéen et chinois.

Les raisons des différences

Ces différences sont dues à trois influences déterminantes :

- le poids des océans avec ses vents d'ouest et ses courants chauds venus des tropiques qui procurent douceur et humidité aux pays côtiers situés dans l'ouest des continents;
- la proximité des pôles : plus on s'approche des pôles, plus l'hiver est rigoureux et les températures basses tout au long de l'année;
- la place à l'intérieur des terres : à mesure que faiblit l'influence océanique, l'humidité diminue et les climats deviennent plus contrastés, l'amplitude des différences saisonnières s'accroît.

Les climats tempérés

- ❑ Brest : amplitude 10° (janvier 6°; juillet 16°)
- ❑ Athènes : amplitude 19° (janvier 9°; juillet 28°)
- ❑ Moscou : amplitude 29° (janvier —10°; juillet 19°)
- ❑ Shanghai : amplitude 24° (janvier 4°; juillet 28°)
- ❑ New York : amplitude 29° (janvier —5°; juillet 24°)

L'homme maître des mondes tempérés

La relative homogénéité des climats tempérés a favorisé la présence de l'homme qui a quitté les zones désertifiées au fil des siècles. Il a pu y trouver les conditions les plus favorables pour se reproduire, travailler et se déplacer.

L'agriculture et l'élevage intensifs ont permis le développement économique des zones tempérées. Ci-dessus, deux types de paysages agraires. A gauche le pays de bocage (ici dans l'ouest de la France) constitué par une mosaïque de champs séparés par des barrières ou des haies. A droite le pays dit de champs ouverts, ou openfield (ici en Champagne), favorisant les grandes récoltes de céréales et l'utilisation rationnelle des machines agricoles.

La faune et la flore

Les mondes tempérés bénéficient d'une végétation très variée : au nord, la prairie, comme dans les grandes plaines des États-Unis, et les forêts de conifères, notamment dans les montagnes; au centre et au sud, des feuillus comme les chênes et les hêtres; très au sud, d'autres conifères adaptés aux pays secs, mais surtout des arbustes et des plantes herbacées qui couvrent garrigues et maquis.
Depuis fort longtemps, la faune a subi la dure loi des hommes qui a fait disparaître les grosses espèces. Faune et flore y sont «domestiquées», sauf en très haute montagne.

L'Afrique

Peu peuplée, l'Afrique est un ensemble massif s'étendant sur 8 000 km du nord au sud et sur 7 500 km d'est en ouest.
A l'exception du Maghreb au nord et de la région du Cap au sud, qui appartiennent à la zone tempérée, l'Afrique est un continent chaud situé presque entièrement dans la zone intertropicale.
L'héritage de la colonisation caractérise ce continent politiquement instable et dont la population reste une des plus pauvres du monde.

Un township (bidonville) près du Cap : l'Afrique australe est la partie la plus riche du continent, mais l'apartheid (ségrégation des gens de couleur) rend incertaine la situation en Afrique du Sud.

Afrique noire et Afrique blanche
Appelée « continent noir », l'Afrique n'est noire qu'en partie puisque l'« Afrique blanche », au nord du Sahara, compte plus de 110 millions d'habitants et l'Afrique du Sud 6 millions. Cependant, les Noirs, divisés en grands groupes raciaux, représentent un peu plus des deux tiers de la population.

Le poids de la colonisation
De la colonisation résulte un découpage arbitraire des frontières qui ne tient guère compte des ethnies : certaines ont été réparties dans plusieurs États.
La réunion de plusieurs ethnies dans un même pays est la source de guerres civiles (Soudan, Rwanda…).
Le passé colonial explique également la coexistence de pays de superficies, de poids démographiques et économiques très inégaux.
La colonisation a trop souvent imposé une économie fondée sur la monoculture de produits exclusivement destinés à l'exportation et très dépendants des cours mondiaux (arachide, café, coton…).

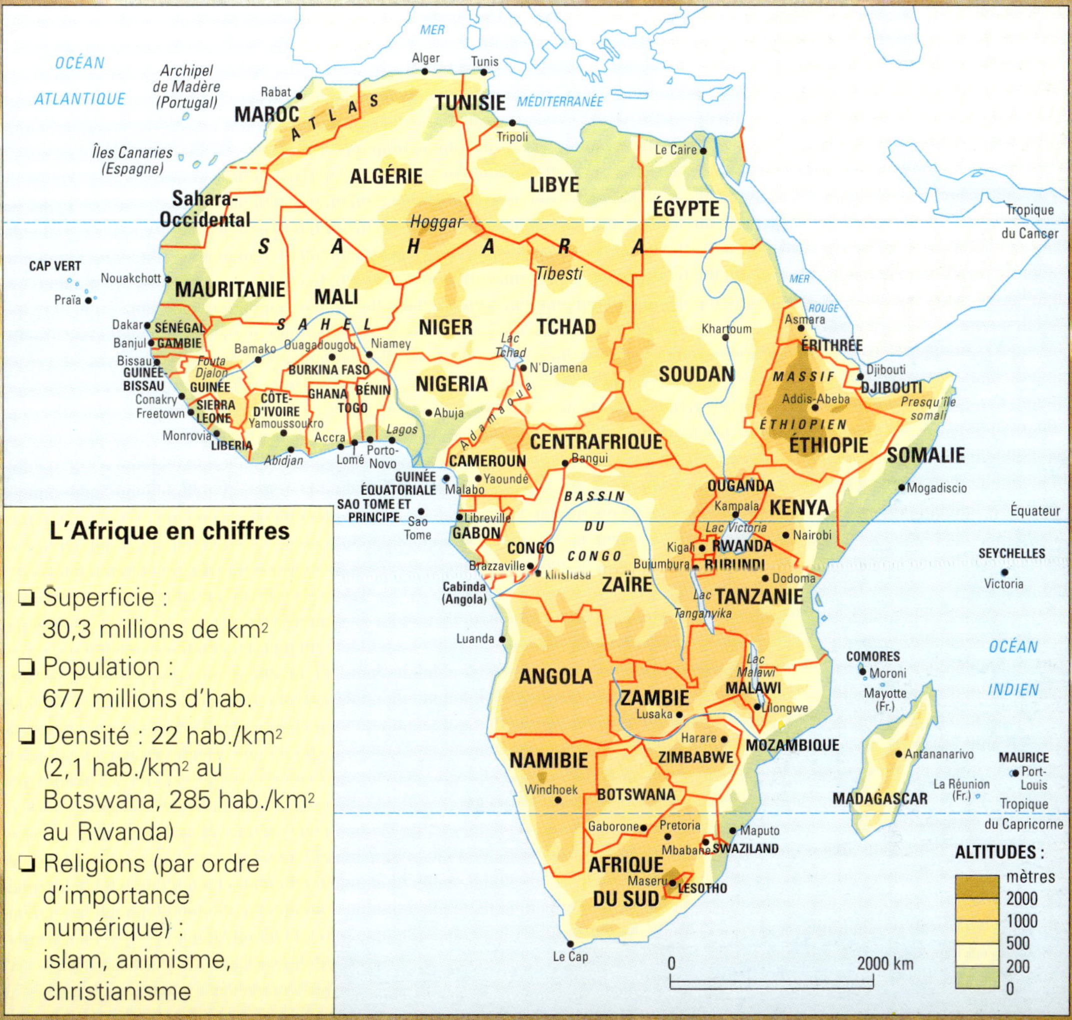

L'Afrique en chiffres

- ❏ Superficie : 30,3 millions de km²
- ❏ Population : 677 millions d'hab.
- ❏ Densité : 22 hab./km² (2,1 hab./km² au Botswana, 285 hab./km² au Rwanda)
- ❏ Religions (par ordre d'importance numérique) : islam, animisme, christianisme

Une économie peu développée
Après trente ans d'indépendance, le bilan du développement de l'Afrique est inquiétant.
La grande majorité des pays africains, faute de matières premières à exporter, connaît la régression ou la stagnation de leur agriculture.
Face aux cours des matières premières, les perspectives économiques apparaissent bouchées. L'endettement contracté à l'égard des pays riches est considérable.

Une mosaïque ethnique, politique et religieuse
Diversité religieuse, morcellement ethnique et faiblesse de l'État caractérisent les nations d'Afrique tropicale. L'islam, particulièrement important au nord et au centre du continent, continue de s'étendre.
De son côté, le christianisme, très minoritaire, est représenté dans la moitié sud.
Enfin, une grande partie des populations africaines est animiste et attribue une âme aux éléments naturels (animaux, végétaux) et aux objets.

Les Amériques

Étiré sur plus de 15 000 km du nord au sud, le continent américain est constitué de deux grands ensembles : l'Amérique du Nord (à dominante anglo-saxonne) et l'Amérique latine (à dominante espagnole et portugaise). Ces deux Amériques s'opposent : ce sont, dans le domaine économique, deux mondes différents.
Cependant, elles ont toutes deux un point commun : leur population vient en majeure partie des autres régions du monde. Sur tout le continent, cette immigration s'est imposée par la violence aux sociétés indiennes.

Un peuplement inégal
Si la densité moyenne de peuplement est faible (18 habitants au kilomètre carré), la population est très inégalement répartie. A des zones particulièrement peuplées comme le Nord-Est américain, le pourtour oriental des Grands Lacs, le sud-est du Brésil ou certaines îles des Antilles, s'opposent d'immenses régions vides comme le Nord canadien ou l'Amazonie.

Trois grands types de paysage
La façade Pacifique est dominée par de hautes chaînes étirées, les cordillères (Rocheuses au nord et Andes au sud) enserrant souvent des plateaux d'altitude.

La façade Atlantique, parfois bordée de plaines littorales, est dominée par des montagnes moyennes (les Appalaches au nord) ou de hauts plateaux (plateau brésilien au sud).

Le centre est occupé par de grandes zones sédimentaires plus basses, comme la prairie américaine ou la forêt amazonienne.

Paysage de la cordillère des Andes : un élevage de lamas et d'alpagas en Bolivie.

Un brassage de populations

L'Amérique latine s'est peuplée par vagues successives d'immigrants européens ou d'esclaves transportés d'Afrique. Ils se sont souvent mêlés aux populations autochtones, les Indiens. Aussi les métis forment-ils aujourd'hui le groupe dominant (70 à 95 %).

En Amérique du Nord, et surtout aux États-Unis, les émigrants européens se sont intégrés sans grande difficulté.
Il n'en va pas de même des Noirs, descendants des esclaves, pour lesquels l'égalité civique et politique reste souvent théorique.
L'émigration asiatique, quant à elle, a dû surmonter les réticences des États-Unis.

Les Amériques en chiffres

- Superficie : 42 millions de km²
- Population : 730 millions d'habitants (13,5 % de la pop. mondiale)
- Densité : 18 hab./km²
- Religions (par ordre d'importance numérique) : catholicisme, protestantisme

Nord/Sud : un développement inégal

L'ensemble du continent est dominé par les États-Unis. L'économie de l'Amérique latine est encore marquée par l'histoire coloniale : les grandes propriétés agricoles dominent et le secteur industriel est dans l'ensemble peu développé.
L'Argentine, qui avait réussi son industrialisation, souffre aujourd'hui d'une crise économique catastrophique. Seuls le Brésil, qui dispose de ressources minières importantes, et le Mexique, grâce à son pétrole, semblent devoir se développer dans le futur, malgré une dette extérieure considérable.

L'Asie

L'Asie est le plus vaste et le plus peuplé des continents. La Chine et l'Inde sont les deux pays les plus peuplés de la planète et comptent à elles seules plus de deux milliards d'habitants (plus du tiers de la population mondiale).
La natalité y est en général très importante et la population inégalement répartie : les ressources disponibles restent insuffisantes. En dehors de quelques États industriels ou producteurs de pétrole, la pauvreté domine largement.
L'avenir de l'Asie dépend de sa capacité à marier le mode de développement occidental avec ses riches traditions millénaires, comme a su le faire le Japon.

Des paysages très contrastés
L'extension en latitude explique la diversité des climats.
Le nord est marqué par le climat sibérien, très rude en hiver : c'est le domaine de la toundra et de la taïga.
De l'Arabie et de la Caspienne au désert de Gobi, le climat est désertique ou du moins aride : la steppe domine.
Le Sud-Est, plus chaud, connaît les pluies d'été, essentielles pour l'agriculture : la forêt recouvre partiellement l'Indonésie et les Philippines.

L'Asie en chiffres

- ❑ Superficie : 44 millions de km² (30 % des terres émergées)
- ❑ Population : 3,4 milliards d'habitants (65 % de la population mondiale)
- ❑ Densité : 809 hab./km² au Bangladesh, 7,5 hab./km² en Oman
- ❑ Alphabétisation : 99 % d'alphabétisés au Japon, 12 % en Afghanistan
- ❑ Religions (par ordre d'importance numérique) : hindouisme, islam, bouddhisme, confucianisme, animisme, christianisme

Le repiquage du riz à Bali.

Un monde majoritairement rural
Le riz est la céréale de l'Asie des moussons (sud et sud-est du continent) où il constitue la base de l'alimentation et de l'habitat (toits et murs des habitations).
En revanche, le blé tient une place capitale dans les régions moins arrosées d'Asie occidentale et dans la partie nord de la Chine.
L'Asie fournit également l'essentiel des productions mondiales de thé et de caoutchouc naturel.

L'Inde, entre développement et pauvreté

L'Inde est peuplée d'environ 860 millions d'habitants, dont 310 millions ont moins de 15 ans. Malgré une croissance agricole et industrielle étonnante, elle appartient encore au monde des pays en voie de développement : les conditions climatiques, la diversité ethnique et linguistique, un taux de natalité élevé ainsi que le système social des castes entravent le développement économique de ce pays.

Un développement inégal

Les pays à la fois producteurs de pétrole et peu peuplés (Koweit, Arabie Saoudite, Émirats arabes unis) ou ceux qui disposent de ressources minières (Chine, Inde) connaissent une croissance économique notable. A l'exception du Japon et des États à la vitalité commerciale et industrielle récente (Corée du Sud, Taïwan, Hong Kong, Singapour, Thaïlande), le reste de l'Asie vit une misère chronique.

L'Europe

Avec 10 millions de kilomètres carrés, l'Europe est le plus petit des cinq continents — mais le plus densément peuplé — et appartient en quasi-totalité au monde développé. L'agriculture n'y emploie plus que 10 % de la population active, l'industrie le tiers et le reste se retrouve dans le secteur tertiaire (administrations, banques, services, etc.).
Depuis 1945, l'Europe a vu son influence diminuer au profit de ses rivaux : États-Unis et URSS (jusqu'à la fin des années 80) au plan politique, États-Unis et Japon au plan économique. Elle est de plus en plus dépendante pour ses approvisionnements en matières premières et énergétiques. Elle éprouve également des difficultés à surmonter son morcellement politique.

Le relief européen
L'Europe septentrionale correspond à un ensemble de vastes plaines sédimentaires (plaine nord-européenne, Bassin parisien...) et de vieux massifs usés (Ardennes, Bretagne, Écosse) et parfois rajeunis (Scandinavie, Vosges).
L'Europe méridionale est occupée par des chaînes de l'ère tertiaire (Pyrénées, Alpes, Carpates) qui enserrent des régions basses et peu étendues.

Une vallée dans la Forêt-Noire, en Allemagne.

Un carrefour entre les continents
L'Europe communique à l'est de l'Oural avec le continent asiatique. Elle n'est séparée de l'Afrique que par des détroits facilement franchissables et par la mer Méditerranée. Les différences traditionnelles entre une Europe du Nord protestante et industrielle et une Europe du Sud catholique et paysanne s'estompent. Un nouveau mode de vie, une même civilisation urbaine s'imposent du nord au sud.

L'Europe* en chiffres (sans la Russie)

- Superficie : 5,7 millions de km² (7 % des terres émergées)
- Population : 576,9 millions d'habitants (14 % de la population mondiale)
- Densité : 84 hab./km²
- Production industrielle : 30 à 40 % du total mondial
- Taux d'urbanisation : 70%

*y compris Ukraine, Moldavie, Biélorussie et pays baltes

La civilisation européenne

L'Europe ne possède aucune unité ethnique, linguistique ou politique. Pourtant, la majorité des peuples européens partage bien des points communs : l'aspiration à la démocratie, une société où la place laissée aux sciences, à la technologie et aux idées de progrès est essentielle et, enfin, un fonds religieux commun.

L'Océanie

L'Océanie doit son nom à l'immensité de l'océan Pacifique. Les îles et archipels d'Océanie, extrêmement dispersés, couvrent près de 8,5 millions de km² et ne comptent que 30 millions d'habitants.
Deux types de civilisation s'y côtoient : l'une indigène, l'autre importée d'Europe. L'Australie et la Nouvelle-Zélande — pays au niveau de vie élevé — s'opposent au reste de l'Océanie où les indigènes (Mélanésiens et Polynésiens) vivent essentiellement de la pêche et de l'agriculture.
Entre Asie et Amérique, l'Océanie est amenée à jouer un rôle croissant dans les futures décennies.

Formation géologique de l'Océanie

Les plus grandes îles (Australie, Nouvelle-Zélande, Nouvelle-Guinée) sont les parties émergées du socle continental. En dehors des atolls d'origine corallienne, la plupart des îles de l'Océanie sont le fruit d'une intense activité volcanique.
La quasi-totalité des îles de l'Océanie, hormis la Nouvelle-Zélande et le sud de l'Australie, sont situées entre les tropiques du Cancer et du Capricorne et connaissent de ce fait un climat de type tropical ou équatorial, chaud et humide.

La population autochtone d'Australie, 150 000 aborigènes, ne représente plus que 1 % du peuplement total.

Trois grands ensembles

Exceptée l'Australie, à elle seule un véritable continent, les 10 000 autres îles se répartissent en trois grands ensembles, plutôt ethnographiques que géographiques :

• la Mélanésie comprend des îles situées au nord-est de l'Australie, dont la Nouvelle-Guinée, la Nouvelle-Calédonie et les Fidji;

• la Polynésie s'étend de la Nouvelle-Zélande aux îles Hawaii en passant par les archipels du Pacifique central;

• la Micronésie (îles Mariannes...) englobe les îles situées au nord de la Mélanésie.

La carte politique

Environ une dizaine d'États sont indépendants, dont quelques-uns minuscules (Nauru ou Tonga). Des archipels appartiennent à l'Australie et surtout à la Nouvelle-Zélande (Cook), aux États-Unis (Hawaii en est le 50e État) ou à la France (Polynésie française, Nouvelle-Calédonie, Wallis-et-Futuna). La moitié occidentale de la Nouvelle-Guinée est indonésienne.

L'Australie, la grande puissance régionale

Avec 85 % des terres émergées et près de 60 % de la population océanienne, l'Australie est l'État le plus vaste du Pacifique. Les ressources de son sous-sol sont considérables et elle exploite le pétrole sous-marin. Les produits agricoles constituent l'essentiel des exportations (premier rang mondial pour la production d'ovins). L'essor des branches industrielles, textiles et alimentaires a donné à l'Australie un niveau moyen de vie parmi les plus élevés du monde.

L'eau, une richesse menacée

L'eau constitue une ressource essentielle de l'activité économique : qu'elle vienne à manquer ou à être dangereusement polluée et c'est la vie même qui est menacée. En effet, l'agriculture et l'industrie sont toutes deux fortement consommatrices de cet élément vital.
Ces activités menacent le cycle écologique de l'eau. Aussi l'homme a-t-il dû développer l'hydrologie, science qui traite des propriétés mécaniques, physiques et chimiques des eaux.

L'eau et les facteurs climatiques
L'eau se trouve à l'état solide (glaciers, névés), à l'état liquide (océans, fleuves, sous-sol) et à l'état gazeux (vapeur répandue dans l'atmosphère).
Elle peut passer facilement de l'un à l'autre de ces états.
Ces transformations sont favorisées ou contrariées par les facteurs climatiques : ensoleillement, relief, vent, voisinage de la mer et courants marins qui affectent la température.

Les pays de mousson du Sud-Est asiatique, comme ici en Indonésie, sont les plus arrosés de la Terre. Le maximum de pluie est atteint dans la vallée de l'Assam (Inde) avec 12 000 mm par an (600 mm dans la région parisienne).

L'eau domestiquée
En bordure de mer, l'homme doit parfois se protéger des marées en construisant des digues (Pays-Bas et Bangladesh). L'eau est aussi un auxiliaire précieux dans le domaine de l'énergie (barrages, refroidissement du cœur des centrales nucléaires...), de l'industrie (sidérurgie, fabrication du papier).
Dans les villes, l'eau est domestiquée par un réseau de canalisations et d'égouts. Elle sert en outre à la lutte contre l'incendie.
Pour assainir les eaux usagées, des stations d'épuration ont été construites près des villes et des zones industrielles.

Une richesse inégalement répartie

Le volume annuel des pluies dépasse 500 000 km³, dont environ un cinquième tombe sur les continents. Si la pénurie en eau est donc exclue à l'échelle du globe, il n'en reste pas moins que de nombreux problèmes se posent : inégalités des précipitations (absence ou trop grande abondance des pluies), difficultés d'irrigation et pollution du sous-sol qui affecte la qualité de l'eau de consommation.

L'eau en chiffres

Volume total :
1 360 millions de km³ :
- ❑ mers : 95,5 %
- ❑ calottes glacières : 2,2 %
- ❑ sol, sous-sol, air : 2,3 % (lacs, marais 130 000 km³, atmosphère 14 000 km³, cours d'eau 4 000 km³)

L'eau en danger

Fleuves et rivières sont parfois pollués par le rejet excessif de déchets industriels de toutes sortes. D'autre part, l'usage massif d'engrais contamine l'eau des sous-sols : c'est la pollution chimique et bactériologique. L'approvisionnement en eau potable de la Bretagne est menacé par l'abus des phosphates dans l'agriculture.
Enfin, les rejets industriels et domestiques affectent la qualité des couches supérieures de l'air. En crevant, les nuages restituent une eau polluée par l'oxyde de soufre et l'azote : ce sont les pluies acides.

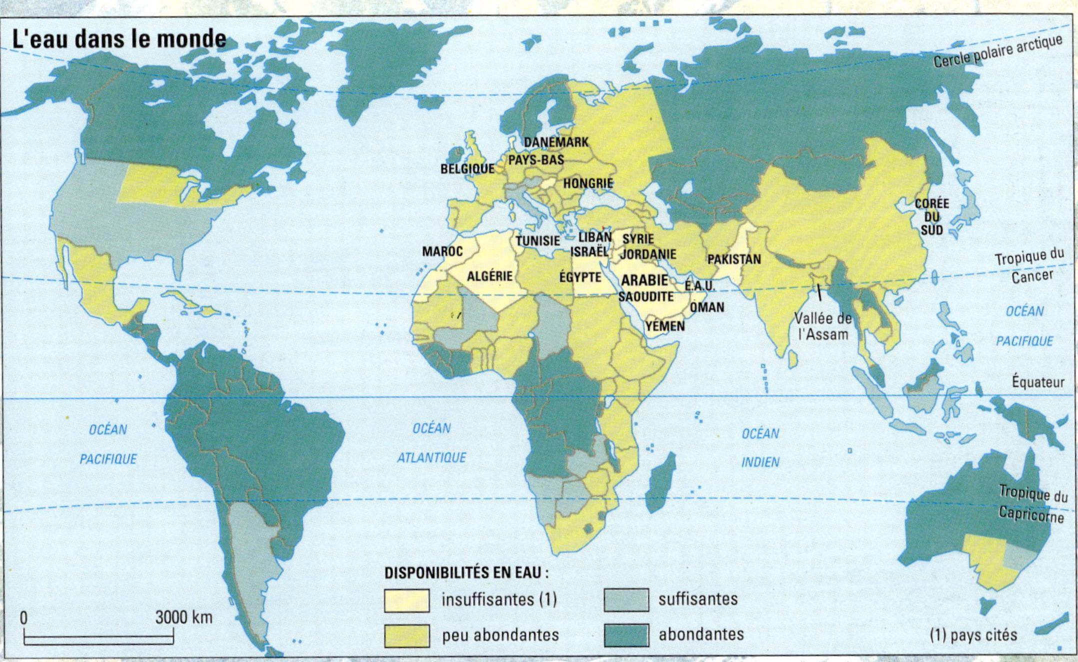

Cette carte indique les disponibilités et les réserves d'eau par pays calculées en fonction de la population sur la base de 1 000 m³ par an et par personne.

La faim dans le monde

Selon les statistiques de la Banque mondiale, un homme sur cinq souffre de sous-alimentation chronique ou de malnutrition grave. La majorité de ceux qui vivent en dessous du seuil de pauvreté absolue habitent en Asie et en Afrique subtropicale.
Dans la plupart de ces régions, l'agriculture, qui occupe pourtant la plus grande partie de la population, ne suffit pas à la nourrir.

La sous-alimentation...
On estime que 1 500 calories par jour sont le minimum nécessaire pour assurer la simple survie. A titre d'exemple, cela représente la valeur nutritive de deux tasses de chocolat, une banane, deux tranches de fromage et un steak.
Actuellement, une personne sur dix ne dispose pas de ce minimum vital en Asie, Afrique et Amérique latine et souffre de sous-nutrition.

... et ses causes
Les catastrophes naturelles (sécheresses, cyclones...) ou la guerre peuvent entraîner des mauvaises récoltes qui se transforment en famine dans des pays à trop forte natalité.
Les types de société, les systèmes et les politiques économiques des pays en voie de développement, le rôle parfois néfaste des sociétés multinationales sont également responsables de la sous-alimentation : choix de la monoculture intensive (appauvrissement des terres) au détriment de productions plus variées (cultures vivrières).

Les enfants, premières victimes

Sur plus de 1,9 milliard d'enfants que comptent les pays en voie de développement, on estime que plus des deux tiers seront frappés de maladies ou d'incapacités consécutives à la malnutrition ou aggravées par elle. Plusieurs centaines de millions d'enfants de ces pays présentent une croissance et un développement retardés.

En 1973, la dramatique sécheresse du Sahel (Afrique) a été l'une des causes essentielles de la famine.

La malnutrition dans les pays industrialisés

La malnutrition n'affecte pas seulement les pays du tiers monde, mais aussi les classes sociales défavorisées des pays développés, notamment dans les zones urbaines où les ressources des familles sont parfois très faibles. En France, on estime que 4 à 6 % de la population, soit 2 à 3 millions d'individus, ont des ressources toujours inférieures au minimum vital en vigueur dans nos pays.

A côté des organisations de solidarité traditionnelles (Croix-Rouge, Secours catholique, etc.), le mouvement des «restaurants du cœur», fondé par le comédien Coluche, offre des repas en hiver aux plus déshérités des Français.

La faim dans le monde

La plupart des régions tropicales sont touchées par la faim. Cependant, seules quelques régions ont connu récemment ou connaissent actuellement des famines : le Nordeste au Brésil, le Sahel, la Somalie et l'Éthiopie en Afrique et des régions d'Asie du Sud-Est comme le Bangladesh ou la péninsule Indochinoise.

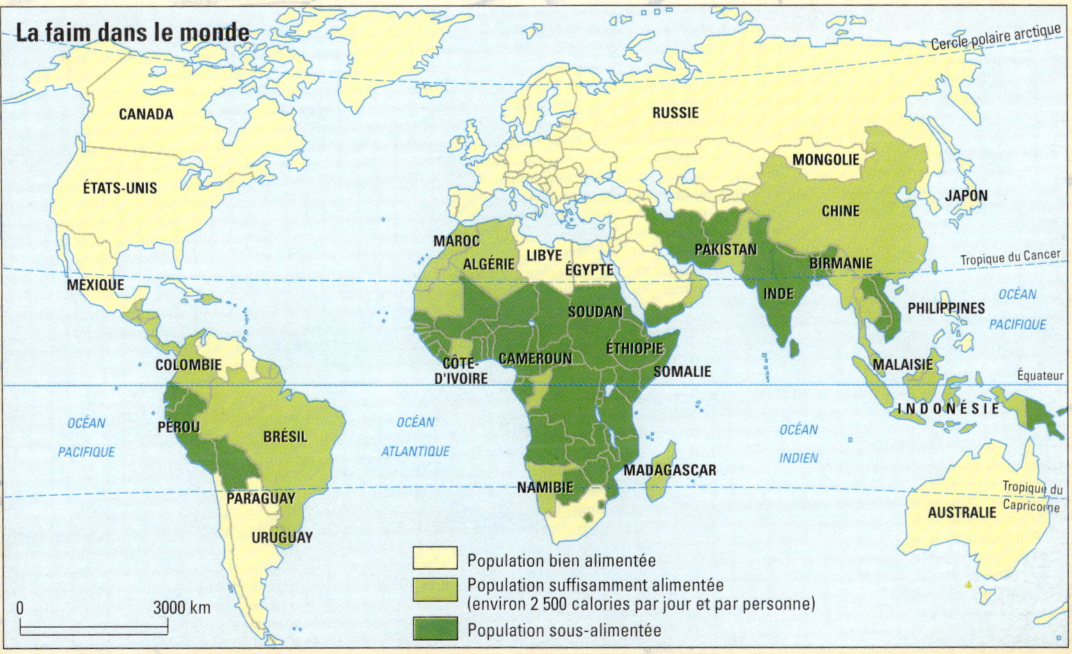

Un monde menacé par les guerres

La violence et la guerre sont communes à toute l'histoire humaine : luttes entre clans ou tribus, guerres de religion et guerres civiles ou encore conflits entre États ont modifié les frontières, bouleversé la démographie, entraîné d'importants exodes et pesé sur le développement économique de nombreux pays.

Des conflits meurtriers
Depuis la fin de la Seconde Guerre mondiale, des guerres de toute espèce ont provoqué la mort d'environ 15 millions d'individus, le plus souvent dans les pays récemment décolonisés et en voie de développement. Une dizaine de ces conflits ont causé à eux seuls plus de dix millions de victimes :

- les guerres d'Indochine (1946-1954) et du Vietnam (1964-1975) ;
- les guerres indo-pakistanaise et du Bangladesh (1947-1948, 1965 et 1971) ;
- la guerre de Corée (1950-1953) ;
- la guerre d'Algérie (1954-1962) ;
- la guerre civile au Soudan (1958-1972) ;
- les massacres en Indonésie (1965) ;
- la guerre du Biafra (1967-1970) ;
- la guerre du Cambodge (1974-1979) ;
- la guerre civile du Liban (depuis 1975) ;
- la guerre Iran-Irak (1980-1988) ;
- la guerre du Golfe (1991) ;
- les guerres dans l'est de l'Afrique (1970-1993).

Trois types de conflits
Depuis 1945, on dénombre environ une centaine de conflits de relative importance. On peut les classer en trois grandes catégories :

- guerres classiques entre États (Iran-Irak);
- guerres de libération nationale (Indochine);
- guerres civiles à motifs sociaux (Nicaragua), ethniques (Soudan) ou religieux (Irlande).

Certains conflits combinent plusieurs de ces aspects.

La guerre entre l'Irak et l'Iran, une des plus meurtrières de ces dernières années, a fait plus de 500 000 morts. L'économie des deux pays a été fortement éprouvée et la population particulièrement touchée : bombardement des villes, emploi de gaz, etc.

De l'affrontement Est-Ouest à l'après-guerre froide

Après la Seconde Guerre mondiale, la possession de l'arme nucléaire par les deux superpuissances les a conduites à renoncer à un affrontement direct : c'est ce qu'on a appelé la dissuasion nucléaire. Le champ des rivalités s'est alors déplacé vers les pays du tiers monde. La fin de la guerre froide a laissé penser un moment que la plupart des conflits s'apaiseraient. Les Nations Unies réussirent ainsi à mettre fin, en 1991, aux rêves hégémoniques du président irakien Saddam Hussein qui avait annexé le Koweit. Mais, de nouveaux points chauds apparaissent, tandis que se profile le danger de la dissémination de l'arme nucléaire.

Le Koweit, petit émirat pétrolier, est annexé le 2 août 1990 par l'Irak, qui doit se retirer le 28 février 1991.

Guerres et espoirs de paix dans le monde

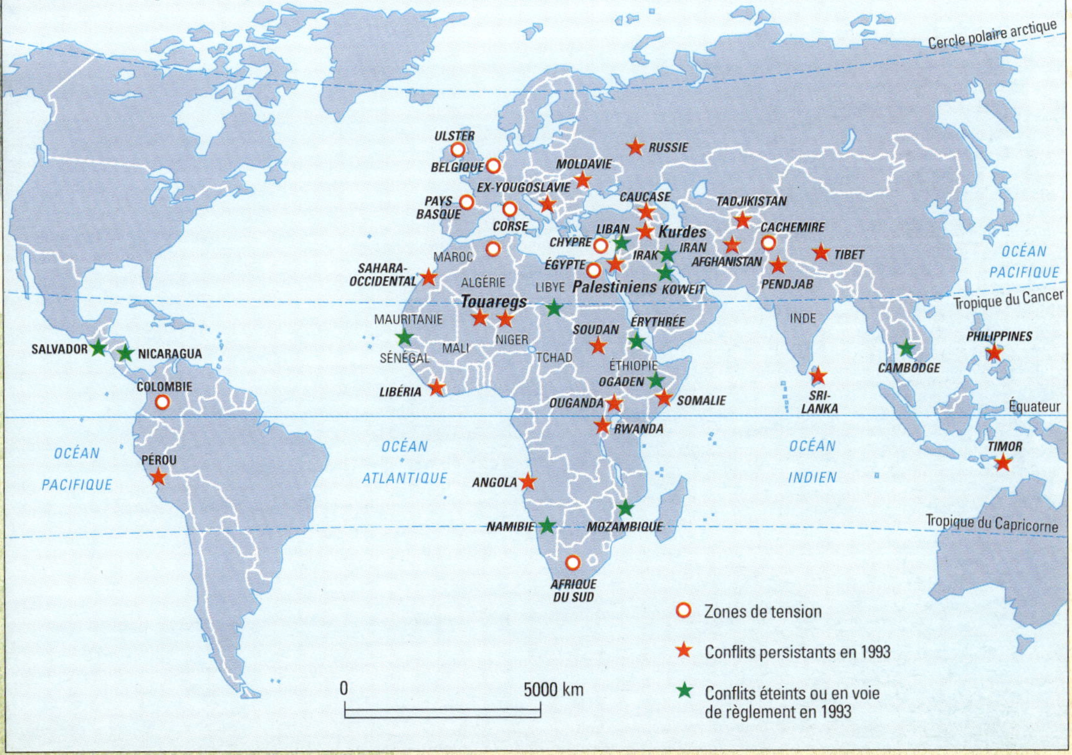

Le développement des zones pauvres

Les guerres incessantes, les rivalités internationales ou nationales, les contraintes naturelles, une démographie explosive et le contexte économique mondial contribuent à maintenir les pays du tiers monde dans la misère. Agriculture insuffisante, exode rural, luttes politiques, religieuses ou ethniques font le quotidien de la majorité de ces pays pauvres, qui appartiennent aux continents africain, américain et asiatique.

Le sous-développement
La prépondérance du secteur agricole, une croissance démographique importante, des inégalités sociales et économiques très marquées caractérisent les pays sous-développés.
A l'exception d'une poignée de pays, l'essentiel des nations du tiers monde ne parvient pas à sortir du sous-développement (notamment en Afrique).

Le Mali est un des pays les plus pauvres du monde. Les terres cultivées couvrent à peine 2 % de la superficie totale.

La dette, problème sans solution?
Les programmes de développement économique ont amené les pays du tiers monde à contracter des emprunts auprès des pays riches.
Actuellement, la plupart des pays emprunteurs ne sont pas en mesure de rembourser leurs dettes, sans pour autant avoir réussi à se développer.
La crise économique internationale, l'effondrement des cours des matières premières, une mauvaise utilisation des capitaux prêtés en sont la cause.
Il n'est pas rare que le niveau d'endettement dépasse 75 % du produit national brut (PNB).

Une démographie explosive
La population du globe, estimée à 4 milliards en 1970, va dépasser les 6 milliards à la fin du siècle.
A cette date, le tiers monde représentera 80 % de la population mondiale, contre 65 % en 1970.
Les conditions d'existence des habitants du tiers monde ne se sont guère améliorées depuis trente ans : une grande partie d'entre eux vit en dessous du seuil de pauvreté.

Le tiers monde : trois visages différents

Le Brésil (1re puissance industrielle du tiers monde et 10e du monde) appartient à la catégorie de pays qui, malgré une croissance élevée et des moyens industriels certains, sont incapables de nourrir leur population : 70 millions de Brésiliens ne mangent pas à leur faim.

L'Indonésie est l'exemple type des pays à forte progression démographique qui, parvenus à l'autosuffisance alimentaire, voient leur économie fragilisée par l'instabilité des cours du pétrole : celui-ci représente 60 % des recettes extérieures de l'Indonésie. Le Mexique est dans le même cas.

Le Bangladesh, enfin, illustre le cas de cette cinquantaine de pays dits «moins avancés» qui doivent leur survie à l'aide internationale.

Dans les régions du tiers monde, il existe des îlots de prospérité. Hong Kong connaît une réelle croissance économique en raison de la qualité de sa main-d'œuvre et de ses capacités marchandes. C'est le cas également de Taïwan, de la Corée du Sud, de Singapour ou de la Thaïlande.

Malgré des ressources pétrolières considérables, nombre de pays du tiers monde ne parviennent pas à redresser leur économie : ici, l'industrie pétrochimique au Brésil.

L'explosion urbaine

Si de tout temps les villes ont été pourvues en hommes venant des campagnes, c'est à partir du début du XIXe siècle que, en Europe, l'exode a pris une ampleur considérable.
Environ cent cinquante ans plus tard, les pays en voie de développement, à majorité paysanne, ont connu à leur tour une brutale explosion urbaine.
Aujourd'hui, les villes d'Asie regroupent plus du tiers de la population de ce continent, celles d'Afrique 40 %. En règle générale, la misère et la pauvreté ont accompagné l'exode rural, comme en témoignent, par exemple, les bidonvilles d'Amérique latine.

Le phénomène urbain en Europe
Jusqu'au XVIIIe siècle, l'urbanisation reste limitée à moins de 10 % de la population totale.
La révolution industrielle et l'accélération des transports ont précédé, et donc facilité, la désaffection progressive des campagnes au profit des villes.
Les villes en Europe sont nombreuses et la plupart très anciennes; aujourd'hui, elles regroupent 70 % des Européens.

Tiers monde : les causes de l'exode rural
Dans le tiers monde, l'urbanisation a rapidement progressé depuis 1950.
Ici, l'exode rural ne s'est pas accompagné d'une quelconque révolution industrielle ou agricole.
Au contraire, catastrophes naturelles, démographie galopante et agriculture peu productive expliquent, pour l'essentiel, ces puissants mouvements d'exode vers les villes : en Afrique, où 60 % de la population est encore paysanne, la population urbaine croît au rythme de 6 % par an.

A Tokyo, où la densité de population approche 15 000 habitants au kilomètre carré, loisir ne rime pas avec évasion.

New York, symbole de la ville du XXe siècle avec ses gratte-ciel, est la première place financière du monde. Mais ce monstre urbain est en crise : difficulté de circulation, d'alimentation en eau, pollution, délinquance, tensions sociales et raciales liées au chômage et aux ghettos ethniques (Noirs, Portoricains), endettement dramatique de la municipalité.

Les principales agglomérations en 1992
(en millions d'habitants)

❑ Tokyo :	25,7
❑ Sao Paulo :	19,2
❑ New York :	16,1
❑ Mexico :	15,2
❑ Shangai :	14
❑ Bombay :	13,3
❑ Los Angeles :	11,8
❑ Buenos Aires :	11,7
❑ Séoul :	11,5
❑ Beijing (Pékin) :	11,4
❑ Rio de Janeiro :	11,2
❑ Calcutta :	11,1
❑ Osaka-Kobé :	10,5
❑ Jakarta :	9,9

Poussée démographique et explosion urbaine

Aujourd'hui, les concentrations urbaines dépassant les 5 millions d'habitants sont réparties de manière sensiblement égale entre les continents.
Une estimation concernant ces villes montre qu'en 2025 les plus grandes métropoles seront situées en Asie, en Afrique et en Amérique latine, où elles dépasseront souvent 15 millions d'habitants.

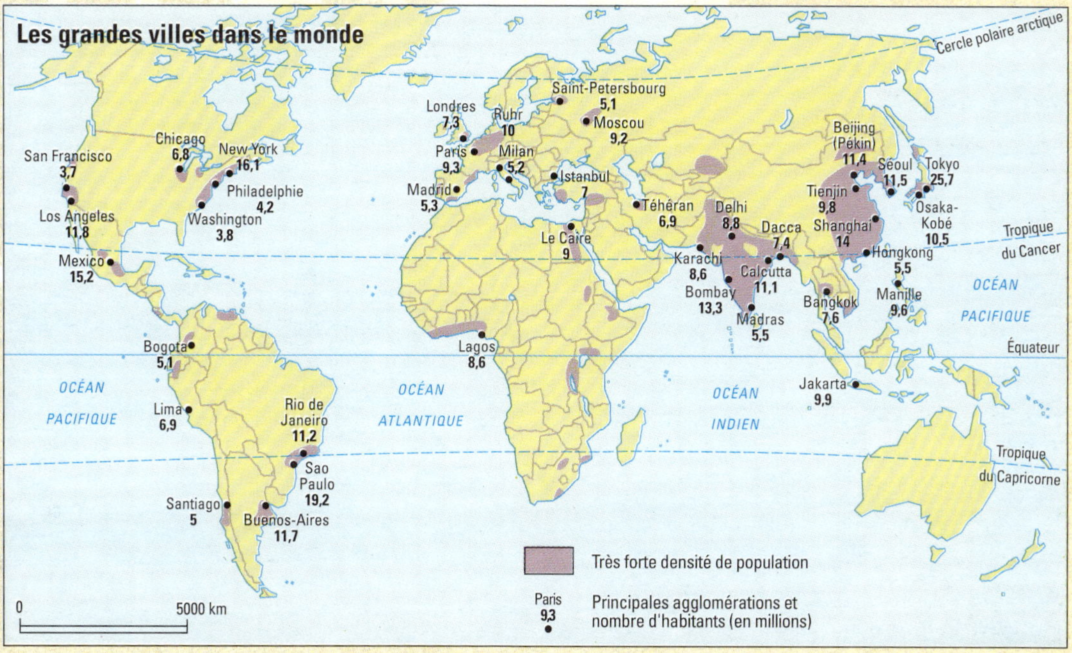

Le système capitaliste

Le capitalisme est le système économique dominant dans le monde contemporain. Il repose sur quelques principes de base : la propriété privée, la liberté d'entreprise, la loi de l'offre et de la demande, le profit.
Le capitalisme a une longue histoire. Il est né aux XVIe et XVIIe siècles grâce à l'activité commerciale et financière des marchands en Europe occidentale. Mais c'est au XIXe siècle, avec la révolution industrielle, qu'il s'est épanoui et s'est imposé dans le monde entier.

Pas de capitalisme sans argent
L'argent est le moteur de l'activité capitaliste. Il permet de financer des activités commerciales ou industrielles; celles-ci produisent des marchandises ou des services destinés à être vendus. L'argent qui rentre alors permet de savoir si un profit a été réalisé.
Le profit est la marque de la rentabilité d'une activité. Financer et retirer du profit sont le lot des investisseurs (individus, entreprises, banques, État).

Les nombreuses cartes de crédit proposées aujourd'hui par les organismes financiers et les gros distributeurs (hypermarchés et grands magasins) sont devenues un moyen de paiement qui se substitue progressivement aux chèques et à l'argent liquide.

Le marché
Dans le capitalisme, tous les agents économiques, hommes et machines, sont soumis aux lois du marché qui déterminent leur valeur.
Le marché est aussi le lieu où ceux qui offrent des produits et ceux qui cherchent à en acquérir entrent en contact. Quand plusieurs acheteurs ou vendeurs se présentent, il y a concurrence.
Dans la théorie, c'est la loi de l'offre et de la demande qui aboutit à la fixation des prix à un moment donné.

Les salariés
C'est du travail des hommes que naît la richesse des entreprises et des nations. La principale source du profit réalisé par les entreprises est tirée du travail des salariés : ouvriers, employés et ingénieurs.
Le travailleur échange sa force de travail et ses compétences contre un salaire pendant une période de temps fixée ou non par contrat.

L'État dans le développement du capitalisme

Le capitalisme «sauvage», en vigueur au XIXe siècle, a fait place à un système plus organisé. Les luttes sociales ont débouché sur des réglementations précises des droits des salariés et des employeurs (conventions collectives).

L'État a pris une place croissante dans les mécanismes économiques. Dans certains pays, il est même propriétaire de secteurs entiers de l'économie (chemins de fer, sidérurgie, etc.) : c'est ce que l'on appelle la nationalisation.

La réforme du capitalisme

Dans de nombreux pays développés, les gouvernements ont fait adopter des mesures sociales destinées à combattre les inégalités (impôts sur la fortune ou le revenu), à protéger les salariés dans l'entreprise et dans la société (droit du travail, Sécurité sociale).

Certains pays, comme la Suède, ont multiplié ces mesures, d'où l'expression de «capitalisme à visage humain» employée pour définir leur politique.

Les crises

Le développement du capitalisme est marqué par des périodes de fortes croissances économiques (comme dans les années 1950-1960) qui succèdent à des crises financières catastrophiques (comme la crise de 1929 aux États-Unis) ou bien à des périodes de dépression ou de stagnation (comme on a pu l'observer à partir des chocs pétroliers de 1973 et de 1979).

La nature de ces crises est diverse : financière, industrielle, structurelle.

L'une des critiques les plus courantes du capitalisme a porté sur le gaspillage. La nécessité de vendre toujours plus implique le renouvellement rapide des achats.

La fin des systèmes communistes

Le socialisme, né de la critique du capitalisme au cours du XIXe siècle, se proposait de le détruire pour le remplacer par un système social plus égalitaire. Il a inspiré l'expérience communiste de la Russie à partir de 1917. L'économie s'appuyait sur la propriété collective des moyens de production et la planification. La crise de ce système, au cours des années 1980, a conduit les pays socialistes à adopter — ou réadopter — l'économie de marché fondée sur la propriété privée et la concurrence.

La faillite d'un système socio-économique. L'idée socialiste, portée par des intellectuels, a été défendue par des partis se réclamant de la classe ouvrière et des paysans. Au pouvoir en URSS après 1917, en Europe de l'Est après 1945 puis dans certains pays du tiers monde après la décolonisation, ils instaurèrent des régimes autoritaires. Leur faillite idéologique et économique, depuis plusieurs décennies, aboutit à l'éclatement du communisme.

Du communisme au capitalisme

L'ancien bloc communiste, déjà en crise depuis plusieurs années, doit aujourd'hui transformer un système où toutes les structures de production étaient propriété de l'État en une économie où l'initiative privée domine. Or, le bilan des années de planification est lourd à gérer : méthodes de travail désuètes, industries traditionnelles fortes consommatrices d'énergie et agriculture désorganisée. Il faut ajouter les blocages dus aux cadres communistes encore en place (Russie), mais surtout les problèmes sociaux consécutifs à la baisse du niveau de vie et à l'apparition du chômage. Enfin, le manque de capitaux freine le passage à l'économie de marché.

L'aciérie Lénine à Nowa Huta, près de Cracovie, en Pologne. Ce grand centre de production sidérurgique est un exemple de la politique d'industrialisation à outrance développée par les pays communistes dans les années 1950.

Vers le capitalisme
Le plan permettait au parti et à l'État de diriger l'économie. Les objectifs de production étaient fixés avec précision et on ne devait pas s'en écarter. Aujourd'hui, ces économies, souvent en crise, doivent répondre au double défi de créer — ou recréer — un marché intérieur tout en affrontant le marché mondial.

De la crise à l'après-communisme
Le monde communiste avait suscité beaucoup d'espoirs et connu une certaine réussite (conquête spatiale, industrie lourde et militaire). Sur le plan politique, les atteintes aux droits de l'homme ont discrédité les systèmes communistes. Sur le plan économique, la planification n'a jamais résolu le problème de la pénurie alimentaire, de la faible productivité, de la déficience des biens de consommation et du retard technologique. C'est en partant de ce constat que l'URSS de Gorbatchev s'est lancée dans une politique de réformes à la fois politiques et économiques à partir de 1985. Très vite, cependant, les aspirations à la démocratie des pays de l'Est et à l'indépendance des Républiques soviétiques ont conduit à l'écroulement du communisme et à l'éclatement de l'URSS. Depuis 1989, la RDA a été intégrée à la RFA tandis que la Pologne, la Tchécoslovaquie (aujourd'hui République tchèque et Slovaquie) sont devenues des démocraties parlementaires et se sont converties au capitalisme. Ces pays sont suivis par les ex-républiques communistes des Balkans et les États issus de l'URSS.

Le socialisme sans l'URSS
Après la disparition du communisme en URSS et en Europe de l'Est, c'est l'ensemble des pays de la sphère d'influence soviétique qui se trouve en crise : Cuba, toujours dirigé par Fidel Castro, affronte une situation critique tandis que le Vietnam essaie d'imiter la Chine en modernisant son économie et en s'intégrant au marché mondial. Ce dernier pays semble avoir réussi à libérer son économie tout en préservant un pouvoir communiste.
Le socialisme africain et arabe, pour sa part, doit affronter le déferlement islamiste (Algérie), la guérilla (Angola) mais tente aussi de se démocratiser (Congo).

L'Europe de l'Est a désormais pour modèle l'Occident capitaliste.

Les États-Unis

Les États-Unis se situent au 4e rang mondial pour la population et pour la superficie. En l'espace de deux siècles, ils sont devenus la première puissance économique : les disponibilités humaines, techniques et financières expliquent le dynamisme de l'industrie, de l'agriculture et du commerce. Symbole de sa puissance, le dollar reste la monnaie de référence de tous les échanges internationaux. Cependant, la vitalité d'un pays comme le Japon menace aujourd'hui cette première place.

Le milieu naturel

Au centre, les grandes plaines se trouvent encadrées par deux chaînes montagneuses de taille inégale : à l'ouest les Rocheuses, à l'est les Appalaches, massif plus ancien.

Le Nord-Est et le Midwest connaissent des hivers et des étés très marqués, de type continental.

Les pluies abondantes, associées à des températures élevées, caractérisent le Sud-Est subtropical. La côte Pacifique présente au nord un climat océanique très humide, relativement frais, et au sud, en Californie, un climat de type méditerranéen.

Un seul homme peut assurer la totalité de l'exploitation d'une ferme moyenne (300 à 400 hectares aux États-Unis) grâce à l'emploi de nombreuses machines agricoles.

La population

Les différentes vagues d'immigrants européens se sont rapidement fondues pour former une nation nouvelle et originale : ses membres restent attachés à la fois à la communauté d'origine et à la nation américaine.

L'assimilation des Noirs (27 millions) apparaît encore souvent marginale. Les Hispano-Américains (près de 10 millions) vivent essentiellement dans l'Ouest et le Sud-Ouest, tandis que les Asiatiques (3 millions) sont concentrés dans l'Ouest.

La population aux États-Unis
(1990)

- Blancs 80,3 %
- Noirs 12,1 %
- Hispaniques 9 %
- Asiatiques 13 %
- Indiens 0,8 %

Agriculture et industrie : le premier rang
Grâce à des ressources énergétiques et minières considérables et à l'organisation de leur économie, les États-Unis demeurent la première puissance industrielle mondiale. L'industrie, avec 27 % de la population active, est exceptionnellement diversifiée : premier rang pour la construction aéronautique, la métallurgie de l'aluminium et du cuivre, la chimie et pour l'ensemble des constructions électroniques et électriques. L'agriculture (2,7 % des actifs) tire sa force de l'étendue des surfaces et de la modernisation des exploitations de plus en plus concentrées : premier rang pour le blé, le soja, les agrumes et deuxième rang pour le coton, le tabac, le lait, le bois, les bovins.

Installations pétrochimiques à Corpus Christi, au Texas.

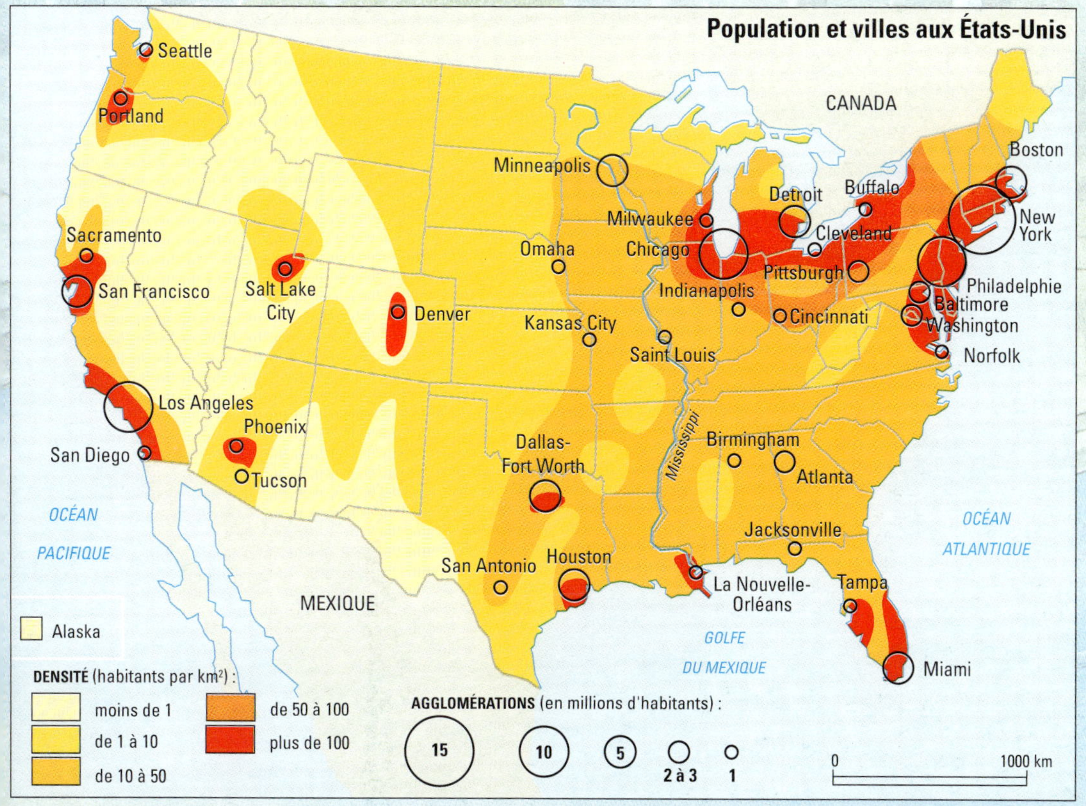

De l'Union soviétique à la CEI

Le 25 décembre 1991, l'Union soviétique disparaît lorsque Mikhaïl Gorbatchev démissionne, peu après la proclamation à Minsk, en Biélorussie, de la Communauté des États Indépendants (CEI). L'URSS, moribonde après plusieurs années de perestroïka (restructuration) — un putsch de nostalgiques de l'ordre communiste échoue à la faire revivre en août 1991 —, fait place à des États souverains qui héritent de ses richesses, mais surtout de ses problèmes : faillite sociale et économique, contrôle de l'arsenal nucléaire et tensions nationalistes. La CEI, dont l'existence n'est aujourd'hui que formelle, trouvera-t-elle des solutions ?

Un potentiel énorme

Les États issus de l'URSS héritent des réserves les plus importantes du monde en minerais et en ressources énergétiques (gaz naturel, pétrole, charbon, lignite). Cependant, ces richesses se trouvent en Sibérie et nécessitent d'importants investissements. Les incertitudes de la transition politique et économique en cours limitent les perspectives de développement.

Le réveil des peuples

La politique de restructuration — perestroïka — entreprise par Mikhaïl Gorbatchev favorisa l'expression des revendications nationales des nombreux peuples de l'Union soviétique. La faillite économique et sociale de l'URSS fut dénoncée, tout autant que la primauté des Russes sur les autres nations. Les pays baltes — Lituanie, Lettonie, Estonie — furent les premiers à obtenir leur indépendance, suivis par la Biélorussie, l'Ukraine, les pays du Caucase, d'Asie centrale ainsi que la Russie elle-même. Toutefois, à l'exception de la Géorgie et des pays baltes, les ex-Républiques soviétiques ont signé un traité sur des bases égalitaires instituant la CEI.

Un des problèmes majeurs auxquels Mikhaïl Gorbatchev et sa perestroïka doivent faire face est la question des nationalités. Parmi les 126 nationalités que comprend l'Union soviétique, 23 comptent plus d'un million d'habitants. Ce sont elles qui mettent en avant la revendication d'indépendance. La Lituanie, un des trois anciens États baltes annexés en 1940, est à l'avant-garde de ce mouvement.

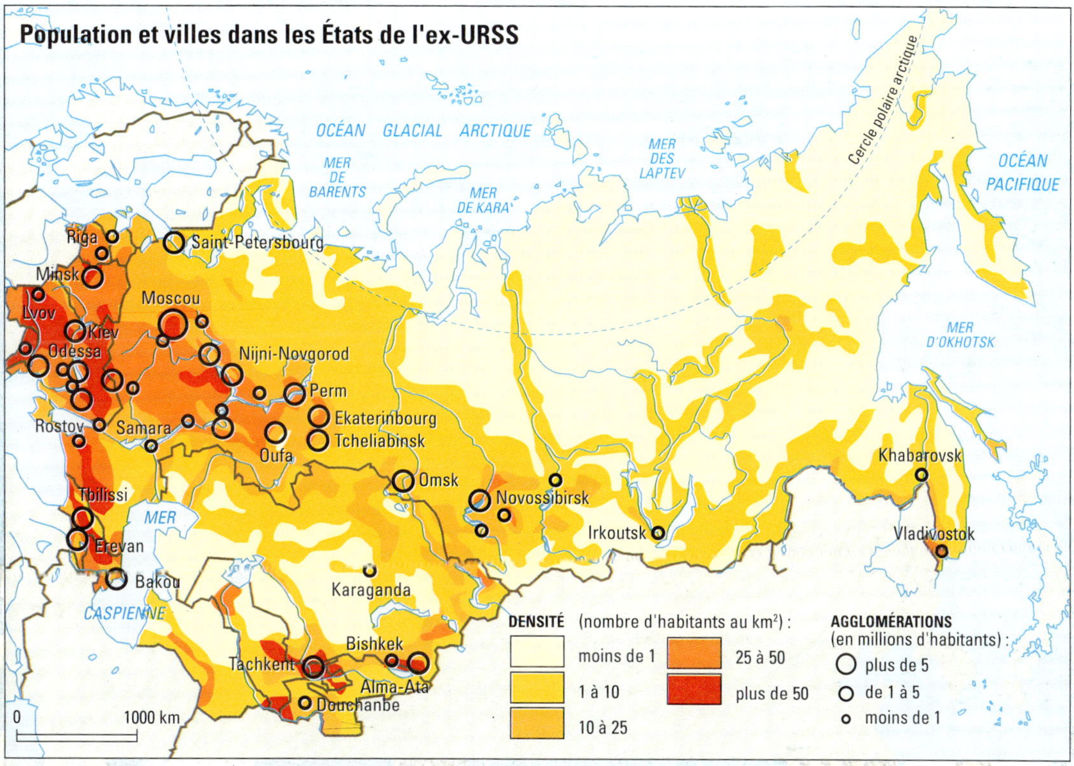

Une économie en crise

Les États issus de l'URSS ont tous renoncé à l'économie planifiée au profit de l'économie de marché. Toutefois, l'héritage soviétique est lourd à gérer et tout est à reconstruire. En outre, la division en États souverains accentue la récession en entravant les échanges. C'est surtout la Russie et l'Ukraine qui héritent de l'essentiel du potentiel économique de l'ex-URSS, tant pour l'agriculture que pour l'industrie.

Les États issus de l'URSS
(en millions d'habitants)

Russie :	149
Ukraine :	52
Ouzbekistan :	23
Kazakhstan :	17
Biélorussie :	10
Azerbaïdjan :	7,2
Tadjikistan :	5,5
Géorgie *:	5,4
Kirghizistan :	4,5
Moldavie :	4,4
Turkménistan :	3,8
Lituanie* :	3,8
Arménie :	3,4
Lettonie* :	2,7
Estonie* :	1,6

* n'appartenant pas à la CEI.

Une transition difficile

Passée l'euphorie de l'indépendance, les nouveaux états doivent à la fois gérer une économie en crise et, trop souvent, une société désorientée idéologiquement après la faillite du communisme. L'économie de marché a du mal à s'imposer sur le terrain. Les investisseurs étrangers hésitent, alors que le besoin en capitaux est grand. Un soutien extérieur est devenu nécessaire pour sortir de la crise.

La Chine

La Chine est le pays le plus peuplé du monde avec plus d'un milliard d'habitants. Avec 9,5 millions de kilomètres carrés, elle occupe le 3e rang pour la superficie après la Russie et le Canada.
La République populaire de Chine, fondée en 1949, était la seconde puissance du monde communiste. A l'image de tous les pays de l'Est, elle connaît des bouleversements profonds et parfois dramatiques.
Par sa population et son immensité, la Chine est un monde aux contrastes accusés. Puissance nucléaire et spatiale, elle conserve certains traits archaïques, notamment dans l'agriculture.

Un peuplement très homogène
Plus de 93 % de la population appartiennent à la même ethnie, les Han. Les 7 % restants sont répartis en cinquante-cinq groupes ethniques comme les Ouïgours, les Mongols, les Mandchous ou les Tibétains.
La population chinoise est très jeune puisque 600 millions de Chinois ont moins de 30 ans.
Elle est encore majoritairement rurale : 69 % de ruraux et 31 % de citadins.

Le rapprochement diplomatique entre Pékin et Washington amorcé en 1972 s'est accompagné de l'ouverture du marché chinois aux grandes entreprises et aux marchandises occidentales.

Quelques villes chinoises
(en millions d'habitants)

❏ Shanghai :	14
❏ Beijing (Pékin) :	11,4
❏ Tianjin :	9,8
❏ Shenyang :	4,9
❏ Wuhan :	4

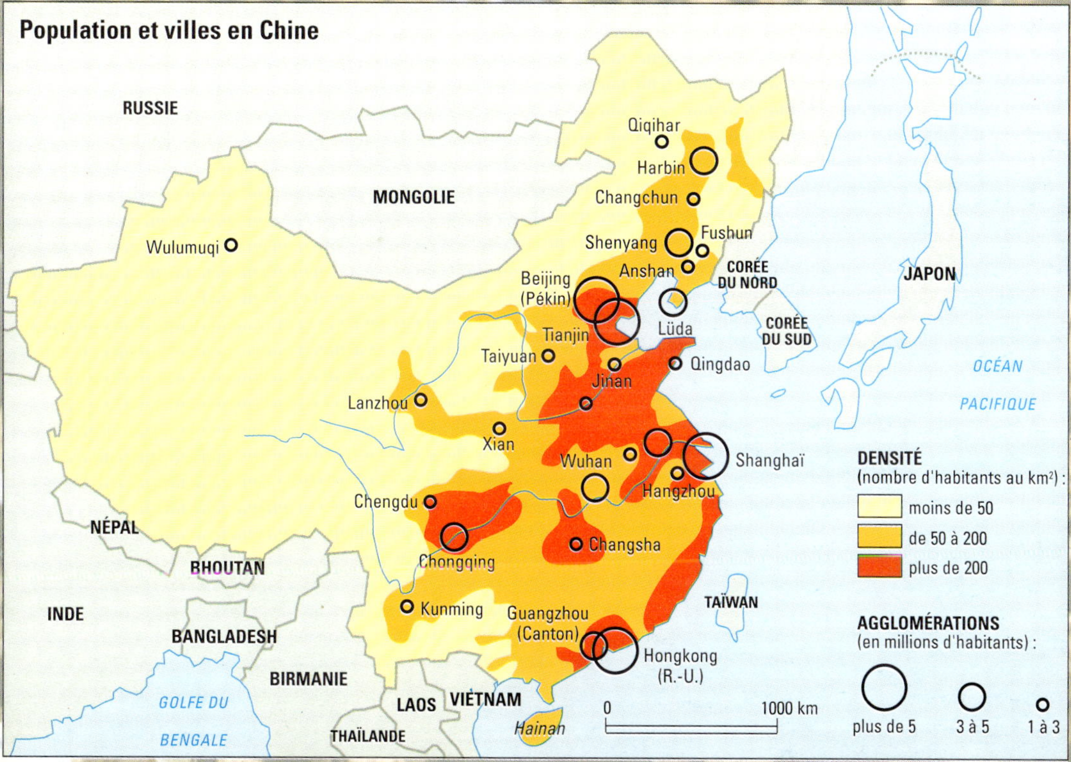

Une agriculture peu performante

Deux Chinois sur trois travaillent comme paysans. Même si la Chine est le plus grand producteur de riz, de céréales, de coton, et le plus grand éleveur de porcs au monde, les rendements sont faibles.
La situation s'améliore avec les réformes réalisées à partir de 1979. Elles ont laissé plus d'initiatives aux paysans et ont permis le démantèlement des communes populaires et des grosses coopératives.

Une industrie en mutation

Troisième puissance minière du monde, la Chine doit ses succès récents à son ouverture vers les pays occidentaux. Ces derniers sont attirés par la Chine pour son immense marché potentiel. Tournant à plein régime, l'industrie chinoise s'est intégrée au marché mondial, en particulier pour le textile. Malgré cela, elle reste un pays pauvre en voie de développement.

Un avenir incertain

Par son poids démographique et par sa vitalité économique (8 % de croissance par an depuis les réformes de Deng Xiaoping), la Chine est la grande inconnue du IIIe millénaire.
Toutefois, l'équilibre entre les réformes économiques hardies (décollectivisation, libéralisation de l'entreprise, etc.) et les nécessaires réformes politiques n'a pas encore été trouvé comme en témoignent les mouvements de 1979 et 1989.

Le Japon

Le Japon ne doit guère sa prospérité aux conditions offertes par le milieu naturel : territoire exigu, essentiellement montagneux, sur lequel vivent 124 millions de Japonais, une des plus fortes densités du monde. Le Japon ne s'est ouvert à l'Occident qu'au siècle dernier : aussi la tradition côtoie-t-elle le modernisme le plus avancé.
En un siècle, le Japon est devenu un concurrent redouté des États-Unis et de l'Europe. Cependant, la faiblesse des équipements sociaux, la crise du logement et une pollution importante apparaissent comme la rançon d'une croissance exceptionnellement rapide.

Le milieu naturel
Le Japon est un archipel de 3 400 îles couvrant 372 623 km^2. La montagne domine largement et les plaines ne couvrent que 16 % du territoire. Les forêts en occupent les deux tiers.
Le pays est exposé aux tremblements de terre, aux éruptions volcaniques, aux typhons et aux raz de marée.
Les étés y sont chauds et humides, mais l'hiver est rigoureux dans le nord et neigeux sur le versant ouest.

Une population essentiellement urbaine
Les 121 millions de Japonais sont majoritairement concentrés sur les petites plaines littorales des trois grandes îles du sud : Honshu, Kyushu, Shikoku.
Le Japon connaît très peu l'immigration. Environ 80 % de la population vit en ville. La moitié des Japonais s'entassent dans une mégalopole longue de 1 000 km formée de grandes villes de plusieurs millions d'habitants proches les unes des autres : Tokyo, Nagoya, Osaka...

L'exploitation de la mer est particulièrement intensive. Premier pays pour la pêche industrielle, le Japon a également développé l'aquaculture : ici, culture des algues sur treillis pour l'alimentation.

Une agriculture très intensive
Le secteur agricole emploie 8 % de la population active et satisfait presque 75 % des besoins nationaux. Dans des conditions de relief difficiles, les Japonais ne cessent d'améliorer la production par l'emploi massif de motoculteurs, d'engrais chimiques et l'utilisation de plantes à haut rendement. Le riz, dont la récolte est mécanisée, reste, et de loin, la principale culture.

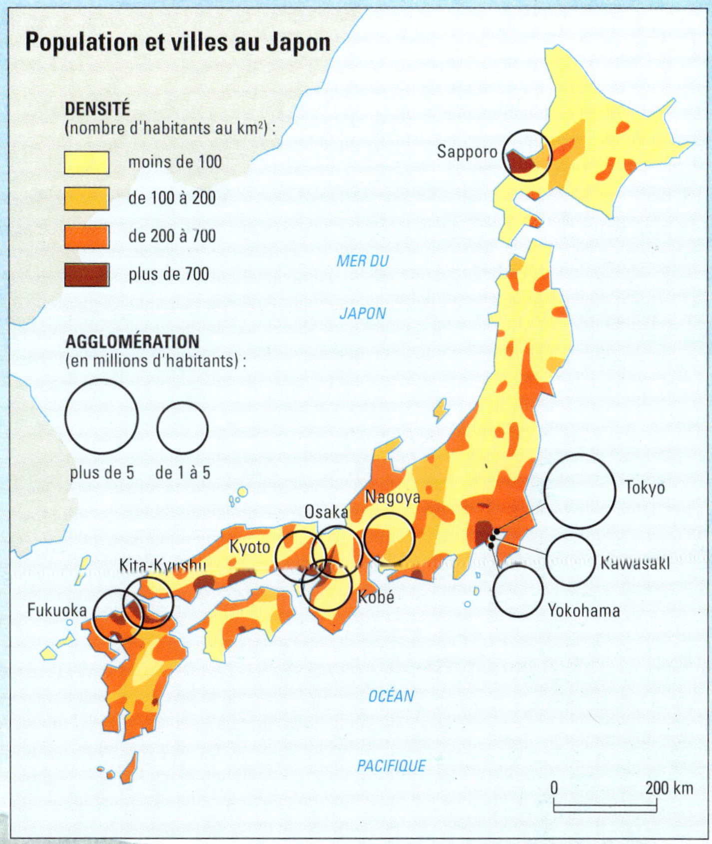

L'industrie, moteur de l'économie
Le secteur industriel occupe le tiers de la population active. Le Japon doit faire face à une dépendance énergétique, notamment pour le pétrole.
Les industries de base transforment surtout des matières premières importées. Grâce à la robotisation, l'informatisation et la qualification de la main-d'œuvre, le Japon occupe le premier rang pour la production automobile et de machines-outils, la construction navale et dans le domaine de la chimie. Le volume des exportations témoigne de la santé de l'économie.

De grands groupes capitalistes
Le développement économique repose sur l'action de sociétés capitalistes géantes, les zaibatsu. Ceux-ci regroupent des sociétés de commerce international, des banques, des entreprises navales et chimiques et de nombreuses autres sociétés liées les unes aux autres.
Les zaibatsu assurent le tiers de la production industrielle et confient une partie du travail à de petites entreprises (sous-traitance).
L'État n'est pas absent de la vie économique du Japon : il contrôle notamment les importations.

Le monde arabe

Le monde arabe représente l'ensemble des peuples de langue arabe. Ils occupent une zone s'étendant du golfe Persique à l'Atlantique. Leur nombre est évalué à 207 millions. Ce chiffre inclut d'importantes minorités berbères, nilotiques, kurdes plus ou moins arabisées. Même si la pratique de l'islam est un élément commun, le monde arabe n'est pas un bloc : les rivalités politiques sont très nombreuses. L'unité réalisée contre la présence de l'État d'Israël dans la région ne peut cacher des divergences très importantes.

Panarabisme et Ligue arabe

Le panarabisme est un grand mouvement politique qui tend à unir tous les pays de langue arabe et de civilisation musulmane en une grande communauté d'intérêts.

Le panarabisme a tenté de trouver son expression dans le cadre de la Ligue arabe. Celle-ci, fondée en 1945, compte actuellement vingt et un pays membres. Cependant, les différents conflits qu'a connus le monde arabe n'ont permis de réaliser que partiellement les objectifs de base : coopération politique, économique, culturelle et militaire.

Le pétrole reste l'image de la richesse des pays arabes du golfe Persique (ici un gisement à Abou Dhabi), mais aussi de l'Algérie et de la Libye, en Afrique du Nord. Cependant, les nations importatrices ont diminué leurs besoins énergétiques et diversifié leurs approvisionnements : aujourd'hui, les pays exportateurs arabes voient leurs revenus baisser.

Des ressources considérables

Les ressources du sous-sol du Moyen-Orient arabe sont particulièrement importantes : plus de la moitié des réserves mondiales de pétrole, le quart des réserves de gaz et le tiers des phosphates du monde.

Mais malgré l'or noir, les secteurs industriels et agricoles restent peu développés. La situation géographique (déserts) et la faible densité de population expliquent en partie cette situation.

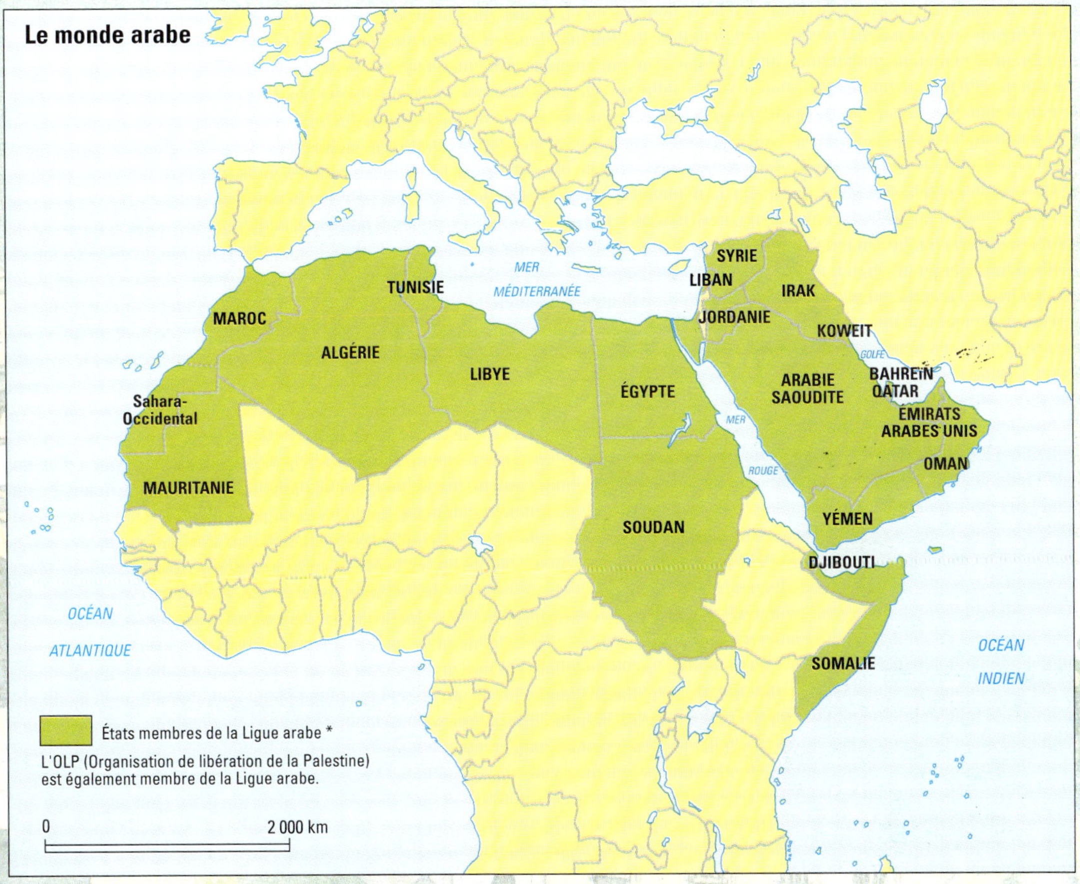

L'islam, une religion omniprésente

L'islam est le trait d'union entre les sociétés arabes malgré l'existence de communautés chrétiennes très anciennes, comme les coptes d'Égypte.
Il se présente comme un fait culturel et social qui conditionne la vie familiale : le mariage ou l'héritage doivent respecter les préceptes du Coran.
L'islam n'est cependant pas vécu de la même façon partout. La Tunisie, par exemple, tend à la laïcité, tandis que la Charia — ou Loi islamique — est appliquée à la lettre en Arabie Saoudite.

L'Égypte, pays clé de l'équilibre proche-oriental

L'Égypte apparaît comme le centre géographique du monde arabe. Avec 52,8 millions d'habitants, c'est l'État le plus peuplé de la région : plus du tiers des Arabes sont égyptiens.
Le pays des pyramides est également la nation la plus ancienne du monde arabe.
Pays essentiellement agricole, l'Égypte n'est pas une puissance pétrolière.
Malgré ses difficultés économiques actuelles, l'Égypte demeure le centre de vie culturelle du monde arabe.

Le relief de la France

La France apparaît, à l'échelle mondiale, comme un pays équilibré, qu'il s'agisse de sa superficie (549 000 km^2) ou de la variété de son relief et de son climat. L'Hexagone est situé à l'extrémité occidentale de l'Europe. C'est donc un pays à la fois maritime et continental, compris dans la zone tempérée atlantique, à mi-chemin de l'équateur et du pôle.
Ces caractéristiques expliquent une grande diversité de paysages sur une surface relativement modeste.

La France des plaines et des plateaux
De forme régulière et ramassée, la France est un bas pays : près des deux tiers de son territoire se trouvent au-dessous de 250 m d'altitude.
Les paysages dominants sont ceux des plaines (Flandre et Picardie, Landes, Languedoc, etc.), des plateaux (Quercy et Périgord, Bretagne, bordure orientale du Bassin parisien) et des moyennes montagnes (Ardennes, Vosges, Massif central).

Les massifs montagneux

- Alpes françaises (32 296 km^2)
- Pyrénées françaises (17 000 km^2)
- Massif central (80 000 km^2)
- Jura (5 840 km^2)
- Vosges (10 000 km^2)

Conséquence de la régularité des précipitations et de l'étendue des régions basses, les cours d'eau, d'importance moyenne, ont des débits assez modestes et qui varient peu. Ici, la vallée du Doubs, en Franche-Comté.

La France de la haute montagne
Seulement 7 % du territoire français dépassent les 1 000 mètres. Au sud et à l'est s'étend la France alpine, tertiaire et quaternaire.
La topographie, contrastée, oppose chaînes élevées (Alpes, Pyrénées et, à un degré moindre, Jura), plaines étroites et allongées (couloir rhodanien). Les glaciers ont retouché les surfaces des montagnes, modelant les sommets et creusant des cuvettes (lac d'Annecy) et élaborant des vallées en auge (Isère).

3 200 km de littoral

• Les falaises de Normandie succèdent aux côtes de la mer du Nord, rectilignes et bordées de dunes.

• Les côtes bretonnes sont déchiquetées et bordées de nombreuses îles.

• Les côtes atlantiques, des Pyrénées à la Gironde, sont régulières, puis se caractérisent au nord de la Gironde par une succession de golfes et de caps.

• Les côtes méditerranéennes sont basses et sableuses des Pyrénées au delta du Rhône, puis rocheuses et très découpées jusqu'à la frontière italienne.

Un climat tempéré

La latitude et la disposition du relief expliquent la domination d'un climat tempéré de type océanique : il est caractérisé par la faiblesse des écarts de température et la relative abondance et fréquence des pluies. Le climat océanique s'étend à tout l'ouest de la France : c'est souvent le domaine du bocage (Normandie et Bretagne) et de la lande artificiellement boisée (Aquitaine).

Le climat à tendance continentale prédomine dans l'Est, où le hêtre, le chêne, le charme peuplent la forêt.

Le climat méditerranéen correspond aux plaines du bas Languedoc, à la Provence, au bas Rhône et à la Corse : c'est le domaine des forêts de chênes verts, des résineux, du maquis et de la garrigue.

Les fleuves

- ❑ Loire 1 012 km
- ❑ Seine 776 km
- ❑ Garonne 575 km (524 km en France)
- ❑ Rhône 812 km (522 km en France)
- ❑ Rhin 1 298 km (190 km en France)

Les richesses de la France

Au début du siècle, la France disputait la première place à la Grande-Bretagne. Aujourd'hui, elle l'a dépassée, mais se situe au 5e rang mondial pour la valeur globale de sa production. Malgré ce recul, le niveau de vie moyen des Français a beaucoup progressé. Cette richesse est le fruit de la vitalité du commerce, du tourisme, de l'industrie de pointe et de l'agro-alimentaire.
Cependant, la productivité de ces secteurs cachent de réelles inégalités sociales et régionales, aggravées par la crise économique mondiale.

La démographie
Avec 100 hab./km², la densité de population de la France est moins élevée que celle de ses voisins. Troisième nation européenne en surface, la France est au 4e rang par sa population (57 millions d'habitants). Une bonne part de l'excédent naturel (naissances supérieures aux décès) est due à une forte présence de population immigrée. L'exode rural, le développement économique expliquent le déséquilibre de la répartition géographique de la population.

La France dans le monde

- Population : 18e rang
- Superficie : 40e rang
- PIB : 4e rang
- Revenu par habitant : 9e rang

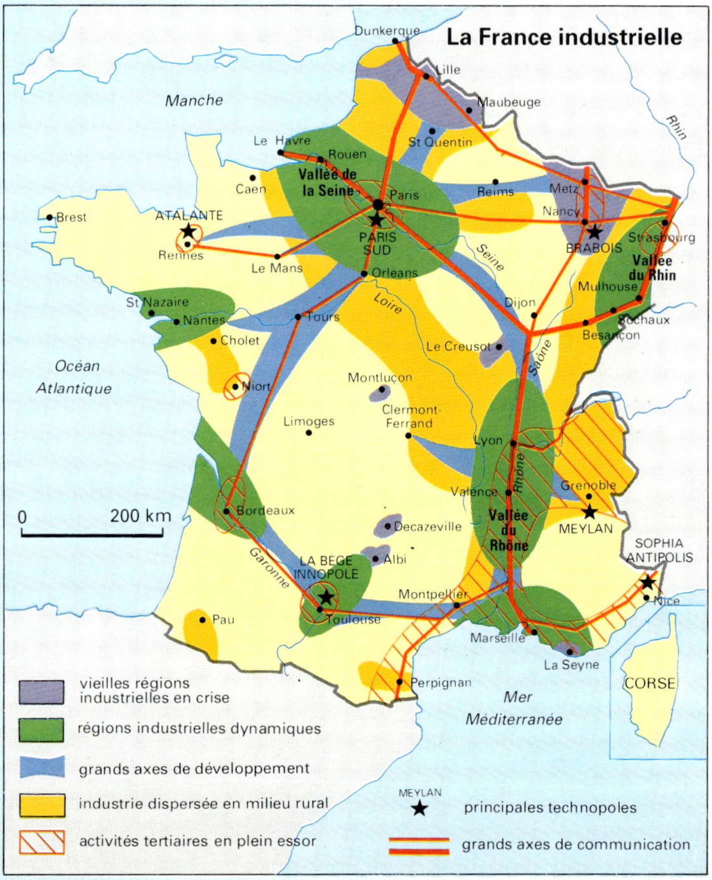

Répartition par nationalité de la population en France (1990)

- Français : 93,6 %
- Portugais : 1,1 %
- Algériens : 1,1 %
- Marocains : 1 %
- Espagnols : 0,4 %
- Italiens : 0,4 %
- Autres : 2,4 %

Richesses agricoles

La France constitue la première puissance agricole du Marché commun. Elle est un grand producteur de céréales (maïs et surtout blé), de vin et de plantes industrielles (betteraves, houblon, lin).
L'élevage des bovins est particulièrement développé.
L'exode rural s'est traduit par une diminution des exploitations et par une augmentation de leur taille. Aujourd'hui, l'agriculture ne contribue que pour 5 % à la formation du «produit intérieur brut», ou PIB (l'ensemble des revenus du pays).

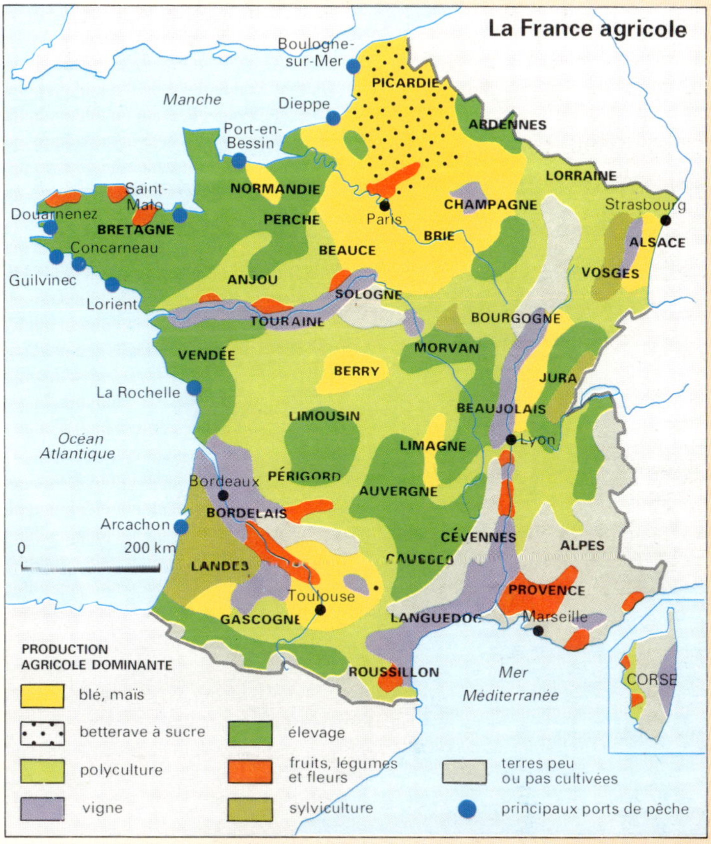

Pour le monde entier, la haute couture (ici un modèle Yves Saint Laurent) est un des symboles de la créativité française.

L'industrie : un actif sur trois

L'industrie contribue pour environ 34 % au PIB. Elle est caractérisée par une participation importante de l'État dans les secteurs vitaux comme l'énergie, la sidérurgie, la chimie, l'automobile, l'aéronautique.
Malgré l'essor des grandes firmes, les petites et moyennes entreprises prédominent. La construction aéronautique et automobile contribue à la richesse nationale, mais les secteurs traditionnels (textile, mines, sidérurgie, etc.) sont particulièrement sinistrés.

Agriculture et agro-alimentaire

Les produits du travail des agriculteurs, les cultures et l'élevage, sont désormais intégrés au marché et à l'ensemble de l'économie. Une véritable industrie est née : l'industrie agro-alimentaire. Elle concerne tous les produits agricoles conditionnés ou transformés par la main de l'homme.
Autrefois très indépendant, le paysan voit aujourd'hui de nombreuses organisations fixer plus ou moins précisément la quantité, la qualité, voire le prix de ses produits.

Les agriculteurs aujourd'hui
En France, les agriculteurs ne représentent plus que 7 % de la population active. Ils sont devenus de véritables chefs d'entreprise. Toutefois, plus de la moitié sont des fermiers qui louent les terres qu'ils travaillent. Les agriculteurs ne sont plus isolés : beaucoup d'entre eux s'entraident dans des groupements agricoles d'exploitation en commun, les GAEC, ou dans des groupements de production. Pour écouler leur production, les agriculteurs sont en contact avec des coopératives (laitières ou viticoles).

Laboratoire expérimental Rhône-Poulenc à Lyon.
Le secteur de la recherche agronomique, développé par les grandes entreprises chimiques, joue un rôle essentiel dans la politique des géants de l'alimentation et de l'industrie.

L'agriculture en France
Les grands produits agricoles proviennent tant de l'élevage (lait, viande bovine ou ovine, volailles, etc.) que de la culture (blé, maïs, fruits et légumes, vignes, etc.). Par suite du regroupement des terres non reprises par les héritiers des agriculteurs partant à la retraite, la taille des exploitations est en constante progression : elle est passée de 19 ha en moyenne en 1970 à 27 ha en 1985.
Cette modernisation permet à l'agriculture française d'assurer une part non négligeable de la valeur des exportations du pays (17 % en 1988).
Elle est la plus puissante d'Europe.

L'enjeu de l'Europe verte

La création du Marché agricole commun a profondément transformé ce secteur d'activités. Pour éviter la surproduction, chaque pays membre doit limiter le niveau de sa production, dont le montant est fixé par des commissions à Bruxelles. La renégociation des accords du GATT (accord général sur les tarifs douaniers et le commerce international) implique que la CEE aide moins son agriculture, ce qui n'est pas sans provoquer, notamment en France, le mécontentement de ses agriculteurs.

Les activités du plus grand groupe agro-alimentaire français : BSN.

Les grands groupes agro-alimentaires français

1. Boussois-Souchon-Neuvezelle (BSN)
2. Compagnie française des sucres
3. Sodima
4. Socopa
5. Union laitière normande

Dans le monde, quatre des cinq premiers groupes agro-alimentaires sont originaires de la Grande-Bretagne.

L'industrie agro-alimentaire

La transformation des produits de la terre et des animaux est une activité qui est passée du stade de l'artisanat à celui de l'industrie. Elle est dominée par de grands groupes qui rassemblent de nombreuses marques d'eau minérale, de pâtes alimentaires, bières, confitures, biscuits, etc. Ces groupes ne se limitent pas aux aliments. Ils possèdent des usines d'emballage, de conservation ou encore des centres de recherche.

Un secteur industriel : l'automobile

Le développement de l'industrie a été le phénomène économique marquant du XIXe, puis du XXe siècle.
La mise au point de nouvelles sources d'énergie, de moyens de locomotion, ensuite celle de nombreux produits destinés à faciliter l'accomplissement de certaines tâches ont transformé la vie quotidienne des hommes.
Il en est ainsi de l'automobile, qui reste une des industries phares de notre époque.

Naissance d'une industrie
Bien que l'Anglais James Watt ait déposé un brevet pour une voiture à vapeur dès 1784, il faudra attendre un siècle pour que les voitures à moteur à gaz ou à pétrole (moteur à explosion) soient mises au point, en Allemagne, par Nikolaus Otto, puis Karl Benz. L'industrie automobile est donc née au début du siècle à partir de petits ateliers de mécanique tant en Europe (France plus particulièrement) qu'en Amérique du Nord. Des mécaniciens comme Louis Renault (1898) ou Henry Ford (1902) sont devenus des capitaines d'industrie.

La multiplication des véhicules à moteur fait de l'automobile l'un des agents les plus polluants à l'heure actuelle. Les émanations de gaz carbonique contribuent à la formation de grands nuages toxiques au-dessus des zones urbaines.

Une industrie révolutionnaire
L'industrie automobile a été à la tête de nombreuses innovations technologiques et sociales.
Elle fut le terrain rêvé de la division scientifique du travail mise au point par l'ingénieur Taylor. Ce fut le début de la chaîne de montage. Les usines devinrent immenses, constituant de véritables quartiers comme à Detroit (États-Unis), à Boulogne-Billancourt (Renault) ou Sochaux-Montbéliard (Peugeot).

Nombre de véhicules construits dans le monde en 1991

Total : environ 50 millions d'exemplaires, dont :

- Japon : 13,2
- États-Unis : 8,6
- Allemagne : 4,9
- France : 3,6
- Italie : 2,1

Des robots à la place des hommes

Aujourd'hui, l'industrie automobile emploie de moins en moins de personnes tout en produisant beaucoup plus de voitures. Les robots, qui assurent un travail précis et régulier, ont remplacé les hommes sur les chaînes d'assemblage. La première usine entièrement automatisée en Europe a été construite par Fiat dans le sud de l'Italie (Cassino).

Les robots de la seconde génération sont capables d'assurer ou de contrôler environ 2 000 points d'assemblage à la minute sur les carrosseries de voitures.

Le symbole de la consommation de masse

Désirée par tous les hommes, car elle nourrit leur besoin de liberté, la voiture est devenue le premier des produits de la consommation de masse. Certains constructeurs ont vite pensé qu'il fallait une voiture pour tous et ont construit des modèles abordables pour de plus en plus de gens : Ford (le modèle T, 1908), Volkswagen (la Coccinelle, 1936) ou Citroën (la 2 CV, 1939).

L'automobile est partout

L'automobile a modelé le paysage des pays modernes : routes, autoroutes, parkings et, en réaction, voies piétonnes, etc. La ville et la campagne sont toujours plus marquées par l'usage de l'automobile.

C'est aussi malheureusement une cause de décès fréquente. Plus de dix mille personnes meurent chaque année sur les routes en France.

Les grands constructeurs
(production totale 1991 en millions de véhicules)

- ❏ General Motors (États-Unis) : 7,4
- ❏ Ford (États-Unis) : 5,5
- ❏ Toyota (Japon) : 5,5
- ❏ Nissan (Japon) : 3,1
- ❏ Volkswagen (Allemagne) : 3
- ❏ Fiat (Italie) : 2,6
- ❏ Chrysler (États-Unis) : 1,9
- ❏ Peugeot (PSA) France : 2,2
- ❏ Honda (Japon) : 2
- ❏ Renault (France) : 1,8
- ❏ Mazda (Japon) : 1,8

Une entreprise du tertiaire : la banque

Le secteur tertiaire est devenu le secteur le plus dynamique des économies développées. Il comprend des activités très anciennes, comme le commerce ou les transports, mais aussi des activités plus modernes comme les banques ou les assurances.
Il s'agit d'activités qui ne produisent pas directement des objets, mais qui facilitent ou concourent à leur fabrication.

La banque, symbole du tertiaire
Au XIXe siècle, la révolution industrielle n'a été rendue possible que par la croissance du secteur bancaire. C'est lui qui a financé la construction des chemins de fer. Rassemblant l'argent déposé par les particuliers et les entreprises, la banque se charge de l'investir dans les activités économiques les plus diverses. Elle est devenue, avec l'État, un des agents économiques les plus puissants du monde d'aujourd'hui.

C'est à travers les banques que se font aujourd'hui les paiements, des plus anciens (la pièce) aux plus récents : papier-monnaie, chèques et cartes de crédit.

La fonction de la banque
Le rôle de la banque est de gagner de l'argent en prêtant les fonds déposés chez elle : on dit qu'elle cherche à faire fructifier son capital, c'est-à-dire qu'elle prête l'argent à des emprunteurs qui lui rembourseront la somme prêtée avec des intérêts calculés en fonction de la durée du prêt, de la nature de l'activité envisagée et de leur réputation.
Le développement massif des agences bancaires est relativement récent en France. Il date du moment où une loi a obligé les entreprises à payer leurs salariés par chèque bancaire et non plus en espèces.
La banque permet de protéger les valeurs des particuliers dans des coffres-forts. Elle est aussi un intermédiaire entre les acheteurs d'actions et la Bourse.

Trois types de banques
Il y a trois grands types de banques : les banques d'émission, les banques de dépôt et les banques d'affaires.

Dans chaque pays, une banque d'émission est chargée par l'État de produire et de faire circuler sous son nom le papier-monnaie que les gens sont autorisés à s'échanger. Elle fixe aussi les taux d'intérêts officiels auxquels l'argent est prêté : c'est la banque centrale. En France, il s'agit de la Banque de France.

Les banques de dépôt peuvent être publiques ou privées. Elles ouvrent des comptes à tous les particuliers qui en font la demande. Elles leur délivrent des carnets de chèques pour effectuer les paiements.

Les banques d'affaires sont généralement privées. Elles gèrent leurs portefeuilles d'actions dans les entreprises. Cependant, aujourd'hui, les banques de dépôt sont aussi des banques d'affaires qui investissent dans l'économie nationale et internationale.

Les enfants sont à leur tour devenus un «marché» pour les banques. Celles-ci aspirent à voir l'argent de poche prendre la route des comptes et à intéresser de futurs clients. Ici, la BNP.

Les grandes banques françaises de dépôt

- ❑ Crédit Agricole (CA)
- ❑ Banque Nationale de Paris (BNP)
- ❑ Crédit Lyonnais (CL)
- ❑ Société Générale (SG)
- ❑ Paribas (banque d'affaires)

Les autres «banques»
D'autres établissements, appartenant au secteur public, jouent un rôle proche de la banque : la Caisse nationale d'Épargne, la Caisse des Dépôts et Consignations et les Chèques Postaux. Quant au crédit à la consommation, de nombreux organismes financiers privés sont autorisés à le proposer aux particuliers (Cetelem, Sofinco, etc.).

Les grandes banques mondiales

Signe de l'extraordinaire dynamisme de son économie, le Japon place sept banques parmi les dix plus grandes du monde. La France, elle, en place trois.

L'administration de la France

Le chef de l'État détermine les grandes lignes de la politique de la nation, que le gouvernement se charge de faire appliquer : c'est le pouvoir exécutif. Les lois sont votées par l'Assemblée nationale avant d'être soumises au Sénat : c'est le pouvoir législatif.
Le gouvernement s'appuie sur l'administration publique : celle-ci est notamment chargée de percevoir les impôts et les taxes qu'elle redistribue aux ministères, aux régions, aux départements et aux communes.

36 551 communes…
La commune est à la base de l'organisation administrative française. Elle a la charge de l'ensemble des services publics municipaux. Les décisions (délibérations et arrêtés) prises par les autorités communales (maire et conseil municipal) deviennent applicables sans autre intermédiaire.
Enfin, le conseil municipal peut prendre toutes mesures qu'il juge nécessaires à la protection des intérêts économiques et sociaux de ses administrés.

La plus petite mairie de France, à Saint-Germain-de-Pasquier. A côté des grandes villes, il existe des communes très petites. Par exemple Ornes, dans la Meuse, ne compte qu'un seul habitant! Quatre autres communes sont inhabitées.

... 102 départements...
Le département a une très grande autonomie par rapport à l'État.
Il est une circonscription essentielle de l'administration publique.
Chaque département est administré par un conseil général qui a tout pouvoir sur les affaires départementales : construction des routes, des collèges et des écoles, des équipements sociaux et des attributions des aides sociales et culturelles, etc.
La France compte 102 départements : 96 en France métropolitaine, 5 départements d'outre-mer (DOM : Guadeloupe, Martinique, Guyane, Réunion, Saint-Pierre-et-Miquelon) et la collectivité territoriale de Mayotte, dans l'océan Indien.

... et 22 régions

Le découpage régional de la France date de 1955. Depuis 1982, les pouvoirs et les compétences des 22 régions se sont considérablement accrus. A la tête de chacune des régions, le conseil régional est élu au suffrage universel. La région, qui dispose d'un budget propre, peut directement procéder à des aides financières pour toutes les initiatives qui concourent au développement régional et à l'emploi. A ce titre, elle joue un rôle essentiel dans la vie économique nationale (construction de certaines autoroutes, des lycées, etc.).

Le Futuroscope, parc de loisirs tourné vers les techniques de demain, près de Poitiers, réalisation du conseil régional de Poitou-Charentes.

Le budget de l'État

Le budget est l'ensemble des recettes et des dépenses de l'État pour une année. Les ressources sont essentiellement le fruit de la collecte des taxes et des impôts (impôts sur le revenu, impôts sur les sociétés, taxes diverses et timbres fiscaux). Le gouvernement collecte et gère un budget annuel d'environ 1 220 milliards de francs (budget des États-Unis : 6 000 milliards de francs) et emploie directement environ 2 millions et demi d'agents.

L'Éducation nationale

L'ensemble du personnel de l'enseignement public (enseignants et personnel administratif) est constitué de fonctionnaires salariés par l'État. L'Éducation nationale est le premier employeur de la Fonction publique (922 000 salariés). L'Éducation nationale bénéficie aussi du plus important budget de l'État.

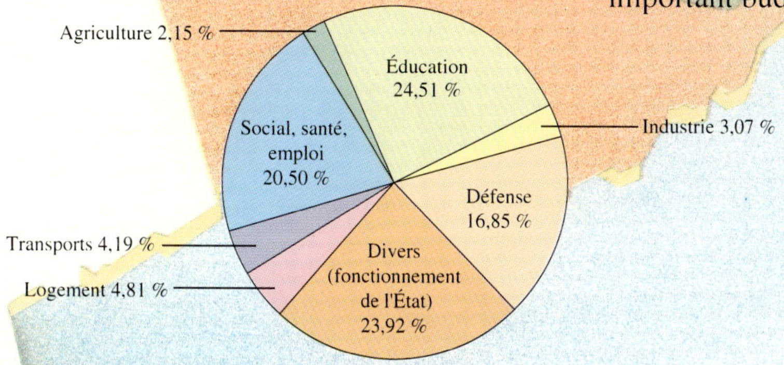

Répartition en pourcentages des principales dépenses de l'État (1990)

La France de l'an 2000

En l'an 2000, les écoliers et écolières des classes actuelles de 6e, 5e et 4e auront entre 22 et 24 ans. S'il est difficile d'affirmer ce que sera alors la France, on peut néanmoins s'appuyer sur deux réalités actuelles.
D'une part la Communauté européenne continuera à se développer et la France entend y jouer un rôle important. D'autre part la poursuite de certains objectifs apparaît évidemment souhaitable, comme la baisse du chômage et la réduction des inégalités. La France dispose de nombreux atouts : stabilité politique, savoir-faire technologique et réelles capacités d'innovation.
A partir de ces éléments, il est possible de dresser un tableau, sans doute un peu optimiste, de l'an 2000.

Une France qui doit être polyglotte

Dès l'école primaire, les programmes s'enrichissent de l'apprentissage des langues. Cette communication accrue entre les gens s'accompagne d'une meilleure connaissance de l'autre, de ses habitudes, de sa culture. La disparition des barrières entre les différents pays de la Communauté européenne stimule les échanges matériels et humains. L'implantation des entreprises étrangères sur le sol national favorise la communication.

La robotisation et l'informatisation des usines et des entreprises nécessitent une main-d'œuvre de plus en plus qualifiée.

Des carrières professionnelles variées

Les longues carrières dans une seule et même entreprise sont de moins en moins fréquentes. Les cadres connaissaient déjà la mobilité professionnelle depuis les années 1980. Elle s'étend depuis à l'ensemble de la population active.
La main-d'œuvre se doit d'être particulièrement qualifiée et la recherche scientifique prend une place prépondérante dans certains secteurs comme le nucléaire ou la biotechnologie. Enfin, il n'est pas rare qu'un individu change radicalement d'activité : la reconversion est alors volontaire.

Mutations de la société et des mentalités

Les efforts de planification qui ont eu cours jusque dans les années 1960-1970 cèdent de plus en plus la place à la prise en compte des aspirations multiples des individus. Par exemple, le service militaire est mieux adapté aux compétences réelles des appelés.
Dans les administrations, un dialogue s'instaure entre les agents de l'État et les usagers.
L'administration est appelée à devenir plus humaine : les usagers, en exprimant leurs souhaits, influent sur ses méthodes et ses choix.

L'avion spatial Hermès, conçu par l'industrie aéronautique française et adopté à l'échelon européen, s'envolera en 1998.

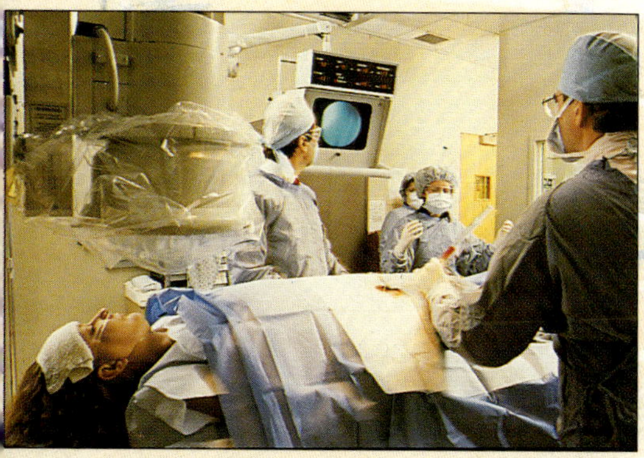
Une opération chirurgicale assistée par ordinateur. Les progrès de la recherche médicale concourent à augmenter encore l'espérance de vie.

Les régions affirment leur pouvoir

Les régions ont acquis un pouvoir important. Chacune d'entre elles se veut le centre de la vie économique et tend à se constituer en un vaste bassin d'emplois. Certaines établissent des liens avec d'autres régions d'Europe.
La concurrence entre les régions stimule l'activité économique du pays.
Enfin, le développement des réseaux de communication et d'information favorise les échanges interrégionaux.

L'EUROPE

Le 1er janvier 1993, la Communauté économique européenne est devenue, grâce à l'abolition des barrières douanières, un marché unique rassemblant plus de 300 millions d'individus. Cet événement a été précédé, en 1989 et 1990, par l'accès à la démocratie de nombreux pays de l'Europe de l'Est membres du bloc soviétique depuis la fin de la Seconde Guerre mondiale. Histoire, cultures, langues, religions sont autant de lieux de rencontre ou, au contraire, de différences. Ils seront déterminants pour démontrer la justesse du pari lancé en 1957 : l'union politique de l'Europe.

Une mer nourricière : la Méditerranée

La mer Méditerranée baigne les côtes de l'Europe du Sud. De tout temps, elle a été une voie maritime pour le commerce et les conquêtes. Au Vᵉ siècle, les grandes invasions barbares provoquent le déclin de l'activité maritime du bassin occidental. Après les croisades, les liaisons reprennent activement. Mais la Méditerranée orientale se ferme à la pénétration européenne après la prise de Constantinople en 1453 par les Ottomans. A la fin du XIXᵉ siècle, elle joue de nouveau un rôle de premier plan dans les relations européennes.

Les pays méditerranéens

La façade française sur la Méditerranée connaît aujourd'hui une activité réduite : fermeture des chantiers navals et déclin de la flotte marchande. En revanche, l'Italie apparaît comme le pays méditerranéen le plus riche : les ports de Gênes et de Naples sont particulièrement actifs. L'Espagne, traditionnellement tournée vers l'Afrique et l'Amérique latine, voit ses échanges économiques réorientés vers l'Europe depuis son entrée dans la Communauté en 1986. La Grèce est le pays de l'Europe méditerranéenne le plus pauvre.

L'importance du tourisme

L'ensoleillement dont bénéficie le Bassin méditerranéen a permis de développer une activité touristique très importante. Celle-ci fournit des revenus appréciables, notamment en Italie, en Espagne et en Grèce.

Depuis 10 000 ans, les hommes cultivent sur tout le pourtour méditerranéen du blé, de la vigne, des légumes, des fruits. L'olivier, comme ici en Andalousie, était à la base de l'économie traditionnelle.

Une artère vitale

Au lendemain de la Première Guerre mondiale, la Méditerranée devient une artère vitale de l'Europe en matière d'approvisionnement énergétique.

Mais elle est aussi un corridor vulnérable par lequel transite le pétrole du Moyen-Orient.

Le boom industriel (1950-1973) entraîne la construction de grands complexes de raffinage (à Augusta, Berre, Gênes, Trieste) et de sidérurgie (Fos, Tarente). La crise économique mondiale des années 1980 a réduit, sinon condamné, nombre de ces activités.

Stratégie en Méditerranée

Le contrôle des détroits des Dardanelles et du Bosphore a perdu de l'importance depuis la disparition de l'URSS. La mer Noire est depuis peu au centre d'une union régionale où figure, autour de la Turquie, les autres pays riverains. En revanche, le canal de Suez est toujours sur la route du pétrole entre le Moyen-Orient et l'Europe.

Le port de Gênes, en Italie, premier port de la Méditerranée.

Le Rhin et le Danube, deux artères de l'Europe

De la mer du Nord à la mer Noire, sur 3 500 km, le Rhin et le Danube tracent d'est en ouest un axe qui coupe l'espace européen en deux. Ils seront reliés prochainement grâce à la construction d'un canal et à la régulation du cours du Main : ce sera le système de voie navigable le plus long du monde après l'Amazone. Une liaison qui illustre l'avenir de l'Europe : réunir celle de l'Ouest et celle de l'Est dans un projet commun.

Des fleuves de légende
Ces fleuves ont de tout temps stimulé l'imagination des poètes. Légendes germaniques et contes roumains ont choisi le Rhin et le Danube pour héros. Un poème célèbre est consacré à la « Lorelei », ce dangereux rocher qui renvoie un écho aux bateaux passant à sa hauteur, et qui symbolise le romantisme allemand.

De la guerre... à la concorde
Ils ont été la source de conflits meurtriers. La possession de la rive gauche du Rhin a opposé plusieurs fois la France et l'Allemagne au cours des deux derniers siècles. Le Danube fut, au XVIIe siècle, le dernier rempart devant les Ottomans.
Mais les Européens ont dû s'entendre sur leur utilisation. L'internationalisation du Danube a été acceptée par les États européens en 1856 (traité de Paris), celle du Rhin par le traité de Versailles en 1918.

D'autres grands fleuves européens

- ❏ Volga (Russie) 3 701 km
- ❏ Elbe (Allemagne) 1 127 km
- ❏ Vistule (Pologne) 1 091 km
- ❏ Tage (Espagne-Portugal) 1 038 km
- ❏ Rhône (Suisse-France) 812 km

Le Rhin
Né en Suisse, le Rhin (1 320 km) est tout d'abord une rivière alpine qui se termine dans le lac de Constance. Il creuse ensuite une vallée étroite dans les plateaux calcaires du Jura. Après Bâle, il s'élargit et traverse la plaine d'Alsace. A partir de Wiesbaden, il traverse par un défilé le massif schisteux rhénan, avant de se jeter dans la mer du Nord par un large delta régulé par les Néerlandais (polders).

Le Danube aux portes de fer, à la frontière roumano-serbe

Deux poumons économiques

❑ *Les points forts du Rhin*

- Trafic commercial annuel de 150 millions de tonnes et le plus grand port du monde, Rotterdam
- Richesse agricole de l'Alsace
- Ressources hydro-électriques abondantes
- Débouché intérieur de cinq pays comptant parmi les vingt plus grandes puissances mondiales

❑ *Les points forts du Danube*

- Ressources hydro-électriques importantes (barrage récent aux portes de Fer)
- Traverse trois capitales (Vienne, Budapest et Belgrade) et est l'axe principal de quatre des huit pays qu'il arrose (Autriche, Hongrie, ex-Yougoslavie, Roumanie)

❑ *Les points faibles du Rhin*

- N'est navigable qu'à partir de Bâle
- Le déclin de la Ruhr, qui a perdu les industries qui avaient fait sa fortune (mines et sidérurgie)

❑ *Les points faibles du Danube*

- Trafic encore faible (80 millions de tonnes sur toute sa longueur)
- Traverse des pays moins riches (Autriche, Hongrie, ex-Yougoslavie, Bulgarie, Roumanie)

Le Danube

Le Danube (2 850 km) naît sur le versant oriental de la Forêt-Noire, en Allemagne. Son débit est impressionnant : 6 500 m^3 à la seconde. A Vienne, après 1 000 km, il égale le débit atteint par le Rhin au bout de sa course. Après avoir formé méandres et faux bras dans la plaine hongroise, il traverse la montagne entre les Carpates, au nord, et les Balkans, au sud, par le célèbre défilé des portes de Fer, pour se jeter dans la mer Noire.

L’Europe gréco-latine

L'Europe d'aujourd'hui est le fruit d'une longue histoire de conflits entre les peuples. Toutefois, à certaines époques, l'Europe a connu une aventure commune, comme en témoignent les vestiges des civilisations celtique et gréco-latine présents sur notre continent.
Les Celtes en Europe centrale et occidentale, les Grecs puis les Romains en Europe méridionale ont profondément influencé les hommes pendant trois millénaires.

Europe, héroïne grecque
L'Europe tire son nom d'une héroïne mythologique dont on ne sait s'il s'agit d'une des trois mille nymphes qui peuplaient les mers, ou bien... d'une belle Phénicienne enlevée par le roi des dieux, Zeus. Pour les anciens Grecs, l'Europe était tout ce qui se situait à l'ouest des îles grecques et au nord de leur péninsule.

La légende d'Europe enlevée par Zeus métamorphosé en taureau a stimulé l'imagination des artistes jusqu'au XIXe siècle. Cet *Enlèvement d'Europe*, par le peintre français Gustave Moreau, en témoigne.

Les Celtes
Les Celtes, aux origines peu connues, sont installés vers 1800 av. J.-C. dans le sud de l'Allemagne actuelle. Ils gagnèrent ensuite toute l'Europe occidentale, ainsi que la vallée du Danube, atteignant même l'Asie Mineure. Seuls le Bassin méditerranéen, au sud, les plaines germano-polonaises et la Scandinavie, au nord, n'ont pas été touchés par cette riche civilisation. Formés de plusieurs peuples sans unité ethnique, les Celtes sont des guerriers, des agriculteurs, et parmi eux se trouvent des orfèvres de talent. Les tribus gauloises font partie des peuples celtes.

Rome à la conquête de l'Europe
Après les Grecs qui ont diffusé leurs produits dans tout le Bassin méditerranéen, c'est Rome qui imposa à une majeure partie du continent les valeurs de la civilisation gréco-romaine.
Du nord de l'Angleterre à l'embouchure du Danube, les archéologues ont retrouvé des constructions romaines.
De nombreuses villes européennes se sont développées à partir des garnisons de légionnaires, comme Strasbourg ou Cologne.

Jusqu'aux confins de l'Europe, Rome a laissé des traces imposantes. Ses réalisations ont été d'ordre militaire (le mur d'Hadrien, à la frontière entre l'Angleterre et l'Écosse), civil (l'aqueduc du pont du Gard, près de Nîmes), religieux (un temple à Evora, au Portugal) ou commémoratif (monument en l'honneur de l'empereur Trajan en Roumanie).

L'influence de la civilisation gréco-latine
Les Romains ont diffusé leur mode de vie et leur culture dans toute l'Europe. Ils ont imposé leur civilisation urbaine, ont créé des voies de communication, ont implanté leurs dieux, ont éduqué les élites barbares et ont étendu la civilisation classique à tout le continent.
Cette unité administrative a été rompue par les Grandes Invasions, à partir du IVe siècle apr. J.-C.

Charlemagne, «Père de l'Europe»

De son vivant, Charlemagne a été appelé par un poète le «Père de l'Europe». Ce surnom lui est resté. Il incarne un moment de l'histoire où une partie de l'Europe occidentale a vécu sous un même souverain; l'Europe orientale est sous l'autorité de l'empereur byzantin; au-delà vivent les barbares. En acceptant le titre d'empereur en 800, Charlemagne a voulu retrouver la splendeur de l'Empire romain détruit par les Grandes Invasions, plus de trois siècles auparavant.

Les Francs

Du IIIe au Ve siècle apr. J.-C., les Grandes Invasions voient les Germains traverser l'Europe. Parmi eux, les Francs s'imposent dans les régions comprises entre le Rhin, la Meuse et la Saône. Grâce à leur roi Clovis, qui s'est converti au christianisme, ils conquièrent presque toute la Gaule et installent une dynastie, celle des Mérovingiens.
Celle-ci se maintient au pouvoir pendant deux siècles, grâce aux maires du palais, principaux conseillers du roi. C'est l'un d'eux, Charles Martel, qui renverse cette dynastie.

Charlemagne a été très tôt considéré comme l'un des plus grands princes de l'Europe, comme en témoigne cette miniature du XVe siècle.

L'empereur Charlemagne

Charlemagne est le petit-fils du maire du palais Charles Martel. Roi des Francs en 771, il unifie l'Europe occidentale depuis la presqu'île du Jutland, au nord, jusqu'à Naples, au sud. Il dirige son empire depuis Aix-la-Chapelle. Empereur en 800, il projette une alliance avec l'impératrice byzantine, Irène, mais ce projet échoue. Lorsqu'il mourra en 814, son œuvre unificatrice ne résistera pas à la coutume franque en matière d'héritage : en 843, au traité de Verdun, l'Empire franc est partagé entre les trois petits-fils de Charlemagne.

Le christianisme, religion dominante de l'Europe

Charlemagne est sacré empereur le jour de Noël 800 par le chef de l'Église, le pape Léon III. Ce titre le met au-dessus des autres souverains chrétiens et à égalité avec son rival d'Orient.
Le christianisme s'affirme comme le facteur commun à tous les peuples de l'Europe. Après avoir converti les Germains, les missionnaires gagnent à leur foi les peuples scandinaves, Vikings et Normands, et les Slaves.

’Europe et l’Islam

En un siècle, les Arabes
ont la conquête du nord
le l'Afrique, de l'Espagne
t atteignent le nord-est
le l'Inde. Ils sont refoulés
Poitiers par Charles
Martel. Le pape, attaqué
ar les Lombards en Italie
lu Nord, implore le
ecours de Charlemagne,
qui devient à la fois
e sauveur et le protecteur
lu pape.

Aux frontières de l’empire d’Occident

Au nord, en Scandinavie, les peuples du Nord, appelés «Normands», non christianisés, ont déjà fondé les royaumes de Suède et du Danemark. A l’est, les peuples germains (les Saxons) et les Slaves sont victimes des ambitions de conquête et de christianisation de Charlemagne. Au sud, de l’Italie méridionale au Proche-Orient, règne l’empereur d’Orient. Affaibli par des querelles intérieures, attaqué au nord par les Bulgares, installés depuis le VIe siècle, le pouvoir de l’empereur est également menacé au sud et à l’est par les Arabes qui, à plusieurs reprises, assiègent Constantinople.

L'essor des villes du XIIe siècle à la Renaissance

Du XIIe siècle à la Renaissance, l'Europe est marquée par l'essor des villes. En même temps que les citadins développent les activités commerciales, ils réussissent souvent à arracher des libertés à leurs seigneurs.
C'est ce que l'on a appelé le mouvement communal. Les villes ont connu des histoires différentes : certaines devinrent indépendantes, d'autres formèrent des fédérations; la plupart obtinrent des statuts spéciaux dans les grands royaumes.
En Italie, en Flandres et en Allemagne du Nord, de nombreuses villes libres devinrent riches et puissantes.

Les villes et la féodalité
Tout comme l'ensemble de la société, les habitants des villes étaient soumis au régime féodal. Ils avaient abandonné toute liberté en échange de la protection militaire assurée par le seigneur, un laïc (roi, prince ou comte) ou un ecclésiastique (évêque).
Mais à mesure que les marchands et les artisans s'enrichissaient, ils demandèrent la liberté de s'organiser eux-mêmes. C'est ainsi que naquit le mouvement communal.

Venise, ville-port de l'Adriatique, domine le commerce de la Méditerranée. Indépendante depuis le VIIIe siècle, elle est gouvernée par un doge, dont les pouvoirs sont limités par les grandes familles organisées en conseils.

Le mouvement communal
Né en Italie du Nord au XIe siècle, en Picardie et en Flandres au XIIe, le mouvement communal s'étendit au Saint Empire romain germanique et aux ports de la mer Baltique.
Profitant des troubles politiques, les villes du Rhin s'allièrent pour se défendre et gagnèrent ainsi leur indépendance (XIIIe siècle).
Dans d'autres royaumes, comme celui de France ou d'Angleterre, les souverains parvinrent à limiter les droits des villes.

Les chartes
Le plus souvent, devant les refus des seigneurs d'accorder plus de liberté, les bourgeois se révoltent pour obtenir des chartes. Ce sont des documents qui accordent aux citadins le droit d'organiser des corps de métiers et le pouvoir de les administrer, de discuter des impôts et de participer à la défense commune. Parfois, les chartes prévoient le droit de nommer un maire ou un bourgmestre pour gérer la cité.
La croissance démographique entraîne la fondation de villes nouvelles.
Les seigneurs octroient, moyennant de l'argent, des chartes aux nouveaux citadins.

Le siècle d'or des cités

C'est en Italie et en Allemagne que les cités acquièrent le plus d'indépendance. En 1250, le peuple de Florence se révolte contre l'empereur et chasse les nobles, puis se donne vers 1300 une Constitution. Après une longue période d'agitation sociale et politique, le pouvoir tombe en 1434 aux mains d'une grande famille, les Médicis.
En Allemagne, à l'initiative des cités de la Baltique, en 1356, une soixantaine de villes s'unissent dans la Hanse, une association commerciale très puissante. La plus grande de ces villes est Cologne qui, au milieu du XVe siècle, atteint 35 000 habitants.

L'organisation de Cologne

Depuis 1396, le pouvoir municipal est désigné en deux temps. D'abord, les vingt corporations élisent 36 des 49 conseillers municipaux. Ensuite, ceux-ci choisissent parmi les citoyens de la ville leurs 13 autres collègues, puis les 2 bourgmestres qui les dirigeront pendant un an.
Est citoyen celui qui possède une maison ou une terre ou bien qui appartient aux corporations nobles. Seuls les maîtres artisans en font partie.

Les vingt corporations de Cologne

- Corporations de l'alimentation : bouchers, poissonniers, brasseurs, boulangers
- Corporations de l'artisanat : tailleurs, cordonniers, peintres, orfèvres, pelletiers, cardiers, teinturiers, armuriers, potiers en étain, tonneliers, tisserands, tailleurs de pierre, forgerons
- Corporations nobles regroupant les patriciens : les chevaliers et deux guildes (associations) de marchands

L'Europe à la française (XVIIe et XVIIIe siècles)

A l'aube du XVIIe siècle, l'Europe étend son influence dans le monde. Les Indes, le continent américain, l'Extrême-Orient connaissent ses navires, ses marchands et ses explorateurs. La France occupe une place privilégiée. De 1660 à 1814, elle domine le continent européen. Le français devient la langue de la culture pour deux siècles et demi : Molière, Racine, Voltaire ou Rousseau jouissent d'un prestige qui dépasse largement les frontières de la France.

La conquête par la guerre et par les Lettres

Sous le gouvernement de Mazarin, la France s'agrandit aux dépens de l'Espagne (traité des Pyrénées, 1659). Grâce aux succès militaires de la première partie du règne de Louis XIV, la France devient la première puissance européenne. Forte de ses victoires militaires, elle entend également marquer l'Europe de son empreinte culturelle. L'essor de la pensée française, favorisé par Louis XIV, continue sous Louis XV pour se poursuivre jusqu'à la Révolution française.

Voltaire (1694-1778) critique volontiers les gouvernements, l'Église et les injustices. Sa vie est une suite d'échecs et de succès.

L'essor de la culture française

Louis XIV protège d'autant mieux les artistes que ceux-ci célèbrent souvent la gloire de son règne. Ainsi voit-on Racine accompagner le roi à la guerre pour faire le récit de ses campagnes. Paris devient le centre européen de la mode. Sous le règne de Louis XV, les princes d'Europe se pressent chez le riche baron d'Holbach pour y écouter Diderot. Hors de France, et jusqu'en Russie, on lit les ouvrages des philosophes. Voltaire séjourne chez le roi de Prusse, Diderot est l'hôte de la cour de Russie.

Des idées nouvelles
L'essor de la culture française ne se réduit pas à une brillante défense de l'ordre monarchique et de l'absolutisme royal. Au milieu du XVIIIe siècle, une dizaine d'œuvres remettent en question Dieu, l'État, la société, l'homme. Le *Contrat social* de Rousseau (1762) lance l'idée nouvelle de démocratie. Voltaire et Montesquieu s'illustrent dans la critique de la monarchie absolue : leurs idées passent les frontières plus vite que les marchandises.

Buffon (1707-1788) est l'auteur d'une histoire naturelle en 36 volumes. Au XVIIIe siècle, les sciences bénéficient d'une grande vogue.

L'influence anglaise
Au XVIIIe siècle, l'Angleterre a réalisé la première révolution industrielle. La France des Arts et des Lettres semble alors laisser à Londres le triomphe de la civilisation matérielle. Cependant, les lois scientifiques dégagées par Newton ou Locke sont parmi les facteurs qui permettent l'élaboration des idées des philosophes français du siècle. Le français reste le véhicule des idées et de la culture, mais grâce à sa révolution industrielle, l'Angleterre forge les instruments de sa domination économique.

De la Révolution à la fin de l'Empire
La guerre d'Indépendance américaine a illustré concrètement les idées de liberté et d'égalité défendues par les philosophes français. Ces idées alimentent à leur tour la Révolution française. Les guerres napoléoniennes vont agrandir le territoire de la France, mais elles suscitent aussi des réactions de rejet violent pour tout ce qui peut évoquer la France dans les pays vaincus. A l'aube du XIXe siècle, la philosophie française des Lumières est supplantée par la philosophie allemande (Kant, puis Hegel).

La manufacture des Gobelins, fondée par Colbert en 1661, sera tout au long des XVIIe et XVIIIe siècles l'un des plus grands ateliers de création de tapisseries en Europe.

La révolution industrielle venue d'Angleterre

La Grande-Bretagne réalise, la première, sa révolution industrielle, dans les années 1780-1785. C'est également en Grande-Bretagne que commence, à partir de 1830, la seconde révolution industrielle européenne.
Ceci fut rendu possible grâce à un équipement naval et portuaire très développé ainsi qu'à un réseau dense de voies navigables et de routes. En outre, la Grande-Bretagne produisait en abondance de la houille et du minerai de fer.

L'âge de l'acier anglais
La construction de voies ferrées, de navires et la fabrication de l'outillage industriel nécessite l'usage d'un métal autre que le fer. Mais la production de l'acier, élaborée au début du XIXe siècle, se heurte à de grandes difficultés, jusqu'au moment où, en 1855, Henry Bessemer met au point un convertisseur qui permet d'obtenir le passage direct de la fonte à l'acier. Le procédé est amélioré en 1879 par Sidney Gilchrist Thomas, dont le nouveau convertisseur permet désormais d'obtenir de l'acier à partir de n'importe quelle qualité de minerai.

Le triomphe de la machine-outil britannique
Le perfectionnement de la machine à vapeur entraîne une amélioration de l'outillage. Le développement des machines-outils favorise l'essor de l'industrie : le travail devient plus rapide, la production augmente et les produits manufacturés gagnent en qualité. Parmi les réalisations marquantes : la raboteuse de Roberts et le marteau-pilon à vapeur de Nasmyth en 1842.

En découvrant la pile électrique en 1800, l'Italien Volta ouvrit la voie aux travaux du chimiste et physicien anglais Faraday.

La révolution industrielle en France, en Belgique et en Allemagne
Le capitalisme belge manifeste le premier une réelle hardiesse dans la modernisation des industries de base : sidérurgie et mines. A partir de 1840, les gouvernements allemands prennent en charge la construction du réseau ferré et entreprennent l'aménagement du Rhin.
La France s'engage sur la voie industrielle avec retard. Mais grâce à la construction du réseau ferré à partir de 1842, elle accomplit sa révolution technologique et passe en tête des puissances économiques du continent.

L'essor allemand
Depuis 1860, les usines Krupp, dans la Ruhr, fabriquent des canons avec de l'acier acheté dans le monde entier. A la fin du siècle, la région est devenue un des plus grands foyers industriels du monde. La discipline commerciale, le regroupement des capitaux et le protectionnisme donnent à l'industrie allemande une structure véritablement gigantesque. Au début du XXe siècle, l'industrie chimique et électrique connaît un développement sans équivalent en Europe.

La stagnation de la Grande-Bretagne
Au début du XXe siècle, la Grande-Bretagne semble vivre sur ses acquis : la «mère» de la révolution industrielle n'imagine pas qu'elle puisse être dépassée. Elle qui a inventé les techniques de fabrication de l'acier n'en a pas poussé l'exploitation aussi loin que les nouvelles puissances industrielles. Elle reste aussi en retard dans les utilisations industrielles de l'électricité.

En 1900, l'Allemagne est devenue la première puissance sur le continent européen. La Ruhr, mais aussi la région des monts Métallifères, dans l'est, devinrent de grands centres sidérurgiques, comme ici celui de Freiberg.

L'Europe sur tous les continents

Du XVIe au XXe siècle, des millions d'Européens se sont établis dans les colonies d'Amérique, d'Océanie, d'Afrique et d'Asie du Sud-Est. Ils y ont imposé, non sans violence, leur civilisation, leurs traditions, leurs activités, leurs langues et leurs religions.
Aujourd'hui, le processus de décolonisation est quasiment achevé, mais l'empreinte européenne est présente : elle s'exprime par des échanges privilégiés, tant au niveau économique que culturel.

Une profonde influence sur le monde
Les anciennes colonies de l'Europe ont souvent conservé une langue officielle européenne — essentiellement le français, l'anglais ou l'espagnol — et des institutions politiques ou scolaires calquées sur des modèles européens. Elles entretiennent des liens politiques, militaires et financiers étroits avec les anciens colonisateurs.

L'importance du mouvement migratoire d'origine européenne a contribué à la prospérité des États-Unis. De 1880 à 1913, environ 20 millions d'Européens ont peuplé l'Amérique du Nord. Ici, des émigrants italiens en partance pour New York.

Des accords économiques privilégiés
Trois conventions de Lomé signées de 1975 à 1984 permettent à 66 pays d'Afrique, des Caraïbes, du Pacifique, appelés pays «ACP», de commercer avec la CEE de manière privilégiée : la quasi-totalité de leurs exportations en direction de la CEE s'effectue sans acquitter de taxes douanières.
Des prêts, destinés notamment à développer l'enseignement et à améliorer les techniques agraires, témoignent des liens étroits qui unissent nombre de pays en voie de développement à l'Europe.

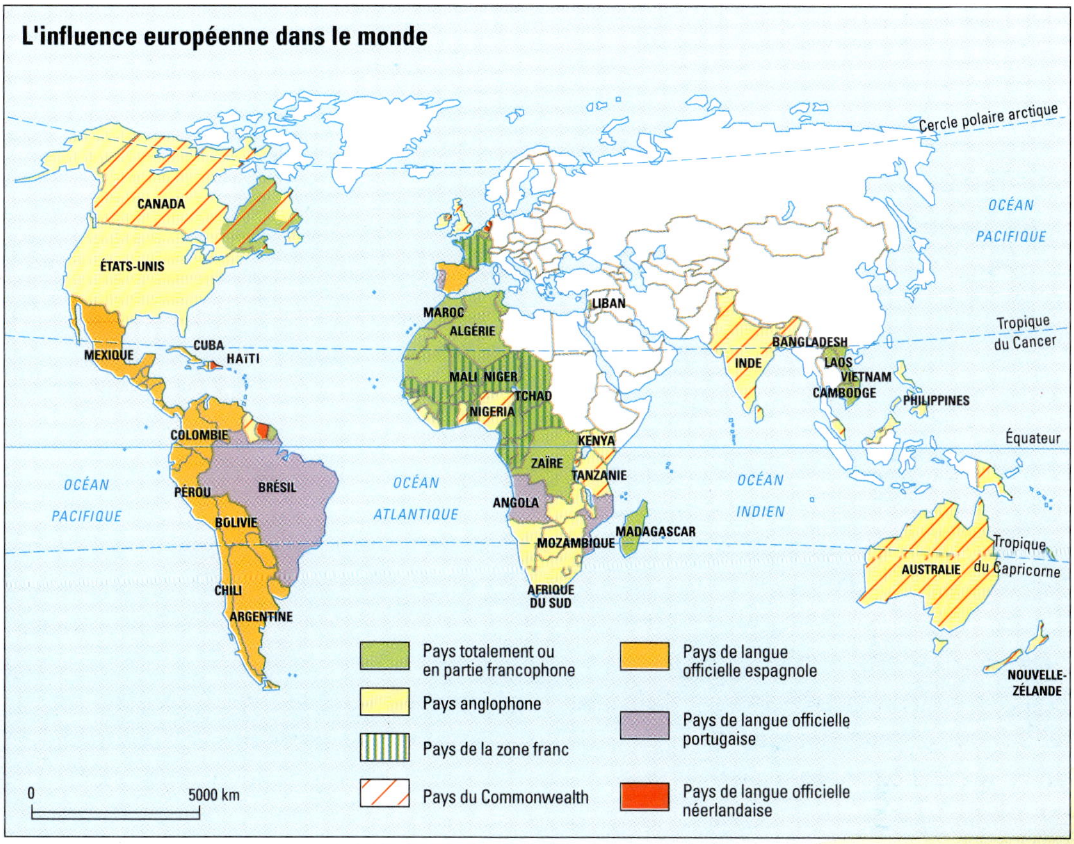

Un lien puissant : la francophonie

Le français est langue officielle et langue d'enseignement dans une trentaine d'États. Au-delà du simple aspect linguistique, le français s'efforce de diffuser — ou tente de le faire — des valeurs fondamentales : respect des droits de l'homme, humanisme et démocratie qui appartiennent au fonds commun de l'Europe occidentale. Bien implantée au Québec, la francophonie conserve de fortes positions en Indochine, dans le monde arabe (Maghreb, Liban, Égypte), enfin en Afrique noire et à Madagascar.

Le Commonwealth, communauté extra-européenne

Le Commonwealth (en anglais «communauté de richesses») représente un ensemble formé par le Royaume-Uni et 48 anciennes colonies britanniques. Le Canada et l'Australie, entre autres, continuent de reconnaître la souveraineté de la reine d'Angleterre.

Aujourd'hui, le Commonwealth traduit davantage une communauté d'intérêts qu'une véritable association. Il n'en demeure pas moins comme un symbole significatif de la présence britannique — et donc européenne — dans le monde.

La renaissance des nations au XIXe siècle

Conséquences de la Révolution française et des guerres napoléoniennes, les peuples européens s'éveillent et se révoltent contre les frontières de l'Europe imposées par le congrès de Vienne (1814).
De 1815 à 1848, l'idée d'unité nationale est défendue par les mouvements démocratiques jusqu'au «printemps des peuples » de 1848.
Après la défaite des révolutions de 1848, ce sont des États qui prennent le relais : le Piémont-Sardaigne pour l'Italie, la Prusse pour l'Allemagne, la Serbie pour la Yougoslavie.
Plus tard, ce sera la communauté internationale qui aidera à la renaissance de la Pologne et à la formation de la Tchécoslovaquie.

Naissance de la Belgique
La première révolution nationale aboutit à la fondation de la Belgique en 1830. Quelques jours après la révolution de Juillet, à Paris, Bruxelles se soulève contre le roi de Hollande : les départements belges, habités par des catholiques flamands ou wallons, avaient été attribués au royaume de Hollande, de confession protestante. Après avoir repoussé les troupes hollandaises, les Belges fondent un État indépendant reconnu par les grandes puissances en décembre.

Le «printemps des peuples»
En février 1848, le peuple parisien abat le régime du roi Louis-Philippe Ier. Pendant plus d'un an, son exemple est repris par toute l'Europe : Italiens, Allemands, Autrichiens et Hongrois tentent de renverser leurs souverains. La lutte se fait autant au nom de la nation que de la république. Mais partout, les espoirs patriotiques et démocratiques seront déçus. A partir de l'automne, les défaites se succèdent. A Berlin, Vienne et Budapest, les soulèvements sont noyés dans le sang.

En 1848, les mouvements nationaux pensaient faire partie d'un même mouvement libéral et démocratique contre l'aristocratie. On peut reconnaître dans cette allégorie de la République universelle les drapeaux français, allemand, belge et italien.

L'unification italienne

En mars 1861, le Parlement italien fait du souverain du Piémont, Victor-Emmanuel, le premier roi de l'Italie moderne. L'unité du pays s'est en effet réalisée à partir du royaume de Piémont-Sardaigne.
Elle a mis fin à plus de mille ans de divisions.
Cela fut réalisable grâce à des hommes comme Cavour ou Garibaldi qui ont mené la lutte contre les Autrichiens. Il faudra attendre 1870 pour que Rome devienne la capitale, le pape ne régnant plus que sur la cité du Vatican.

L'unité italienne n'a été rendue possible que par une large union regroupant l'ensemble des forces politiques de l'époque, des monarchistes aux républicains. Lors de leur rencontre à Teano, le républicain Garibaldi accepte que le roi du Piémont, Victor-Emmanuel, devienne roi d'Italie.

L'Allemagne unie à Versailles

C'est en battant en 1870 la France de Napoléon III que la Prusse acheva l'unité de l'Allemagne. Dans la galerie des Glaces du château de Versailles, les princes allemands nommèrent le roi de Prusse empereur d'Allemagne. Le principal artisan de ce succès fut le chancelier Bismarck. Il usa autant de l'action économique que de l'action militaire pour imposer l'idée d'une Petite Allemagne (avec la Prusse et sans l'Autriche) à celle d'une Grande Allemagne (sous influence autrichienne).

Les nouveaux États européens aux XIXe et XXe siècles

- ❑ Belgique: 1831
- ❑ Grèce : 1832
- ❑ Luxembourg : 1840
- ❑ Italie : 1861
- ❑ Roumanie : 1861
- ❑ Allemagne : 1871
- ❑ Serbie : 1882, puis Yougoslavie : 1918
- ❑ Bulgarie : 1908
- ❑ Finlande : 1917
- ❑ Pologne : 1918
- ❑ Tchécoslovaquie : 1918
- ❑ Albanie : 1918

Le rideau de fer ne divisera plus l'Europe

L'Europe est sortie épuisée de la Seconde Guerre mondiale.
Elle en a été le principal champ de bataille pendant six années, de 1939 à 1945. En quelques mois, de 1947 à 1949, elle a été divisée en deux blocs séparés par une frontière infranchissable.
Cette division entre l'Ouest et l'Est dura plus de quarante ans.
Il faut attendre 1989 avec la décision d'un Premier ministre hongrois, Nemeth, d'ouvrir ses frontières pour que le «rideau de fer» soit levé au-dessus de l'Europe.

La guerre froide
L'opposition entre les deux Europe s'aggrava quand les Occidentaux dénoncèrent les activités communistes en Grèce où une sanglante guerre civile opposait communistes et monarchistes (1944-1949).
Les États-Unis, inquiets de la force des mouvements communistes européens, proposèrent d'aider la reconstruction de l'Europe : le plan Marshall (1947).
Seuls les pays occidentaux l'acceptèrent, les pays de l'Est refusant toute aide américaine et constituant avec l'Union soviétique la communauté socialiste (CAEM).
Se font alors face deux systèmes économiques complétés par deux organisations militaires : l'OTAN à l'Ouest, le Pacte de Varsovie à l'Est.

La fin de la guerre froide
Entre 1989 et 1991, le communisme s'écroule brutalement en Europe de l'Est et l'URSS disparaît.
Le Pacte de Varsovie est dissous en juin 1991.
Il n'y a plus désormais d'affrontement Est-Ouest sur le vieux continent. Les anciens pays de l'Est adhèrent progressivement au Conseil de l'Europe tandis que les ex-républiques soviétiques sont admises à l'ONU.

Une unité à réinventer
Désormais, le « rideau de fer » ne sépare plus l'Europe en deux.
L'Allemagne a retrouvé son unité et la démocratie a progressé en Europe.
Mais un fossé économique sépare toujours l'Est et l'Ouest.
Des tensions nationalistes ressurgissent et dégénèrent parfois en conflit. Si les Tchèques et les Slovaques se sont séparés pacifiquement, la guerre ravage l'ex-Yougoslavie.

Construit en une nuit en août 1961, sur ordre des autorités d'Allemagne de l'Est, le mur de Berlin, surnommé « Mur de la honte » et réputé infranchissable, matérialisait la division de l'Europe.

Des crédits pour revivre
A la fin des années 1970, une crise économique sans précédent touche les pays socialistes. Ils se tournent vers l'Occident et obtiennent des crédits. Aujourd'hui, ces pays, très endettés, se sont fixés pour objectifs de rendre compétitive leur économie en adoptant le modèle capitaliste de l'Europe occidentale.

Le retour à l'Ouest
Depuis la disparition de l'URSS et du communisme, les pays est-européens tentent de réformer en profondeur leur société et leur économie. Des élections libres ont eu lieu partout et la démocratie parlementaire entre peu à peu dans les mœurs. Les échanges, orientés naguère vers l'URSS, ont lieu principalement, désormais, avec l'Europe occidentale et le monde capitaliste développé, qui commence à investir à l'Est.
La privatisation de l'économie avance cependant lentement et la démocratie est encore fragile.

La levée du rideau de fer ne concerne pas seulement la division Est-Ouest de l'Europe. A l'Est, les frontières avaient également un rôle dissuasif. Témoin ce soldat tchécoslovaque découpant le grillage qui séparait son pays de la Hongrie.

L’Europe politique aujourd’hui

L’espace européen est morcelé en quarante-quatre États ayant leurs propres lois leur monnaie, leur gouvernement et leurs symboles, comme l’hymne et le drapeau. Ce morcellement politique est le fruit d’une histoire qui a vu se succéder des tentatives de regroupement (les empires de Charlemagne, Charles Quint et Napoléon) et des tentatives d’autonomie ou d’indépendance. Les frontières et les régimes politiques ont beaucoup bougé après 1945 et, plus récemment, suite à la chute du communisme à l’Est.

États anciens, États nouveaux

Certains États se sont constitués dès le Moyen Age, comme la France. D’autres ont une existence beaucoup plus récente. Ils sont souvent consécutifs aux mouvements d’indépendance nationale du XIXe siècle (Belgique, Italie, Allemagne) ou au démembrement des Empires austro-hongrois et ottoman jadis dominants en Europe centrale (Yougoslavie, Tchécoslovaquie…). Parfois, un même État a vu son existence plusieurs fois réduite à néant, pour renaître ensuite (Pologne, Lituanie). Les plus jeunes États européens naissent de l’éclatement de l’URSS, de la Yougoslavie et de la Tchécoslovaquie et découvrent la démocratie.

C’est dans les Cantons suisses que la tradition du vote populaire est la plus ancienne. On en retrouve les traces dans le canton d’Appenzell-Rhodes ; les élections et les référendums y donnent lieu à un vote public sur la place du village depuis le XIVe siècle.

L’Europe des blocs, 1945-1989

A l’issue de la Seconde Guerre mondiale, l’Europe était divisée en deux blocs politiques, économiques et militaires. L’URSS a favorisé en Europe centrale, située dans sa zone d’influence, la mise en place de régimes politiques calqués sur le sien, notamment le régime du parti unique.

L’Europe occidentale, avec l’appui des États-Unis, a pu maintenir l’ensemble de ses positions, notamment le régime de la démocratie.

L’Autriche et la Finlande ont conservé ou regagné leur indépendance par la neutralité.

Quatre types de régimes politiques

Dans les monarchies parlementaires, le souverain a une fonction symbolique : le pouvoir effectif appartient au gouvernement (Premier ministre et Parlement).

Dans les républiques unitaires, comme la France, le pouvoir appartient à un président et à un gouvernement contrôlé par le Parlement.

Les républiques fédérales, comme la Suisse, regroupent plusieurs provinces ou régions au sein d'un même État : chaque région a son gouvernement pour régler les affaires locales ; un gouvernement fédéral assure la politique générale (monnaie, finances, armée, politique étrangère).

Les nouvelles démocraties de l'Est ont toutes opté pour la démocratie parlementaire et le multipartisme.

L'Europe de l'Est

Au lendemain de la Seconde Guerre mondiale, l'Europe centrale et orientale, libérée du nazisme par l'URSS, a été obligée d'adopter son système socio-économique. Les structures de production sont passées aux mains de l'État ainsi que la quasi-totalité des terres agricoles, à l'exception de la Pologne et de la Hongrie. Aujourd'hui, passé l'écroulement du communisme, les réformes se mettent en place avec un succès mitigé : la Pologne, la Hongrie et la République tchèque connaissent certains succès mais les autres pays vivent une transition difficile.

Vers de nouvelles alliances
Le CAEM (Conseil d'Aide Économique mutuelle, en anglais COMECON) organisait les échanges entre les pays socialistes, souvent au profit de l'URSS. Désormais les nouvelles démocraties de l'Est essayent de trouver leur place sur le marché mondial et réorientent leurs échanges.
Leur but déclaré est de rejoindre à terme la CEE. Elles comptent pour cela sur l'Allemagne, qui est rapidement devenue leur premier client et fournisseur.

Les pays d'Europe centrale offrent désormais aux grandes firmes occidentales des possibilités d'investissements avantageuses.

Délocalisation à l'Est
Le CAEM a disparu avec l'URSS. La réorganisation de l'économie s'accompagne d'une modification des liens économiques. Désormais, les investisseurs étrangers peuvent investir librement et certaines firmes, comme Volkswagen, commencent à délocaliser leur production, tirant avantage d'une main d'œuvre bon marché.

Un démarrage difficile

N'ayant pas affronté la concurrence internationale depuis des décennies, l'Europe de l'Est n'est pas encore en mesure d'exporter vers l'Ouest des produits finis compétitifs. En outre, ses secteurs performants — sidérurgie, textile et certains produits agricoles — sont en compétition avec l'occident ou les NPI d'Asie du Sud-Est. La coopération régionale, la délocalisation industrielle et l'intégration future à la CEE sont les solutions envisagées aujourd'hui.

L'Est change de visage

La République Démocrate Allemande est désormais intégrée à la RFA, non sans causer des difficultés sociales et économiques. La Pologne, la Hongrie et la République tchèque connaissent une mutation rapide, siègent au Conseil de l'Europe et se sont réorientées vers l'Ouest. Ces pays découvrent cependant le chômage et les faillites d'entreprises. L'Europe balkanique a plus de mal à solder l'héritage communiste. Elle fait pourtant l'apprentissage de la démocratie, tout comme les États issus de l'URSS, où la situation reste tendue à cause de la résurgence du nationalisme. Cette résurgence a conduit l'ex-Yougoslavie à une guerre meurtrière entre Serbes, Bosniaques et Croates.

Les populations européennes

Au XIXe siècle, l'Europe connaît une croissance démographique très importante : en 1900, elle compte le tiers de la population mondiale. Aujourd'hui, le continent européen n'en représente plus que le dixième. Au moment où l'Europe doit s'adapter à des mutations importantes sur le plan de l'économie, ce déclin démographique constitue un handicap. Dans quelques États, le renouvellement des générations n'est plus assuré : le vieillissement de la population touche la quasi-totalité du Vieux Continent.

Une natalité en forte baisse : les causes

La diffusion des moyens de contraception permet de choisir d'avoir ou non des enfants.
Le travail des femmes à l'extérieur de la famille est souvent peu compatible avec une famille nombreuse.
Les progrès de la médecine ont fait reculer la mortalité infantile : il n'est donc plus nécessaire d'avoir beaucoup d'enfants pour en conserver quelques-uns.

Des situations contrastées

La plupart des pays d'Europe du Nord-Ouest connaissent un accroissement faible ou nul de leur population. L'Allemagne a vu sa population augmenter grâce à la réunification mais la proportion des personnes âgées est importante, comme presque partout en Europe. Les pays méditerranéens n'assurent plus, à leur tour, le renouvellement des générations.

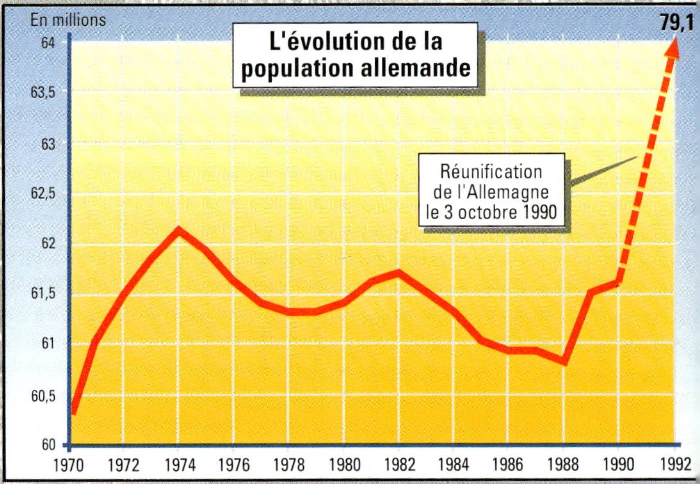

La population allemande a diminué régulièrement de 1974 à 1988. Pourtant, l'arrivée d'immigrés d'Europe de l'Est et l'unification des deux Allemagne expliquent son récent accroissement démographique.

Un vieillissement de la population

La durée moyenne de vie s'est allongée : l'espérance de vie se situe entre 72 et 75 ans en Europe occidentale; ce qui fait croître la proportion de personnes âgées. Les travailleurs en activité sont amenés à supporter davantage la charge des retraites.
Sur un autre plan, le vieillissement de la population constitue un risque préjudiciable à l'avenir économique et social des sociétés européennes.

Dans les écoles des grandes agglomérations ouvrières, comme ici à Roubaix, les enfants des travailleurs immigrés constituent parfois la moitié des effectifs scolaires.

Un pôle d'attraction pour l'immigration

L'Europe présente avec les États-Unis et le golfe Persique un trait commun : elle constitue un pôle d'attraction pour les travailleurs migrants. Les Polonais, les Belges, les Italiens ont cédé la place aux travailleurs venus de l'Espagne, du Portugal, du Maghreb, de la Méditerranée orientale (Yougoslavie, Turquie) et des anciennes colonies d'Afrique noire et d'Asie.

Les principaux États européens (hors ex-URSS)
en millions d'habitants

Allemagne :	80,2
Royaume-Uni :	57,7
France :	57,3
Italie :	57,1
Ukraine :	52
Espagne :	39,1
Pologne :	38,4
Roumanie :	23,3
Pays-Bas :	15,1
Yougoslavie : (Serbie et Monténégro)	10,4
Grèce :	10,3
Hongrie :	10,3
Rép. tchèque :	10,3
Belgique :	10
Biélorussie :	10
Portugal :	9,8
Bulgarie :	8,9
Suède :	8,6
Autriche :	7,8
Suisse :	6,9
Slovaquie :	5,2
Danemark :	5,1
Finlande :	5
Croatie :	4,8
Bosnie-Herzégovine :	4,4
Moldavie :	4,4
Norvège :	4,3
Lituanie :	3,8
Irlande :	3,5
Albanie :	3,3
Lettonie :	2,7
Macédoine :	2
Slovénie :	2
Estonie :	1,6
Luxembourg :	0,38
Islande :	0,26

Une mosaïque de langues

L'Europe ne possède aucune unité ethnique ou linguistique. Sa diversité linguistique est particulièrement importante : on recense 102 langues qui s'écrivent en quatre alphabets différents (arabe, latin, cyrillique et grec). L'unité politique et linguistique de certains États actuels est souvent contestée par des minorités : celles-ci font de la défense de leur langue d'origine le fondement même de leurs revendications politiques.

L'origine des langues européennes
La plupart des langues européennes présentent de nombreux points communs : c'est pourquoi on a formulé l'hypothèse d'une origine commune. Toutes les langues résulteraient de l'évolution d'une même langue parlée antérieurement. Cette langue « préhistorique », qui a disparu à jamais faute d'avoir laissé des traces écrites, est appelée l'indo-européen.
Seuls le basque, le hongrois et le finnois semblent échapper à cette souche commune.

Le latin et le cyrillique sont deux des alphabets les plus employés dans la presse européenne.

Trois grands groupes de langues
La famille indo-européenne, majoritaire dans le monde est largement représentée en Europe. Trois grands groupes de langues dominent :
- les langues germaniques (anglais, allemand, néerlandais, suédois, danois, norvégien, islandais) ;
- les langues latines (espagnol, portugais, français, italien, roumain, catalan) ;
- les langues slaves (russe, ukrainien, slovaque, bulgare, tchèque, polonais, serbo-croate, slovène, macédonien).

Les minorités linguistiques

La constitution des frontières des nations s'est souvent réalisée sans tenir compte des diversités linguistiques.
Les minorités ont connu ou connaissent des situations d'oppression ou d'assimilation plus ou moins brutales, comme en Europe centrale celle des Hongrois de Transylvanie (Roumanie) ou des Albanais du Kosovo en Serbie.
Il existe également des rivalités linguistiques en Europe occidentale : Catalans et Basques d'Espagne revendiquent leur autonomie culturelle, mais aussi politique.

L'Espagne est confrontée aux revendications des nationalités qui la composent : Galiciens, Catalans et surtout Basques. Malgré le statut d'autonomie accordé en 1979 à l'ensemble des provinces basques, le mouvement séparatiste ETA continue de mener une lutte armée contre le gouvernement de Madrid.

La notion de « langue officielle »

La « langue officielle » est la langue utilisée dans un État pour la conduite des affaires publiques. Ainsi certains pays dont la population use de plusieurs langues naturelles ont-ils été amenés à officialiser ces langues :

- Belgique : français, néerlandais et allemand
- Suisse : français, allemand et italien
- Irlande : gaélique et anglais

Wallons et Flamands : une partition linguistique

La Belgique connaît un important problème linguistique. Les Wallons (francophones), devenus minoritaires sur les plans économique et démographique, s'opposent aux Flamands (néerlandophones).
Ces deux communautés revendiquent la ville de Bruxelles, à majorité francophone mais située en zone flamande.

L'Europe des religions

En Europe sont installées plusieurs religions : le christianisme (catholiques, protestants, orthodoxes), l'islam, le judaïsme, ainsi que de nombreuses sectes. Partout, les peuples, les langues, mais aussi les religions se mélangent en une mosaïque souvent complexe et indépendante des frontières. L'histoire de l'Europe est également celle des rivalités religieuses : le XVIe siècle a vu l'Europe déchirée par les guerres de religion. Encore aujourd'hui, les affrontements en Irlande entre catholiques et protestants témoignent de la vivacité de ces luttes.

Géographie des religions
Les chrétiens sont majoritaires en Europe : 430 millions de fidèles. Les peuples de langues et de traditions germaniques et de religions protestantes dominent dans le nord de l'Europe. A l'est, les peuples slaves sont orthodoxes (Russie) ou catholiques (Pologne). Dans les Balkans, les populations sont de tradition grecque et orthodoxe. Plusieurs siècles de présence turque sont à l'origine de l'Islam européen.

Les religions en Europe
(en millions de fidèles)

- Catholiques : 278 (190 en Europe de l'Ouest, 88 en Europe de l'Est)
- Protestants : 109
- Orthodoxes : 43
- Musulmans : 20
- Juifs : 8

Le concile Vatican II (1962-1965) symbolise le rapprochement entre les Églises. Cependant, ce rapprochement rencontre parfois des résistances, dont l'intégrisme est une des manifestations.

Le poids de la religion

Les croyances religieuses sont plus ou moins vivaces selon les régions. Elles semblent se maintenir dans les pays où le protestantisme s'est imposé (Allemagne ou Suisse), ainsi que ceux où la religion a contribué à maintenir l'identité nationale (Pologne). Au cours des XIXe et XXe siècles, la plupart des États sont devenus laïques, c'est-à-dire que leur Constitution a abandonné l'idée de religion d'État. Seuls deux pays conservent ce principe : la Grande-Bretagne, avec l'Église anglicane, et la Grèce, avec l'Église orthodoxe.

La religion peut être une véritable force politique. En Pologne, dans les années 1980, l'opposition au régime, symbolisée par le leader du syndicat Solidarité, Lech Walesa, s'est appuyée sur l'Église catholique.

Le catholicisme, force politique

Le catholicisme n'est pas seulement une force spirituelle, mais aussi une force politique. Le plus petit État du monde, le Vatican, siège de la papauté, entretient des relations diplomatiques avec la quasi-totalité des pays d'Europe de l'Ouest ; les pays d'Europe de l'Est ont renoué des relations avec lui. Des accords (concordats) ont été signés entre le Vatican et plusieurs pays européens.

Présence de l'islam

La présence de musulmans en Europe de l'Ouest est le fait des communautés immigrées originaires de pays islamiques d'Afrique ou d'Asie. Ils représentent 5,4 % de la population française, 2,9 % en Allemagne, 1 % dans le Royaume-Uni. Il existe aussi un islam européen. En Europe balkanique, sous l'Empire ottoman, les conversions à l'islam furent nombreuses. La Bosnie et l'Albanie sont majoritairement musulmanes et la Turquie d'Europe abrite Istanbul, l'une des villes phare de l'Islam.

Le monde du travail et le niveau de vie

Dans l'Europe du travail, les niveaux de vie restent encore très inégaux, Entre l'Allemagne et l'Albanie, il y a un monde : celui du développement des techniques.
Depuis les crises pétrolières des années 1970, les pays d'Europe occidentale sont confrontés à une révolution technologique ; ceux d'Europe orientale à une crise de leur système politique et économique.

Des pays aux développements inégaux
On distingue quatre types de niveaux de développement en Europe :

- les pays développés et riches de l'Europe occidentale et de Scandinavie ;
- les pays au développement récent de l'Europe du Sud ;
- les pays d'Europe de l'Est sortis récemment du socialisme ;
- un pays très peu développé, l'Albanie.

Les douze pays de la CEE appartiennent aux deux premières catégories.

Durée du travail et travail des femmes
Dans les pays développés d'Europe, la durée du travail légale se situe aux environs de 40 heures hebdomadaires.
On constate une grande inégalité entre hommes et femmes dans le monde du travail. Bien qu'elles soient majoritaires dans la population, seulement 38 % des femmes de la CEE en âge de travailler ont un emploi.
C'est dans l'Europe du Nord que les femmes sont les plus nombreuses à exercer une activité professionnelle.

Le chômage dans la CEE
en déc. 1991
(% de la pop. active)

- ❑ Très fort (plus de 13 %) : Espagne, Irlande
- ❑ Fort (entre 10 et 13 %) ; Belgique, France, Italie, Pays-Bas, Royaume-Uni
- ❑ Moyen (moins de 10 %) : Allemagne Danemark, Grèce Portugal, Belgique, Luxembourg, Pays-Bas

Un chômage important
Dans l'Europe des Douze, le chômage atteint 11,6 % de la population active. C'est le taux le plus élevé d'Europe occidentale. La Suisse n'en compte que 2 %, la Suède 4 %. Par rapport aux autres grandes puissances, la comparaison ne lui est pas favorable. Les États-Unis comptent 5,5 % de chômeurs, le Canada 7,8 % et le Japon 2,5 %.
Dans les pays de l'Est, on prévoit un chômage massif dans les prochaines années, suite aux réformes économiques en cours.

Le syndicalisme

Les pays d'Europe connaissent une baisse des effectifs du syndicalisme depuis 1975-1980. Elle est due à la crise des industries de main-d'œuvre qui ont licencié en se modernisant. Cette baisse est aussi liée aux difficultés éprouvées par les syndicalistes pour contrôler les nouvelles formes du travail (travail intérimaire, contrat à durée déterminée...). Le mouvement syndical ouvrier est unifié dans les pays nordiques et anglo-saxons (TUC en Grande-Bretagne, FDGB en Allemagne, LO en Suède). Dans les pays du sud de l'Europe, il est composé de plusieurs centrales qui se distinguent par leurs liens politiques (communistes et socialistes) ou religieux (syndicalisme chrétien).

La voie du développement de l'Europe réside dans l'utilisation de sa main-d'œuvre qualifiée. Il n'est donc pas étonnant que la formation professionnelle soit un des axes privilégiés de la politique des différents gouvernements.

L'Europe des transports

L'Europe est parcourue par de nombreuses voies de communication : routes, canaux, voies ferrées, lignes aériennes, câbles... dont l'ensemble représente les «infrastructures de communication». Celles-ci permettent les échanges nécessaires entre les hommes, la circulation des marchandises, de l'argent, et aussi celle des informations. La présence d'un réseau de communication dense est un facteur capital pour le développement économique des régions.

Un réseau particulièrement dense
L'Europe possède les réseaux de voies de communication les plus denses du monde. Elle dispose par exemple de 1 km de voies ferrées pour 15 km^2, soit une densité dix fois plus importante qu'en Afrique ou en Asie.
La majorité des villes se sont développées à l'intersection de plusieurs lignes de communication : 70 % de la population européenne vit dans les «nœuds» du réseau, c'est-à-dire dans les villes.

Des axes privilégiés
Les axes sont les grands lieux de passage des marchandises, des hommes et des informations : ils regroupent plusieurs voies (routes, câbles, fleuves...) et desservent plusieurs centres économiques. En France, l'axe qui va du Havre à Marseille, par les vallées de la Saône et du Rhône, associe des fleuves navigables, plusieurs voies ferrées, un train à grande vitesse (TGV), des autoroutes et des conduites de gaz et de pétrole.

Les principales villes européennes sont reliées par des lignes aériennes dont le trafic concurrence le rail et la route.
Ici, l'aéroport international de Roissy - Charles-de-Gaulle.

Un trafic aérien impressionnant

L'Europe se parcourt en avion d'ouest en est en un peu plus de quatre heures. C'est le continent qui compte la plus grosse densité d'aéroports internationaux. Les principales villes pour leur trafic passagers sont : Londres (3e place mondiale), Paris (6e place) et Francfort (10e place).

Routes et voies ferrées : la concurrence

Le réseau des routes carrossables s'est étendu au XIXe siècle avant d'être bitumé au siècle suivant pour les besoins de l'automobile. Les routes et autoroutes assurent aujourd'hui plus de 75 % des échanges de marchandises. Les chemins de fer — développés au XIXe siècle — sont particulièrement adaptés au transport de volumes importants. Ils sont néanmoins concurrencés par la route pour le transport des marchandises et par la route et l'avion pour celui des passagers.

Gazoducs et oléoducs : des réseaux spécialisés

Des réseaux de gazoducs (pour acheminer le gaz) et d'oléoducs (pour le pétrole) relient les bassins d'hydrocarbures des Pays-Bas, de la plaine du Pô, du Sud-Ouest français et de la mer du Nord aux grands centres de consommation du nord-ouest de l'Europe.
Ces réseaux assurent aussi la liaison entre les régions industrielles et les grands ports importateurs : Rotterdam, Hambourg, Marseille, Fos...

Le réseau ferré : les grands projets

D'ici 1994, le trajet Londres-Paris, grâce au TGV et au tunnel sous la Manche, devrait passer de 5 à 3 heures. Amsterdam sera reliée à Paris en 3 heures, Paris à Barcelone en 5 heures et Hambourg ne sera plus qu'à 5 heures de Paris.
Des projets sont à l'étude pour relier toujours plus vite les grandes villes européennes : Madrid à Lisbonne en 3 heures et demie, Copenhague à Stockholm en moins de 5 heures…

L'Europe du tourisme

Depuis l'extension des congés payés, le tourisme est une activité économique en expansion dans tous les pays européens. Le voyage à l'étranger est un réflexe de plus en plus partagé par les Européens qui apprennent ainsi à se connaître. L'Europe, par ses trésors culturels et sa riche histoire, est le seul continent à offrir autant de lieux et de monuments à visiter. Cet attrait ne s'exerce pas seulement sur les Européens eux-mêmes, mais aussi sur les Américains, dont nombre d'entre eux ont leurs racines en Europe, et sur les Asiatiques, les Japonais essentiellement.

La grande migration
C'est par dizaines de millions qu'en été, les Européens traversent le continent pour passer des vacances et visiter les pays voisins. L'attrait du soleil et de la mer les conduisent naturellement vers le sud, dans les pays de climat méditerranéen (Espagne, France, Italie, Grèce), ainsi que sur le littoral atlantique (surtout en France et au Portugal). Ce sont les migrations saisonnières les plus importantes que l'Europe ait jamais connues.

L'Europe de l'été
Le tourisme de masse a profondément transformé le paysage de nombreuses régions côtières. Certaines d'entre elles tirent une grande partie de leurs revenus de cette activité : la Costa Brava en Catalogne, la Costa del Sol en Andalousie. En France, la côte du Languedoc-Roussillon, autrefois domaine des marécages, est devenue aujourd'hui une succession de villes de vacances.
De quelques centaines d'habitants l'hiver, ces villes dépassent les 100 000 résidents l'été, ce qui en fait des villes moyennes à l'échelle européenne!

Les hauts lieux du tourisme européen

- France : Paris, Versailles, les châteaux de la Loire, la Côte d'Azur
- Italie : Rome, Florence, Venise
- Espagne : la Costa Brava, Barcelone, Saint-Jacques de Compostelle, l'Andalousie
- Grèce : Athènes, le Péloponnèse, les îles (Cyclades…)
- République tchèque : Prague
- Allemagne : Munich, les châteaux de Bavière

Au tourisme de masse concentré dans les régions balnéaires de l'Europe du Sud s'oppose le tourisme vert, marqué par la recherche du contact direct avec la nature et le calme.

Une industrie parfois prospère

Les pays d'Europe se répartissent en trois catégories :

- les pays les plus visités (Espagne, Grèce, Portugal, Italie, France) ;
- ceux qui sont autant visités par leurs voisins que par leurs habitants (Danemark, Grande-Bretagne, Irlande) ;
- enfin les pays les moins visités (Allemagne, Belgique, Pays-Bas, pays scandinaves).

Le tourisme et après?

Le tourisme fait suite à l'importance croissante des loisirs dans la vie quotidienne des Européens. Beaucoup disposent de près de cinq semaines de congés par an. Avec la retraite entre 60 et 65 ans et l'allongement de la durée de la vie au-delà de 70 ans, les Européens peuvent désirer acheter une résidence secondaire dans un autre pays. Ainsi voit-on de nombreux Anglais s'installer dans le sud-ouest de la France, des Hollandais en Ardèche, des Allemands dans les villages de montagne italiens, etc. Une manière concrète de faire l'Europe.

Le château de Chambord est le plus visité de tous les châteaux de la Loire.

Un autre tourisme ?

En Europe de l'Est, le tourisme s'était développé, mais certaines destinations, comme l'Europe de l'ouest et du sud, étaient difficilement accessibles. Depuis le démantèlement du rideau de fer, des cars d'Europe orientale déferlent sur les hauts lieux du tourisme d'Europe occidentale. Parallèlement, des villes comme Prague, Budapest, sont visitées par des millions de touristes ouest-européens. Pourtant, la guerre dans l'ex-Yougoslavie a fait disparaître des cartes touristiques des sites aussi prestigieux que Dubrovnik ou Split.

L'Europe de la communication

Présenter une idée, une image par le livre ou l'affiche, c'est communiquer. Le secteur de la communication est devenu un des secteurs d'activité les plus dynamiques. Désormais, avec l'informatisation, ce secteur est un de ceux qui utilisent les techniques les plus avancées. C'est un instrument de pouvoir essentiel : connaître et s'informer est désormais indispensable à tous.

La multiplication des médias

Le livre, le film, la télévision, les banques de données, la radio, le vidéodisque, le Minitel, tous ces instruments sont des instruments de communication, tout comme l'affiche, la publicité, la presse… L'ensemble de la population est touché par l'un de ces supports de connaissances ou d'information. C'est la télévision qui est le média le plus populaire : en France, 72 % des familles possèdent un téléviseur couleur pour 89 % en Grande-Bretagne. C'est encore loin des États-Unis, où toutes les familles sont équipées de un ou plusieurs postes de télévision.

La publicité

La publicité est le moyen choisi par les entreprises privées et publiques ou par les particuliers pour faire connaître leurs produits ou leurs services dans l'espoir de les vendre. Elle est devenue un marché de plusieurs milliards de francs, dominé par les agences anglaises et américaines. Les firmes qui font le plus appel à la publicité appartiennent au secteur de l'alimentation et des boissons. Ce sont les grands médias (presse, télévision, radio) qui sont les supports les plus importants (65 % du marché). La publicité impose également un nouveau langage par son style direct et les idées réduites à des slogans.

La télévision de demain ressemblera à celle dont disposent aujourd'hui les téléspectateurs de Belgique. Elle proposera des chaînes publiques et privées internationales.

Les satellites

Les grands groupes de communication participent au lancement de satellites de télédiffusion. Le pays qui maîtrise l'espace peut diffuser ses images et ses messages partout sur le globe.
Des satellites de communication sont en orbite géostationnaire au-dessus de l'Europe; ils sont capables de capter et de rediffuser les images qui leur sont transmises du monde entier. Ils nécessitent des investissements importants : l'un d'entre eux, TDF 1, a coûté 1,1 milliard de francs.

La gamme des services offerts par le Minitel et leur importance réciproque. Le Minitel est une des grandes innovations du secteur de la communication en France. Il est devenu le symbole de ce secteur aux ressources insoupçonnées. De plus, il développe ce que l'on appelle l'interactivité, c'est-à-dire la possibilité pour les hommes d'échanger entre eux directement des masses importantes d'informations.

A la pointe de la technologie

L'ère de la télévision retransmise par voie hertzienne s'achève. L'antenne est remplacée par le câble.
La Belgique, le Luxembourg sont presque entièrement câblés. Ce n'est pas encore le cas de la France.
Le câble permet de recevoir de nombreuses chaînes de télévision, notamment des chaînes spécialisées (sport, culture, cinéma, etc.).
La télévision elle-même est à la veille d'une révolution technologique : les standards Pal et Secam sont menacés par la télévision à haute définition qui procurera une image plus nette.

L'Europe de la culture

Jean Monnet, l'un des pères fondateurs de l'Europe, après avoir vécu les premiers pas, difficiles, de l'unité européenne en matière économique et militaire, s'est écrié : «Si c'était à refaire, je commencerais par la culture!» L'Europe est le continent le plus riche culturellement, le plus éduqué et un des plus cultivés du monde. Autrefois partagée seulement par les élites qui savaient lire, la culture est aujourd'hui, grâce aux nouveaux moyens de communication, accessible au plus grand nombre.

Existe-t-il une culture européenne?

A l'échelle de la planète, la culture européenne existe et se renforce. Comparée aux autres civilisations, c'est une culture qui fait appel au sens critique, au débat d'idées, à la confrontation. Au fil des siècles, elle s'est libérée des contraintes politiques et religieuses. Toutefois, ce fonds commun offre des disparités au sein du continent européen; de nombreux pays ou nations cohabitent, pensent et vivent différemment : il y a toujours une culture italienne, française, polonaise ou suédoise.

Florence, siège d'une université européenne, est devenue le symbole d'une Europe unie de la culture et de la recherche.

L'Europe de la culture, hier

Jusqu'au XIXe siècle, la culture européenne existait grâce aux échanges entre individus, intellectuels et artistes qui voyageaient. De Rome à Saint-Pétersbourg, il existait une culture européenne au sein des élites. L'aristocratie ignorait les frontières entre les États. A partir du XIXe, presque tous les pays d'Europe commencèrent à vivre les mêmes grandes manifestations culturelles à peu près au même moment : grands courants littéraires et artistiques (romantisme, réalisme), Expositions universelles, etc.

L'Europe sur la défensive
La culture européenne est fortement concurrencée par les programmes conçus et réalisés aux États-Unis et au Japon.
Les pays européens sont tentés de limiter le temps consacré à la diffusion des films, feuilletons, téléfilms, dessins animés provenant de ces pays; ils préfèrent diffuser des œuvres d'origine européenne.
Selon leur taille et leur richesse, les pays européens peuvent défendre leurs productions nationales.
Aujourd'hui, la langue de la culture technique et scientifique tend à devenir l'anglais.

La culture, parent pauvre
Dans nos sociétés où le temps libre devient de plus en plus important, le public dispose de moyens croissants d'accès aux richesses culturelles (musées, bibliothèques, télévision, théâtres, expositions, etc.).
Toutefois, dans les budgets des États, la part laissée à la culture reste toujours très faible.

Nombre de titres de livres publiés dans le monde en 1988

- ❑ CEE : 269 000 (dont France 39 000, Royaume-Uni 528 000, RFA 68 600)
- ❑ États-Unis : 85 000
- ❑ Japon : 36 600

Les premières initiatives culturelles à vocation européenne ont concerné le théâtre. Le metteur en scène italien Giorgio Strehler a été nommé directeur du Théâtre de l'Europe, créé en 1983 pour présenter les chefs-d'œuvre du théâtre européen.

Les initiatives européennes
Une Fondation européenne de la culture est en voie de création. Elle se chargerait de promouvoir et de sauvegarder le patrimoine culturel et architectural du Vieux Continent. Cela concerne tous les éléments de notre passé (monuments historiques, archives, livres, etc.), mais aussi la diffusion des œuvres (expositions, salons...) et la mise en contact des créateurs.
Les institutions communautaires attendent beaucoup du mécénat, mais aussi des rencontres comme les biennales, qu'elles aident à organiser (Biennales de Barcelone, Turin, Berlin).

La construction de la CEE

La nécessité de regrouper en un seul marché les États de l'Europe occidentale est à l'origine de la Communauté économique européenne.
La CEE s'est fondée sur la réconciliation franco-allemande au lendemain de la Seconde Guerre mondiale. Elle s'est d'abord constituée autour du secteur industriel du charbon et de l'acier. Mais c'est dans le secteur agricole qu'elle a poussé le plus loin l'intégration.

Les origines de la CEE
En 1945, l'Europe sort de la guerre humainement et matériellement épuisée. De ce bilan catastrophique naît l'idée de regrouper les États européens dans le cadre d'une économie fondée sur le libre-échange.
En septembre 1946, Winston Churchill relance l'idée d'une Europe unie. Un Congrès pour l'Europe, tenu à La Haye (sept. 1948), débouche un an plus tard sur la création du Conseil de l'Europe : c'est la première organisation véritablement européenne.

L'acte fondateur de la CEE
En 1949, les Français Jean Monnet et Robert Schuman jettent les bases de la Communauté européenne du charbon et de l'acier (CECA) : le traité instituant la CECA est signé à Paris en avril 1951 par la France, la RFA, l'Italie, les Pays-Bas, la Belgique et le Luxembourg.
Ces six pays décident d'organiser leur production et leur commerce pour résister à la concurrence des grandes puissances. En 1957, ces mêmes États signent le traité de Rome qui fonde la CEE : désormais le «marché commun» s'étend à tous les produits.

Jean Monnet (1888-1979). Cet économiste de formation a été surnommé le «père de l'Europe» pour son action dans les années 1950. Il a été président de la Haute Autorité de la CECA de 1952 à 1955.

Les objectifs de la CEE
Le traité de Rome prévoit d'établir progressivement :
• la libre circulation des marchandises, des capitaux et des personnes;
• l'harmonisation des politiques économiques;
• l'aide aux régions défavorisées des États membres et aux pays en voie de développement.
L'acte unique européen, signé en 1986, prévoit la suppression totale des limitations à la libre circulation des marchandises, des capitaux et des personnes pour 1992. A cette date, la citoyenneté européenne sera effective.

Les étapes de la CEE

❏ 1951 : création de la CECA

❏ 1957 : traité de Rome, création de la CEE à six États

❏ 1972 : adhésion du Royaume-Uni, du Danemark et de l'Irlande refus de la Norvège

❏ 1979 : création du Système monétaire européen (SME) et première élection du Parlement européen au suffrage universel

❏ 1981 : adhésion de la Grèce

❏ 1986 : adhésion de l'Espagne et du Portugal

❏ 1993 : suppression de toutes les barrières douanières, conséquence du Traité de Maastricht

Le Conseil des ministres, qui siège à Bruxelles, est l'organe de décision de la CEE. Ses décisions sont appliquées sous la direction des fonctionnaires de la Commission européenne. Celle-ci établit les projets de lois et veille à l'application des règlements communautaires.

Les élections européennes
Depuis 1979, les États de la CEE élisent au suffrage universel et pour cinq ans leurs représentants au Parlement européen, à Strasbourg. Les parlementaires participent aux décisions importantes (notamment sur les projets de règlements) et interviennent surtout lors du vote du budget.

Le poids de la CEE dans le monde

Par l'importance de sa population, la puissance de son industrie et de son agriculture, ainsi que par son niveau de développement, l'Europe des Douze est un des ensembles économiques majeurs de la planète. Les États membres se sont rassemblés autour d'une idée simple : se concerter pour harmoniser leurs politiques économiques. La Communauté économique européenne répond à cette volonté.

Malgré le pétrole de la mer du Nord, la Communauté européenne reste tributaire de l'extérieur pour ses approvisionnements en énergie.

Un ensemble de pays riches
Les grandes sociétés de la CEE ont établi des liens commerciaux avec le monde entier : elles possèdent des filiales dans de nombreux pays. Les achats et les ventes de la Communauté représentent presque la moitié des échanges mondiaux. La plupart des États ont un revenu par habitant élevé : ils appartiennent aux pays industrialisés du «Nord» par opposition aux nations du «Sud», généralement pauvres.

Les atouts de la Communauté européenne
La prééminence économique de l'Europe des Douze est due à sa capacité de production industrielle (seconde puissance derrière les États-Unis), mais également à la puissance de ses entreprises, au développement de ses infrastructures de communication et de transport, à la diversité de ses régions industrielles et à la qualité de ses activités scientifiques. Enfin, son agriculture reste, à l'échelle mondiale, un des atouts de l'Europe.

Le poids de la CEE dans la recherche scientifique
La Communauté européenne a pris un certain retard dans les domaines de l'électronique et des technologies de l'information. En revanche, la CEE se situe au premier plan dans la recherche sur la fusion thermonucléaire contrôlée ou la physique des particules. Entre 1950 et 1986, la CEE a reçu 73 prix Nobel scientifiques, contre 84 pour les États-Unis, 9 pour l'URSS et 6 pour le Japon.

L'unité culturelle
La Communauté européenne apparaît comme un ensemble culturel dont les racines plongent loin dans le passé. Au-delà des différences de langues, de mentalités, de religions, et même parfois des conflits, existe une unité fondamentale de culture, d'éducation et de perception du monde qui donne à la Communauté sa véritable dimension. Le même idéal de démocratie et de liberté permet d'envisager la circulation des hommes ou des biens matériels dans le long terme.

La Communauté face au tiers monde et à l'Europe de l'Est
L'aide aux pays du tiers monde constitue un des objectifs premiers de la CEE. Les Douze fournissent des prêts et une assistance technique. Aujourd'hui, la CEE est devenu le premier client et fournisseur de l'Europe de l'Est qu'elle aide à passer à l'économie de marché. Une institution telle que la BERD (Banque européenne pour la reconstruction et le développement) doit aider à remplir cet objectif.

La CEE, puissance agricole

L'agriculture est une des plus importantes activités économiques dans la plupart des pays de la CEE. Aussi est-ce dans ce secteur que la Communauté européenne a poussé le plus loin son intégration. Le cheptel bovin est très important. L'agro-alimentaire (industrie de transformation des produits agricoles) est en plein développement : l'agriculture reste un des atouts majeurs de la CEE.

Disparité des régions agricoles
L'espace européen connaît deux grands types de régions agricoles. Dans les régions isolées ou d'accès difficile, comme les plateaux du sud de l'Italie, du Portugal ou de l'Irlande, les exploitations pratiquent l'élevage ou l'agriculture sur de grandes surfaces. Le machinisme et l'emploi des engrais y sont peu développés : c'est le domaine de la culture extensive.
Dans d'autres régions, comme le bassin de Londres, le Bassin parisien, le Danemark et les Pays-Bas, une agriculture largement mécanisée est pratiquée dans des exploitations très modernes : c'est le domaine de l'agriculture et de l'élevage intensifs.

Part de la CEE dans la production agricole mondiale

- ❑ Blé : 16 %
- ❑ Orge : 30 %
- ❑ Sucre : 13 %
- ❑ Lait : 23 %
- ❑ Viande : 17 %
- ❑ Maïs : 6 %
- ❑ Engrais : 50 %

Pourquoi la politique agricole commune ?
Les pays de la Communauté européenne ont tous une longue tradition agricole. Afin de moderniser l'agriculture européenne, ils ont décidé en 1962 de créer une politique agricole commune (PAC). Celle-ci permet la libre circulation des produits agricoles entre les Douze et le maintien d'un prix minimum. S'il y a des excédents, la CEE les achète et les stocke afin de les vendre à l'extérieur.

La politique agricole commune est parfois très mal acceptée par les agriculteurs, auxquels on demande de limiter certaines de leurs productions.
Ici, des paysans français détruisent une cargaison de fraises importées d'Espagne.

Comment le prix du blé est-il fixé?

Chaque année, les pays de la CEE s'accordent pour fixer le prix de vente du quintal de blé. Par exemple : 100 F, alors que le prix du quintal à l'extérieur de la CEE est de 80 F. Le pays producteur non européen qui veut vendre son blé dans la CEE devra acquitter une taxe de 20 F.
A l'inverse, quand les producteurs de la CEE voudront vendre leur blé à l'extérieur, ils recevront une aide de 20 F pour rester compétitifs.

Les quotas agricoles

La production globale de la CEE dépasse souvent les capacités de vente de certains produits agricoles, tant à l'intérieur qu'à l'extérieur de la Communauté. Les excédents de vin, de lait ou de céréales sont particulièrement importants. La CEE impose alors aux agriculteurs une limitation de leur production (les «quotas») ou maintient volontairement des prix bas. La politique des quotas et de la limitation des prix est très délicate : chaque gouvernement essaie de défendre les intérêts des agriculteurs de son pays.

Une région d'agriculture traditionnelle fondée sur la petite propriété : les environs de Guarda, dans le nord-est du Portugal.

Une région d'agriculture modernisée : la Beauce.

Les atouts industriels de la CEE

Face au déclin de certaines industries et à la montée de la concurrence internationale, les gouvernements des pays d'Europe occidentale ont développé en commun projets et réalisations, notamment dans les domaines de l'industrie et de la recherche. La création de l'Agence spatiale européenne, du Centre européen de recherches nucléaires (CERN) ou encore la mise sur pied du projet Eurêka (innovations technologiques) concrétisent une évidente volonté de rassembler les ressources humaines, industrielles et technologiques.

Un essai de coopération réussi : la fusée Ariane

Le premier tir réussi de la fusée Ariane remonte à 1979. Depuis, le carnet de commandes de la société Arianespace n'a cessé de se remplir : Arianespace est une société à capitaux européens qui finance, gère et commercialise le lanceur Ariane et ses éventuels dérivés.

L'Agence spatiale européenne a son siège à Paris et dispose de plusieurs centres d'études et de recherches, en particulier aux Pays-Bas, en Allemagne et en Italie.

La fusée Ariane, une grande réussite technique et commerciale pour l'Europe.

Eurêka : la coopération élargie

La coopération dépasse nécessairement le cadre de l'Europe des Douze. En 1989, le programme Eurêka regroupait dix-huit nations. Il a été élaboré à l'initiative de la France (1985) afin de favoriser les innovations dans le domaine des technologies de pointe : fibres optiques, intelligence artificielle, microélectronique, grands ordinateurs...

Les compétences et les performances des laboratoires de recherche américains et japonais ont poussé les Européens à s'entendre sur le financement des projets et sur la répartition des tâches.

Airbus, une réalisation européenne

Les performances de l'aéronautique, notamment le biréacteur moyen courrier Airbus, témoignent des vertus de la coopération européenne dans le domaine de l'industrie et de la haute technologie. Contrairement au Concorde, qui s'est révélé un échec commercial, l'Airbus se vend bien. Ses retombées commerciales sont considérables : il conquiert des marchés à la fois à l'intérieur et à l'extérieur de la Communauté européenne. C'est un concurrent redoutable pour la construction aéronautique américaine, notamment pour la firme Boeing.

Les entreprises européennes et américaines participant à la construction d'un Airbus A310

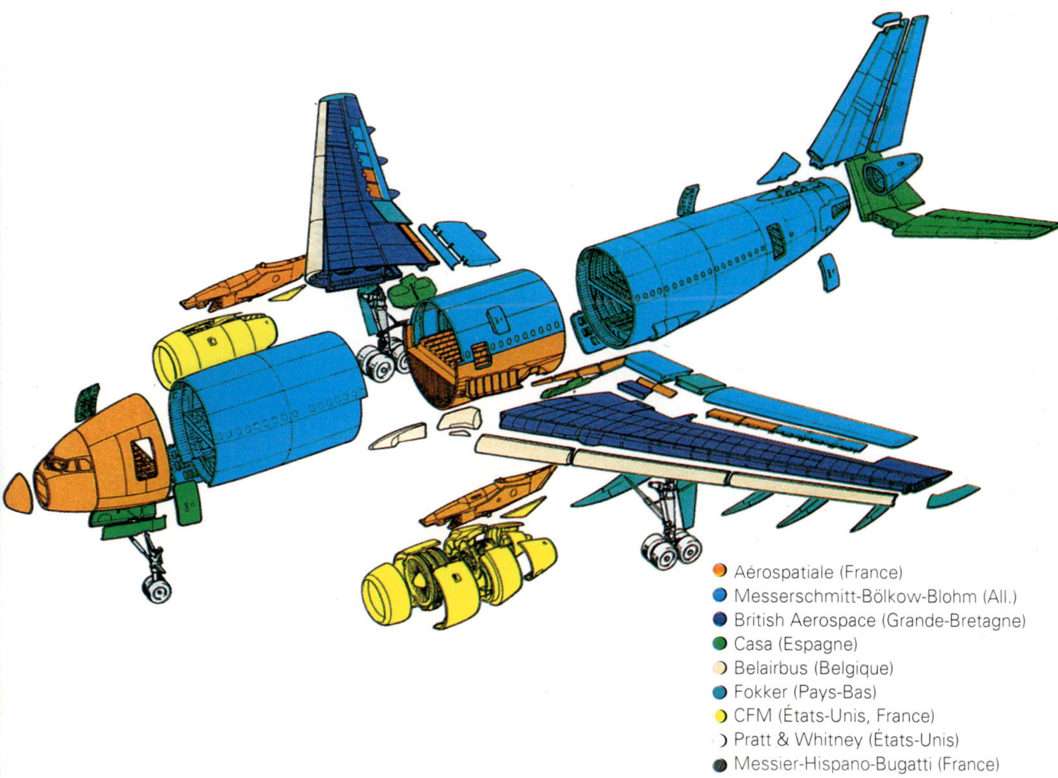

La force commerciale de la CEE

La CEE est la plus grande puissance commerciale du monde. Grâce au marché unique qui est entré en vigueur le 1er janvier 1993, elle est, comme le Japon et les États-Unis, un territoire où les marchandises et l'argent, ainsi que les hommes peuvent se déplacer librement. Cette image de puissance masque une réalité plus sombre : les douze pays qui composent la CEE n'ont pas atteint le même niveau de développement économique : résoudre les inégalités, voilà un autre défi européen.

La CEE, colosse commercial

La CEE regroupe quatre des sept pays les plus riches du monde occidental : Allemagne, France, Grande-Bretagne, Italie. La CEE s'impose comme la puissance commerciale numéro un, que ce soit par ce qu'elle vend ou par ce qu'elle achète à l'étranger.

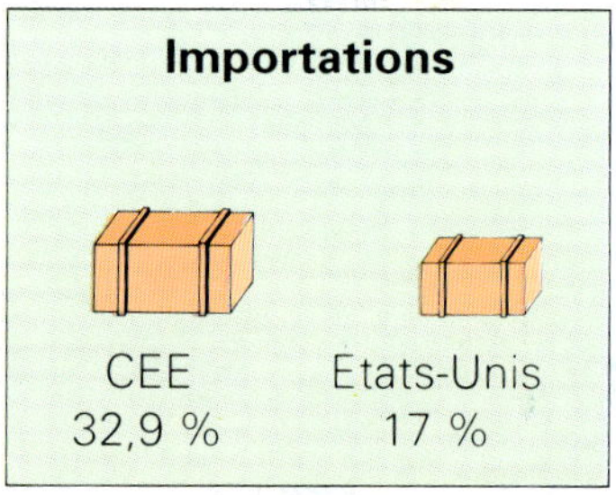

En pourcentage, la CEE importe près de deux fois plus que les États-Unis.

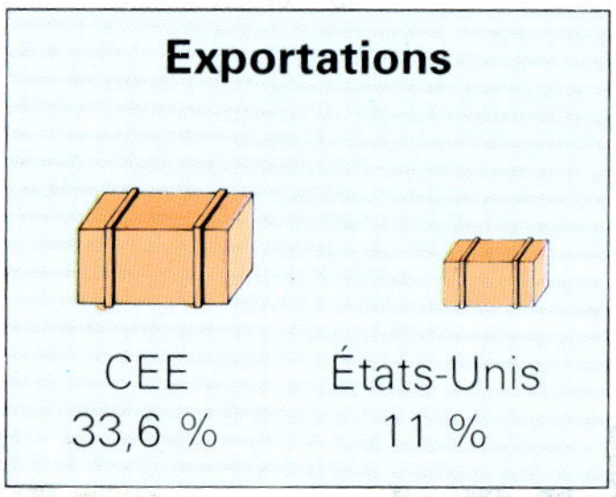

De même, la CEE exporte trois fois plus que les États-Unis.

Le Danois produit cinq fois plus que le Portugais

A l'intérieur de la CEE les écarts entre les pays sont très sensibles. Trois groupes se dégagent. Le premier comprend les plus riches avec un PNB par habitant de plus de 20 000 $: le Luxembourg, le Danemark, l'Allemagne, la France, la Grande-Bretagne, l'Italie, les Pays-Bas et la Belgique. Le deuxième comprend les pays moyens (entre 11 000 et 13 000 $) : Irlande et Espagne. Dans le troisième, on trouve les plus pauvres (moins de 6 000 $) : Grèce et Portugal.

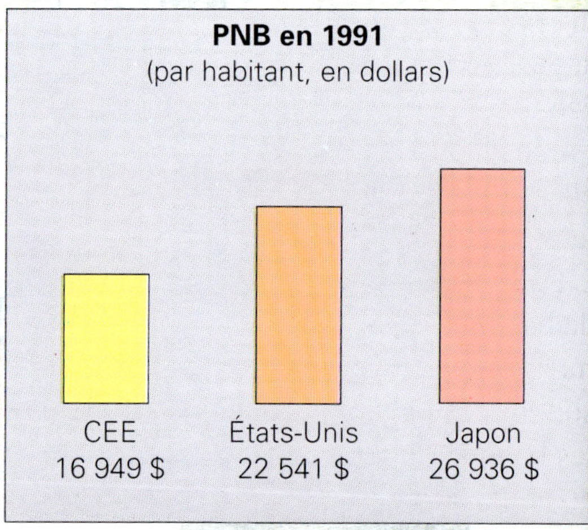

La productivité par habitant de la CEE reste encore très en deçà de celle de ses principaux concurrents.

Les monnaies de pays de la CEE et leur valeur en francs français

- L'écu : 6,67
- Le deutschmark (Allemagne) : 3,40
- Le franc belge : 0,16
- Le florin (Pays-Bas) : 3,03
- 100 lires (Italie) : 0,35
- La livre irlandaise : 8,97
- La livre britannique : 9,90
- La peseta (Espagne) : 0,05
- L'escudo (Portugal) : 0,04
- La drachme (Grèce) : 0,03
- La couronne danoise : 0,88

(cours déc. 1992)

L'écu, la monnaie de l'avenir européen

Pour échanger des marchandises, il faut une monnaie; aussi les pays de la CEE ont-ils créé l'écu, une abréviation de l'anglais *European Currency Unit*, (Unité monétaire européenne).
Son taux a été fixé en additionnant les montants des monnaies de tous les États membres de la CEE. Mais comme les nations n'ont pas toutes la même puissance économique, on a adapté les montants en tenant compte de la puissance de chacun.
L'écu, qui ne s'échange pas encore dans la vie de tous les jours, constitue la base d'un système monétaire européen entré en vigueur le 13 mars 1979.

La City de Londres. Première place financière et commerciale du monde depuis le XVIIIe siècle avant d'être détrônée par New York, Londres reste le grand centre bancaire et financier de l'Europe.

Le pouvoir bancaire

Les banques sont un instrument essentiel au développement économique. En prêtant l'argent aux entreprises, elles stimulent et aident leur croissance.
L'Europe dispose de banques d'envergure mondiale. Mais celles-ci sont moins puissantes que les banques américaines et japonaises, qui aujourd'hui dominent le jeu financier international.

Les cinq premières banques européennes en 1991

- Crédit Agricole (France) : 8e position mondiale
- Banque Nationale de Paris (France) : 9e position mondiale
- Crédit Lyonnais (France) : 10e position mondiale
- Deutsche Bank (Allemagne) : 12e position mondiale
- Barclays Bank PLC (Royaume-Uni) : 15e position mondiale

Les jeunes dans l'Europe d'aujourd'hui

Avoir 15 ans en Europe actuellement, c'est se trouver à l'aube d'un monde nouveau et bénéficiant d'une expérience sans équivalent dans l'Histoire. Pour la première fois, sans que cela résulte d'une guerre, des millions de gens appartenant à des pays différents vont vivre sous des lois communes. Ils vont pouvoir se déplacer et travailler au-delà de leurs frontières.

Vers une Europe unie ?
Le Traité de Maastricht (1991) jette les bases d'une Union européenne autant politique qu'économique. Dans les pays où des référendums ont été organisés pour le ratifier — ou le rejeter — on a cependant constaté que les adversaires de futurs « États-Unis d'Europe » étaient nombreux. Au Danemark, le Traité a même été repoussé lors d'un premier référendum. Dans l'ensemble, pourtant, le oui l'emporte. L'Europe est en marche.

L'Europe des universités
Commencer ses études à la Sorbonne, terminer un diplôme à l'Institut européen de Florence et finir sa thèse à l'Université libre de Berlin, ce sera plus facile à imaginer dans les années qui viennent. Pour cela, les Européens établissent des équivalences entre diplômes et créent de nouveaux diplômes valables partout en Europe. Les 90 millions de jeunes de moins de 15 ans en Europe pourront avoir accès demain à ces écoles et travailler au-delà des frontières d'aujourd'hui.

L'ouverture du mur de Berlin, en novembre 1989, constitue la fin d'une époque marquée par la division de l'Europe. A partir de cette date, une ère nouvelle a commencé, celle des retrouvailles entre l'Est et l'Ouest.

Apprendre les langues

Pour être à l'heure de l'Europe de demain, il faut apprendre des langues et se donner les moyens de les pratiquer couramment. Maîtriser l'anglais est un impératif : les jeunes Français ont pris du retard dans cet exercice par rapport à leurs amis scandinaves, allemands et italiens.
Connaître l'allemand, le russe, l'italien ou l'espagnol sera un atout pour trouver un emploi intéressant. Les échanges entre pays allant en augmentant, les besoins en personnels bilingues, voire trilingues vont se développer.

L'Europe, nouveau terrain d'aventure

L'ouverture de l'Europe se fait à un moment où les jeunes vivent déjà au même rythme : celui de leur musique, de leurs danses, de leurs modes.
Le contact est immédiat et il est possible d'aller plus loin. Il deviendra bientôt plus facile de s'installer dans un autre pays et d'y fonder un foyer. Près de 200 000 Français vivent en Allemagne, 130 000 en Belgique, 80 000 en Grande-Bretagne. Déjà, dans les secteurs de pointe, les efforts financiers et humains sont partagés entre Européens.

L'Europe vue de Berlin

De Berlin, au pied de la porte de Brandebourg, il faut se tourner dans toutes les directions pour embrasser l'Europe entière. Son histoire récente (le démantèlement du Mur, la réunification de l'Allemagne) symbolise la formidable accélération des destins politiques de l'Europe et de l'Allemagne, qui n'ont jamais été aussi profondément liés. Hier encore vestige des grandeurs impériales et foisonnement culturel où circulaient les avant-gardes, Berlin voit s'ouvrir la perspective de devenir le centre du Vieux Continent. Profitant de la puissance économique allemande, elle peut espérer retrouver les fastes culturels des années 1920, quand elle apprenait la démocratie dans les pires conditions (défaite de 1918, crise économique).

- Population :
  Berlin : 3,3 millions
- Capitale de l'Allemagne
  de 1871 à 1945, puis
  à nouveau, depuis 1991

La plus récente des grandes capitales européennes n'est sortie de l'anonymat qu'au XIIe siècle lorsqu'elle passe sous l'autorité des princes de Hohenzollern à qui elle devra son ascension. Ce sont eux qui font de la petite ville, située dans les méandres marécageux de la Sprée, la capitale du Brandebourg, puis de la Prusse. Tout naturellement, elle devient la capitale du Reich sous l'autorité du roi de Prusse et, à la suite de la Première Guerre mondiale, elle apparaît comme la capitale culturelle de l'Europe. Un rôle qu'elle perd dès 1933 lorsque Hitler installe sa dictature. Après 44 ans de division, Berlin retrouve son unité. Entre les ruines datant de la Seconde Guerre mondiale, Berlin offre au regard la porte de Brandebourg, ses canaux, ses grandes avenues comme le Kürfurstendamn, ses musées et son mur, vestige de l'Europe d'hier. Elle peut aujourd'hui assumer à nouveau son rôle de capitale politique de l'Allemagne unifiée.

L'Allemagne, patrie des poètes, des philosophes et des musiciens, est l'une des puissances culturelles les plus importantes d'Europe. Deux grandes figures dominent du haut de leur œuvre impressionnant : Goethe et Schiller, à la fois poètes, romanciers et dramaturges. Sans oublier les philosophes Leibniz, Kant, Hegel, Marx, Heidegger, le sociologue Max Weber, les musiciens Bach, Beethoven, Wagner.

L'Europe vue de Londres

De Trafalgar Square, Londres regarde l'Europe continentale tout en cultivant sa différence. La future inauguration du tunnel sous la Manche sera peut-être le deuxième événement fondamental qui confirmera l'arrimage de la Grande-Bretagne à l'Europe après sa décision, en 1965, de demander d'adhérer à la Communauté économique européenne. Plusieurs siècles durant, elle joua le rôle de surveillant du Continent en tissant des alliances contre toute puissance qui tendrait à s'imposer (la France, puis l'Allemagne). A partir du XVIIIe siècle, l'Angleterre a révolutionné le monde en inventant l'industrie. Avec la France, elle a dominé la diffusion dans le monde entier de la civilisation européenne. Aujourd'hui en crise, va-t-elle cesser de regarder le «grand large» (les États-Unis)? Le tunnel sera-t-il une ancre assez solide?

- Population : 7,3 millions
- Part de la population du pays : 11,7 %
- Capitale de l'Angleterre depuis 1258, puis du Royaume-Uni depuis 1801)

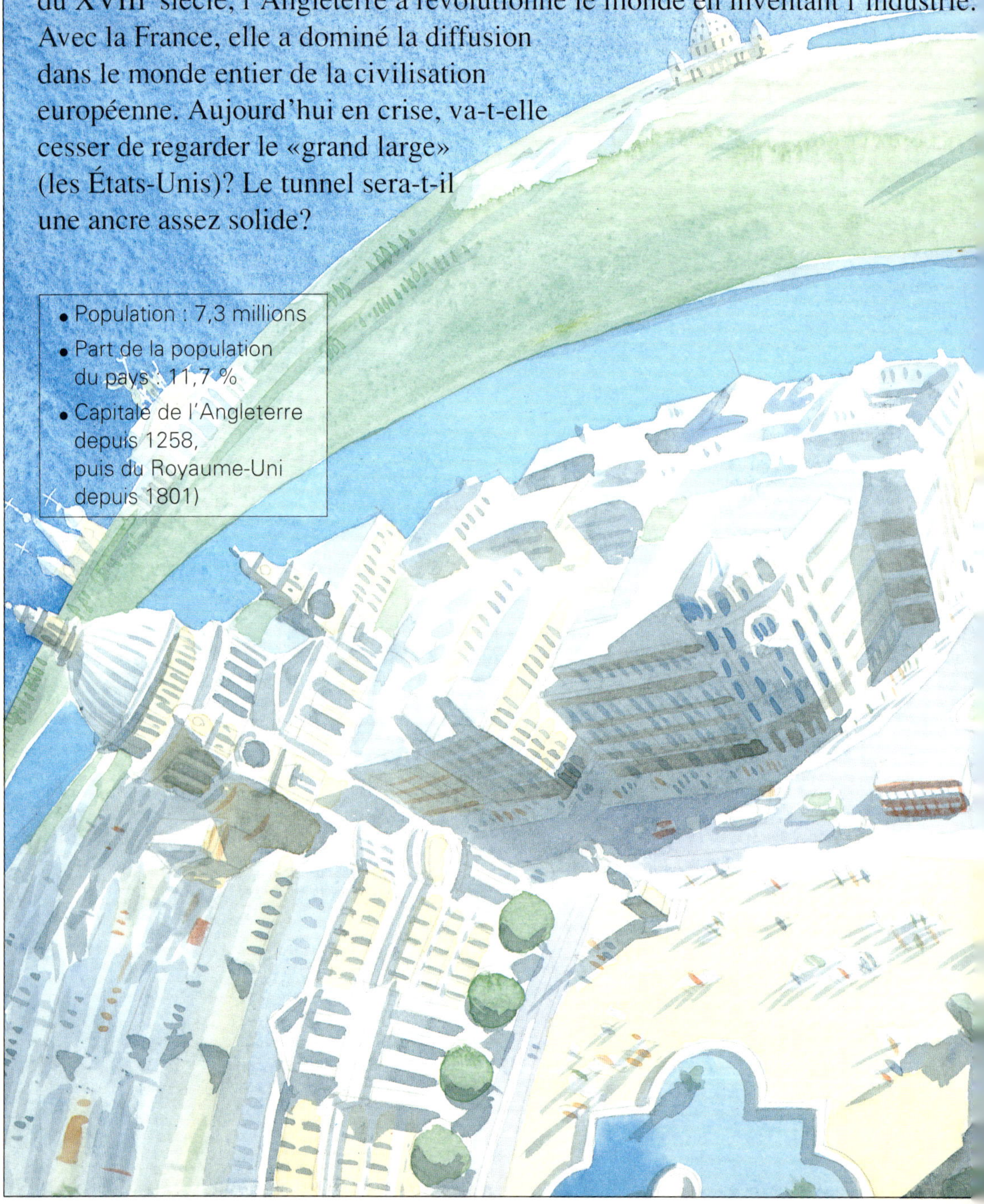

Créée après la conquête romaine dans un coude de la Tamise, Londres devient la capitale du royaume d'Essex au XIIe siècle. Grâce à son rôle de centre commercial et à la présence du château royal de Westminster, Londres devient la capitale du pays lorsque le premier grand Parlement du monde décide d'en faire son siège. La ville va désormais croître avec la puissance de la Grande-Bretagne. Capitale mondiale du commerce, de la finance depuis le XVIIIe siècle, elle sera la ville la plus peuplée de la planète jusqu'en 1900. Avec ses ponts et sa tour, ses docks, ses palais de Westminster et Buckingham, ses hôtels particuliers, ses jardins et musées et sa bibliothèque, le British Museum, la plus riche du monde, Londres fait partie des capitales culturelles du monde contemporain.

La civilisation anglaise, qui a essaimé partout dans le monde grâce à sa force économique, a autant brillé dans les domaines littéraire, artistique que scientifique. Chronologiquement, Roger Bacon, Shakespeare, Newton, Swift, Byron, Turner, Dickens, Faraday, Fleming, Kipling ont marqué leur temps et continuent à influencer le nôtre.

L'Europe vue de Madrid

Madrid avait hier encore un horizon borné par les Pyrénées et la mer Méditerranée. A l'heure des supersoniques, ces barrières n'existent plus. L'Espagne, repliée sur la Péninsule après la perte de son empire colonial américain, s'est accrochée à l'Europe en entrant dans la Communauté économique européenne en 1986 et a fait l'effort d'effacer les traces de la dictature du général Franco. Héritière d'une brillante civilisation au XVIIe siècle (le siècle d'or de Cervantès et de Vélasquez), elle a suivi ensuite avec retard l'évolution du monde moderne. L'organisation en 1992 des Jeux olympiques à Barcelone et la célébration à Séville de la découverte de l'Amérique par Christophe Colomb par une Exposition universelle symbolisent le renouveau de l'Espagne dans l'Europe et dans le monde.

- Population : 5,3 millions
- Part de la population du pays : 8 %
- Capitale de l'Espagne depuis 1561

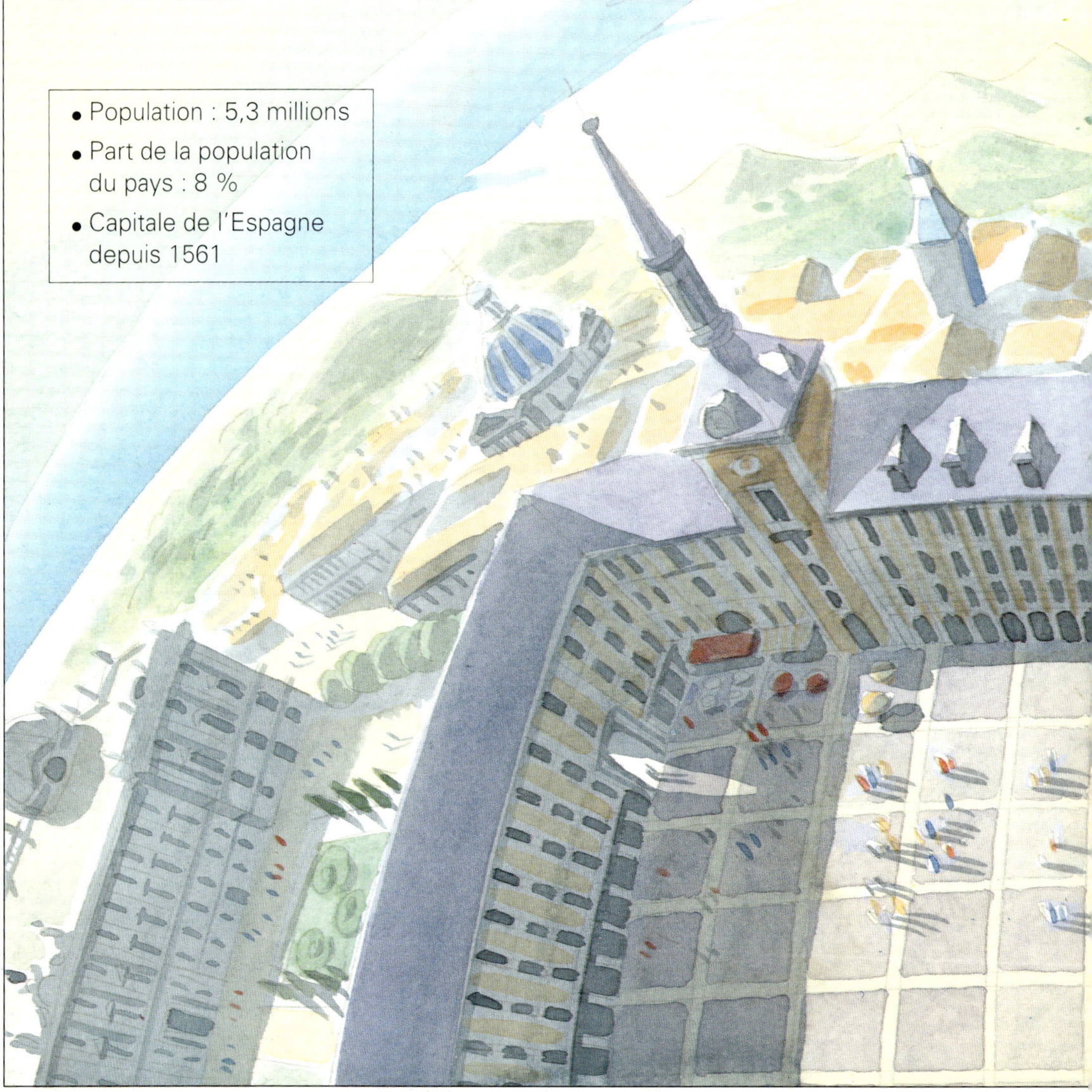

Construite sur un site préhistorique, Madrid ne commença à devenir importante qu'à la fin du XIe siècle lorsque le roi de Castille conquit la forteresse que les Arabes y avaient construite. Pendant tout le Moyen Age, des villes comme Barcelone, Séville, Valence et Salamanque étaient beaucoup plus importantes. C'est le fils de Charles Quint, Philippe II, qui en fit sa capitale. Madrid connut le destin tourmenté de l'Espagne au XVIIIe et au XIXe siècle; elle fut l'enjeu d'une bataille meurtrière pendant la guerre civile de 1936 à 1939. Les principaux monuments sont le musée du Prado et le Palais royal (XVIIIe siècle), l'ensemble architectural de la Plaza Mayor, ainsi que ses nombreuses églises baroques et rococo dues à l'architecte José de Churriguera.

L'Espagne a apporté à l'Europe une littérature féconde avec Cervantès ou Garcia Lorca, ainsi qu'un genre littéraire, le roman picaresque du XVIIe et du XVIIIe siècle. C'est en peinture que l'école espagnole donna sa plénitude, de Vélasquez à Picasso en passant par Murillo, Zurbaran, Goya, Dali ou Miro.

L'Europe vue de Moscou

Depuis l'éclatement de l'URSS, Moscou a abandonné son rôle de capitale soviétique pour redevenir celle de la Russie. Depuis le tsar Pierre le Grand, la Russie a alterné les périodes d'imitation effrénée (souvent courtes) ou de refus obstiné (beaucoup plus longues) des modèles culturels et économiques venant de l'Ouest européen. Adossée aux immenses terres vierges sibériennes, la Russie choisit de regarder vers l'ouest, quitte à se détourner du sud où les républiques asiatiques musulmanes sont devenues indépendantes. Côte à côte sur la place Rouge, le Kremlin et la cathédrale Saint-Basile symbolisent les deux faces de la Russie européenne : un pouvoir central en crise ; une église orthodoxe silencieuse, mais attentive.

- Population : 9,2 millions
- Part de la population du pays : 6,1 %
- Capitale de la Russie de 1547 à 1712, puis à nouveau depuis 1918

La Vieille Ville, construite sur les rives de la Moskova, date de la fin du XIe siècle et ne devint une principauté indépendante, la plus importante des pays russes, qu'au XIIIe siècle. Elle fut alors le centre du royaume russe édifié par des tsars, comme Ivan IV le Terrible, à partir de 1547. Elle perdit son rôle de capitale quand Pierre le Grand décida de faire de la Russie un État moderne et se rapprocha de l'Occident en faisant construire Saint-Pétersbourg. En décembre 1812, Moscou fut totalement détruite par un incendie lors de l'occupation des troupes de Napoléon Ier. Elle ne redevint la première ville du pays qu'à la suite de la révolution d'Octobre, en 1917. A l'ombre de la forteresse du Kremlin, Moscou offre de nombreuses églises, des hôtels particuliers, des théâtres comme le Bolchoï et des édifices modernes aux dimensions monumentales.

La contribution de la Russie à l'histoire culturelle de l'Europe ne se manifeste pleinement qu'à partir du XVIIIe siècle. Son âge d'or reste le XIXe siècle avec ses écrivains — Pouchkine, Gogol, Dostoïevski, Tolstoï — et ses maîtres de la musique, du chant et de la danse — Tchaïkovski, Moussorgski, Chaliapine, de Diaghilev, etc. La Russie brille aussi par ses savants, le chimiste Mendeleïev, le mathématicien Lobatchevski, le psychologue Pavlov.

L'Europe vue de Rome

Au pied du Colisée, Rome, héritière de la civilisation fondatrice de l'Europe, peut voir partout, que ce soit à l'ouest, au nord et à l'est, les traces de l'influence italienne qui se sont accumulées dans toutes les grandes villes européennes. Lieu de référence pour les artistes du monde entier, l'Italie s'est aussi imposée comme la sixième puissance économique mondiale, grâce à sa politique audacieuse en matière d'exportation. Elle a aussi joué un rôle de précurseur en ouvrant très tôt des relations économiques avec l'Europe de l'Est. La réputation de l'Italie est renforcée par l'influence exercée par la papauté (la cité du Vatican est une enclave dans Rome) dans cette fin de siècle marquée par un regain d'intérêt pour la religion.

- Population : 2,8 millions
- Part de la population du pays : 5 %
- Capitale de l'Italie depuis 1871

C'est à partir d'un petit village situé sur sept collines surplombant un méandre du Tibre que se développa depuis le VIIe siècle av. J.-C. et jusqu'en 476 de notre ère un empire qui s'étendit sur tout le monde méditerranéen, puis au-delà. De centre mondial politique, Rome devint le centre mondial de la religion catholique avec la présence du pape qui régna également sur une partie de l'Italie. Rome devint la capitale de l'Italie après que l'unification du pays eut été réalisée à partir du royaume de Piémont-Sardaigne. Rome, par la richesse de ses vestiges datant de l'Empire romain et par les réalisations architecturales de la Renaissance, est le musée vivant d'une cité millénaire : forums impériaux, arcs de triomphe, stades, thermes, palais...

Tous les arts ont connu des maîtres en Italie et cela à toutes les époques. En littérature Cicéron, César, Dante, Manzoni; en poésie Pétrarque et Leopardi; en musique Monteverdi, Vivaldi, Rossini et Verdi; en peinture Raphaël, Mantegna, Léonard de Vinci, De Chirico; en sculpture Michel-Ange; en architecture le Bernin et Palladio...

LE MONDE VIVANT

Par sa complexité, mais aussi par sa relative fragilité, la vie pose toujours de nouvelles questions au monde scientifique. Simple comme chez les unicellulaires ou bien complexe comme chez les espèces supérieures, le monde vivant est en perpétuelle évolution. Ainsi, même protégée et soignée, la vie est toujours à la merci de nouvelles maladies. L'homme a réussi à allonger la durée de son existence, mais doit sans cesse répondre à de nouveaux défis.

Qu'est-ce qu'un être vivant ?

La définition d'un être vivant reste une chose difficile. Pourtant, la nature nous montre à profusion des êtres vivants, faciles à distinguer de tout ce qui ne vit pas. On peut toutefois s'accorder sur le fait qur tout être vivant se nourrit, grandit, se multiplie et fait partie d'une « espèce » aux individus nombreux. La mort, l'union des sexes sont des faits généraux du monde vivant et de lui seul.

La place des vivants sur la planète
Toute la masse des eaux océaniques, les fleuves et les lacs, la surface du sol sont actuellement peuplés par la vie. Ils constituent la biosphère, ainsi nommée par comparaison avec l'atmosphère, qui est au-dessus, et la lithosphère (roches), qui est en dessous, toutes deux sans habitants. Les glaces polaires, les sables sahariens constituent aussi des endroits « déserts », presque sans êtres vivants.
La vie océanique est peut-être ancienne de 3 milliards d'années, mais les continents ont été conquis par la vie plus tard, il y a 450 millions d'années.

Un individu végétal. Il se nourrit par ses racines et ses feuilles ; son fruit reproduit l'espèce et nourrit l'homme. Ici, un oranger.

L'œuf originel
Tout être vivant commence par exister sous forme d'une cellule unique, l'œuf, ou zygote. Cette cellule vivante est le résultat d'une fécondation, tant chez les plantes que chez l'homme et les animaux. Selon le « programme génétique » contenu dans les chromosomes, l'être issu de l'œuf pourra se développer pour acquérir des organes, des tissus, des membres et sera pluricellulaire, formé de milliards de cellules.

Une matière renouvelée
C'est à coup d'entrées et de sorties que la vie se maintient. Côté « entrées », il faut boire, se nourrir, respirer. Côté « sorties », il faut qu'un homme ou un animal urine, transpire, rejette des excréments, que la plante verte rejette de l'eau et du gaz carbonique, tout cela sous peine de mort. L'arbre renouvelle ses feuilles, l'homme ses cheveux, ses ongles, sa paroi intestinale, ses globules sanguins, ses cellules des os. Au bout de sept ans environ, l'homme, à l'exception du système nerveux, n'a plus rien de ce qu'il avait et pourtant il est resté le même !

Jamais seul de son espèce
Tout être vivant a des semblables à peine différents de lui. Leur ensemble forme des espèces. Les êtres de la même espèce peuvent en général se reproduire entre eux. Accouplement et fécondation sont impossibles entre espèces différentes, sauf rares exceptions (par exemple le mulet, issu de l'âne et de la jument, mais lui-même stérile).

La vie dans sa diversité

Les deux animaux les plus longs sont la baleine bleue (33 m) et un ver marin, *Lineus* (30 m).

Une liane, le rotang (rotin) atteint 300 m et l'algue *Macrocystis* (kelp) dépasse 30 m; le séquoia peut dépasser 100 m et le plus grand eucalyptus 165 m.

La longueur d'un insecte varie de 30 cm (un phasme) à 1 000 fois moins (mymar).

Un couple de campagnols peut avoir 200 descendants par an.

Une tortue géante peut vivre 200 ans, la larve d'une cigale d'Amérique 17 ans, les très grands arbres plus de 2 000 ans; mais l'adulte de l'éphémère (insecte) ne vit que 3 ou 4 jours.

Par définition, un animal se nourrit à l'aide d'une bouche, possède un système nerveux et sert d'aliments à d'autres animaux. Ici, une couleuvre à échelon dévorant une souris.

La cellule vivante

A la seule exception des virus, tous les êtres vivants sont constitués d'une ou de plusieurs cellules. D'une espèce à l'autre, ces cellules se ressemblent beaucoup entre elles, bien plus que les animaux ou les plantes qui les contiennent. C'est au contraire chez le même animal ou la même plante que l'on rencontre des cellules très différentes les unes des autres, disposées en organes et en tissus qui ont chacun leur fonction particulière.

Le contenu d'une cellule

Toute cellule des êtres « supérieurs » possède un noyau, entouré d'une membrane, qui contient les chromosomes, supports des caractères héréditaires. Autour de cette membrane intérieure s'étend le cytoplasme, contenant des réserves alimentaires, et des organites spécialisés : mitochondries assurant la respiration, ribosomes constructeurs des grosses molécules de protéines, etc. La membrane extérieure de la cellule filtre les aliments qui l'entourent.

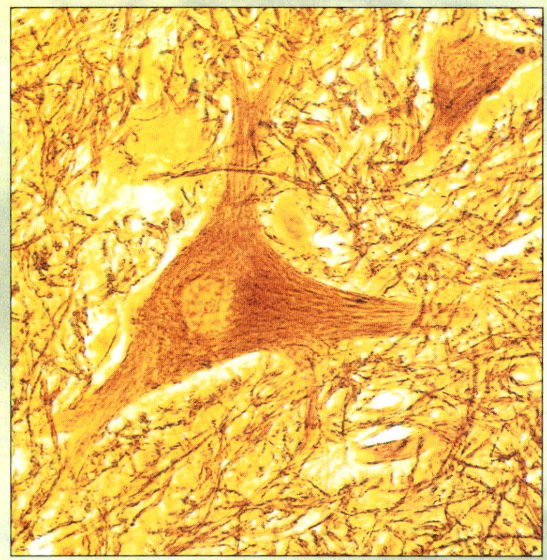

Une cellule animale complexe : le neurone (cellule nerveuse) avec les synapses.

Croissance et multiplication

Comme tout ce qui vit, la cellule se nourrit : chez les êtres « inférieurs », elle absorbe ou capture des proies à sa taille par ses propres moyens ; chez les animaux, elle puise ses aliments dans le sang ; chez les plantes, dans la sève circulante. Quand elle a doublé sa masse, elle se divise en deux cellules en général identiques : il y a *mitose*. Deux pôles se forment, réunis par des filaments conducteurs ; la membrane du noyau disparaît, les chromosomes s'assemblent tous à l'équateur, puis se fendent en deux ; chaque moitié reforme un brin identique et monte vers l'un des pôles. Enfin, une membrane se forme autour des chromosomes pour reconstituer deux noyaux et une nouvelle membrane extérieure sépare les deux cellules filles.

La cellule végétale

La cellule végétale possède deux éléments particuliers et essentiels. Tout d'abord, dans son cytoplasme, des « grains » d'amidon et, surtout, de chlorophylle permettant à la plante verte de tirer parti de l'énergie rayonnante du Soleil. Ensuite, une épaisse paroi cellulosique qui subsiste après la mort de la cellule et qui peut s'imprégner de lignine, ce qui donne le bois.

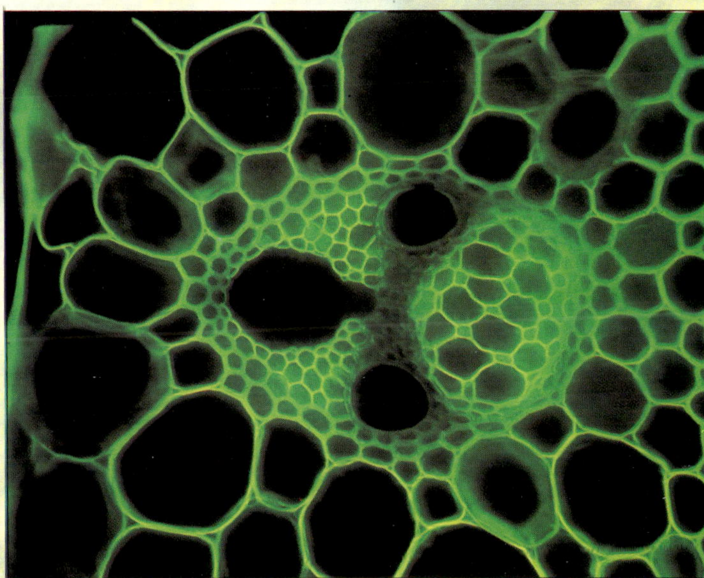

Une cellule végétale. On la reconnaît à ses grains de chlorophylle et à ses parois de cellulose épaisses.

Qu'est-ce qu'un tissu?

Un tissu est un ensemble de cellules vivantes voisines, semblables, ayant la même fonction. Chez les animaux, un épithélium (tissu formé d'une ou plusieurs couches de cellules) offre une surface nourrie de sang d'un seul côté, l'autre face étant soit le milieu extérieur (épiderme), soit une cavité interne (tube digestif, glande...). Les cellules d'un tissu conjonctif sont séparées par une substance solide (os, cartilage) ou liquide (globules du sang).
Les plantes elles aussi possèdent des tissus spécifiques pour leur soutien, leur circulation et leurs échanges gazeux.

Différenciation

Lorsque les deux cellules filles sont identiques entre elles et à leur mère, il y a une simple prolifération. Mais pour édifier tant d'organes et de tissus différents, tels ceux d'un être humain par exemple, il faut au contraire une *différenciation*. Souvent, l'une des deux cellules filles reste comme la mère et fera partie d'une assise (couche de cellules) dite génératrice. Dans d'autres cas, les « filles » seront toutes deux différentes de leur mère, voire l'une de l'autre.

Le monde des unicellulaires

Lorsque, au XVIIIᵉ siècle, le Hollandais Antonie Van Leeuwenhoek eut perfectionné le microscope, le monde d'êtres minuscules que cet appareil révéla s'avéra aussi vivant et aussi divers que le monde des grands animaux ou celui des plantes.
Par la suite, ces «microbes» (du grec *micros bios*, petite vie) formés d'une unique cellule ont été classés en deux grands groupes : les protistes et les bactéries. Les virus, beaucoup plus petits, ne sont visibles qu'au microscope électronique.

Les protistes ciliés et flagellés
Les protistes sont faits d'une cellule unique, très semblable aux nôtres. Leur taille relativement grande (ils dépassent parfois le millimètre) les rend faciles à observer. L'eau d'un vase à fleurs contient des foules compactes de ciliés nageant à grande vitesse, battant l'eau avec leurs cils comme les rames d'une galère. La mer et les eaux douces abritent divers flagellés. Ces protistes n'ont qu'un seul cil, mais très long et très actif, le flagelle. Beaucoup ont de la chlorophylle et vivent comme des plantes vertes. Mais, placés dans l'obscurité, ils perdent leur chlorophylle et se mettent à capturer des proies, comme un animal.

Un large éventail
Certains protistes, marins surtout, se fabriquent un squelette calcaire ou siliceux, souvent très joli et dont l'accumulation au fond des mers forme des roches : craie, jaspe... Leur partie organique contribue à la formation du pétrole. A ces êtres du grand large s'opposent de nombreux protistes «d'intérieur» qui vivent en parasite de l'intestin ou du sang et provoquent paludisme ou maladie du sommeil.

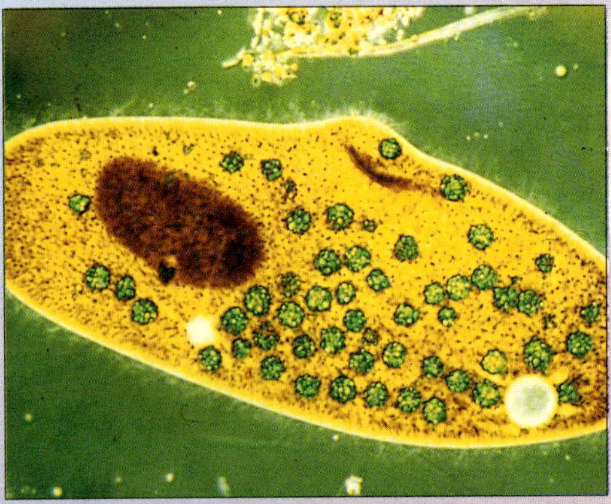

Une paramécie, type de protiste très courant en eau douce stagnante.

Les bactéries

Les bactéries sont les plus simples des êtres vivants actuels. Leur longueur (la plupart ont une forme allongée) va, selon l'espèce, de 0,2 à 50 micromètres [1 micromètre = 1 millième de millimètre]. En général, la bactérie mesure à peu près 1 micromètre. Sous une paroi assez complexe, pouvant porter un ou plusieurs flagelles ou s'entourer d'une capsule, on ne rencontre guère qu'un chromosome en forme d'anneau baignant dans un liquide clair (cytoplasme). Cela suffit à la bactérie pour fabriquer des molécules diverses et complexes (enzymes permettant de se nourrir par absorption, toxines, etc.) et pour se multiplier.

Les virus

Les virus doivent être rangés tout à fait à part. Plus petit et plus simple qu'une bactérie, un virus n'a pas tous les caractères d'un être vivant. Incapable de se nourrir et de se multiplier par ses propres moyens, il en est réduit à pénétrer dans une vraie cellule vivante, à incorporer son chromosome à ceux de la cellule pour la contraindre à reproduire sa structure en nombreux exemplaires, comme on tire de nombreux moulages d'une statue. Cela rend extrêmement nuisibles les agents de la grippe, de la poliomyélite, de la rage, etc.

Tout est biodégradable

Le monde vivant aurait disparu depuis longtemps, enfoui sous la masse des débris du monde mort (excréments et cadavres) sans l'activité universelle des bactéries du sol et de l'eau. Ces «décomposeurs» assurent en effet la biodégradation des matières organiques, d'abord en les putréfiant, puis en les transformant par étapes en molécules très simples : eau, dioxyde de carbone (gaz carbonique), nitrates, phosphates, etc., aliments de choix pour les plantes vertes.

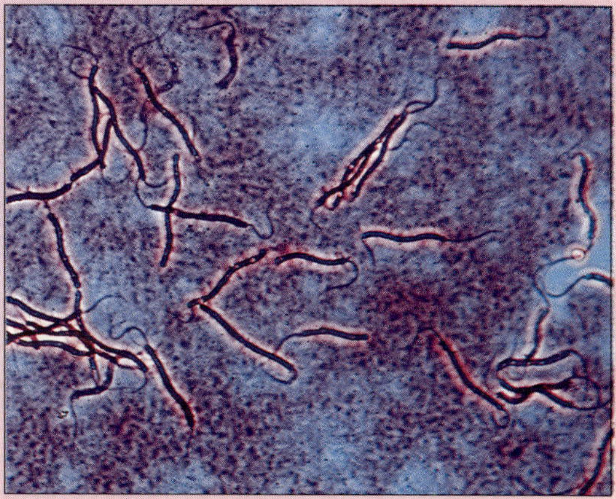

Des bactéries de forme spiralée (grossies 210 000 fois).

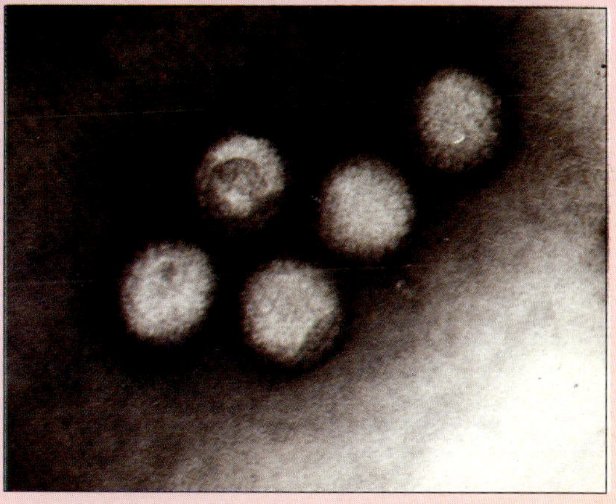

Le virus de l'herpès (grossi 200 000 fois).

Les fossiles et l'évolution

De tout temps, l'homme a connu les fossiles. Il a cependant fallu attendre le XVIIIe siècle pour que l'on voie enfin en eux les restes d'animaux et de plantes disparus. Pas tous disparus, d'ailleurs : les nautiles fossiles et ceux qui vivent actuellement sont identiques. Mais d'autres espèces ne ressemblaient pas du tout à celles d'aujourd'hui qui, pourtant, en descendent par «évolution».

Lignées et populations
Une lignée (ou phylum) est définie comme l'ensemble d'un ancêtre et de ses descendants. On admet que des fossiles très peu différents trouvés à des niveaux successifs dans une série de sédiments peuvent signifier l'évolution d'un phylum. Une population, au contraire, comprend tous les fossiles de même forme trouvés au même niveau, donc contemporains les uns des autres.

La révolution darwinienne
Charles Darwin (1809-1882) a consacré sa vie de naturaliste non à chercher pourquoi des caractères nouveaux apparaissaient le long d'une lignée, mais pourquoi le nouveau réussissait et supplantait l'ancien. Selon lui, la nature est le lieu d'une lutte féroce pour la nourriture, le territoire, la reproduction etc. Dans cette «lutte pour la vie», seul «le plus apte survit», et le moins apte disparaît : il y a «sélection naturelle».

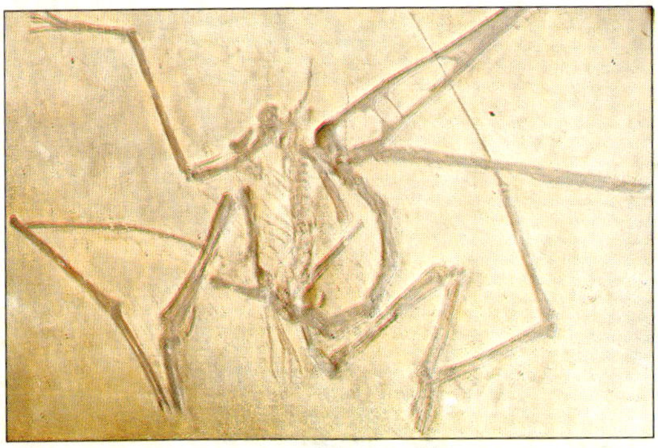

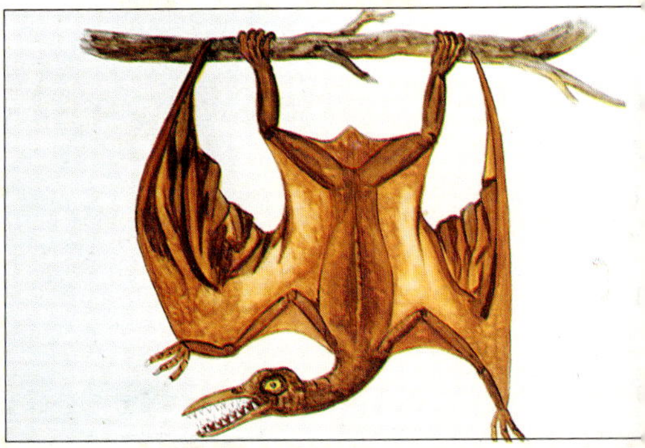

Le ptérodactyle était un reptile volant vivant en Europe à l'ère tertiaire. A partir des restes fossilisés (à gauche), les paléontologues ont reconstitué (à droite) cet animal de taille moyenne, à queue courte, aux mâchoires puissantes, recouvertes d'un bec corné.

Les mutations et leur support matériel

C'est le Néerlandais Hugo De Vries (1848-1935) qui a enfin répondu à la question : d'où viennent les nouveautés? Il a observé, sur une plante, l'apparition de changements brusques, de peu d'importance, mais parfaitement héréditaires selon les lois génétiques établies par Gregor Mendel en 1865. C'est donc un «accident» survenu à un chromosome qui explique chacune des innovations de la nature.

Cette marioptéridée est une fougère fossile datant du westphalien (ère primaire), une période remarquable par ses grands fossiles.

Les grandes lois de l'évolution des lignées

On a découvert les grandes lois de l'évolution peu à peu, en comparant formes anciennes et formes plus récentes des mêmes groupes animaux ou végétaux. Il y en a une dizaine. Voici celles qui sont sans exception :

- lorsque deux espèces ne peuvent pas se croiser sexuellement, les espèces descendantes ne le peuvent pas non plus;
- aucune espèce complètement disparue ne peut reparaître identique plus tard, uite à l'évolution d'une autre lignée;
- de même, aucun organe disparu ne reparaît : les mammifères marins n'ont pas pu se refaire des branchies;
- toutes les espèces terrestres ou d'eau douce (animaux ou plantes) descendent d'ancêtres marins, à plus ou moins long terme.

Quelques lois de l'évolution moins absolues

- Les descendants sont plus grands que leurs ancêtres.
- Quand un organisme a de nombreux organes emblables, l'évolution fait diminuer leur nombre étamines des fleurs, dents des mammifères, nombre de doigts de la patte, etc.).
- Les différences entre les descendants du même ancêtre augmentent au fil du temps.
- Les descendants sont plus «spécialisés» que leurs ancêtres : ils font moins de choses diverses, mais ils les font mieux : le bras de la chauve-souris ne peut ue voler, celui du dauphin que nager, celui du cheval ue galoper... mais quels talents!

Le développement d'un organisme

L'œuf, ou zygote, se divise généralement en nombreuses cellules qui restent groupées, se diversifient, élaborent tissus et organes pour former enfin un adulte, reproducteur à son tour. Mais certains animaux se présentent d'abord sous la forme d'une larve, puis deviennent un adulte complètement différent. Les plantes à fleurs, elles, arrêtent leur développement aussi longtemps qu'une graine les enveloppe — parfois pendant un siècle —, puis elles germent

L'enfance d'une plante supérieure
Lorsqu'une fleur a reçu du pollen et est fécondée, deux organes nouveaux se développent : l'un est la future plante (la plantule), l'autre une masse informe (l'albumen). Celui-ci se développe aux dépens de la plante mère, mais il sera utilisé par la plantule dès la formation de la graine (haricot) ou seulement quand elle germera (ricin).

Plantules de haricot en cours de germination (la grain a été soulevée par la croissance de la racine).

La graine et ce qui en provient
Remarquable est l'arrêt complet du développement lorsque la jeune plante (plantule) est enrobée dans une graine et emportée au loin par le vent ou des animaux. Tombée sur un sol favorable, la plante reprend sa croissance et sortira de la graine (germination), parfois après de nombreuses années. Alors se formeront les racines, puis la partie aérienne et, enfin, à un âge variable selon l'espèce, les fleurs, avec les organes mâles (étamines) et l'organe femelle (pistil). Ce sont les grains de pollen qui porteront les gamètes mâles jusqu'au pistil d'une autre fleur de la même espèce pour boucler le cycle reproductif.

Les animaux les plus simples

Bien nourri, l'œuf fécondé d'un animal se divise rapidement en de nombreuses cellules, grandes ou petites. Bientôt, l'embryon prend la forme d'une sphère creuse. Puis, comme dans une balle qui se dégonfle, une moitié de la sphère s'enfonce à l'intérieur de l'autre, formant ainsi un sac digestif. L'orifice unique de ce sac se rétrécit, formant un blastopore, par où entrent les aliments et sortent les déchets. De nombreux animaux aquatiques : hydres, polypiers, méduses ne poussent guère plus loin leur développement.

Volume de quelques œufs d'oiseaux (en cm³)

❑ Roitelet :	0,7
❑ Merle :	3,3
❑ Pigeon :	18
❑ Héron :	55
❑ Vautour :	220
❑ Cygne :	317
❑ Autruche :	1 268
❑ Æpyornis (fossile) :	10 000

Deux vies successives

Chez un nombre immense d'animaux, la jeunesse se passe sous la forme d'une larve, souvent complètement différente de l'adulte (chenille et papillon, têtard et grenouille, pluteus et oursin), au point qu'une métamorphose profonde doit intervenir. C'est comme si deux vies successives se déroulaient, parfois séparées par un temps de mort apparente (la chrysalide, entre l'état de chenille et celui de papillon par exemple). Seule la forme adulte est reproductrice.

Les animaux à tube digestif

Les animaux à tube digestif sont nombreux et variés : les mammifères, les oiseaux et les poissons, les insectes et les annélides (lombric), les oursins, les mollusques, etc. On les classe en deux vastes groupes complètement opposés. Chez la plupart des invertébrés, le blastopore devient la bouche, puis un anus se forme à l'autre bout, transformant en tube l'ancien sac digestif. Un axe nerveux se forme le long de la face ventrale du corps. Chez les vertébrés et les échinodermes (oursin...), le blastopore devient l'anus, une bouche se forme à l'autre bout et l'axe nerveux avoisine la face dorsale du corps. Mais les espèces des deux groupes atteignent la même perfection, avec un cœur, un foie, des yeux...

Une larve très courante, la chenille.
Ici, celle d'un papillon d'Europe, le machaon.

La reproduction des êtres vivants

Chacune des cellules d'un individu contient, inscrit dans ses chromosomes, le programme complet de construction de l'organisme. Il suffit donc, dans certains cas, d'un petit morceau (bouture de géranium par exemple) pour reproduire l'ensemble. Une telle «multiplication végétative» d'un seul parent reste pourtant exceptionnelle : la nature lui a préféré la sexualité. Le phénomène sexuel le plus important est la fécondation, qui consiste dans la fusion de deux cellules spéciales, les gamètes, qui forment ensemble la première cellule (appelée zygote, ou œuf fécondé) d'un nouvel individu.

Deux parents, c'est mieux
Le défaut majeur des plantes ou animaux issus d'un seul parent, c'est qu'ils sont rigoureusement identiques à ce parent. L'homme détourne parfois ce défaut à son profit, par exemple en produisant 10 000 «clones» à partir d'un seul dattier très résistant aux maladies.
Mais dans la nature, un certain renouvellement génétique est indispensable. Il suffit pour cela que chacun ait deux parents, un peu différents. Cette reproduction «biparentale» s'accompagne souvent (mais pas toujours) d'une différence sexuelle plus ou moins marquée.

La méiose, ou «réduction chromatique»
La méiose est le stade principal de la formation des gamètes. Tandis que le futur gamète se divise en quatre, ses chromosomes se divisent seulement en deux. Le gamète contient donc chaque chromosome en un seul exemplaire au lieu de deux.
La fécondation permettra aux paires chromosomiques de se reconstituer, associant les héritages paternel et maternel, de façon toujours un peu différente.

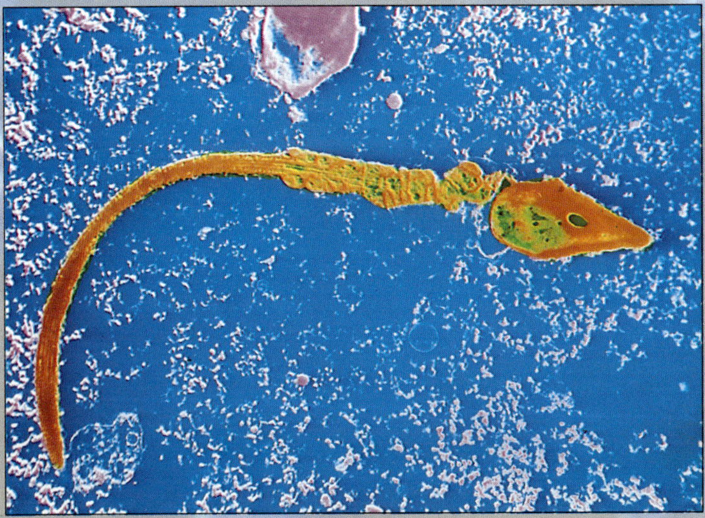

Le spermatozoïde possède un filament, le flagelle, qui lui donne la mobilité.

Mâle et femelle

Il est rare que les deux gamètes soient d'aspect identique (isogamie). Généralement, on distingue deux sexes : l'un des gamètes, dit «femelle», est plus gros et moins mobile parce qu'il contient des réserves alimentaires qui serviront au jeune embryon; l'autre gamète, dit «mâle», n'a pas de réserves mais possède un flagelle et peut nager activement.

Gamètes mis à part, les deux parents peuvent être tout à fait identiques (nombreux poissons et oiseaux), un peu différents (homme et femme, cerf et biche, coq et poule...) ou extrêmement différents (femelle lumineuse et sans ailes du ver luisant ou mâle nain de certains poissons et crustacés).

Plus compliqué chez les plantes

Une différence radicale oppose les végétaux aux animaux quant au résultat de leur réduction chromatique. Chez les animaux, celle-ci produit directement des gamètes, incapables de se multiplier, et qui meurent s'ils ne s'unissent pas entre eux.

Chez les plantes, la méiose peut donner des cellules tout à fait capables de se multiplier malgré leurs chromosomes deux fois moins nombreux.

Chez les fougères, par exemple, c'est une vraie petite plante verte, le prothalle, entièrement fait de cellules issues de la méiose, qui assure la production des gamètes. Mais chez les plantes supérieures à fleurs, on se rapproche du système animal : le grain de pollen, élément mâle, n'a que quatre cellules; l'élément femelle n'en a que huit.

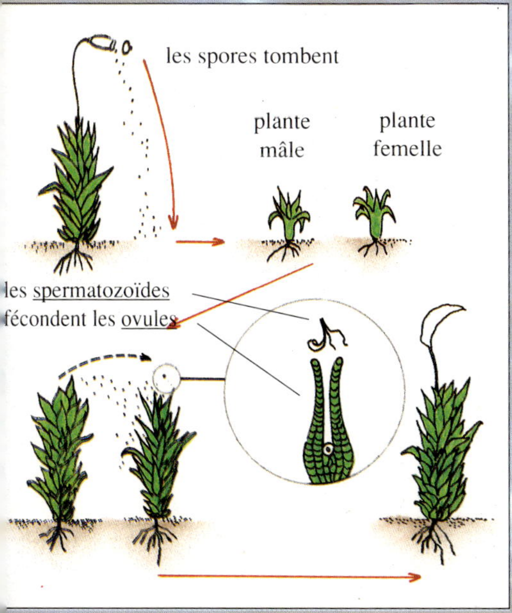

Le cycle reproductif d'une mousse.

Des cas particuliers

Avec ses étamines et son pistil, une fleur est hermaphrodite : elle possède les deux sexes. Mais elle ne peut pas se féconder elle-même, pas plus que ne le peuvent la plupart des animaux à deux sexes réunis (escargot, lombric...). Il y a deux parents distincts, sinon différents.

Il existe en revanche des espèces (surtout des insectes) chez qui la femelle peut se reproduire sans fécondation : c'est la parthénogénèse. Les mâles sont alors inexistants (phasme) ou saisonniers (puceron).

Chlorophylle et cycle du carbone

Manger rend fort. Pourquoi ? Parce que comme le feu — mais tout à fait au ralenti — nos cellules combinent nos aliments avec l'oxygène que nous respirons, ce qui dégage de l'énergie. Nos aliments étant riches en carbone et en hydrogène, les deux grands produits de notre activité vitale sont l'eau et le dioxyde de carbone, ou gaz carbonique. Ces produits, rejetés dans l'air et dans le sol, sont récupérés par les plantes vertes. Mais le précieux carbone peut, parfois, quitter pour très longtemps le monde des vivants.

Vivent les plantes vertes et le Soleil !
Ni le stock de carbone de notre planète, ni le stock d'oxygène, ni le stock d'hydrogène ne sont infinis. Il y a donc longtemps que la vie aurait cessé sur la Terre, faute de combustible, sans un système qui se charge de faire le contraire de nos organismes, en décomposant nos produits de combustion pour en refaire des aliments. Ce système, c'est la végétation verte du globe. Elle trouve l'énergie nécessaire dans la lumière du Soleil. A l'ombre complète et dans l'obscurité, aucune plante verte ne se développe.

Les rejets des vivants
De leur vivant, plantes et animaux remettent déjà dans le circuit certains éléments : ils rendent, par leur respiration et leur transpiration, de l'eau et du gaz carbonique, par leurs excréments des matières azotées telles que l'urée et l'acide urique pour les animaux. En général, presque rien de ces excréments n'est perdu pour la vie.

Si la plante est broutée
Si la plante est broutée, sa partie comestible (feuilles, fruits, graines, racines selon les cas) nourrit un animal herbivore qui, à son tour, court le risque d'être la proie d'un carnivore.
Ce dernier, lui aussi, a un prédateur qui le dévore. La matière nutritive passe ainsi de l'un à l'autre, non sans gaspillage, le long d'une chaîne alimentaire dont le dernier chaînon est souvent l'homme.

Une exception : du carbone dans le sous-sol
Il arrive que les microbes du sol et des eaux douces se montrent « paresseux » et ne conduisent pas la décomposition des déchets jusqu'à son terme. A l'époque dite « carbonifère », les arbres n'ont été transformés qu'en carbone... ce qui nous permet de brûler maintenant de la houille. Quant au pétrole et au gaz naturel, ils proviennent eux aussi d'une insuffisante décomposition.

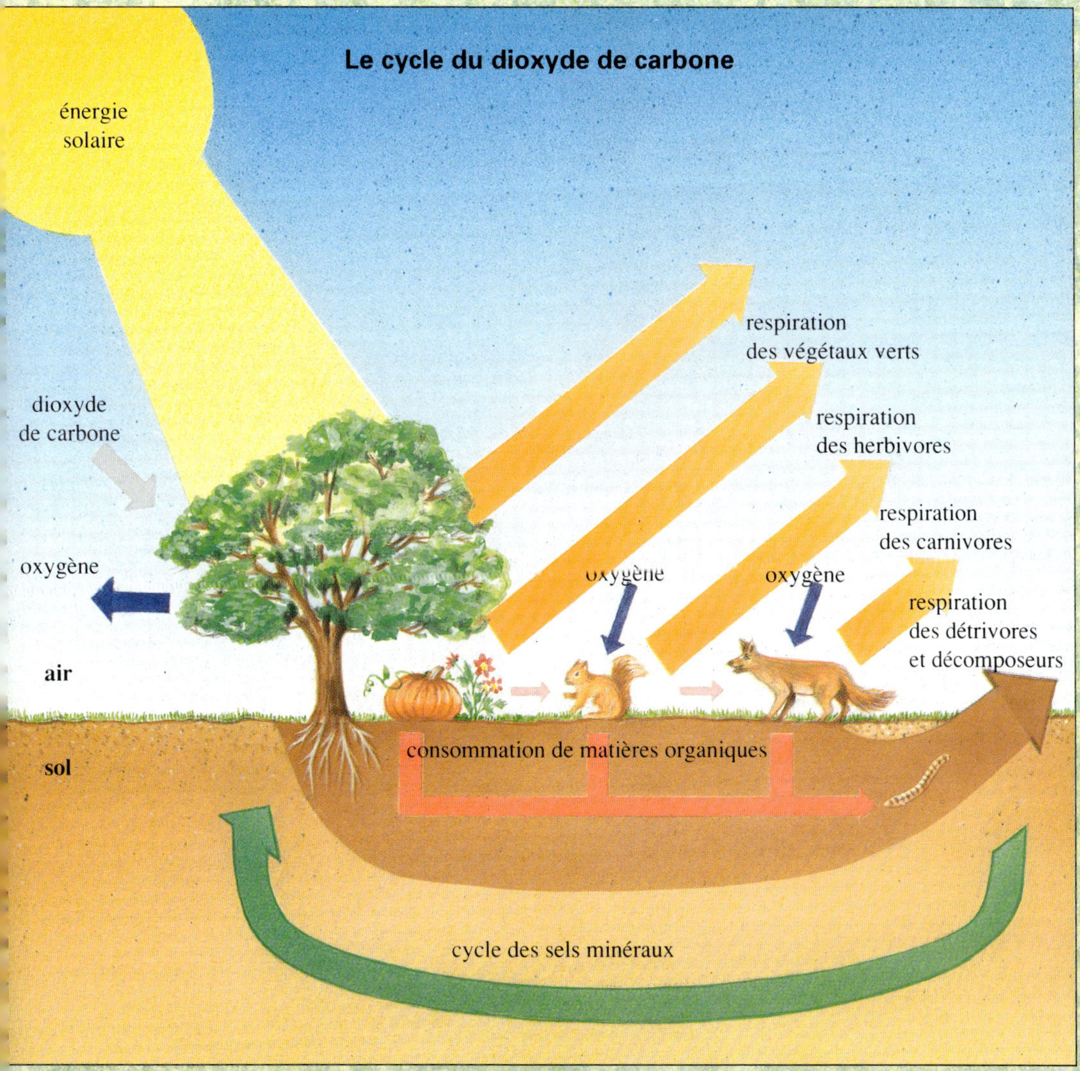

Le problème du calcaire
Une masse énorme de carbone est soustraite pour de nombreux millions d'années aux circuits de la vie : c'est celle que des organismes utilisent pour édifier en calcaire, ou carbonate de calcium, leurs parties dures : coquilles des mollusques, récifs et atolls construits par les polypiers, etc.
A la mort de ces animaux, le calcaire deviendra une roche qui s'enfouira de plus en plus profondément, bien loin du monde des vivants.

Vivent les volcans !
Le carbone disponible diminuerait constamment si les volcans ne restituaient chaque année à l'atmosphère une énorme quantité de gaz carbonique qu'ils tirent probablement d'une décomposition à grande profondeur des plus anciennes roches calcaires.
Mais si la teneur de l'air en gaz carbonique augmente dangereusement, c'est surtout parce que l'industrie et les automobiles rejettent trop de substances polluantes.

La vie végétale

Les végétaux, ou «plantes», êtres vivants à plusieurs cellules, n'ont pas de système nerveux, rarement des organes sensibles; n'ayant ni bouche, ni tube digestif, elles ne peuvent se nourrir que de liquides et de gaz. Mais elles savent fabriquer de la cellulose et du bois, tirer parti de l'énergie solaire (quand elles ont de la chlorophylle) et possèdent des graines qui assurent leur dispersion ou au moins leur reproduction.

Les plantes marines

La plupart des plantes marines sont des algues. Elles n'ont ni racines, ni vaisseaux, ni fleurs, ni graines. Cela ne les empêche pas de dépasser parfois 30 m de long, ni de vivre sous une bonne épaisseur d'eau (jusqu'à 180 m).
Les plus profondes sont brunes ou rouges; ces couleurs spéciales leur permettent de capter le peu de lumière qui les atteint.
Les algues absorbent par toute leur surface les minéraux dissous dans l'eau et les concentrent dans leurs tissus, ce qui fait d'elles de bons engrais et, peut-être, les aliments de l'avenir.

Une amanite phalloïde, reconnaissable à ses lames rayonnantes sous son chapeau. Très répandue dans les forêts tempérées, c'est une espèce dont l'absorption est mortelle.

Un monde à part, les champignons

On compte 200 000 espèces de champignons.
Ils ne vivent ni dans l'eau, ni à la lumière et, n'étant pas «verts» (chlorophylliens), ils ont besoin d'aliments organiques : sol riche en humus, bois, détritus.
En général, ils supportent très mal la sécheresse.
Ceux des forêts sont connus pour leur organe sporifère saisonnier à pied et à chapeau, qui peut pousser à une vitesse record.
Le reste du champignon est un réseau souterrain de filaments blancs (mycélium). De nombreuses espèces parasitent gravement nos plantes de culture, d'autres sont des moisissures, parfois précieuses par les antibiotiques qu'elles sécrètent (pénicilline).

Les mousses

Les courtes tiges vertes bien serrées de la mousse évoquent les poils du tapis et son réseau de filaments, la trame.
Comme les algues, les mousses n'ont pas de vaisseaux et absorbent l'eau par toute leur surface. Mais elles sont terrestres et l'eau de pluie leur suffit.
Elles supportent d'ailleurs sans mourir de longues sécheresses.

Les fougères
Sous un climat chaud, les fougèrent peuvent être de véritables arbres. Or ces belles plantes n'ont, elles aussi, ni fleurs ni graines. Leurs feuilles élaborent d'innombrables spores; quelques-unes de ces spores germent en donnant une minuscule lame verte, le prothalle, à l'abri duquel ont lieu fécondation et développement direct.

Un grand arbre, le chêne, domine un tapis de boutons d'or.

Les plantes à fleurs, fruits et graines
Les plantes à fleurs, fruits et graines comportent 300 000 espèces. Des espèces à la durée de vie aussi diverse que les herbes annuelles, dont rien ne reste en hiver sinon les graines, ou les arbres centenaires. Des espèces aux formes aussi différentes que les plantes dressées (cyprès), rampantes (bruyères) ou bien encore étalées (plantes «grasses» des zones arides, lianes de 300 m de long courant horizontalement d'un arbre à un autre).
Plantes flottantes, réduites à presque rien, comme nos lentilles d'eau; plantes des tourbières, parmi lesquelles les terrifiantes carnivores qui capturent et digèrent les insectes imprudents (droséra, dionée) : tout un monde d'adaptations!

Un progrès décisif : les vaisseaux
On dit indifféremment d'une plante supérieure qu'elle est «terrestre» ou «aérienne». En fait, elle est moitié l'un, moitié l'autre : ses racines plongent dans la terre, mais tige, feuilles et fleurs s'élèvent dans l'air, parfois à plus de 100 m (séquoia, eucalyptus). De même, elle se nourrit en partie dans le sol (eau, minéraux), en partie dans l'air (gaz carbonique). La liaison entre ces deux parties de la plante est assurée par des vaisseaux montants et descendants dans lesquels circule la sève.

Les déséquilibres de la nature

En quelques millénaires, la mer envahit d'immenses plaines côtières, puis se retire. Les continents, au fil des millions d'années, se joignent et se disjoignent, le climat devient glaciaire en quelques centaines d'années; une nouvelle espèce apparaît, dévorant tout; un volcan voile de ses cendres l'éclat du Soleil. La nature n'a pas attendu l'homme pour se transformer, tout au moins à long terme.

Qu'est-ce qu'un «climax»?
Lorsque dans un milieu naturel donné l'ensemble sol-végétation est parfaitement équilibré, on dit qu'il s'agit d'un climax. Sous le climat atlantique, la forêt de chênes et de châtaigniers est un exemple de climax. Si on la coupe et qu'on laisse faire la nature, la forêt se reconstituera à l'identique en un siècle. Même évolution, en d'autres lieux, pour la savane, la lande à bruyères, etc. Le climax est donc la formation végétale qui offre la plus forte biomasse, c'est-à-dire la masse totale des organismes vivants.

Une steppe sahélienne au Niger, près d'Arlit : formation fragile menacée par le désert.

Un équilibre cyclique
Au Canada — ou ailleurs — les lynx dévorent les lièvres. Une étude qui s'est étendue sur cent ans a montré que la population de lièvres devenait très nombreuse tous les neuf-dix ans, avoisinant 100 000 sujets, pour s'abaisser à presque rien entre-temps. Chose curieuse, la population de lynx fait exactement pareil... un an plus tard. Explication : trop de lynx mangent trop de lièvres, ces proies se raréfient, les lynx, mal nourris, deviennent moins féconds, leur rareté relative laisse remonter l'effectif des lièvres, puis le cycle recommence. On connaît ce type de phénomène chez des chenilles, des poissons, etc.

Une mystérieuse catastrophe
Il y a 65 millions d'années, un événement dramatique s'est sans doute produit. Tous les grands reptiles terrestres, les dinosaures en particulier, mais aussi les innombrables espèces d'ammonites des mers, divers polypiers, etc., ont disparu en peu de temps, à un rythme jamais connu auparavant. Malgré leur répugnance à recourir au «catastrophisme», les géologues en arrivent à juger plausible l'impact sur la planète d'une énorme météorite, polluant l'atmosphère de sa poussière. Les glaciations du quaternaire ont fait beaucoup moins de dégâts.

La multiplication des incendies rappelle chaque été la fragilité du domaine forestier. Elle doit faire prendre conscience à l'homme de la nécessité de ne pas menacer son environnement par son imprudence et son mépris de la nature.

La plus nuisible des espèces…
… c'est la nôtre ! La nature a beaucoup de choses à reprocher à l'homme. Tout d'abord d'être trop nombreux : plus de 6 milliards d'humains en l'an 2000. Ensuite, de vider les réserves planétaires : il n'y aura pas indéfiniment des mines à exploiter et quand les chasseurs ont entièrement détruit une espèce animal, celle-ci a définitivement disparu (dodo des Mascareignes vers 1600, rhytine de Sibérie en 1863, pigeon migrateur aux États-Unis en 1914, etc.). Enfin, notre espèce pollue : les forêts d'Europe souffrent des pluies acides issues des cheminées d'usines, la teneur de l'air en gaz carbonique augmente, et avec elle la température ; la couche d'ozone se troue, le sol tropical devient de la brique tandis que les sources livrent une eau salée ou nitratée. On commence à s'inquiéter, à juste raison, de cette situation.

La vie dans les océans

L'océan n'est pas une masse d'eau homogène. Ses eaux sont froides ou chaudes, peu ou très salées, en mouvement ou non. Ses habitants sont différents selon qu'ils vivent loin ou près des côtes ou qu'ils évoluent en profondeur ou à proximité de la surface. En effet, sources sous-marines, courants, banquises contribuent à diversifier la faune et la flore océaniques.

La zone des marées
Cet espace est celui qui, selon les marées, se trouve tantôt à sec, tantôt sous les eaux. Selon le niveau, la proportion du temps passé hors de l'eau varie et, avec elle, la faune et la flore, plus ou moins capables de supporter une longue émersion. Chaque niveau offre donc avec précision ses algues, ses littorines (bigorneaux), ses cloportes, etc. Les plages sont riches en vers enfouis (arénicoles), tandis que les côtes rocheuses se couvrent de balanes et de patelles collées au roc et que les anémones de mer des cuvettes rocheuses ignorent le retrait de la mer.

La zone littorale rocheuse, soumise au va-et-vient des marées, est le royaume des algues. Celles-ci constituent le varech, riche en iode, qui est l'objet de récoltes de plus en plus systématiques.

La zone pélagique
La zone pélagique constitue le grand large : tous les poissons de la «grande pêche» s'y rencontrent. Les seuls végétaux importants sont les algues flottantes (sargasses), qui forment parfois de véritables îles flottantes.
Tout un plancton microscopique flotte entre deux eaux, nourrissant des êtres plus grands qui, à leur tour, deviennent des proies.
Curieusement, les plus imposants des hôtes du grand large ne sont pas des poissons, mais des mammifères, des cétacés (baleines, dauphins, orques…) descendant d'ancêtres terrestres.

Des problèmes et leur solution
La pesanteur pose à tous les êtres marins de sérieux problèmes s'ils n'ont pas exactement la même densité que l'eau dans laquelle ils nagent : ils seraient entraînés vers les grands fonds ou rejetés en surface s'ils ne possédaient pas de dispositifs régulateurs.
Ainsi, chez les poissons, la vessie natatoire, cavité emplie de gaz, règle l'équilibre de l'animal dans l'eau.
En mer, où la teneur de l'eau en sel est importante, les poissons peuvent éliminer l'excédent de sel de leur sang. L'oxygène, en revanche, leur fait moins défaut qu'aux hôtes des eaux douces.

Ce poisson très répandu dans les zones abyssales, le gonostome, vit dans une zone allant de 3 600 à 4 800 m en dessous du niveau de la mer.

Les très grandes profondeurs

Les très grandes profondeurs constituent la zone «abyssale». L'obscurité y est absolue, car les rayons du soleil ne pénètrent pas les eaux profondes. Cela explique la présence d'espèces qui fabriquent elles-mêmes leur lumière. Les animaux n'y ont à manger que les débris de cadavres qui, comme une neige sans fin, tombent de plus haut. Les hauts fonds sont donc largement désertiques, sauf autour des sources hydrothermales, où grouille, sur quelques mètres seulement, une vie intense.

Un milieu amphibie

La côte à palétuviers est un milieu marin très particulier des régions chaudes, où se mêlent terre et mer. Là, il est des poissons qui sont faits pour voir et pour respirer hors de l'eau, ou même pour grimper aux arbres comme le périophthalme, à l'aide de ses nageoires-ventouses, tandis que le crabe violoniste exhibe ses deux pinces inégales et que les arbres plongent dans la vase leurs racines-échasses.

Voyages entre mers et fleuves

Aucun poisson ne voyage plus que les anguilles : nées dans la mer des Sargasses, les jeunes larves traversent tout l'Atlantique pour achever leur croissance au long des fleuves d'Europe, qu'elles remontent jusqu'aux ruisseaux. Mais il leur faut effectuer le chemin inverse pour se reproduire et mourir.

Les saumons font exactement le contraire : nés près des sources, ils descendent jusqu'en mer, puis remontent pour se reproduire dans leur ruisseau de naissance, sans jamais se tromper. Est-ce le goût de l'eau qui les guide?

La vie hors de l'eau

Vivre sur la terre ferme nous paraît évident. Pourtant, la vie hors de l'eau est trois fois plus récente que la vie aquatique. Pour s'adapter à ces nouvelles conditions, animaux et plantes ont dû faire un long apprentissage et résoudre quelques problèmes auxquels on songe rarement : la marche ou le mouvement puis la station debout, ou bien encore l'alimentation en eau.

Le poids et la force

Pourquoi une baleine échouée meurt-elle d'asphyxie, elle qui respire comme nous par des poumons? Parce qu'elle est écrasée par son propre poids. Ses 150 tonnes ne sont plus soutenues par le milieu aquatique habituel et elle n'a pas la possibilité de se soulever pour respirer. La pesanteur a des effets moins tragiques sur les autres animaux et sur les plantes, mais tous ont à trouver une réponse à ses défis : pour les animaux, muscles puissants combinés à un système respiratoire et circulatoire permettant de les alimenter en oxygène; pour les plantes, solidité du tronc des arbres et systèmes compliqués pour faire monter jusqu'à la cime la sève puisée par les racines.

Cierges du désert mexicain.

L'alimentation en eau

Tout ce qui vit hors de l'eau est menacé, à court terme, de mourir de sécheresse. Animaux et plantes transpirent, les animaux urinent et respirent. Cette eau perdue doit être remplacée. Difficile dans les déserts tropicaux, où il faut, comme le dromadaire, absorber d'amples provisions d'eau et de nourriture avant une traversée.
Mais les plantes n'ont évidemment pas cette faculté; il leur faut s'adapter soit en étant «grasses», comme les cactus, soit en s'enterrant, soit en poussant très vite en cas de pluie.

Glaces et neiges

L'eau n'assure la vie que quand elle est liquide. Dès que le froid la transforme en glace, on ne peut plus la boire. Pour les plantes, c'est pire : les cristaux de glace déchirent leurs cellules. Les régions voisines des pôles sont donc des déserts, sauf au bord de la mer, où abondent les poissons dont se nourrissent les manchots.

Dans les hautes montagnes, la force du soleil compense quelque peu le froid, mais l'hiver oblige la marmotte à dormir pendant six mois.

Les grands déplacements

Dans le domaine des déplacements et migrations, l'avantage est aux espèces terrestres. Le vent emporte à toute allure pollen et graines au-dessus des mers comme des terres, assurant le peuplement des îles et de tous les espaces libres favorables. Oiseaux, chauves-souris, insectes surtout ne cessent de parcourir le monde en prenant appui sur l'air, tandis que sur le sol galope le cheval et saute la puce.

D'immenses migrations annuelles ou occasionnelles brassent les faunes.

Un vol d'oies sauvages.

La densité de la vie

Où vit-on le plus et le mieux? Si l'on considère la masse vivante par hectare, sur de grandes surfaces, c'est la forêt qui possède la plus forte masse d'organismes vivants (biomasse), essentiellement végétaux. Certaines petites surfaces (une termitière, une ruche ou... une grande ville) hébergent elles aussi beaucoup de vie, mais sous la forme d'une seule espèce, ce qui les rend dépendantes des milieux environnants.Ce sont les milieux frontaliers : rivages, eaux douces, lisières des forêts qui abritent le plus grand nombre d'espèces différentes. Enfin, les lieux où la vie (végétale) se développe et se renouvelle le plus vite sont l'œuvre de l'homme : serres, jardins maraîchers, champs cultivés.

Les espèces nuisibles à l'homme

Dans ses relations avec les animaux et les plantes, ce n'est pas toujours l'homme qui joue le rôle du méchant. Comme toutes les autres espèces animales, il est attaqué dans son corps par d'autres êtres vivants (virus ou bactéries), voire même constitue une proie de choix en cas de rencontre avec un grand prédateur (fauves, requins...).
Son alimentation peut également se révéler menacée (par les maladies des plantes cultivées et des animaux d'élevage) ou elle-même dangereuse (champignons vénéneux...).

Attaques contre le corps humain
L'homme est omnivore. Il représente donc une menace pour une grande variété d'espèces, animales ou végétales. Néanmoins, il est lui-même comestible. Si la rencontre avec un grand prédateur reste exceptionnelle, l'homme doit compter avec toutes sortes d'êtres vivants qui constituent un réel danger. Ainsi les parasites se nourrissent à ses dépens. Sangsues, moustiques, mouches, puces, punaises, etc., sont des suceurs de sangs. Les vers intestinaux, eux, confisquent sa nourriture dans le ventre (ténia, ascaride, etc.). Sa chair (foie, muscles, poumons) tente des bactéries (tuberculose, lèpre...) et des virus (nombreuses maladies), mais aussi, surtout dans les régions chaudes, des protistes et des vers. L'agent du paludisme s'installe dans le sang et provoque l'éclatement des globules.

Ennemis des plantes cultivées
Toutes les plantes sauvages possèdent leurs prédateurs et leurs parasites. A plus forte raison les plantes cultivées : quelle aubaine pour un doryphore que de trouver tant de pieds de pomme de terre rassemblés en un même champ! L'un des parasites les plus célèbres en France est le phylloxéra, qui a bien failli, en 1860, anéantir notre vignoble. Le blé a sa rouille, le seigle son ergot, qui sont des champignons.

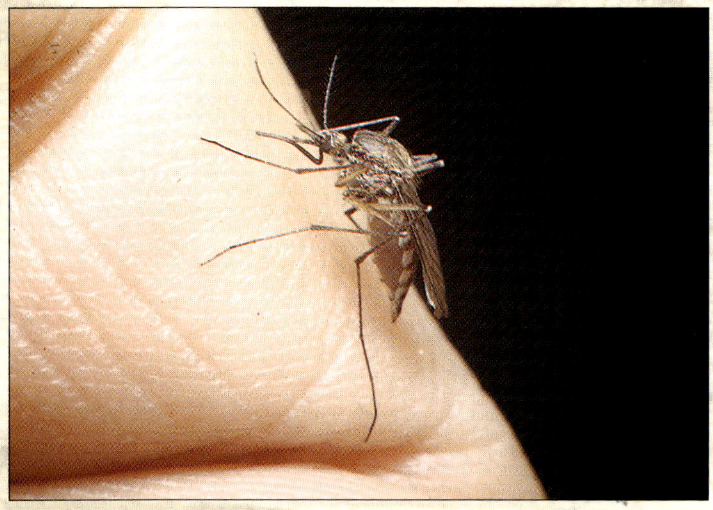

Le monde des diptères, auquel appartient le moustique, compte plus de 100 000 espèces dans le monde, dont 12 000 en France. Les moustiques peuvent transmettre de nombreuses maladies, comme le paludisme (anophèles).

:nnemis des animaux d'élevage

.ouis Pasteur s'est rendu célèbre n triomphant du charbon des brebis, u choléra des poules et de la rage u chien. C'est dire le tort que bactéries t virus faisaient aux élevages. De plus, :op de maladies des mammifères 'élevage sont transmissibles à l'homme : ıaladie du sommeil, fièvre de Malte, ièvre aphteuse...
)'autres ne le sont pas, mais restent ncore redoutables de nos jours.

Ennemis des stocks alimentaires

Les principaux ennemis des stocks alimentaires sont évidemment les rongeurs : rats et souris, difficiles à détruire du fait de leur méfiance et de leur fécondité. Quant aux stocks de grains, ils sont guettés par quelque 25 000 espèces de charançons.

.nnemis u bois et du papier

es ennemis du bois et u papier sont les insectes ui en font à la fois leur bri et leur nourriture. es termites sont les plus :doutables dans :s régions chaudes, ındis qu'en France sévit . vrillette. Quant aux oteaux de bois plantés ans l'eau des ports, 'est un mollusque, taret, qui les mine ısqu'à l'effondrement.

Deux criquets migrateurs. Les nuées de criquets sont un fléau : par milliards, ils se posent dans une région et y dévorent toute la végétation.

Les espèces menacées par l'homme

Il n'y a plus de mammouths, presque plus de grands pandas, on a sauvé les bisons de justesse et l'éléphant d'Afrique est menacé. Des milliers d'autres espèces animales, et même végétales, sont au bord de la disparition. A qui la faute ? A l'homme, car non seulement il chasse et pêche à l'excès, mais il exploite trop intensivement les forêts, pollue eaux douces et rivages marins, rend invivables bien des territoires qui, avant lui, grouillaient de vie.

La chasse
Très tôt dans la préhistoire, l'homme est devenu chasseur. Ses armes en silex taillé étaient déjà très efficaces, puisque la disparition de quelques gros mammifères (mammouth, ours des cavernes...) peut leur être attribuée, au moins en partie.
Devenu cultivateur et éleveur, l'homme aurait pu se borner à chasser le lion et le loup, prédateurs de ses troupeaux, ou le cerf qui broutait ses récoltes. En fait, il a continué à chasser pour varier sa nourriture et... pour le plaisir.

Une situation nouvelle
L'invention des armes à feu individuelle (arquebuse, mousquet, puis fusil), du XVe au XVIIe siècle, a rendu la chass moins dangereuse pour l'homme, beaucoup plus dangereuse pour le gibier Le célèbre Buffalo Bill et ses émules ont, à partir de 1867, tué des millions de bisons. Les bisons ont presque dispart et les Indiens, qui s'en nourrissaient, aussi. C'est aussi aux États-Unis que fut anéanti le pigeon migrateur (ectopiste).

Menaces sur les grands animaux
Il y a trois raisons pour que la disparition menace surtout les animaux de grande taille : ce sont des gibiers « rentables » (beaucoup de viande d'un seul coup), ils sont relativement faciles à atteindre et enfin, en règle générale, leur reproduction est très lente. Les éléphants en Afrique, les baleines dans toutes les mers ne doivent leur survie qu'à de sévères mesures de protection.

Quelques espèces menacées

- ❑ Le panda de Chine
- ❑ La baleine bleue
- ❑ La tortue géante des Galapagos
- ❑ L'orang-outang de Sarawak
- ❑ L'onagre de l'Inde
- ❑ Le tigre d'Asie
- ❑ L'aye-aye de Madagascar
- ❑ Le gorille d'Afrique centrale

Quelques résultats imprévus
Les crocodiles étant des animaux dangereux, les Brésiliens ont cru bien faire en en débarrassant l'Amazone et ses affluents. Hélas ! le crocodile était le seul prédateur naturel des piranhas, ces terribles petits poissons qui, rassemblés par milliers, dévorent un bœuf (ou un homme) bien plus vite que ne le faisait le crocodile.
En Inde, on a chassé le tigre avec trop de succès : les cerfs se sont multipliés et sont sortis des forêts pour dévorer les récoltes. En Australie enfin, on a introduit le lapin pour avoir un gibier à chasser. Mais il a pullulé, a menacé les récoltes et certains marsupiaux, affamés, sont devenus rares.

Des oiseaux sans frontières
Chaque État a ses lois et règlements limitant la chasse, mais ce ne sont pas les mêmes partout. Les oiseaux qui, dans leur migration annuelle, survolent une frontière, peuvent cesser brusquement d'être protégés. C'est le cas des pigeons ramiers, ou palombes, dans le ciel de Gascogne.

Des ravages involontaires
De nos jours, les animaux sont beaucoup plus menacés par la civilisation que par la chasse. Les routes sont traversées par les hérissons, qui s'y font écraser. Qu'un pétrolier coule et c'est une « marée noire » catastrophique pour les oiseaux de mer. Le déboisement inconsidéré menace bien des espèces. Et l'image de milliers de poissons morts, suite à la dispersion accidentelle d'une substance toxique dans une rivière, est devenue courante.

Les marées noires sont de réelles catastrophes écologiques et sont à l'origine de véritables massacres d'animaux marins.

Ruses et cachotteries dans le monde animal

Dans le milieu naturel, tout animal s'avance parmi une forêt d'yeux avides, prêts à le transformer en déjeuner. Être vu, c'est être en danger. Quant au plus fort, s'il se montre trop, adieu le repas, il aura fui! Mangeur ou mangé, prédateur ou proie, même précepte : plus on est caché, mieux ça vaut. Aussi certaines espèces se confondent-elles avec le milieu, changent d'aspect ou ressemblent à d'autres proies moins convoitées : c'est le mimétisme.

Un caméléon en cours d'homochromie : la joue et le flanc ont déjà la couleur de la plante sur laquelle il repose.

Ne bougeons plus
La défense la plus simple, et de loin, c'est le silence et l'immobilité. Attrapé, ou seulement frôlé, un insecte «fait le mort», suspendant en général les réflexes de lutte de son agresseur. Mieux vaut pourtant rabattre vite les pattes, pour n'avoir plus l'air d'un insecte, mais d'un débris sans intérêt.

Changements de robe
Chacun connaît les facultés du caméléon qui, par voie nerveuse, agit sur les grains colorés de sa peau pour prendre la couleur de son entourage : c'est l'«homochromie active». Le turbot, poisson plat du fond des eaux, fait mieux encore : mis sur un damier (dans l'eau), il en reproduit les carreaux. Une crevette, l'hippolyte, dispose elle aussi de toute une palette de teintes.

Ton sur ton
Vu de dessous, le ventre blanc du poisson se confond avec le ciel; vu de dessus, son dos bleu se confond avec la mer. C'est dans l'herbe verte que la mante verte guette la sauterelle verte, tandis que parmi les ombres rayées des hautes herbes le tigre rayé guette ses proies. Vivre sur un fond qui vous ressemble, c'est l'«homochromie passive», très efficace et plus commune.

Une phyllie : c'est bien un insecte et non une feuille. Et elle se déplace!

Être pris pour une feuille

La phyllie et le papillon kallima, deux insectes sans la moindre parenté, ont en commun leur capacité de ressembler à la feuille sur laquelle ils sont posés. Les phasmes, voisins des phyllies, sont allongés comme des brindilles. Les plantes elles aussi peuvent se déguiser : le lithops des zones arides est difficile à distinguer d'un caillou. En termes savants, il y a «homomorphie».

Perdu dans la masse

Le mimétisme est surprenant quant l'espèce d'insecte copiée est, elle aussi, la proie des oiseaux ou autres insectivores. Mais si l'espèce copiée est dix fois plus abondante que l'espèce copiante et que les deux groupes se mêlent, le prédateur a neuf chances sur dix de dévorer un sujet de l'espèce copiée. Ce mimétisme évite la disparition de la petite espèce.

Ruses offensives

Quand on ne peut pas voir sa proie, il faut l'attirer ou s'en emparer à l'aveuglette. La toile de l'araignée, l'entonnoir du fourmi-lion, les puits de la taupinière sont des pièges passifs. Mais quand un insecte femelle lumineux *(Photurus)* imite les signaux d'une espèce voisine *(Photinus)* pour en attirer le mâle et le dévorer, on peut presque parler de ruse. Et les plantes qui digèrent les mouches ne font-elles pas la même chose quand elles attirent leur proie par leur odeur acide ? En somme, c'est le plus rusé qui gagne.

L'entraide entre les espèces

Nulle espèce animale ou végétale ne vit seule. Autour de chaque individu, il en est d'autres qui s'occupent de lui. Uniquement pour le dévorer ou, au contraire, pour le fuir? Pas toujours. Plus souvent qu'on ne le croit, deux espèces s'associent pour se rendre des services mutuels, tant en matière d'alimentation que de reproduction ou de survie.

Les insectes butineurs

Les fleurs semblent être d'une bonté touchante envers les insectes : qu'ont-elles à gagner à fabriquer à leur intention un délicieux nectar sucré? La réponse est simple : elles y gagnent de faire à coup sûr transporter leur pollen sur une autre fleur de même espèce et d'assurer ainsi leur reproduction. Elles attirent les insectes par leur parfum, leurs couleurs. Quand elles en tiennent un, elles ne le laissent pas partir sans l'avoir couvert de pollen, quitte à l'obliger à un parcours pénible pour atteindre le nectar. Mais le nectar est bon et l'insecte restera fidèle à l'espèce florale qu'il a choisie.

Les chlorelles

Les chlorelles sont des algues marines vertes microscopiques, à une seule cellule. Elles se laissent bien volontiers avaler par un ver marin, la convolute, qui a le grand mérite d'être transparent : dans les tissus du ver, l'algue est à l'abri des prédateurs et la lumière lui parvient, lui permettant de se développer.
La convolute pousse l'amabilité jusqu'à sortir du sable à chaque marée basse pour exposer ses chlorelles au soleil.
Il est vrai qu'elle en digère quelques-unes.

Le petit monde du bernard-l'ermite

Plus connu sous le nom de bernard-l'ermite, le pagure est un curieux crustacé : son abdomen mou et nu serait dévoré s'il ne l'abritait d'urgence dans une coquille spirale de mollusque. Son abdomen est d'ailleurs tordu d'avance pour mieux entrer. Mais très vite s'installe sur la coquille une anémone de mer, *Sagartia,* qui profite des débris de ses repas (on dit qu'elle est sa commensale)... et le fait profiter de la terreur qu'inspire son venin. Une éponge, la subérite, un ver s'ajoutent à l'association, prélevant aussi leur butin.

Bernard-l'ermite portant une actinie (anémone de mer)

Les mangeurs de fruits

Les mangeurs de fruits ont avec les arbres fruitiers une relation d'entraide. Le fruit (pomme, olive, cerise...) est appétissant. Un mammifère ou un oiseau le mange, avale le noyau, le pépin ou la graine, puis s'en va. Ses sucs digestifs vont amincir l'enveloppe du grain, mais sans digérer l'amande. Et quand l'animal rejettera la graine dans ses excréments, elle sera dans les meilleures conditions pour germer.

Les lichens

Ils sont vraiment doués, les lichens! On en trouve sur des roches nues, sur la glace, sur les laves volcaniques à peine refroidies, partout où la vie semble impossible. Leur secret? L'association d'une algue microscopique et d'un champignon. Ce dernier assure à l'algue une bonne protection contre la sécheresse et lui fournit des sels minéraux; l'algue, en revanche, offre au champignon les aliments organiques élaborés par photosynthèse. Ni l'un ni l'autre ne seraient capables de vivre seuls en des endroits aussi rudes.

Chez les termites

La «panse» (intestin) d'un termite mangeur de bois est un lieu très fréquenté : des bactéries y digèrent le bois, de gros protozoaires (protistes dépourvus de chlorophylle) digèrent une partie des bactéries (jamais toutes), les sucs du termite digèrent une partie des protistes (jamais tous) et tout le monde est nourri.

L'entraide règne aussi entre termites, tant pour bâtir harmonieusement un nid immense (2 m de haut et plus) et compliqué que pour s'entre-nourrir, combattre ensemble les assaillants, alimenter le couple royal et même cultiver des champignons.

Une abeille en train de butiner.

L'espèce humaine

Dès le XVIIIe siècle, l'homme a été situé dans le règne animal auquel il appartient : genre Homo, espèce Sapiens, famille des Hominiens, ordre des Primates, classe des Mammifères et embranchement des Vertébrés. Ce qui distingue l'homme des autres animaux, outre son adaptation parfaite à la station debout, c'est le fort développement de son intelligence et l'acquisition du langage.

Comprendre le corps humain
Plusieurs disciplines scientifiques concourent à la compréhension du fonctionnement de l'organisme humain.
• L'anatomie situe et décrit les organes (cœur, poumons, foie, etc.) et les regroupe en appareils. Un appareil est un ensemble d'organes participant à une même fonction (appareils digestif, respiratoire, etc.).
• La physiologie étudie le fonctionnement des organes.
• Enfin des disciplines comme la biologie cellulaire, la biochimie, la biologie moléculaire ont permis de comprendre les processus fondamentaux qui se déroulent au sein de la cellule, unité fondamentale de l'être vivant.

«Race» et racisme
Par leur aspect physique (couleur de la peau, forme du visage, type de la chevelure), les hommes se divisent en trois grandes populations (Blancs, Jaunes et Noirs) que l'on a qualifiées de «races». Or la science moderne, et en particulier la génétique, a démontré qu'il n'existe pas de «race» pure. La quasi-totalité des groupes humains actuels sont le produit d'un métissage. Les différences physiques qui existent entre les hommes des trois groupes ne permettent en aucun cas d'établir des hiérarchies. Le racisme représente un rejet des hommes différents, mais pas une théorie scientifique.

La couleur de la peau
Elle est due à la présence d'un pigment cutané, la mélanine, qui confère à la peau sa couleur et protège l'homme des rayons ultraviolets du soleil. La peau sera d'autant plus sombre que la mélanine est présente en grande quantité. Ainsi, chez les habitants des pays très ensoleillés, la quantité de mélanine dans la peau est importante. En revanche, chez ceux des pays peu ensoleillés, la mélanine y est rare, car elle empêcherait complètement la pénétration des rayons de soleil. Ceux-ci sont nécessaires pour la synthèse de la vitamine D, elle-même essentielle pour la croissance.

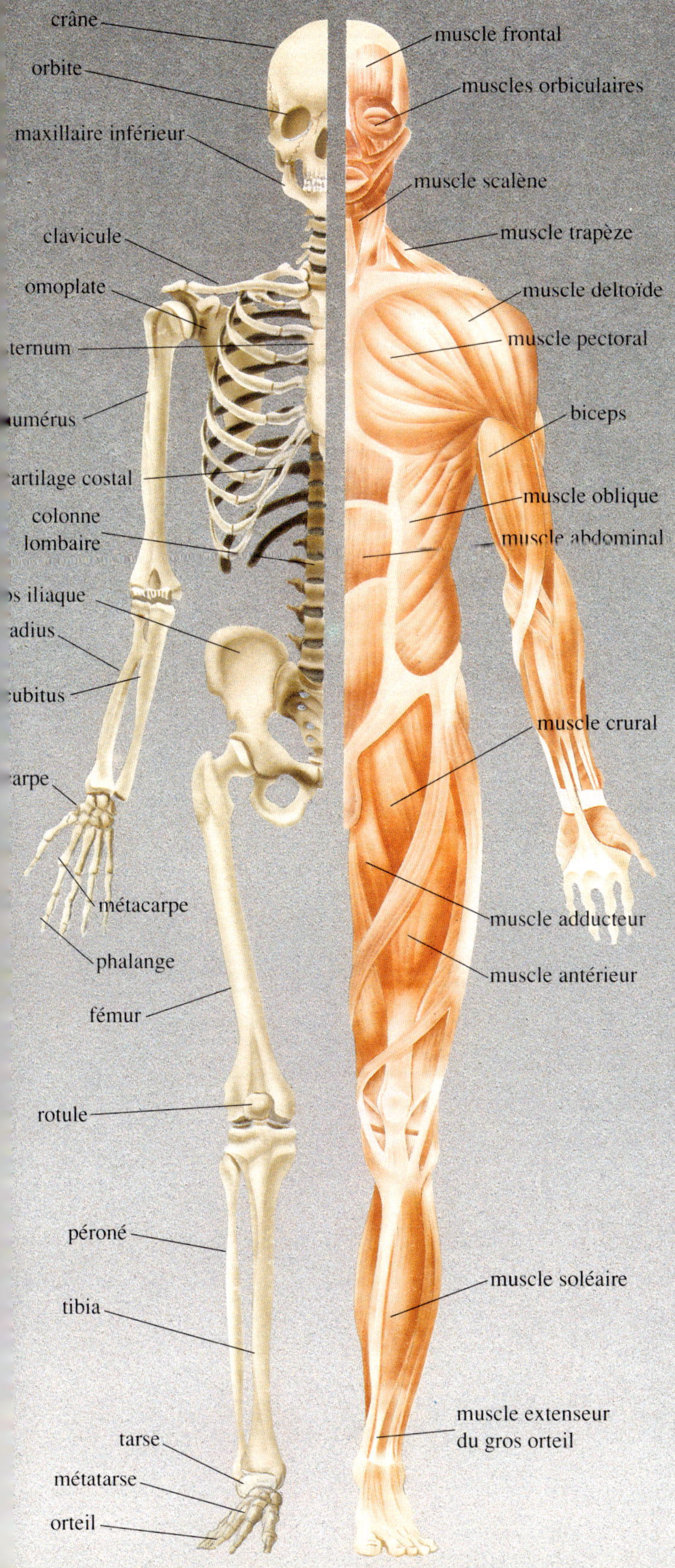

L'anatomie humaine

Le corps humain est divisé en trois parties : la tête, le tronc et les membres. Le tronc est séparé par le diaphragme en deux cavités : le thorax en haut, l'abdomen en bas. Le squelette sert de charpente à l'ensemble du corps; il est constitué de 208 os. Le cerveau, très fragile, est protégé par la boîte crânienne. La colonne vertébrale comprend 33 vertèbres articulées entre elles qui donnent une certaine souplesse. Les membres sont liés au tronc par des articulations — hanche et épaule — et séparés en deux parties par une deuxième articulation. Ces articulations permettent la mobilité des membres.

Le cœur et la respiration

La respiration apporte à l'organisme l'oxygène dont il a constamment besoin. L'inspiration inhale de l'air ambiant riche en oxygène et l'expiration rejette de l'air enrichi en gaz carbonique. Ces mouvements se déroulent, chez l'adulte, seize fois par minute : c'est la fréquence respiratoire.
Le cœur et les vaisseaux (système artériel et veineux, capillaires sanguins) permettent le transport et la distribution de l'oxygène dans l'organisme.
Le cœur est une sorte de pompe qui propulse le sang dans les vaisseaux soixante à soixante-dix fois par minute : c'est la fréquence cardiaque.

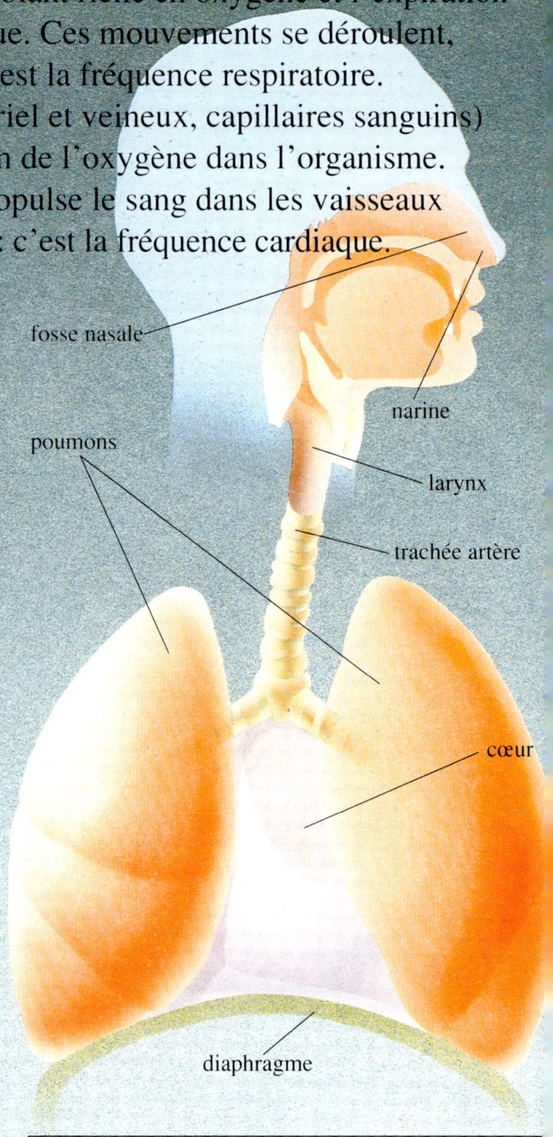

L'appareil respiratoire
L'appareil respiratoire se divise en deux grandes parties.
D'une part les voies aériennes, qui comprennent les fosses nasales et la trachée artère; celle-ci se divise en deux branches pénétrant chacune dans un poumon.
D'autre part la cage thoracique, avec les poumons et le diaphragme.
Dans les poumons, les bronches se divisent et se ramifient jusqu'à donner les bronchioles terminales. L'extrémité de ces dernières, renflée, contient les alvéoles grâce auxquelles se font les échanges de gaz avec le sang.

L'appareil cardio-vasculaire
Le cœur est un muscle creusé de quatre cavités : l'oreillette et le ventricule droit communiquent entre eux, de même que l'oreillette et le ventricule gauche.
Un double système vasculaire assure la distribution du sang. Chaque cycle de la pompe cardiaque, perceptible en prenant le pouls, comprend deux phases : la systole (contraction) et la diastole (relâchement). La contraction permet l'expulsion du sang dans les vaisseaux et une période de relâchement pendant laquelle les cavités cardiaques se remplissent. L'électrocardiogramme renseigne sur le fonctionnement du cœur.

Les deux phases de la respiration

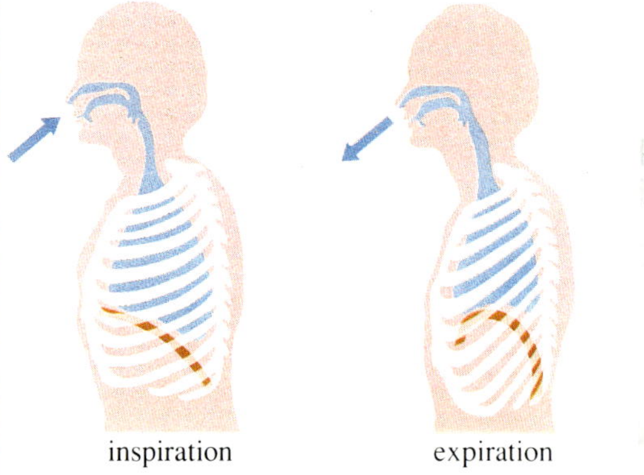

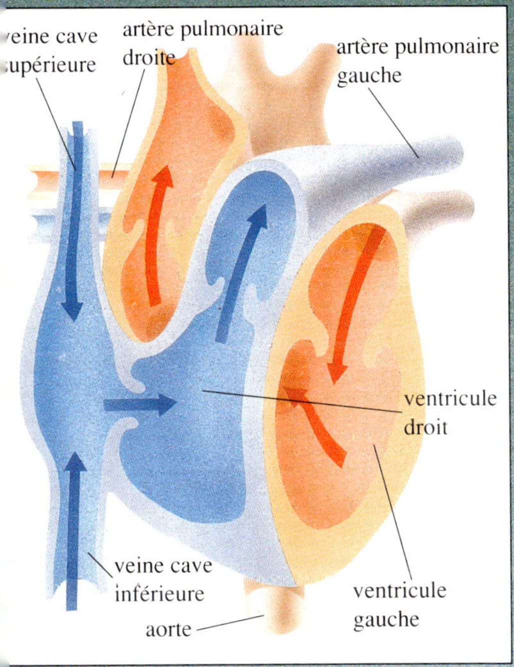

Le sang

Le sang se compose de deux parties :
- le plasma, un liquide renfermant notamment de l'eau, des sels minéraux, des vitamines et des hormones;
- un ensemble brun constitué de cellules sanguines, les globules rouges (hématies) et les globules blancs (leucocytes).

a respiration artificielle

ratiquée rapidement lors d'un arrêt espiratoire, la respiration artificielle eut sauver une vie. Actuellement, n utilise la méthode du bouche à bouche ui consiste à souffler dans la bouche u malade auquel on pince le nez. Au noment de l'insufflation d'air, le thorax e gonfle puis revient à sa position ormale. Il faut répéter cette manœuvre ingt fois par minute jusqu'à la reprise e la respiration spontanée ou l'arrivée es secours spécialisés.

Le cycle du sang

La grande circulation comprend un réseau artériel qui distribue le sang oxygéné issu du ventricule gauche et un réseau veineux qui ramène le sang chargé de gaz carbonique vers l'oreillette droite. La petite circulation récupère le sang du ventricule droit et, après son passage dans les poumons, l'apporte à l'oreillette gauche.

L'oxygène dans l'organisme

Les échanges d'oxygène et de gaz carbonique dans les poumons se font à travers la paroi très mince des alvéoles, en contact avec les petits vaisseaux pulmonaires. Dans le sang, l'oxygène se fixe sur l'hémoglobine des globules rouges qui se sont débarrassés de leur gaz carbonique. Les globules rouges, grâce à la circulation sanguine, distribuent l'oxygène dans toutes les cellules, où il participe aux réactions qui permettent de produire de l'énergie.

Les greffes cardiaques

Parfois, à la suite de maladies (infarctus par exemple), le cœur n'assure plus un débit sanguin suffisant : c'est l'insuffisance cardiaque. Lorsque le traitement médical ne permet plus de compenser cette défaillance, il faut envisager une greffe, ou transplantation, d'un cœur prélevé sur une autre personne.

Depuis 1967, date de la première greffe cardiaque, de nombreux patients ont été opérés avec succès. Le cœur artificiel, trop volumineux pour être implanté, est une solution d'attente pour la greffe.

L'alimentation et la digestion

Le corps humain est une usine qui fabrique constamment des cellules pour remplacer celles qui meurent, qui produit l'énergie nécessaire à son fonctionnement et au travail musculaire. L'alimentation fournit les matières premières dont l'organisme a besoin pour accomplir ces tâches. Cependant, les aliments absorbés, pour être assimilés par l'organisme, doivent subir des transformations. C'est la fonction que remplit l'appareil digestif.

Les aliments

Les apports alimentaires sont constitués d'éléments énergétiques (protides, glucides, lipides) et d'éléments non énergétiques (eau, sels minéraux tels le sodium, le calcium, le fer...), néanmoins nécessaires au bon fonctionnement de l'organisme. Ces apports contiennent également des vitamines que l'organisme ne peut fabriquer.

Dans chaque aliment, on trouve les trois éléments énergétiques en quantités différentes. Les protides se trouvent dans la viande, le lait, les céréales. Les glucides sont présents dans les féculents, les céréales, les fruits. Les lipides se rencontrent dans des produits d'origine végétale (huile) ou animale (beurre).

Le tube digestif

Le tube digestif est le chemin qu'empruntent les aliments. Il est constitué par la bouche, l'œsophage, l'estomac, l'intestin grêle et le gros intestin, ou côlon. L'estomac, qui est une grosse poche, fabrique le suc gastrique et exerce une action mécanique de broyage des aliments. L'intestin grêle, dans lequel se déversent la bile et le suc pancréatique, sécrète aussi des sucs intestinaux. La digestion dure de deux à quatre heures et s'effectue à 90 % dans l'intestin grêle. Les résidus sont évacués dans les selles.

Une bonne alimentation

Pour conserver une bonne santé, l'alimentation est très importante. Elle doit être équilibrée, c'est-à-dire adaptée à l'âge et au mode de vie, et assez variée pour apporter tous les éléments nécessaires.

Un enfant en croissance ou une femme enceinte auront besoin d'un apport enrichi en protides et en calcium. Pour un travailleur manuel, qui dépense beaucoup d'énergie, l'apport calorique doit être plus important que pour un travailleur sédentaire.

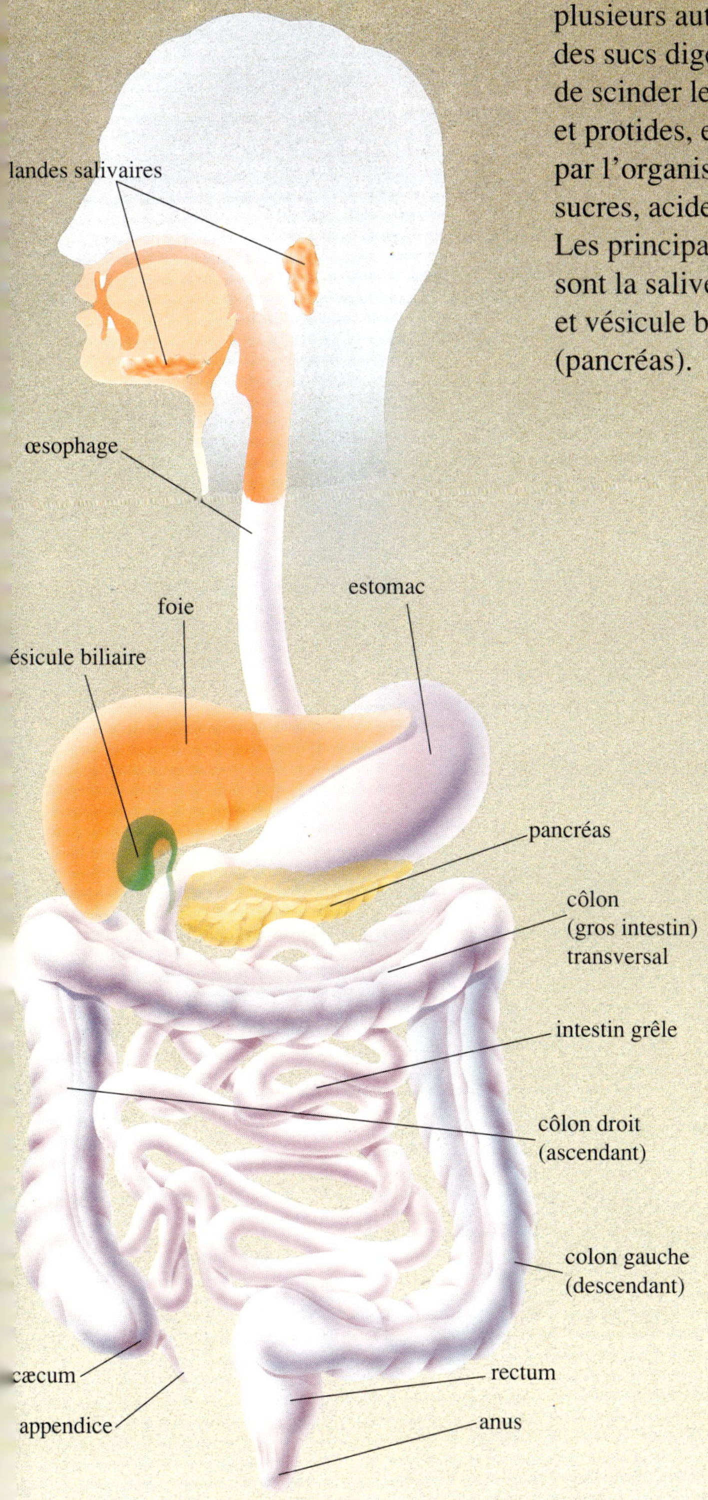

Les sucs digestifs
Outre l'estomac et l'intestin grêle, plusieurs autres organes sécrètent des sucs digestifs. Ceux-ci permettent de scinder les aliments, glucides, lipides et protides, en des éléments assimilables par l'organisme : glucose et autres sucres, acides gras, acides aminés. Les principaux sucs digestifs sont la salive (bouche), la bile (foie et vésicule biliaire) et le suc pancréatique (pancréas).

Les troubles nutritionnels
Une mauvaise alimentation, qu'elle soit trop riche ou insuffisante, a des conséquences sur la santé. L'excès alimentaire peut entraîner une obésité, l'apparition d'un diabète, une augmentation du cholestérol nocive pour les artères et le cœur. De même, comme cela se passe encore trop souvent dans les pays du tiers monde, les carences alimentaires entraînent des troubles de la croissance chez les enfants.

Le cerveau et le système nerveux

L'homme reçoit sans cesse de son environnement des informations transmises sous forme d'influx nerveux par les organes sensoriels (vision, ouïe, odorat, goût) ou par les récepteurs de la sensibilité générale (sensations tactiles, de douleur, de froid, de chaleur). Le système nerveux assure la transmission, l'intégration et la mémorisation de ces informations et permet la réponse adéquate, par exemple un mouvement. Ce n'est cependant pas le seul rôle du système nerveux : il contrôle aussi le fonctionnement de tous les organes par l'intermédiaire du système neurovégétatif.

Le neurone

Le système nerveux est constitué d'un seul type de cellule, le neurone, dont seul l'aspect change en fonction de la localisation. Le neurone est formé d'un corps cellulaire contenant le noyau; ce corps cellulaire est muni de dendrites, petites ramifications qui permettent l'arrivée de l'influx nerveux; enfin, le neurone transmet l'influx nerveux grâce à son axone, parfois entouré d'une gaine de myéline. Comme les neurones ne se touchent pas, la synapse est essentielle pour le passage de l'influx nerveux : elle assure la jonction entre l'axone d'un neurone et une dendrite d'un autre neurone.

Anatomie du système nerveux

On distingue classiquement le système nerveux central et le système nerveux périphérique. Le système nerveux central est constitué par l'encéphale et par la moelle épinière située dans la colonne vertébrale. L'encéphale, protégé par la boîte crânienne, comprend d'abord le cerveau, puis, en dessous, le bulbe rachidien et le cervelet, centre de l'équilibre. Le système nerveux périphérique est formé par les nerfs sensitifs, moteurs ou végétatifs reliant le système nerveux central aux organes.

Le cerveau

C'est l'organe noble par excellence, le centre de l'intelligence, de la sensibilité, de la mémoire. Il est formé de deux hémisphères, droit et gauche, séparés par un sillon. Des scissures qui courent sur sa surface permettent de délimiter des lobes (frontal, temporal, occipital, pariétal).
Sous un hémisphère, on trouve le thalamus, qui joue un rôle essentiel dans le contrôle de la vie végétative.
Les lobes du cerveau sont divisés en aires spécialisées : aires sensitives, motrices, visuelles, etc.

Un message sensoriel
La rétine qui tapisse le fond du globe oculaire est constituée de différents types de cellules qui présentent la particularité d'être sensibles à la lumière.
La stimulation de la rétine par la lumière entraîne la décomposition des pigments de ces cellules. Cette décomposition est à l'origine de l'influx nerveux qui va se propager le long du nerf optique. Cet influx aboutit au cerveau, dans l'aire visuelle située dans le lobe occipital. C'est là que se fait l'intégration de l'image. Le schéma est le même pour la transmission des autres stimuli sensoriels. Seules les voies diffèrent.

L'activité réflexe
Si on pose sa main sur une plaque brûlante, on la retire aussitôt, avant même que la sensation de brûlure ne soit nette. Un récepteur cutané sensible à la chaleur émet un influx nerveux qui, par l'intermédiaire d'un nerf sensitif, arrive à la moelle épinière. Là, l'influx va immédiatement se transmettre grâce à un neurone de connexion au nerf moteur qui déclenche la contraction musculaire et le retrait de la main. L'activité réflexe joue un rôle protecteur.

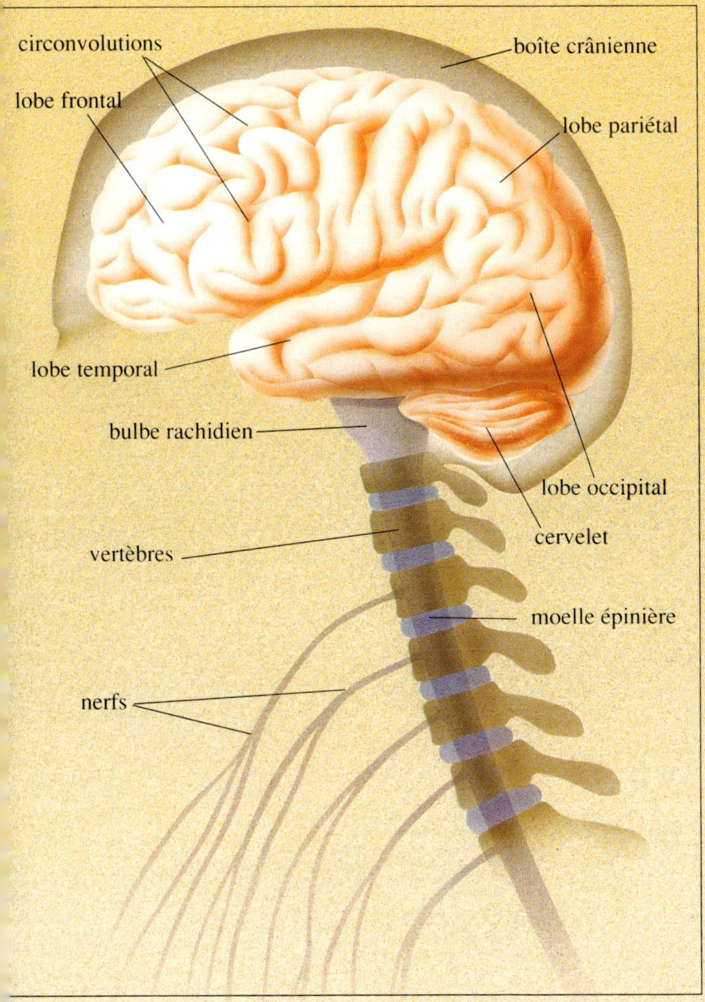

Les greffes cérébrales
Depuis 1983, une nouvelle voie s'est ouverte pour la neurochirurgie avec la réalisation des premières greffes cérébrales pour traiter la maladie de Parkinson. En 1989, cette technique s'est améliorée en utilisant comme greffons des neurones embryonnaires. Mais ces espoirs thérapeutiques soulèvent des problèmes moraux liés aux interventions pouvant modifier le cerveau humain.

La reproduction

La reproduction est la fonction qui permet de perpétuer l'espèce. La reproduction sexuelle consiste en la fusion de deux cellules spécialisées que l'on appelle gamètes, l'une mâle, ou spermatozoïde, l'autre femelle, ou ovule. La fécondation comprend la pénétration du spermatozoïde dans l'ovule, puis la fusion des noyaux de deux cellules pour former une cellule-œuf qui, par de nombreuses divisions, aboutira à un nouvel individu. Celui-ci possédera des caractères génétiques de ses deux parents.

L'appareil génital masculin
Il comprend les testicules, les canaux déférents, les vésicules séminales, l'urètre. Les testicules, contenus chacun dans une bourse, fabriquent les spermatozoïdes (à partir de la puberté) qui, recueillis par les canaux déférents, vont constituer, avec le liquide séminal, le sperme. L'urètre sert à la fois de canal pour le sperme et l'urine, mais jamais en même temps. Les spermatozoïdes sont des cellules munies d'une queue, le flagelle, qui leur permet de se déplacer dans l'appareil génital féminin où ils sont déposés lors des rapports sexuels.

L'appareil génital féminin
Il est constitué des ovaires, des trompes de Fallope, de l'utérus et du vagin. Les ovaires ont un rôle important. Tous les 28 jours, entre la puberté et la ménopause, un des deux ovaires fait mûrir l'ovule. Cette maturation se termine 14 jours après le premier jour des règles. L'ovule est alors «pondu» par l'ovaire et capté par les trompes de Fallope où un spermatozoïde peut venir le féconder. Dans le cas où cette fécondation réussit, il y a formation d'un œuf et son implantation, ou nidation au niveau de la paroi de l'utérus.

L'appareil génital masculin

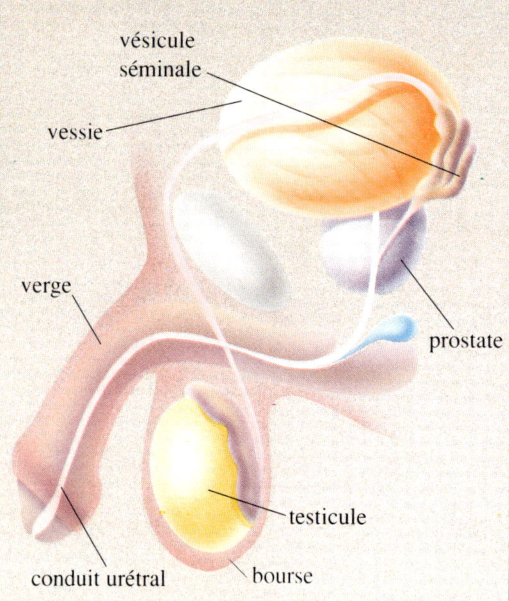

L'appareil génital féminin

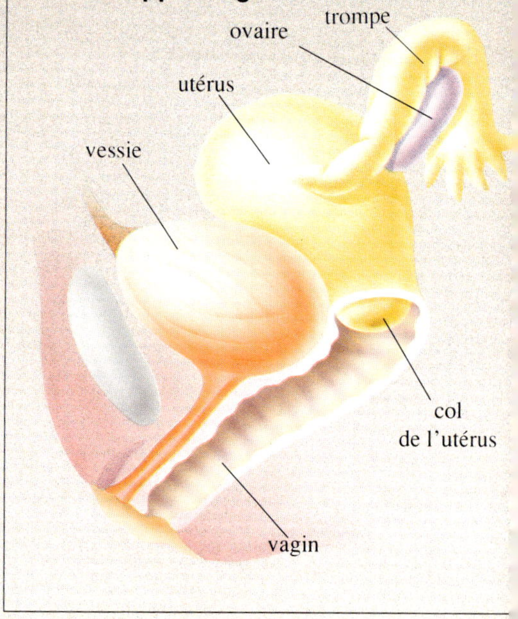

e travail des ovaires
e fonctionnement des ovaires st sous la dépendance de substances himiques, des hormones, qui viennent e l'hypophyse, une glande située la base du cerveau. Ces hormones ontrôlent la maturation et la libération e l'ovulе.
'ovaire lui aussi fabrique des hormones ui ont pour rôle de préparer la paroi e l'utérus. Celle-ci dévient très épaisse. i l'œuf n'a pas été fécondé, une partie e la paroi utérine se flétrit, puis e détache. Il y a élimination de débris t de sang ; cela se manifeste une fois ar mois (les règles).
'e cycle menstruel apparaît à la puberté t disparaît vers 50 ans (la ménopause). 'ette disparition s'explique ar des changements de sécrétions ormonales ovariennes.

Fécondation et grossesse
La rencontre d'un spermatozoïde et d'un ovule donne une cellule complète à 46 chromosomes, qui va se diviser pour devenir un œuf. Cet œuf gagne l'utérus, y effectue sa nidation et va former un embryon. Un des premiers organes formés est le cœur, que l'on peut voir grâce à l'échographie.
A partir du troisième mois, presque tous les organes sont en place et l'embryon est devenu fœtus. Il baigne dans le liquide amniotique et est relié par le cordon ombilical au placenta qui lui apporte oxygène et éléments nutritifs par la circulation sanguine.
La grossesse dure neuf mois.

es méthodes contraceptives
lusieurs méthodes existent pour empêcher la grossesse. a plus simple est l'utilisation d'un préservatif ar l'homme, qui joue en outre un rôle préventif vis--vis des maladies sexuellement transmissibles comme e Sida. Une autre méthode contraceptive consiste à faire lacer par un médecin un stérilet dans la cavité utérine. l empêche la nidation de l'embryon dans l'utérus.
a méthode la plus répandue est la «pilule». lle contient des substances hormonales qui mettent 'ovaire au repos et empêchent l'ovulation. 'est la méthode la plus fiable... à condition e ne pas l'oublier! Il existe aussi des méthodes e contraception locale, dites «spermicides», ui rendent les spermatozoïdes inaptes à la fécondation.

Les hormones

Les hormones sont des substances chimiques produites par des glandes. Elles ont pour mission de coordonner le fonctionnement de l'organisme. Ces glandes, dites endocrines, déversent les hormones dans le sang pour atteindre les organes ou tissus sur lesquels elles exercent leur action. Le système hormonal est en étroit contact avec le système nerveux, en particulier par l'intermédiaire de l'hypothalamus. C'est lui qui assure la régulation de la plus grande partie du système hormonal.

Le système de régulation
La plupart des glandes endocrines voient leur sécrétion régulée par l'hypophyse qui est une glande située à la partie inférieure du cerveau, près de l'hypothalamus. La libération des stimulines produites par l'hypophyse dépend de l'hypothalamus qui élabore des facteurs de libération. Si le taux de l'hormone dans le sang est bas, l'hypothalamus stimule l'hypophyse en libérant un message appelant à son renforcement; si, au contraire, le taux d'hormone est élevé, il n'en libère pas.

La thyroïde et les parathyroïdes
La glande thyroïde sécrète trois hormones. Deux de celles-ci, la thyroxine et la triiodothyronine, accélèrent le fonctionnement de l'organisme. Par exemple le cœur bat plus rapidement sous leur action. La troisième hormone, la calcitonine, a des effets opposés à ceux de l'hormone parathyroïdienne, la parathormone, qui a pour rôle d'augmenter la quantité de calcium dans le sang.

L'hypophyse
L'hypophyse comprend deux parties. La partie antérieure de cette glande sécrète des stimulines, des hormones qui agissent sur le fonctionnement d'autres glandes : la thyroïde et les ovaires. Cette région sécrète aussi l'hormone de croissance. L'hypophyse postérieure élabore une hormone qui tend à augmenter la quantité d'eau présente dans le corps : la vasopressine.

Les surrénales
Les glandes surrénales (elles sont situées au-dessus des reins) comprennent deux zones sécrétant des hormones différentes. La zone centrale de la glande, ou médullo-surrénale, sécrète adrénaline et noradrénaline qui sont des médiateurs chimiques du système neuro-végétatif. La zone périphérique des surrénales élabore les glucocorticoïdes, dont la cortisone, qui ont entre autres des effets anti-inflammatoires. Cette région des surrénales sécrète aussi l'aldostérone, qui s'oppose à l'élimination de l'eau par l'organisme.

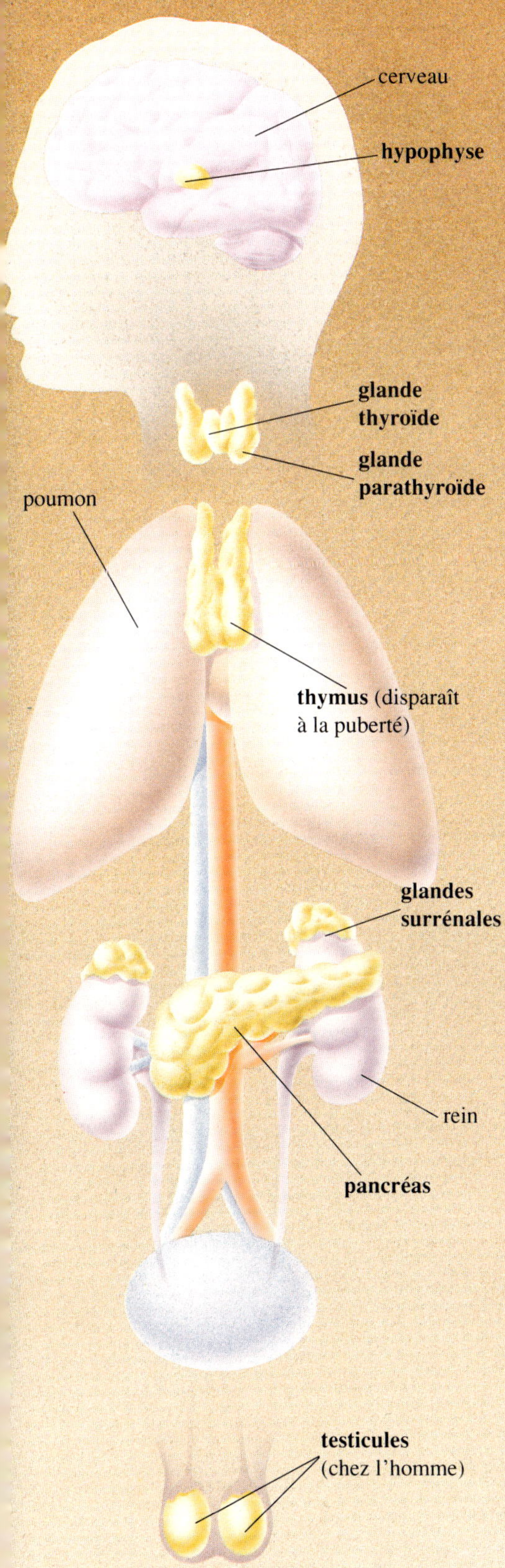

Les ovaires et les testicules

Ces glandes appartiennent à l'appareil génital. Chez la femme, les ovaires synthétisent estrogène et progestérone qui préparent l'utérus à accueillir l'œuf fécondé. Les estrogènes jouent aussi un rôle dans le développement des seins lors de la puberté. Chez l'homme, les testicules élaborent les androgènes auxquels appartient la testostérone, l'hormone mâle qui assure la croissance, le développement musculaire et celui des organes sexuels.

Le pancréas

Le pancréas synthétise l'insuline dont le rôle est de diminuer la glycémie (le taux de glucose dans le sang) et le glucagon, qui exerce des effets inverses de ceux de l'insuline.
A la différence de la plupart des autres glandes, dont la libération des hormones est contrôlée par l'hypophyse, la sécrétion d'insuline et de glucagon dépend du taux sanguin de glucose. Une glycémie élevée fait sécréter l'insuline alors que si la glycémie est basse, le pancréas sécrète du glucagon. Le manque d'insuline entraîne l'apparition du diabète.

Glandes sexuelles de la femme

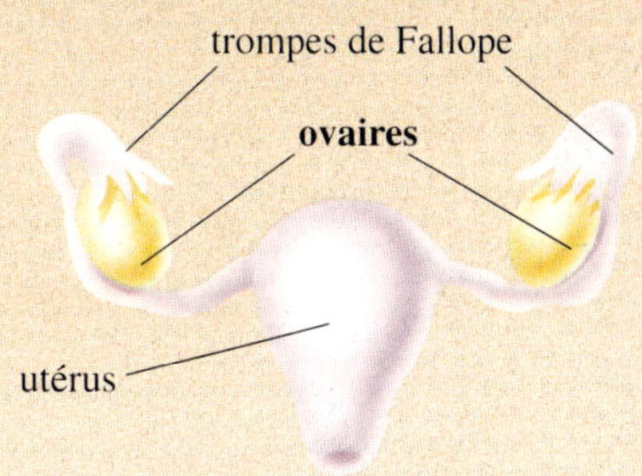

Le système immunitaire

Dans l'environnement de l'homme existent de nombreux agents pathogènes, comme les bactéries ou les virus, qui peuvent entraîner l'apparition d'une maladie. Un ensemble d'organes et de cellules, qui constituent le système immunitaire, assure la protection du corps contre ces agents infectieux.
L'immunologie étudie les phénomènes qui permettent l'acquisition de l'immunité contre les infections, ainsi que les troubles que peut entraîner le système immunitaire.

L'immunité
L'immunité est la capacité pour l'organisme de résister à un agent «infectieux». Elle peut être naturelle et, dans ce cas, est assurée par des barrières anatomiques (la peau) ou par des substances (sueur, larmes, salive).
L'immunité peut aussi être acquise et créée par l'organisme après un premier contact avec le corps étranger que l'on appelle antigène. C'est ce phénomène qui est à la base des vaccinations.

Le système immunitaire
Plusieurs organes participent au système immunitaire en fabriquant des cellules spéciales et complémentaires, les macrophages et les lymphocytes.
Les macrophages sont des cellules disséminées dans tout l'organisme, douées de la capacité de phagocytose (pouvant absorber des antigènes solides) et de pinocytose (capacité d'absorber des antigènes solubles). Les macrophages capturent l'antigène et transmettent l'information aux lymphocytes.
Les lymphocytes, présents dans le sang, les ganglions lymphatiques et la rate, jouent un rôle essentiel : c'est eux qui déclenchent la réponse immunitaire.

La réponse immunitaire
On distingue deux genres de réponse immunitaire.
L'immunité humorale est due à la sécrétion d'anticorps par les lymphocytes B. Les anticorps sont des protéines présentes dans le sang qui reconnaîtront l'antigène et, en se fixant sur lui, permettront sa neutralisation ou sa destruction.
L'immunité cellulaire est due aux lymphocytes T qui, une fois informés de la nature de l'antigène par les macrophages, vont s'attaquer directement à lui sans sécréter d'anticorps.

Les vaccins
La vaccination permet d'acquérir une immunité artificielle contre les germes. Son principe est que l'organisme mis en contact avec le germe tué, ou dont la possibilité de nuire est atténuée, créera les instruments nécessaires à l'élimination du germe lorsqu'il le rencontrera à nouveau.
Ainsi la vaccination antitétanique permet l'apparition dans le sang d'anticorps protecteurs : c'est une immunité humorale. En revanche, le BCG (vaccin antituberculeux) entraîne l'apparition d'une immunité de type cellulaire.

L'immunisation passive
L'immunisation passive est utilisée lorsque l'on souhaite apporter rapidement à l'organisme les moyens de se défendre. Par exemple, en présence d'une plaie chez un individu non vacciné contre le tétanos, on injecte du sérum antitétanique qui apporte immédiatement des anticorps. Cependant cette protection est d'une durée relativement courte; il faut ensuite renouveler la vaccination.

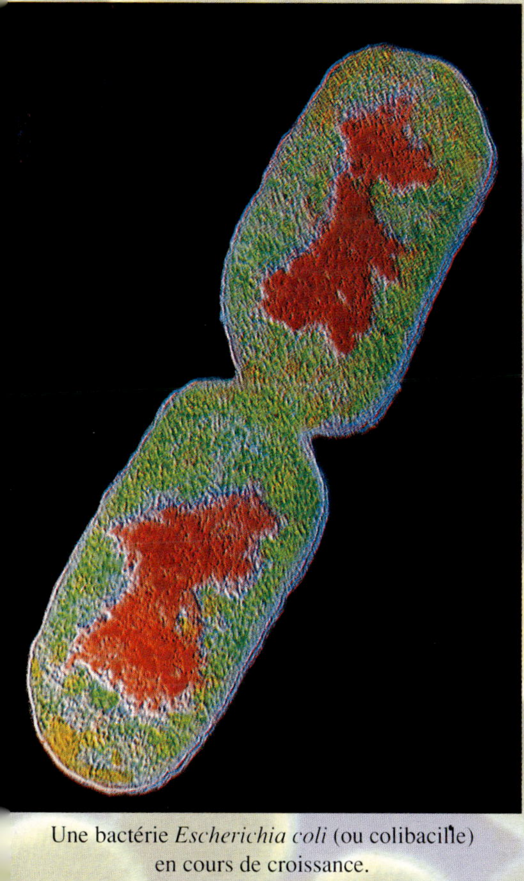
Une bactérie *Escherichia coli* (ou colibacille) en cours de croissance.

Autres aspects de l'immunité
Le système immunitaire défend l'homme, mais provoque parfois des réactions néfastes. Ainsi, il peut déclencher des réactions allergiques très puissantes. Lors d'une greffe d'organe, il est à la base du phénomène de rejet de l'organe greffé qu'il considère comme un corps étranger. Parfois, pour des raisons qui ne sont pas encore complètement élucidées, le système immunitaire sécrète des anticorps dirigés contre des éléments de son propre organisme; ce sont les maladies auto-immunes. Il existe par exemple une anémie — diminution du nombre des globules rouges sanguins — due à un mécanisme auto-immunitaire.

Histoire de la médecine

La médecine est l'art de guérir. Elle existait déjà dans l'Antiquité, mais restera figée durant des siècles. Paradoxalement, ce sont les progrès d'autres sciences, de la physique en particulier, et l'évolution des techniques qui lui permettront de passer du stade de l'art à celui de science.
Depuis deux siècles est née une médecine scientifique, fondée sur une connaissance de plus en plus précise du corps humain.

L'Antiquité
Dans tout le monde antique, des traces de la médecine ont été retrouvées, de Babylone à l'Égypte, de la Grèce à Rome. Hippocrate, un médecin grec à l'origine de nombreux traités médicaux, définit les quatre «humeurs» (sanguine, biliaire, pituitaire, mélancolique) dont le déséquilibre traduit chez l'homme l'apparition de la maladie. Cette théorie des humeurs, adoptée par Galien, un médecin grec qui exercera à Rome, restera pendant des siècles un dogme qui empêchera tout progrès.

Le Moyen Age
Le monde médiéval occidental est marqué par le poids de l'Église qui empêche toute approche scientifique de la nature et de l'homme. Cependant, c'est à cette époque qu'apparaissent les hôpitaux (Hôtel-Dieu à Paris).
En revanche, en Orient, en particulier dans le monde islamique, la médecine progresse et certains médecins (Avicenne, Averroès...) ont une grande renommée. En Chine, la médecine utilise l'acupuncture et emploie de nombreuses plantes médicinales.

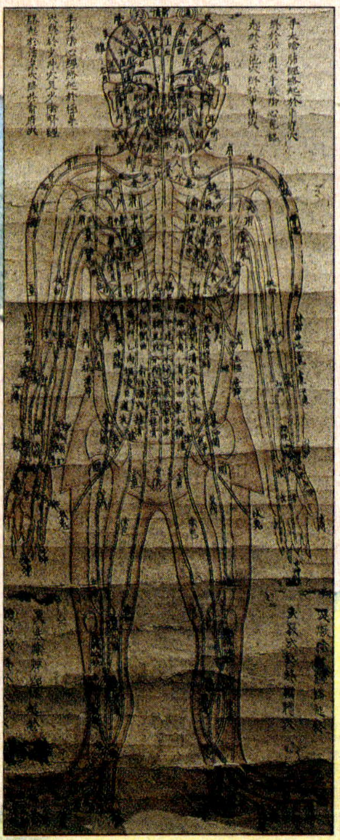

Ce manuscrit chinois de la période Ming (XIVe-XVIIe siècle) répertorie tous les points sensibles du corps que l'acupuncteur devra toucher lors du traitement.

La Renaissance
Sous l'influence de l'Italie, la Renaissance voit refleurir en Occident les progrès des connaissances de la nature. L'anatomie progresse grâce à de nombreux médecins et artistes comme Léonard de Vinci. Paracelse posa les bases de la médecine moderne en rejetant le dogme du déséquilibre des humeurs d'Hippocrate et affirma que la maladie est due à des causes extérieures au corps.

La cautérisation d'une dent cariée, d'après un manuscrit ottoman du XVe siècle.

Les XVIIe et XVIIIe siècles

Ces deux siècles sont marqués par l'apparition de la physiologie. L'Anglais Harvey décrit la circulation sanguine. L'Italien Malpighi, grâce à l'utilisation du microscope, crée l'histologie, l'étude des tissus. La médecine va profiter du développement de la chimie quand le Français Lavoisier montre que la respiration est un phénomène analogue à la combustion. Parmi les découvertes de cette époque, il faut signaler en 1796 la première vaccination contre la variole par le médecin anglais Jenner.

La médecine moderne

Le médecin a désormais à sa disposition de nombreux médicaments et traitements pour lutter contre la maladie. Il reste cependant beaucoup à faire. Le cancer est loin d'avoir livré tous ses secrets et trop de malades en meurent encore. Le traitement des maladies génétiques est décevant, malgré quelques réussites, comme la découverte du gène de la mucoviscidose en 1989. Le Sida a néanmoins mis en évidence les progrès de la médecine. En quelques années seulement, sa cause a été découverte et des traitements envisagés alors qu'il a fallu des siècles pour connaître l'origine d'une autre épidémie : la peste.

Naissance de la médecine moderne

Au XIXe siècle, les progrès de la physiologie vont continer. Claude Bernard décrit le rôle du foie et du pancréas. La médecine clinique fait de gros progrès : Laënnec crée la méthode d'auscultation et invente le stéthoscope. La chirurgie, avec l'invention de l'anesthésie, prend son essor : asepsie et antisepsie s'imposent. La pharmacologie moderne naît avec la découverte de substances qui entrent dans la fabrication des médicaments : digitaline pour le cœur, quinine (1820), aspirine contre la douleur (1853). Enfin, la microbiologie permet de retrouver l'origine des infections. Le Français Pasteur réalise un vaccin contre la rage, l'Allemand Koch découvre le bacille responsable de la tuberculose.

Quelques grandes dates depuis 1900

- 1900 : découverte des groupes sanguins par l'Autrichien Landsteiner
- 1913 : confection du vaccin antituberculeux (BCG) par les Français Calmette et Guérin
- 1922 : découverte de l'insuline par les Canadiens Banting et Best
- 1929 : découverte de la pénicilline (un antibiotique) par le Britannique Fleming
- 1952 : identification des groupes tissulaires HLA qui ouvre la voie aux greffes d'organes, par le Français Dausset
- 1954 : réalisation du vaccin antipoliomyélitique par l'Américain Salt et le Français Lépine
- 1967 : greffe du cœur par le Sud-Africain Barnard
- 1983 : identification du virus du Sida par le Français Montagnier
- 1989 : identification du gène de la mucoviscidose

L'hygiène de vie et la médecine

Mieux vaut prévenir que guérir. C'est une maxime qu'ont en tête tous les médecins. La maladie n'est pas forcément inexorable et une bonne hygiène peut l'éviter ou la retarder.
Il est possible aussi de prévenir l'apparition de certaines maladies, en particulier les maladies infectieuses, par une politique de médecine préventive. Mais parfois, il faut tout de même appeler le médecin qui devra établir un diagnostic, c'est-à-dire savoir de quelle maladie souffre le patient pour prescrire un traitement approprié.

L'hygiène individuelle
L'hygiène individuelle comprend un certain nombre de mesures simples et quotidiennes, par exemple se laver les mains avant un repas pour éviter d'absorber des germes avec ses aliments. Une alimentation saine, équilibrée et variée peut éviter de nombreuses maladies. L'abus d'alcool, de tabac est nocif. Enfin, un sommeil réparateur et la pratique d'exercices physiques en plein air entretiennent une bonne condition générale.

L'hygiène collective
L'hygiène collective joue un rôle important dans l'équilibre sanitaire de la population. Des logements sains, des égouts bien conçus diminuent les risques de propagation des maladies, de même que la déclaration de certaines maladies transmissibles ou l'interdiction temporaire d'école pour les enfants atteints de maladies infectieuses.
Le ministère de la Santé préconise les vaccinations pour protéger la population et en rend certaines obligatoires.

La prévention
Certaines maladies peuvent être évitées grâce à la vaccination. Celle-ci consiste à créer des défenses artificielles de l'organisme contre un germe. Certaines vaccinations sont obligatoires ou fortement conseillées dès la prime enfance : BCG (antituberculeux), vaccins contre la poliomyélite, le tétanos, la diphtérie, la rougeole, les oreillons. Certains vaccins ne s'imposent que lors de voyages vers des pays où une maladie est permanente : choléra, fièvre jaune...

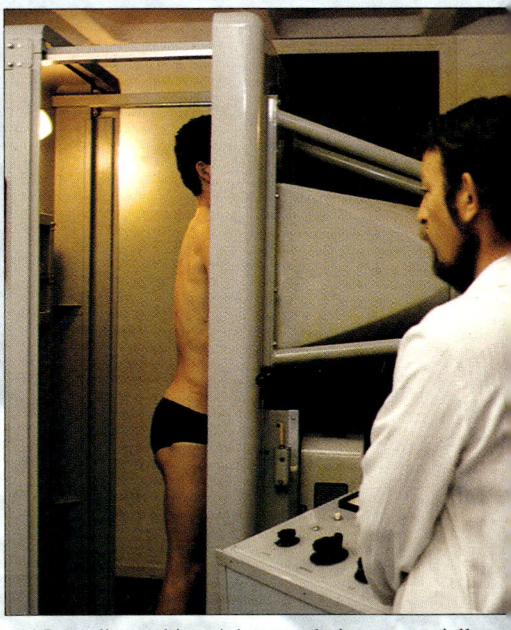

La radiographie a été une technique essentielle dans le dépistage de la tuberculose.

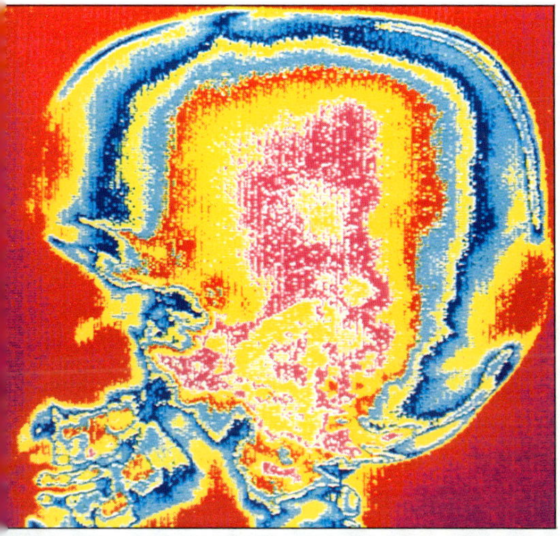

Le diagnostic médical est dorénavant grandement facilité par l'utilisation des techniques nouvelles (ordinateurs, scanners...). Celles-ci produisent des images permettant d'approfondir la connaissance des organes les plus complexes du corps humain, comme le cerveau.

Généraliste et spécialiste

La médecine évolue très vite et est devenue très complexe, en particulier du fait de l'apparition de nombreux appareils de diagnostic perfectionnés. Le médecin généraliste ne peut plus embrasser l'ensemble des connaissances médicales. Certains médecins se spécialisent donc dans un domaine précis de la médecine : cardiologie, neurologie, etc., et apprennent à utiliser un matériel particulier.

Ils coopèrent avec leurs collègues généralistes lorsque se pose un problème de diagnostic ou lorsqu'il s'avère nécessaire de pratiquer des examens complémentaires (radiologie, échographie, etc.).

Les examens complémentaires

Les examens biologiques ou d'imagerie médicale aident à établir un diagnostic. Les plus simples sont les prélèvements bactériens ou une simple étude du sang. Le médecin peut aussi demander des radiographies.

Deux examens modernes permettent d'obtenir d'excellentes images du corps humain : le scanner, un système de prises de radiographies sophistiqué, et la résonance magnétique nucléaire, d'apparition très récente.

Certains organes peuvent être étudiés par échographie (utérus, ovaires par exemple) ou effet Doppler (vaisseaux sanguins) qui utilisent les propriétés des ultrasons.

La prescription

Le terme de l'acte médical est la prescription, en général médicamenteuse. Avant de prescrire un médicament, le médecin doit prendre quelques précautions : demander au patient s'il n'est pas allergique à un produit (par exemple pour la pénicilline); vérifier que le patient ne présente pas de maladie qui pourrait être aggravée par le médicament (ulcère de l'estomac pour l'aspirine); chez des patients prenant déjà plusieurs médicaments, éliminer le risque d'une interférence entre médicaments incompatibles.

Les maladies dans le monde

En un siècle, la médecine a fait des progrès considérables et l'espérance de vie des hommes et des femmes a fortement augmenté. Toutefois, des disparités existent entre les différentes populations du globe. Dans les pays développés, l'espérance moyenne de vie est de 74 ans alors qu'elle reste de 57 ans dans les pays en voie de développement.
Mais aujourd'hui, les pays développés connaissent également des maladies propres à leur mode de vie ou à leurs habitudes alimentaires.

Les maladies dans le monde
L'Occident a dominé les grandes maladies infectieuses à la fin du XIXe et au début du XXe siècle : la peste, la variole, le choléra ou la tuberculose. Ces maladies n'ont pas toutes disparu du globe. Certaines restent vivaces dans les pays en voie de développement, en particulier celles dues aux piqûres d'insectes (paludisme, maladie du sommeil) ou au manque d'hygiène (diarrhées, choléra). La malnutrition est aussi un facteur de nombreuses maladies. Les pays développés sont surtout touchés par le cancer, dont le traitement progresse. Ils voient également se multiplier les cas de Sida pour lequel la recherche d'un vaccin est toujours en cours.

La mortalité infantile
Entre les pays développés et les pays en voie de développement réside une différence considérable du taux de mortalité infantile. Celle-ci est quinze fois plus forte au Nigeria qu'en France (187 décès pour mille naissances contre 12 pour mille). La Suède est le pays qui a le taux le plus bas (9 pour mille). La situation est inégale parmi les pays développés eux-mêmes : les États-Unis ont un taux élevé (16,5 pour mille).

Les grandes maladies dans le monde

- Anémie (manque de fer) : 700 millions de personnes touchées
- Bilharziose (maladie de l'appareil digestif) : 200 millions de personnes touchées
- Goitre : 200 millions de personnes touchées
- Lèpre : 15 à 20 millions de personnes touchées
- Maladie du sommeil : 35 millions de personnes menacées
- Paludisme : 40 % de la population mondiale menacée

Une visite médicale de dépistage à Madagascar.

Protéger la santé des peuples, un devoir mondial

La médecine est devenue si sophistiquée dans notre monde occidental qu'elle coûte très cher. On utilise des méthodes et des appareils très coûteux, comme les scanners.

Dans les pays en voie de développement, la médecine est nécessairement plus simple, faite de prévention, organisée en petites unités proches des gens.

Les organisations internationales préconisent l'arrêt de la construction de gros hôpitaux qui ne peuvent soigner que les gens des villes. Elles proposent la redécouverte d'une médecine primaire qui peut soulager les maux les plus criants.

Les organisations officielles

La première organisation humanitaire, la Croix-Rouge, a été fondée en 1860 par le médecin suisse Henri Dunant. Présent sur les champs de bataille de la guerre de l'unité italienne, il avait été révolté par le sort dramatique des blessés.

L'expérience de la Croix-Rouge, dont le siège est à Genève, a été reprise par les pays arabes (le Croissant-Rouge) ainsi que par Israël.

En 1946, les Nations unies décidèrent de fonder une organisation internationale, l'OMS (Organisation mondiale de la santé), dont le siège est à Genève.

Les organisations non gouvernementales

Dans les années 1970, des médecins (souvent français), insatisfaits de la politique de l'OMS et des freins exercés par de nombreux gouvernements pour venir au secours des populations déshéritées, fondent des organisations humanitaires. Les plus célèbres sont Médecins sans frontières (1971), Aide médicale internationale (1979), Médecins du monde (1980).

Indépendantes des gouvernements, ces associations sont animées par des bénévoles et vivent de dons privés.

Cette image par scanner montre une variété de goitre. On peut reconnaître les poumons (en vert), l'aorte (en rouge), la trachée (en jaune), l'œsophage (en violet) et le lobe tyroïdien (en bleu).

Une maladie moderne : le Sida

Le Sida, ou Syndrome d'immunodéficience acquise, est apparu en 1981 aux États-Unis en touchant la population des homosexuels. Puis l'épidémie s'est répandue comme une traînée de poudre dans le monde entier. Actuellement, des milliers de personnes sont atteintes et, dans certains pays africains, du fait du manque de moyens médicaux, la situation est tragique. La lutte contre cette maladie mobilise d'importantes ressources intellectuelles et matérielles qui ont déjà permis de faire des progrès importants dans la connaissance de la maladie et sa prévention.

Le responsable de l'épidémie
Dès l'apparition du Sida, une lutte s'est engagée afin d'en déterminer la cause, première étape pour envisager un traitement. Ce pas a été franchi par deux chercheurs, l'un français, l'autre américain, qui ont découvert en 1983 l'agent responsable de l'infection, le virus HIV (virus de l'immunodéficience humaine), dont il existe deux types, HIV 1 et HIV 2. Cette découverte primordiale fut suivie en 1985 d'un autre progrès : la mise au point d'un test sérologique qui détecte la présence du virus à partir d'un échantillon de sang.

Le mode de transmission
Des enquêtes épidémiologiques ont permis de connaître avec précision le mode de transmission du virus HIV. Le virus se transmet par voie sexuelle, durant les rapports hétérosexuels ou homosexuels. Il se transmet aussi par voie sanguine, ce qui explique que de nombreux drogués qui s'injecten leur drogue avec des seringues usagées soient atteints ou que des hémophiles qui ont besoin de transfusions sanguines l'aient été. Enfin, le virus peut passer de la mère à l'enfant lors de la grossesse

Le virus HIV

Le virus HIV colonise une cellule sanguine responsable de la défense immunitaire, appelée lymphocyte. Le virus se reproduit en envahissant ce lymphocyte auquel il fait accomplir un travail de synthèse de ses éléments, ce qui aboutit à la mort de la cellule infectée. Cela explique que, dès la multiplication du virus, les défenses immunitaires du malade diminuent fortement, l'exposant à de nombreuses infections.

Hervé Guibert, auteur du roman *A l'ami qui ne m'a pas sauvé la vie* (1990), est décédé du Sida en 1993.

.es stades de la maladie

.a connaissance du Sida a permis e décrire trois stades. Le premier est ı séropositivité (on parle d'un individu éropositif). Le test Élisa permet e savoir si le patient est porteur e virus, même s'il ne présente aucun ymptôme. Ensuite apparaît l'ARC, ui se traduit par une diminution des éfenses de l'organisme et des infections eu graves. Enfin, le Sida est caractérisé ar des infections graves et le risque e voir apparaître un sarcome de Kaposi, n cancer de la peau. Le passage entre ces ifférents stades prend plusieurs années.

La lutte contre le Sida

D'importants progrès ont déjà été accomplis, portant en particulier sur la prévention. Trois mesures se révèlent fort efficaces.

D'abord l'utilisation de préservatifs lors des rapports sexuels permet d'empêcher la transmission du virus.

Ensuite, depuis 1985, on pratique sur les flacons de sang destinés aux transfusions un contrôle strict; les flacons sont traités par chauffage, ce qui tue les virus qui n'auraient pu être détectés.

Enfin, la vente libre de seringues stériles en pharmacie évite que les drogués ne fassent circuler entre eux des seringues contaminées.

La victoire sur le Sida dépendra tout autant de l'efficacité de la politique de prévention que de la recherche médicale.

Le traitement

Actuellement, un seul médicament est partiellement efficace : il retarde l'évolution de la maladie, mais ne guérit pas. D'autres produits sont en cours d'étude et la recherche s'acharne à découvrir un médicament encore plus efficace.

Beaucoup d'espoirs sont mis dans la fabrication d'un vaccin qui permettrait de stopper définitivement la propagation du Sida. Mais il faudra sans doute attendre de nombreuses années avant qu'une vaccination de masse soit possible.

Les médicaments

Le médicament est une substance possédant des propriétés curatives ou préventives à l'égard des maladies. C'est aussi tout produit pouvant être administré en vue d'établir un diagnostic médical, de restaurer, corriger ou modifier les fonctions organiques.
La médecine occidentale classique utilise les médicaments allopathiques, qui sont des principes actifs s'opposant directement aux symptômes présentés par le malade. Ce sont les médicaments les plus couramment utilisés, mais d'autres façons de soigner existent.

Les différents médicaments
Les médicaments allopathiques sont répartis en 34 classes suivant leur mode d'action sur les différentes fonctions ou organes (antibiotiques, antalgiques, etc.). La substance active est présentée sous forme de comprimés, dragées, gélules, sirops, poudre pour l'administration orale; sous forme de suppositoires pour la voie rectale et d'ampoules pour les injections. Crèmes et pommades sont utilisées pour l'application sur la peau. La prescription d'un médicament par la voie orale est la plus fréquente.

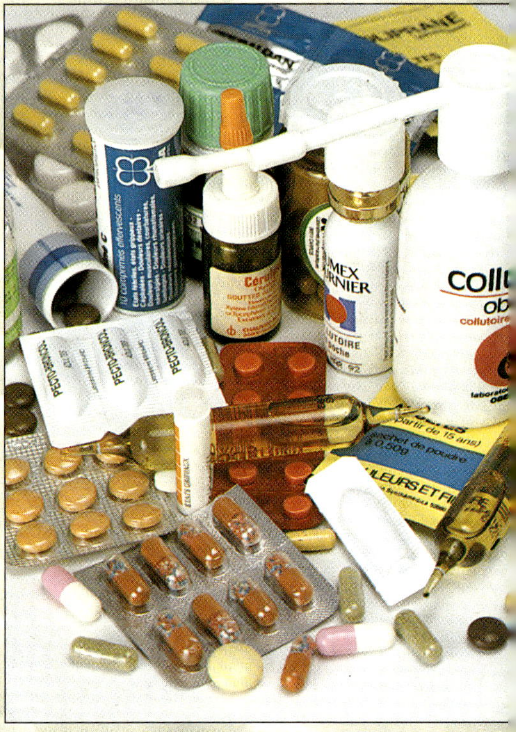

L'industrie pharmaceutique n'est pas à court d'idées pour présenter les milliers de produits qu'elle commercialise. Le Français est un des plus grands consommateurs de médicaments au monde.

Inconvénients des médicaments
Quelle que soit la méthode d'administration du médicament, hormis l'application sur la peau, celui-ci utilise la circulation sanguine pour se diffuser dans tout l'organisme. Il agit donc non seulement sur l'organe où son effet est attendu, mais parfois aussi sur d'autres organes, faisant ainsi apparaître des effets indésirables. C'est entre autres pour cette raison que de nombreux patients préfèrent s'adresser à d'autres médecins que ceux pratiquant la médecine allopathique.

L'homéopathie

L'homéopathie est née au siècle dernier, préconisée par un médecin allemand, Hahnemann, qui en a formulé les principes. L'homéopathie repose sur le principe des similitudes. Pour soigner une personne qui souffre d'un symptôme, on lui prescrit un produit, très fortement dilué, capable de faire apparaître ces symptômes chez une personne saine. De plus, le type de remède prescrit varie en fonction de la constitution du patient : il y a individualisation du remède. Les remèdes homéopathiques se présentent le plus souvent sous forme de petits granulés.

L'acupuncture

Elle appartient aux traditions médicales de la Chine ancestrale. Elle repose sur la reconnaissance de deux principes opposés, le yin et le yang, mais dont l'association engendre l'harmonie. L'acupuncture décrit 12 lignes réparties sur tout l'organisme comprenant 365 points très précis. Dans ces lignes circule l'énergie vitale. Tout dérèglement, toute maladie est due à une anomalie au niveau d'un ou plusieurs de ces points que l'on répare en y implantant une aiguille pendant une séance.

Sous forme d'infusion ou de décoction, ces plantes (tilleul, camomille, badiane et passiflore) ont toutes un effet sur certaines parties du corps. Leurs extraits entrent dans la confection des médicaments, homéopathiques.

La phytothérapie

La phytothérapie utilise les vertus curatives de plantes médicinales. La médecine par les plantes a été de tout temps pratiquée. En Chine, vers 2000 av. J.-C., il existait un traité des plantes médicinales. Les effets de certaines plantes sont bien connus : effets sédatifs de la jusquiame, du pavot, effets purgatifs du séné, du ricin, etc. Ces effets n'ont d'ailleurs pas échappé à la médecine allopathique, dont nombre de médicaments sont à base de produits d'origine végétale, mais sont traités industriellement.

Les maladies sociales

Alors que la médecine a fait des progrès énormes, que la durée de vie a fortement augmenté, l'absorption d'alcool, l'abus de tabac, l'usage de drogues coûtent cher en vies humaines et en dépenses de santé à la collectivité. Cet usage de substances toxiques n'est pas nouveau. Il s'explique par le désir de fuir le quotidien et de combattre les angoisses de l'avenir. Ces maladies sociales doivent être combattues, car elles rejettent une partie de la population dans un ghetto de maladie et de misère. Ce combat se heurte toutefois à de puissants intérêts économiques.

L'alcoolisme

L'alcoolisme consiste en l'absorption répétée de boissons alcoolisées (bière, vin, apéritifs, liqueurs). L'alcoolique, habitué à l'ingestion quotidienne d'alcools, ne manifeste pas forcément son ivresse. Mais les effets nocifs se feront sentir à long terme. Médicalement, le risque majeur de l'alcoolisme est l'apparition d'une cirrhose du foie. Mais il peut aussi entraîner des troubles nerveux et du comportement qui rejettent l'individu hors de la société.

Le tabagisme

L'usage du tabac est une habitude sociale, une façon de se donner de l'assurance. Cet usage répond à la définition d'une drogue puisqu'il crée une dépendance à cause de la nicotine. Les effets nocifs du tabac sont nombreux et touchent essentiellement l'appareil respiratoire (bronchite chronique, insuffisance respiratoire, cancer pulmonaire) et l'appareil cardio-vasculaire (artériosclérose, angine de poitrine). A la différence de l'alcool et des drogues, le tabac ne semble pas produire de troubles psychiques majeurs. Il peut toutefois provoquer des difficultés de mémoire.

La toxicomanie

La toxicomanie est définie comme l'utilisation d'une substance capable d'engendrer une dépendance psychique. Les drogues dures, qui créent en plus une dépendance physique, se traduisent, lorsque le drogué n'en consomme pas, par un besoin très violent : l'état de manque. Les drogues les plus répandues sont les dérivés du cannabis, la cocaïne, les produits hallucinogènes (LSD) et les dérivés de l'opium comme l'héroïne.
L'utilisation de drogues a fortement augmenté ces dernières années, amenant les États à s'organiser contre les trafiquants («narco-dollars», marché de la drogue).

Le coût social

L'alcoolisme, les drogues, le tabac ont des effets sur l'économie de la société. L'alcoolisme est responsable de nombreux accidents du travail et est impliqué dans une partie des accidents de la route (dix mille morts par an en France, des milliers de blessés). Nombre de toxicomanes, pour se procurer leur drogue, commettent des délits et, du fait de leur toxicomanie, ne peuvent travailler. Enfin, les maladies dues à l'alcool et au tabac doivent être soignées et les malades pris en charge par les institutions sociales.

.es difficultés sociales
)e nombreuses personnes sont confrontées des situations sociales difficiles : chômage ou peur u chômage, solitude des personnes âgées ou stress ans les grandes villes. Ces situations sont susceptibles 'entraîner l'apparition de troubles anxieux, de perte u sommeil, de dépression nerveuse, etc., et de provoquer es actes suicidaires. La très forte consommation rançaise de produits tranquillisants ou hypnotiques ourrait être le reflet de ces difficultés sociales.

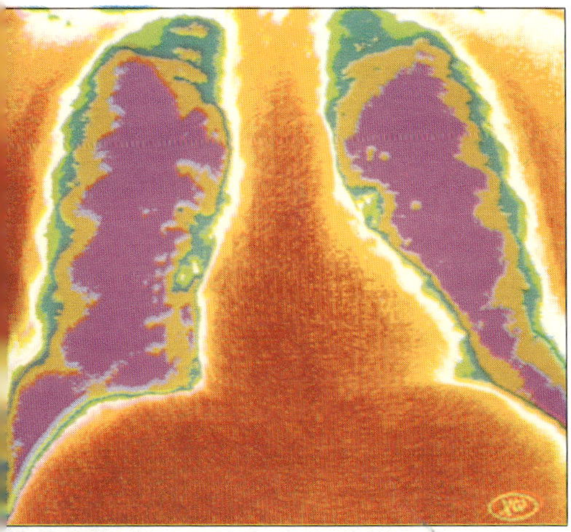

La comparaison de ces deux radiographies montre les effets du cancer sur les poumons d'un fumeur. Ci-dessus, des poumons normaux; ci-dessous, des poumons atteints.

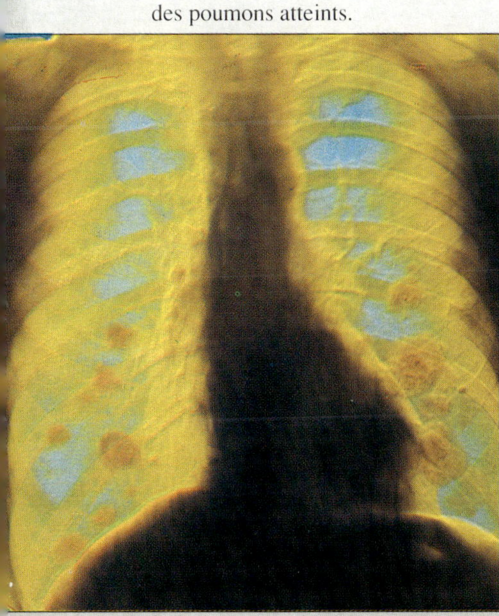

Les médicaments
Les Français sont, par tête d'habitant, les plus gros consommateurs mondiaux de produits calmants et hypnotiques prescrits par les médecins.
Ces médicaments créent parfois une accoutumance qui place l'individu dans une situation de dépendance vis-à-vis du médicament.

Les réactions
Des mesures ont été prises pour lutter contre ces fléaux, mais elles n'apportent cependant pas tous les effets escomptés : campagnes médiatiques contre l'alcool et le tabac, limitation de la publicité pour les boissons alcoolisées et le tabac, interdiction de fumer dans les lieux publics. Des campagnes contre la drogue sont lancées dans les médias et, pour lutter contre la propagation du Sida chez les drogués, les seringues ont été mises en vente libre. Ces mesures montrent que l'importance du problème a été comprise, mais il reste beaucoup à faire.

Psychologie et psychanalyse

La psychologie est une des sciences de l'homme qui a pour objet l'étude de son comportement individuel, social et culturel. Elle s'intéresse aux sentiments, aux émotions et aux désirs liant les individus entre eux. Elle étudie les troubles du comportement et les maladies d'origine psychique. La découverte de l'inconscient et les travaux des psychanalystes, depuis ceux du médecin autrichien Sigmund Freud, ont bouleversé les techniques de soins ainsi que les connaissances sur le développement de la personnalité.

L'inconscient
Découvert par Sigmund Freud au moment de ses études sur les rêves, l'inconscient est un système psychique où sont refoulés pulsions, désirs interdits, scènes pénibles de la petite enfance. L'inconscient échappe totalement à la conscience. Il agit en permanence sur la personnalité et cherche à obtenir la satisfaction des désirs en dehors des exigences de la morale, de l'éducation ou de la réalité. Au contraire, il peut refouler ces désirs et influer sur le comportement. Il manifeste sa présence dans les rêves, les fantasmes ainsi que par certains symptômes comme les lapsus (un mot dit à la place d'un autre) ou les oublis, souvent attribués à l'inattention ou au hasard.

Les maladies d'origine psychologique
Ces maladies se révèlent par des symptômes très divers aux caractères de gravité très différents. Elles se traduisent par un handicap plus ou moins important dans la vie quotidienne. Elles isolent les malades de leurs proches et perturbent leur vie affective. Elles se divisent en deux grands genres. Les névroses, qui sont des maladies de la personnalité, et les psychoses, qui provoquent chez l'individu la perte du contact avec la réalité.

Le médecin spécialiste de neurologie Sigmund Freud a élaboré petit à petit les principes de la psychanalyse à partir de 1897. On le voit ici en 1938 écrivant son *Abrégé de psychanalyse*.

Les psychothérapies

Les maladies psychologiques sont traitées par des soins spécifiques, les psychothérapies. Elles s'adressent à une personne seule ou à un groupe de personnes. Les psychothérapeutes utilisent des méthodes très différentes : rechercher ses propres rêves, pratiques artistiques (dessin, musique, expression corporelle). Leurs buts sont de comprendre les raisons inconscientes des troubles et d'aider le patient à les exprimer.

Les psychologues utilisent des tests simples pour étudier les réactions et la façon dont un patient tente de résoudre un problème logique. Ici, un test d'assemblage ayant pour but la reproduction d'un modèle.

La psychanalyse

La psychanalyse est une thérapie fondée par Freud. Elle est particulièrement indiquée lorsque les conflits psychiques entravent ou mettent en danger la vie d'un individu. Durant la cure, le patient est invité à décrire par des mots toutes les images ou pensées qui lui passent à l'esprit. On appelle cette thérapie une analyse. Le médecin est tenu d'interpréter les récits de son malade. La psychanalyse se donne pour but de libérer le malade des pressions et exigences inconscientes afin qu'il reprenne son développement là où il a été interrompu.

Quelques mots clés de la psychanalyse

- Le *moi*, c'est chaque individu avec ses caractéristiques psychiques propres.
- Le *surmoi*, c'est l'ensemble des exigences et des interdits parentaux.
- Le *ça*, c'est l'inconscient, notre système instinctif.

Une personnalité équilibrée dépend de la relation entre ces trois instances qui ont souvent des relations violentes entre elles. Le moi dépend des pressions du *ça*, des ordres du *surmoi* et des exigences de la vie en société. Le *ça* s'oppose au *moi* et au *surmoi*.

Médecine et rééducation

La recherche en rééducation est en évolution permanente. Elle doit faire face aux nombreuses indications médicales de différentes spécialités et à l'augmentation du nombre des accidentés de la route.
La rééducation occupe une grande place dans la prise en charge des soins (opérés, blessés, convalescents...). Elle instaure une relation rassurante en proposant l'accès à un maximum d'autonomie.

Les traumatismes
Le traumatisme représente l'ensemble des troubles physiologiques et psychologiques occasionnés par une violence extérieure. Souffrent de traumatismes d'intensités variées : les enfants touchés par les accidents ménagers (brûlures, blessures...), les accidentés de la route ou du travail (chutes, fractures...), les victimes de catastrophes ou d'attentats.

Les indications médicales
Les indications médicales sont l'ensemble des moyens à mettre en œuvre pour rééduquer un patient qui a perdu tout ou partie du fonctionnement de son appareil locomoteur. Particulières à chaque cas de traumatisme, elles s'adressent aux personnes ayant besoin de retrouver une énergie physique après une intervention chirurgicale, un accouchement, une longue maladie. Les indications sont aussi établies en prévention du vieillissement et de l'aggravation des maladies rhumatologiques.

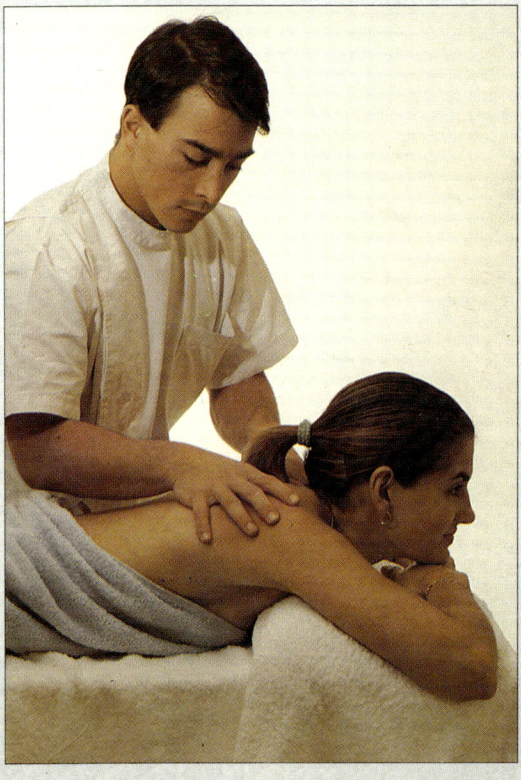

Le recours à la kinésithérapie devient de plus en plus nécessaire à une époque où les individus sont amenés tant par leur travail que lors de leurs loisirs à « maltraiter » leur corps.

La rééducation fonctionnelle
Pratiquée en milieu hospitalier ou en cabinet privé et selon des méthodes spécifiques, la rééducation fonctionnelle a pour but de compenser ou de redonner la fonction (musculaire, neuromusculaire, respiratoire...) ayant été altérée. Pratiquée par des professionnels spécialisés, elle cherche à favoriser l'autonomie malgré le handicap, ainsi que l'intégration au domicile et sur les lieux de travail.

La kinésithérapie
La kinésithérapie concerne la majorité des indications en rééducation. Elle soigne, par les mouvements, les affections des muscles, nerfs, os, articulations, ligaments. Elle emploie deux méthodes : une passive, une active. En méthode passive, le kinésithérapeute utilise les massages, la chaleur et provoque un mouvement sans intervention volontaire de la personne. En méthode active, la personne, dirigée par le kinésithérapeute, fait elle-même ses mouvements.

Les autres méthodes thérapeutiques
- L'ergothérapie est la rééducation par les activités manuelles; elle tente de redonner le plaisir de créer à travers des matériaux (terre, cuir, peinture...).
- La psychomotricité est le travail de la coordination des mouvements, la recherche de l'intégrité corporelle.
- L'antigym est une méthode douce de recherche de la libération des tensions corporelles (contractures, douleurs, raideurs...).
- L'orthophonie est la rééducation des troubles du langage; elle s'adresse principalement aux enfants.

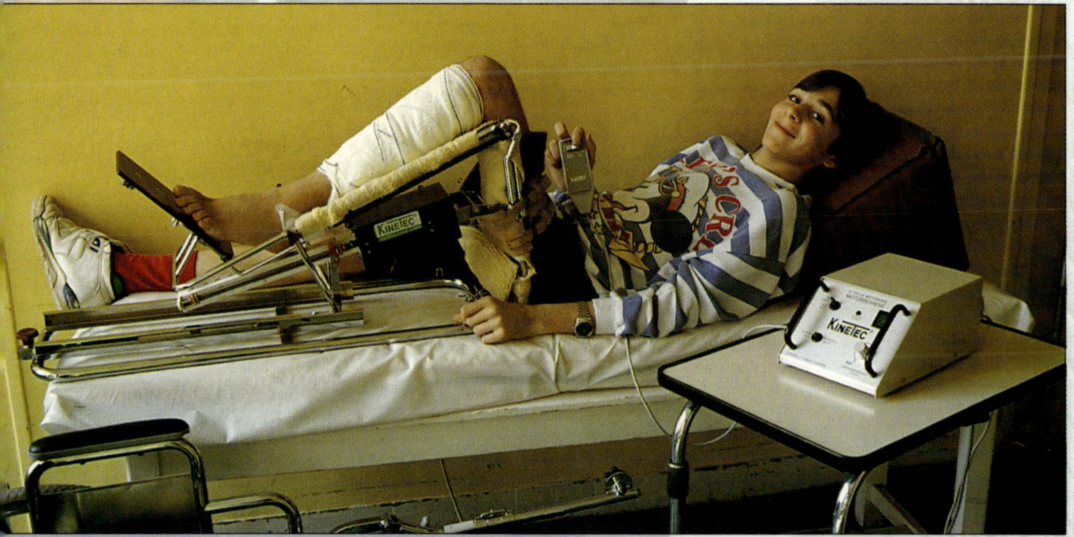

La rééducation fonctionnelle s'adresse aux accidentés qui ont perdu l'usage provisoire ou définitif d'un membre.

La génétique et ses manipulations

La génétique, science de l'hérédité, est née au siècle dernier grâce aux travaux de l'Autrichien Gregor Mendel qui étudia la transmission de caractères simples, comme la peau ridée ou lisse chez le petit pois, et énonça des lois de l'hérédité.
Au cours du XXe siècle, de nombreuses découvertes allaient permettre de montrer l'importance des gènes dans le mécanisme de l'hérédité et de comprendre les causes des maladies génétiques.

L'ADN : la mémoire génétique
L'ADN, ou acide désoxyribonucléique, est une des substances qui entrent dans la composition des chromosomes, avec les protéines. Il a une importance primordiale parce qu'il contient les informations génétiques. En effet, un gène correspond à une petite partie, appelée séquence, de la molécule d'ADN, dont la structure a été découverte en 1953 par les Américains Watson et Crick.

Le matériel génétique
Chaque individu possède dans le noyau de ses cellules 23 paires de chromosomes transmises par ses parents. Les chromosomes constituent le support de l'hérédité : ils transmettent les caractéristiques génétiques. Celles-ci s'expriment en effet grâce aux dizaines de milliers de gènes que contiennent les chromosomes.
Le caryotype représente la carte chromosomique de chaque individu : il permet de dépister les anomalies génétiques.

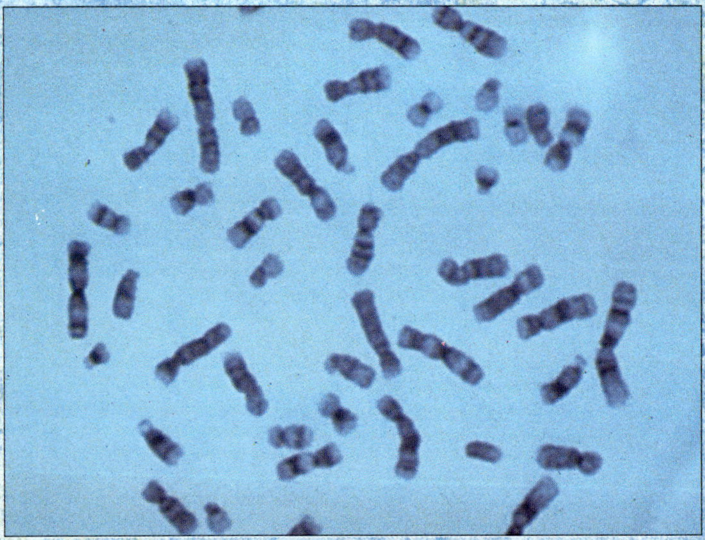

Un caryotype humain.

Caractère dominant ou récessif
Les enfants ressemblent à leurs parents parce que ces derniers leur transmettent des gènes contenant des instructions codées : ce sont celles-ci qui déterminent les caractéristiques d'un individu. Chaque personne possède une paire de gènes pour chaque caractère héréditaire. Ces gènes sont dits «dominants» ou «récessifs».
Si au sein d'une paire de gènes l'un est dominant et l'autre récessif, c'est le dominant qui va exercer son effet. Un gène récessif ne peut exercer son influence que si les deux gènes d'une paire sont récessifs. Par exemple, pour la couleur des yeux, le caractère «œil marron» est dominant et le caractère «œil bleu» est récessif. Il est nécessaire de posséder une paire de gènes récessifs «œil bleu» pour avoir les yeux bleus.

Les groupes sanguins
Quatre groupes sanguins sont particulièrement importants : les groupes A, B, AB et O. Ces groupes sont importants parce que c'est de leur compatibilité que dépend la possibilité de réaliser une transfusion sanguine. Le group O est donneur universel : il est compatible avec tous les autres, mais ne peut recevoir que du sang O. Le groupe AB peut recevoir du sang des quatre groupes : il est receveur universel. Le groupe A et le groupe B sont incompatibles.

Les problèmes moraux de la génétique

En 1982, des chercheurs ont injecté à des souris le gène de l'hormone de croissance du rat et ont obtenu une souris deux fois plus grosse que ses congénères. Ces manipulations génétiques pourraient un jour être utilisées chez l'homme dans un but médical. Mais ces interventions posent de graves problèmes moraux et de société, comme la fabrication de clones humains, c'est-à-dire des doubles parfaits des cellules d'un individu.

Les manipulations génétiques
Une manipulation génétique consiste à modifier le matériel génétique, c'est-à-dire l'ADN, d'une cellule ou d'un organisme, ce qui entraîne la modification de ses caractéristiques. Il est ainsi possible en injectant un fragment d'ADN à une bactérie de lui faire fabriquer une substance protéique. Sur un organisme plus évolué, une manipulation génétique peut permettre de modifier son aspect ou son développement.

SCIENCES ET TECHNIQUES

En quelques dizaines d'années, le développement scientifique a révolutionné les techniques permettant à l'homme de réaliser des rêves millénaires. La technologie moderne permet aux savants de tenter une explication du monde de l'infiniment grand, c'est-à-dire de l'univers. A l'heure des ordinateurs, des navettes et des sondes spatiales, la Terre reste toutefois le lieu principal où l'énergie humaine doit se dépenser pour préserver l'environnement.

Les grandes découvertes du monde moderne

Depuis la Renaissance, l'activité de découverte et d'invention des hommes s'est accélérée. Découvrir les secrets de la nature, multiplier les sources d'énergie, communiquer de plus en plus vite entre les hommes ont été et sont encore les grands domaines sur lesquels travaillent les scientifiques. Au début du XXe siècle, de nouvelles découvertes, comme l'atome et la théorie de la relativité, bouleversent notre conception du monde ; elles permettent la naissance des techniques modernes, aujourd'hui familières.

L'avion
L'homme réussit à s'élever dans le ciel d'abord grâce aux montgolfières, ballons à air chaud, en 1783. Le premier vol en avion a été réalisé en 1890, cent ans plus tard, par Clément Ader. Son avion, *Éole*, doté d'un moteur à vapeur, réussit à s'élever de quelques dizaines de centimètres et franchit une distance de 50 mètres.

De la radio au transistor
L'histoire de la radio commence lorsque le physicien Heinrich Hertz, en 1887, réussit à émettre des ondes électromagnétiques que l'on appela par la suite ondes hertziennes. Quelques années plus tard, Aleksandr Popov invente l'antenne et, en 1895, Guglielmo Marconi réalise la première liaison radio. L'invention du transistor, en 1948, révolutionne toute l'électronique. Fabriqué grâce aux semi-conducteurs, il remplace les lampes dans les postes radio.

La transmission des images et la télévision
Le bélinographe, inventé en 1925, a permis de transmettre des photos. Une cellule photoélectrique transformait la luminosité de chaque région d'une image en signaux électriques, qui étaient transmis par les ondes radio. La télévision est issue des travaux de Vladimir Zworykin qui imagine en 1923 le procédé de l'analyse électronique des images.

Les quanta
A la fin du siècle dernier, on observa des phénomènes, comme le phénomène photoélectrique, qui ne pouvaient être expliqués par la physique classique. Le physicien Max Planck montra que l'énergie ne prenait que certaines valeurs particulières ; il appela quanta les plus petites quantités d'énergie possibles. Les photons sont des quanta de lumière.

La relativité

Albert Einstein démontre l'équivalence entre l'énergie et la masse résumée dans la célèbre formule $E = mc^2$. Sa théorie de la relativité montre que la vitesse de la lumière est une vitesse limite et prévoit que le temps s'écoule moins vite dans un véhicule qui se déplace à très grande vitesse. Elle modifie ainsi les lois de Newton sur l'attraction universelle.

Après avoir lu les travaux des plus grands physiciens, Einstein publie en 1905, à l'âge de 26 ans, cinq mémoires dont l'un établit l'existence des photons et un autre la théorie de la relativité restreinte. Contraint de quitter l'Allemagne nazie à cause des persécutions antisémites, Einstein s'installe aux États-Unis, à Princeton, où il meurt en 1955.

L'ordinateur

Colossus, le premier ordinateur, a vu le jour pendant la Seconde Guerre mondiale : il fut construit sous la direction d'Alan Turing pour décoder les messages secrets allemands. En 1946 fut construit l'ENIAC, le premier ordinateur électronique ; il pesait 30 tonnes, occupait un espace de 160 m^3 et fonctionnait grâce à 18 000 tubes électroniques. Mais sa puissance de calcul était celle d'un micro-ordinateur d'aujourd'hui.

L'énergie nucléaire

C'est la découverte d'Einstein de l'équivalence de la masse et de l'énergie qui permit d'envisager l'utilisation de l'énergie nucléaire. En 1942, Enrico Fermi construit une pile atomique à Chicago. Ce réacteur nucléaire expérimental était constitué d'un empilement d'uranium et utilisait du graphite comme modérateur. Les premières centrales nucléaires apparaissent à partir de 1953.

Le laser

Le laser (sigle anglais qui signifie amplification de lumière par rayonnement stimulé) a été inventé en 1958. Ce premier appareil fonctionnait avec un rayonnement infrarouge ; le premier laser optique fut construit deux années plus tard. La mise au point du laser résulte de la découverte, quelques années plus tôt, du maser, un amplificateur de micro-ondes fondé sur les mêmes principes.

Les grandes étapes d'une invention : la photographie

La photographie résulte de l'association de deux disciplines scientifiques : l'optique et la chimie. La première a conduit à la réalisation de l'appareil photographique moderne, reposant sur le principe de la chambre noire (connue dès l'Antiquité). La seconde, après des siècles de tâtonnements, a permis la découverte de substances suffisamment sensibles à la lumière pour fixer les images et réaliser des pellicules.

La chambre noire

La chambre noire de l'Antiquité est une pièce obscure dont un mur est percé d'un petit orifice. En pénétrant par ce trou, la lumière projette sur le mur opposé l'image inversée d'un objet placé devant le trou.

Au Moyen Age, les peintres et les architectes utilisaient la chambre noire pour s'aider à dessiner des perspectives. Les principes sur lesquels repose l'appareil photographique étaient acquis. Restait à découvrir la pellicule.

La recherche de l'élément sensible

On avait constaté depuis longtemps que la lumière avait une action sur la coloration de certaines substances. Le nitrate d'argent, notamment, était utilisé au Moyen Age pour noircir le bois et les peaux. On s'intéressa ensuite à l'action de la lumière sur d'autres sels d'argent, les chlorure, bromure et iodure d'argent. Le chimiste Scheele, en particulier, étudie en 1777 l'action du soleil sur du papier imbibé de chlorure d'argent pour fixer la lumière.

L'invention de la photographie a permis à tous de pouvoir faire son portrait, autrefois privilège des gens aisés.

Les premières images
Nicéphore Niepce est, en 1822, e premier à obtenir une image sur une plaque de cuivre argentée et recouverte d'une couche de bitume. La pose devait durer plus de dix heures ! En 1833, Louis-Jacques Daguerre découvre par hasard qu'une cuillère d'argent, oubliée sur une plaque iodurée, avait laissé une empreinte. Il substitue alors l'iodure d'argent au bitume. La pose ne durait « plus » qu'un quart d'heure ; 'image était noire sur fond jaune.

La pellicule
William Fox Talbot, un contemporain de Daguerre, invente le Calotype, qui est à la base du procédé moderne : il réalisait d'abord un négatif sur un papier qu'il fallait ensuite huiler pour le rendre transparent et en tirer un positif. Le procédé devient plus pratique grâce à l'emploi d'une plaque de verre sur laquelle on dépose une couche de cristaux de bromure d'argent mélangés à du collodion. Les temps de pose deviennent très courts.

Un appareil photographique de type Delta à soufflet datant du début du XXe siècle.

L'empreinte de la lumière
L'empreinte de la lumière se révèle après 'intervention de plusieurs réactions chimiques. La gélatine qui recouvre a pellicule contient une suspension de grains de bromure d'argent. Dans chaque grain exposé à la lumière, une très petite quantité de bromure d'argent se transforme en argent. Mais, à ce stade, 'image reste encore invisible. Sous l'action d'un révélateur, le grain se noircit et grâce à un fixateur on élimine ensuite les grains de bromure d'argent non transformés. On obtient alors un négatif.

Les automatiques et la couleur
Vers 1868, George Eastman met au point le premier appareil Kodak : c'était une boîte d'une vingtaine de centimètres de côté, vendue chargée avec un rouleau de pellicule pour cent photographies.
Pour obtenir des photographies colorées, les frères Lumière utilisent en 1903 des plaques recouvertes de fécule de pomme de terre, teintées en rouge, vert et bleu. Les premières pellicules couleur apparaissent une trentaine d'années plus tard.

L'imagerie scientifique

La recherche scientifique, la médecine, mais aussi l'industrie ne pourraient se passer d'images. Les images constituent un moyen important d'étude et de contrôle ; elles sont également indispensables pour le diagnostic médical. Différentes techniques de production d'images permettent d'observer des objets invisibles, car trop petits ou trop éloignés, ou bien de rendre visibles des phénomènes physiques auxquels notre œil est insensible.

La radiographie
Les rayons X sont, comme la lumière, des ondes électromagnétiques ; mais leur très courte longueur d'onde leur permet de pénétrer dans la matière. Ils sont plus ou moins absorbés selon la densité du corps qu'ils traversent. Ils forment ainsi, sur un écran ou sur un film photographique situé derrière le sujet, l'image des zones traversées.
Des images plus faciles à déchiffrer sont obtenues grâce à la tomographie. Celle-ci consiste dans le déplacement simultané de la source des rayons X et du film pour obtenir la radiographie d'organes sous différents angles.

La scanographie
En cumulant l'usage des rayons X et les possibilités d'un ordinateur, le scanographe, ou scanner, permet d'observer avec grande précision l'intérieur d'un organe humain, comme si l'on en avait fait une coupe. Les rayons X, après avoir traversé le corps, arrivent à un détecteur.
La source des rayons et le détecteur tournent dans un plan autour du patient. Pour chaque orientation, l'ordinateur calcul point par point l'absorption subie par les rayons X et construit l'image.

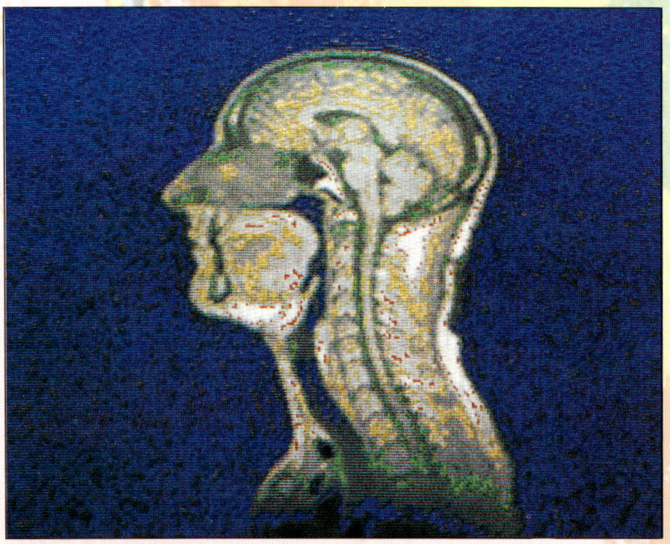

Grâce à l'image par résonance magnétique, on peut obtenir une image très précise de l'intérieur du corps : ici, le cerveau, la moelle épinière et les vertèbres cervicales.

’IRM : images
ar résonance magnétique
’IRM est notamment utilisée n médecine car il s’agit d’images plus ettes et moins nocives que les rayons X our l’organisme. Cette méthode epose sur l’aimantation des particules tomiques. Celles-ci peuvent bsorber l’énergie d’un rayonnement lectromagnétique possédant ne longueur d’onde spécifique.)n dit alors que le rayonnement t les particules sont en résonance. in enregistrant les différences e comportement des particules, n ordinateur compose une image e la zone ainsi irradiée.

La photoélasticimétrie : lorsque les matériaux se colorent
Les propriétés optiques de certains matériaux transparents, comme l’Altuglas, se modifient si l’on exerce sur eux une force.
Quand, de plus, ils sont éclairés par de la lumière polarisée, ils prennent des couleurs différentes selon la façon dont ils absorbent la force. On peut ainsi étudier la résistance des pièces de mécanique et réaliser des maquettes de ces pièces avec de tels matériaux.

ne image à « trois dimensions » (ou hologramme) destinée à la télévision du futur. Elle a été obtenue au laboratoire de production d’images spatiales du Massachusetts Institute of Technology (États-Unis).

L’holographie
L’invention du laser a permis de réaliser des images donnant l’illusion du relief, mais sans support : c’est l’hologramme. La lumière d’un laser est divisée en deux faisceaux. L’un éclaire directement une plaque photographique, l’autre est dévié sur l’objet qui le réfléchit sur une plaque. Pour visualiser l’image holographique, il faut alors éclairer l’hologramme avec le même laser. On utilise l’holographie notamment pour contrôler des défauts de produits.

La recherche

La recherche scientifique se fait par la réflexion et par les expériences. Ainsi une découverte ne sera reconnue que lorsqu'elle aura été vérifiée par des expériences répétées. Mais pour progresser, la recherche, privée ou publique, a de plus en plus besoin d'instruments sophistiqués, donc onéreux, comme les accélérateurs de particules, les grands télescopes, les satellites. Aussi la CEE, pour contrer l'avance américaine et japonaise dans certains secteurs clés des sciences, consacre 3,5 % de son budget à la recherche.

Les brevets
Chaque année, plusieurs dizaines de milliers de brevets sont déposés. Le brevet protège une invention, qui reste ainsi la propriété de l'inventeur. Celui-ci fournit une description détaillée de son invention, aussi bien pour qu'elle puisse être vérifiée que réutilisée par quelqu'un d'autre, contre de l'argent. Une invention protégée par un brevet doit généralement se prêter à une application industrielle. Des organismes internationaux sont chargés de collecter l'ensemble des brevets, comme l'Institut européen des brevets de Munich.

Les grandes récompenses

Trois prix Nobel (depuis 1901). Ils sont attribués chaque année, en physique, en chimie et en physiologie et médecine.

Médaille Fields (depuis 1936). Tous les quatre ans, elle est attribuée par l'Union mathématique internationale à de jeunes mathématiciens.

Prix Lasker (depuis 1946). Il récompense tous les ans les travaux de recherches médicales.

Les lieux de la recherche
La recherche, aussi bien appliquée que fondamentale, s'exerce dans les universités, dans des organismes publics (Centre national de la recherche scientifique), des fondations privées (Fondations Carnegie ou Volkswagen), mais aussi dans les laboratoires des entreprises industrielles. Les industries de pointe ont en effet besoin d'innovations et entretiennent d'importants laboratoires, en particulier dans les domaines de l'électronique, de la chimie et de la pharmacie.

Les publications scientifiques
La science est un domaine où la communication est essentielle. Les revues spécialisées permettent aux chercheurs d'exposer leurs découvertes et de décrire leurs expériences, qui peuvent alors être facilement reproduites par d'autres équipes; les découvertes sont ainsi vérifiées. Chaque laboratoire possède une bibliothèque qui contient les revues scientifiques de sa spécialité : ces revues constituent un moyen indispensable de documentation pour les recherches. *Nature* pour les sciences et *The Lancet* pour la médecine, toutes deux britanniques, sont de notoriété mondiale

Les programmes scientifiques exigent des budgets de plus en plus importants par le nombre de savants qu'ils emploient, mais aussi par la sophistication des outils dont ceux-ci ont besoin pour les mener à bien. Ainsi cet observatoire national de Kitt Peak (Arizona), construit pour affiner l'étude du Soleil.

es grands programmes de recherches

es programmes de recherches peuvent tre choisis par les conseils scientifiques es universités, par des laboratoires, u bien, pour les plus grands, être définis ar les gouvernements. Ces programmes ont souvent appel à la collaboration de lusieurs laboratoires dont les spécialités euvent être différentes. Par exemple SPRIT est un programme echnologique européen établi en 1984; l réunit des laboratoires universitaires t industriels de différents pays ui mettent en commun leurs moyens natériels et leurs compétences.

Les organismes

En France, le CNRS est le principal organisme de recherches. Il s'intéresse à l'ensemble de la recherche fondamentale. Des organismes internationaux réalisent des outils inaccessibles à un seul pays, comme l'accélérateur de particules (LEP) édifié par le Centre européen de recherche nucléaire (CERN). Il en est de même de l'Agence spatiale européenne, qui a permis à l'Europe de se lancer à la conquête de l'espace.

Le big bang

Notre conception de l'univers a changé au début du XXe siècle : loin d'être immobile, c'est au contraire un océan bouillonnant de mondes différents, le siège de phénomènes étranges et souvent violents.
L'univers serait né d'une explosion, le « big bang ». Depuis, les myriades de galaxies qui le composent s'écartent constamment les unes des autres, reculant ses limites. Les théories de la relativité et de la physique des particules élémentaires permettent d'imaginer comment la matière est apparue, puis s'est modifiée pour former l'univers tel que nous l'observons

Les galaxies, comme celle d'Andromède (ci-dessus), sont constituées d'environ 100 milliards d'étoiles. Elles se répartissent en amas d'une trentaine de galaxies, et les amas eux-mêmes s'assemblent en superamas.

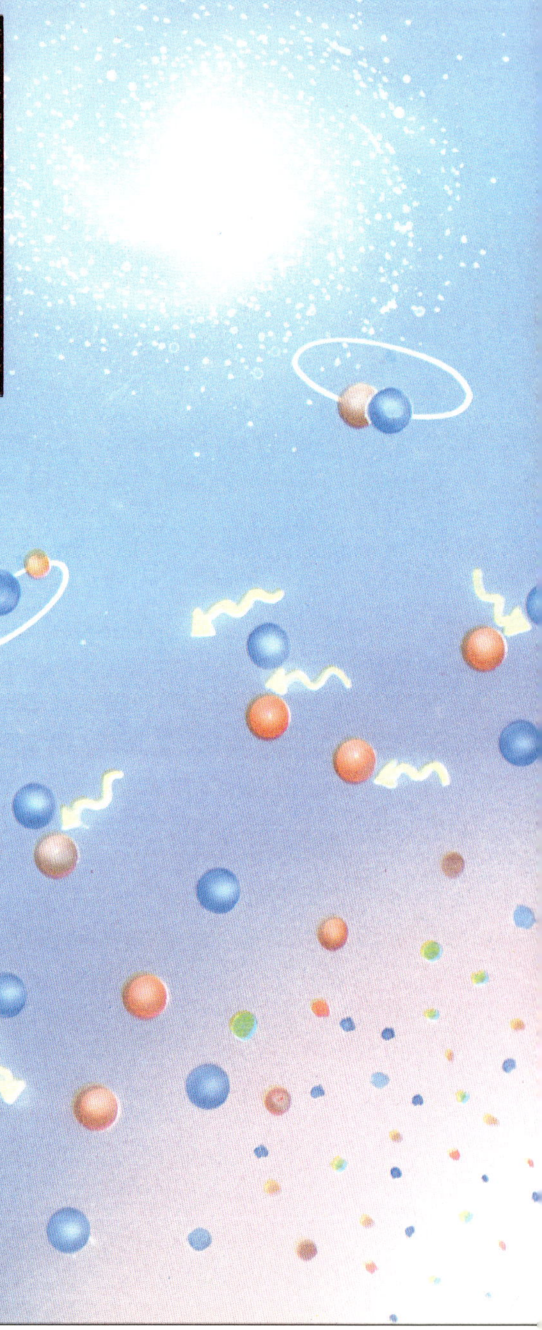

Le big bang
L'histoire de l'univers commence il a environ 15 milliards d'années, lorsque se produisit le big bang. Depuis, l'univers, qui était très dense et chaud, se dilate et se refroidit. Un centième de seconde après l'explosion, la matière était décomposée en particules élémentaires (électrons, neutrinos, photons) créées sans cesse à partir de l'énergie pure.
Les atomes de matière, essentiellement d'hydrogène et d'hélium, n'apparaissent qu'un million d'années plus tard.
Il faudra des centaines de millions d'années pour que des masses de matière se condensent sous l'effet de la gravitation et donnent naissance aux premières galaxies.

La Voie lactée et la fuite des galaxies
En 1924, l'Américain Edwin Hubble démontra que la Voie lactée n'était qu'une galaxie parmi beaucoup d'autres. Depuis, les télescopes ont détecté des milliards de galaxies qui nous fuient d'autant plus vite qu'elles sont éloignées. En 1965, on découvrit le rayonnement cosmologique, qui constitue la trace de l'intense rayonnement émis après le big bang. La fuite des galaxies et le rayonnement cosmologique sont à la base de notre conception de l'univers.

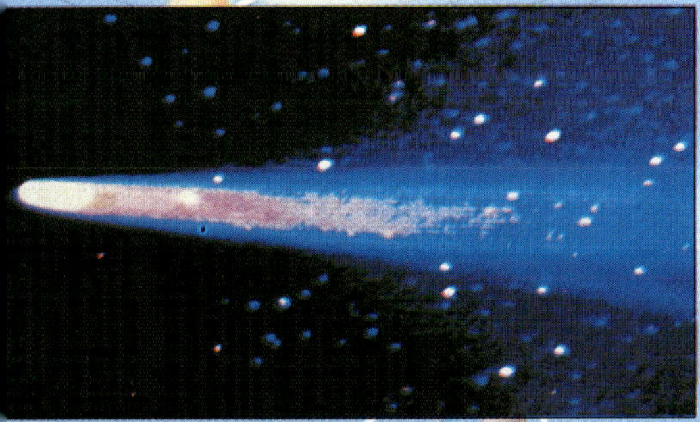

La comète de Halley a été observée par les Chinois en 240 av. J.-C. Elle reparaît à proximité de la Terre tous les 76 ans.

L'évolution des étoiles
Les étoiles naissent et meurent. A la fin de leur vie, les plus massives s'effondrent sur elles-mêmes et explosent : on observe alors des supernovae. De ces explosions résultent des astres nouveaux, très denses : les étoiles à neutrons. Leur diamètre mesure quelques dizaines de kilomètres et un dé de leur matière pèse des centaines de tonnes. On les appelle des pulsars lorsqu'elles émettent des signaux radioélectriques réguliers. Dans certains cas, l'étoile à neutrons continue de se contracter et devient si dense que sa gravité empêche la lumière de s'en échapper : l'étoile se transforme alors en trou noir.

Les dimensions de l'univers
La distance parcourue par la lumière en une année, l'année-lumière, est d'environ 9 milliards de kilomètres. Les objets les plus lointains que l'on détecte se trouvent à plus de 12 milliards d'années-lumière : ce sont les quasars, objets mystérieux qui se trouvent pratiquement aux confins de l'univers : les astres qui ont franchi cette distance s'éloignent de nous à une vitesse telle que leur lumière ne nous atteindra jamais.

Le système solaire

Le système solaire est une infime parcelle de la Voie lactée, notre galaxie. Il tire son nom du Soleil, l'étoile autour de laquelle tournent neuf planètes. Ce système comprend aussi les nombreux satellites des planètes, les astéroïdes, d'innombrables comètes et météorites, ainsi que des poussières qui peuplent l'espace interplanétaire. Du Soleil jusqu'à Pluton, la plus lointaine planète, le système solaire s'étend sur environ 6 milliards de kilomètres.

La formation du système solaire
Le système solaire est très probablement né d'une nébuleuse, un immense nuage de gaz et de poussière. Cette nébuleuse s'est contractée, ce qui a permis, d'abord, la formation de grains de poussière et de fragments de matière; ensuite, tous ces éléments se sont agglomérés. Les planètes se sont ainsi formées il y a 4,6 milliards d'années.

Les planètes
Contrairement aux étoiles, les planètes ne rayonnent pas, mais réfléchissent la lumière du Soleil qui les éclaire. On distingue les planètes telluriques, qui sont constituées de roches : Mercure, Vénus, la Terre et Mars. Les planètes géantes, qui sont d'énormes boules de gaz, comme Jupiter, Saturne, Uranus et Neptune. On connaît encore mal la plus lointaine des planètes du système solaire, Pluton.

Les astéroïdes
Les astéroïdes sont de petits débris rocheux de formes irrégulières qui tournent autour du Soleil, entre Mars et Jupiter. Leur nombre dépasse le millier; le plus gros, Cérès, a un diamètre de 1 000 km. Mais les dimensions de la plupart d'entre eux avoisinent 1 km.

La Lune

La Lune est le seul satellite naturel de la Terre. Elle tourne autour de la Terre à une distance moyenne d'environ 380 000 km. Son diamètre est de 3 475 km et la pesanteur y est six fois plus faible que sur la Terre. La surface de la Lune est bombardée par des météorites. Les plus grands y ont formé des cratères de 1 à 20 km de diamètre. Elle comporte des chaînes de montagnes, dont les plus hautes atteignent 8 000 m d'altitude, et des plaines que l'on appelle «mer».

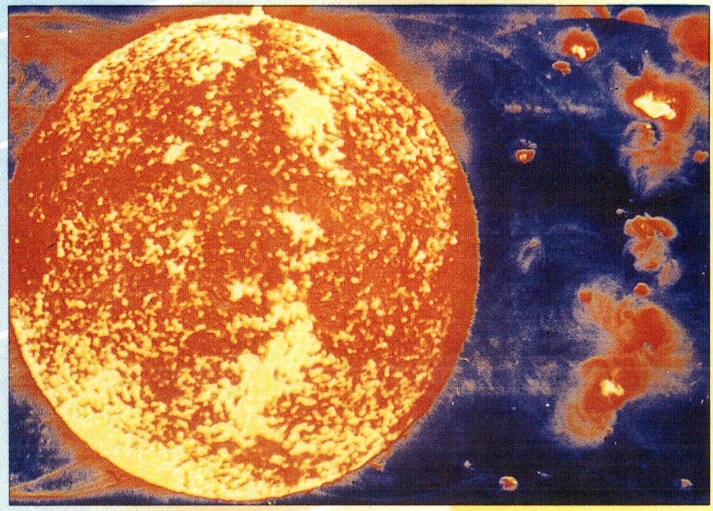

La boule de gaz qu'est le Soleil connaît perpétuellement des éruptions spectaculaires. Celles-ci sont dues au dégagement massif d'énergie consécutif à la fusion permanente des noyaux d'atome d'hydrogène en noyau d'hélium.

Les comètes

Les comètes sont des blocs de roches et de glace agglomérés qui se sont regroupés au-delà de Pluton. On estime leur nombre à cent milliards. Elles plongent périodiquement vers le Soleil, puis retournent au loin. En frôlant le Soleil, leurs matériaux s'évaporent sous l'action de la chaleur, provoquant la formation d'une chevelure et d'une queue.

Les neufs planètes du système solaire

- Mercure : sans atmosphère et criblée de cratères; diamètre : 4 800 km
- Vénus : cachée par des nuages; diamètre : 12 200 km
- Terre : un satellite, la Lune; diamètre : 12 500 km
- Mars : contient peu d'eau et une atmosphère réduite; deux satellites; diamètre : 6 600 km
- Jupiter : seize satellites; la plus grosse planète; diamètre : 142 800 km
- Saturne : dix-sept satellites (dont Titan, plus gros que Mercure); diamètre : 120 800 km
- Uranus : son atmosphère de méthane lui donne une couleur verte; 15 satellites; diamètre : 52 000 km
- Neptune : huit satellites; à sa surface, la température descend à —213 °C; diamètre : 50 000 km
- Pluton : un satellite, Charon; la plus petite planète; diamètre : 2 000 km

L'atmosphère et les vents

La Terre est entourée d'une enveloppe de gaz dont l'épaisseur est de 150 km environ et qui non seulement contient l'air que nous respirons, mais aussi protège notre planète des rayonnements solaires. Cette enveloppe gazeuse est divisée en plusieurs couches, dont la plus proche du sol, la troposphère, est le siège de l'ensemble des phénomènes météorologiques, en particulier du système des vents.

La structure verticale de l'atmosphère

On divise l'atmosphère en quatre couches principales.

• La troposphère s'élève du sol jusqu'à une quinzaine de kilomètres; c'est là que se déroulent les phénomènes météorologiques.

• La stratosphère se situe entre 20 et 45 km d'altitude; elle contient une couche d'ozone, gaz qui protège la Terre de l'intense rayonnement ultraviolet du Soleil.

• La mésosphère se situe entre 45 et 80 km; la température peut descendre jusqu'à —90 °C.

• Au-delà, la thermosphère, où la température ne cesse d'augmenter avec l'altitude.

Les mouvements de l'air

La pression de l'air est différente selon la température, qui n'est pas uniforme dans l'atmosphère. Il existe ainsi des zones de différentes pressions entre lesquelles l'air se déplace, créant ainsi les vents. L'air se déplace des zones de haute pression (zones où l'air froid descend) vers les zones de basse pression, ou « dépressions » (zones où l'air, réchauffé, remonte).

Les vents

Plusieurs vents principaux soufflent sur la Terre. Les alizés soufflent entre les tropiques, vers l'équateur; les régions tempérées sont balayées par des vents d'ouest, les westerlies; les vents polaires soufflent autour des pôles.

Dans les régions tropicales, la mousson souffle de la mer vers la terre en été, dans le sens contraire en hiver.

Enfin, à haute altitude, à 10 km environ, soufflent des vents forts et très variables, dont la vitesse peut dépasser 300 km/h. Ce sont les courants jets, ou jet-streams, importants pour la navigation aérienne.

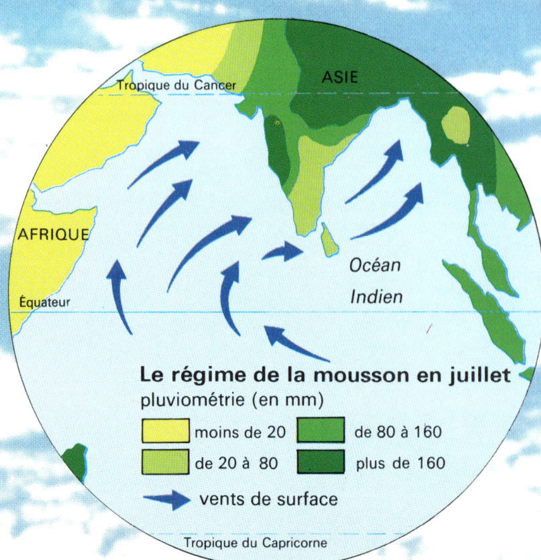

Quelques vents régionaux

- ❏ Le mistral, vent violent qui peut atteindre 200 km/h et qui souffle du nord vers le sud en empruntant le couloir rhodanien.
- ❏ La tramontane, vent froid et sec qui souffle du Massif central vers la Méditerranée.
- ❏ L'autan blanc souffle en été et vient de la Méditerranée.
- ❏ Le simoun, vent violent, très chaud et sec du Sahara.
- ❏ Le sirocco provient du Sahara et se dirige vers le nord de la Méditerranée.
- ❏ Le fœhn, sec et chaud, vient du sud et souffle au printemps en Suisse et en Autriche.

L'effet de serre

Le rayonnement du Soleil chauffe la Terre. Notre planète serait beaucoup plus froide si l'atmosphère n'existait pas. Cette dernière joue le rôle des serres dans lesquelles on cultive les plantes qui ont besoin de chaleur : certains gaz de l'atmosphère, en particulier le gaz carbonique, empêchent que la chaleur solaire ne se dissipe entièrement dans l'espace et la retiennent autour de la Terre.

Les cyclones

Tous les ans, de nombreux cyclones se forment dans les régions tropicales, provoquant des tempêtes destructrices. Lors de la saison chaude, l'air humide s'élève au-dessus des mers tropicales. En montant, il tourne sur lui-même et forme un énorme tourbillon qui devient le cyclone, dont les vents soufflent à 200 km/h. Au centre du cyclone (« l'œil ») règne un calme absolu.

L'échelle de Beaufort

degré	vitesse	effets
0	nulle	aucun effet
1	1 à 5 km/h	la fumée est déviée
2	6 à 11	on perçoit le vent
3	12 à 19	feuillages agités
4	20 à 28	les papiers s'envolent
5	29 à 38	formation sur la mer de vaguelettes
6	39 à 49	ouverture des parapluies difficile
7	50 à 61	marche contre le vent pénible
8	62 à 74	le vent casse les petites branches
9	75 à 88	les tuiles des toits sont arrachées
10	89 à 102	grands dégâts aux maisons
11	103 à 117	le vent provoque des ravages étendus
12	plus de 118	vents d'ouragan

L'échelle de Beaufort a été établie en 1806 et mesure la force du vent. Elle est utilisée dans la marine.

La planète Terre

Près des deux tiers de la surface de la Terre sont occupés par les mers et les océans. La Terre se distingue des autres planètes par le fait que son relief est constamment rongé par l'érosion et renouvelé par les déformations que subit sa surface. Surtout, la Terre est la seule planète du système solaire sur laquelle la vie s'est développée.

La Terre tourne
La Terre tourne autour du Soleil en un an; elle décrit dans l'espace une orbite qui a la forme d'une ellipse. Mais la Terre tourne aussi sur elle-même en un jour, autour de l'axe des pôles. Comme cet axe est incliné par rapport au plan de l'orbite terrestre, les durées d'ensoleillement varient : d'où l'existence des saisons et des durées différentes des jours et des nuits au cours de l'année.

La structure de la Terre
La Terre est composée de couches successives. Au centre se trouve le noyau, dans lequel on distingue deux parties : la graine, de 2 600 km de diamètre, et le noyau externe, une couche de 2 100 km d'épaisseur formée principalement de fer liquide. Le noyau est entouré par le manteau, dont l'épaisseur est de 2 900 km. Au-dessus se trouve la croûte — ou lithosphère —, dont l'épaisseur varie entre 10 et 60 km.

La structure en couches de la Terre

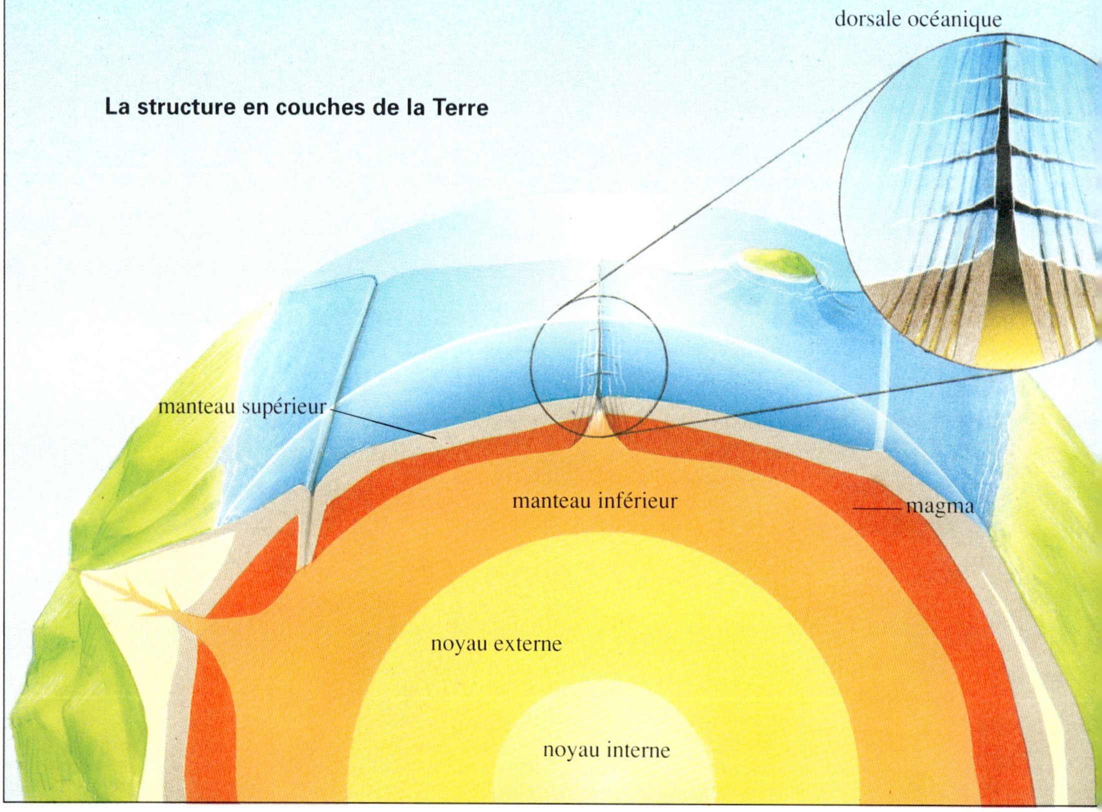

La planète Terre photographiée de son satellite naturel, la Lune.

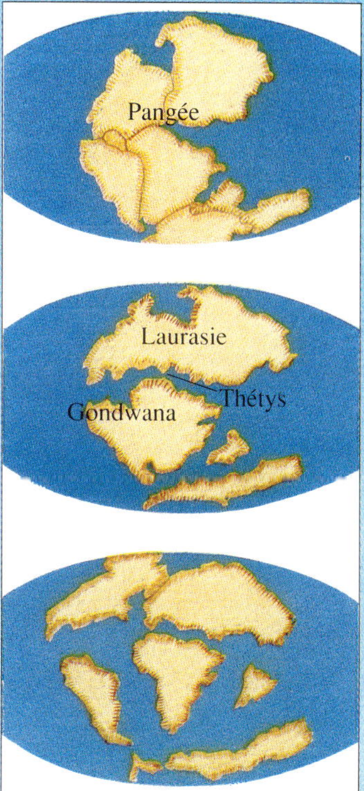

Trois phases de la formation des continents

Les fossés océaniques

Au fond des océans serpentent d'immenses failles, les fossés océaniques desquels remontent les roches en fusion du manteau terrestre, le magma. Dans ces zones, dites d'accrétion, le magma se répand au fond des océans et donne naissance à des bourrelets montagneux : les dorsales océaniques. Cette nouvelle croûte repousse l'ancienne, de part et d'autre des dorsales. Dans les zones dites de subduction, la croûte océanique plonge sous la croûte continentale.

La tectonique des plaques

La croûte terrestre est morcelée en plaques rigides d'une centaine de kilomètres d'épaisseur qui tantôt s'écartent, tantôt se rapprochent et s'enfoncent les unes sous les autres. Elles flottent sur l'asthénosphère, une partie chaude et plastique du manteau. Il existe six plaques principales et plusieurs autres de moindre importance. Leur vitesse de déplacement est de quelques centimètres par an.

La Pangée

Il y a plus de 300 millions d'années, les continents étaient rassemblés en un seul supercontinent, la Pangée, qu'entourait un superocéan, le Panthalassa. Le mouvement des plaques a provoqué, au bout d'une centaine de millions d'années, le morcellement de la Pangée en plusieurs blocs d'où sont issus les continents actuels.

Les ères géologiques

La Terre s'est formée il y a 4 600 millions d'années. On connaît son histoire grâce aux roches et aux couches sédimentaires qui se sont accumulées. C'est dans ces couches que l'on retrouve les traces, en particulier des fossiles, qui témoignent des conditions de l'évolution. Les diverses époques de l'histoire de la Terre correspondent ainsi à cinq ères géologiques.

Le précambrien
Le précambrien est l'ère la plus ancienne et aussi la plus longue de l'histoire de la Terre : elle a duré 2 800 millions d'années. On ne trouve pas de fossiles datant de cette époque. La Terre était beaucoup plus chaude et occupée par des bactéries, des champignons et des algues. A mesure que ces organismes se développent et deviennent plus nombreux, l'atmosphère s'enrichit en oxygène.

L'ère primaire
Au début du primaire, il y a 580 millions d'années, les animaux et les plantes pullulaient dans la mer. Durant cette période se sont élaborés tous les groupes importants de végétaux et d'animaux, dont un bon nombre n'existe plus. Les forêts du primaire formeront les couches de charbon que nous exploitons aujourd'hui.
Vers la fin du primaire, les continents étaient toujours unis en deux masses : la Laurasie au nord et le Gondwana au sud, séparés par un océan, Téthys. C'est à cette époque qu'apparaît le Massif central.

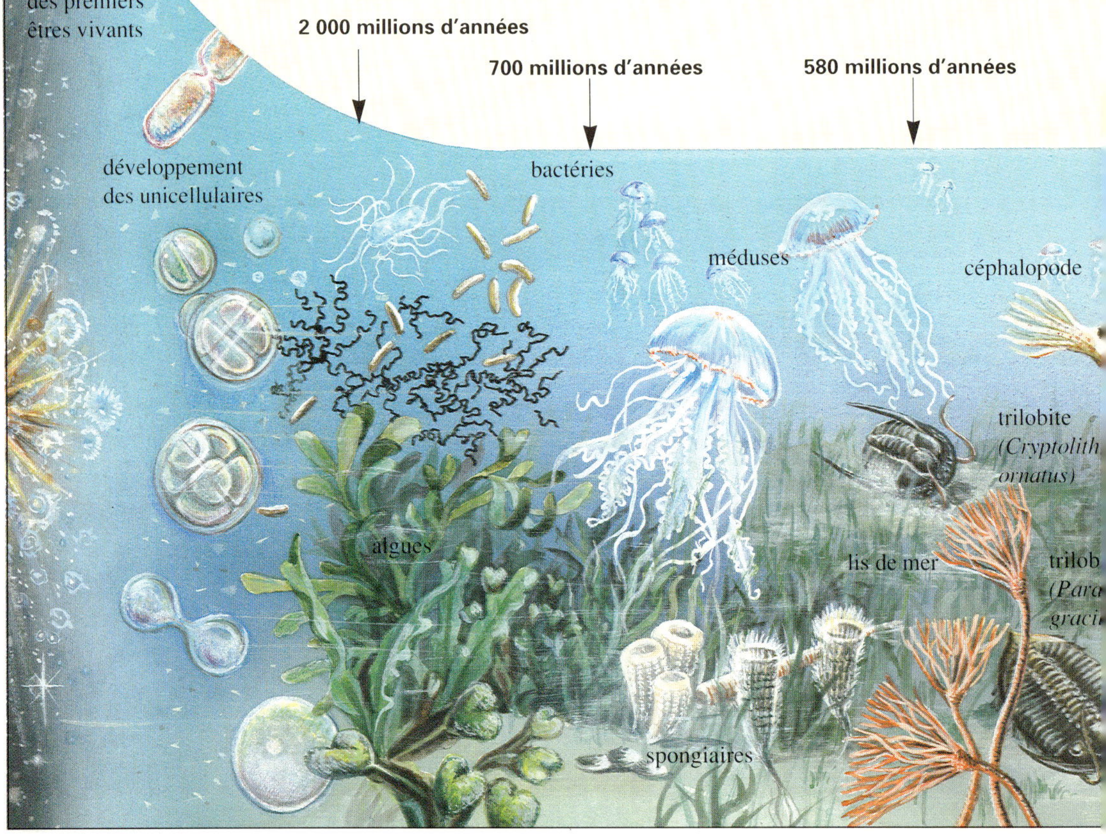

ˌe secondaire, l'ère des reptiles
I y a environ 200 millions ʼannées commence une longue ériode chaude au cours e laquelle les reptiles, comme ɜs dinosaures ou les ptérodactyles, ègnent sur la Terre. ⁄lais ils disparaîtront à la fin e l'ère secondaire. Les organismes coquille se développent aussi, insi que les plantes à fleurs. 'out au cours du secondaire, ɜ Gondwana se disloque ; la chaîne es Alpes commence à se former.

L'ère tertiaire
L'ère tertiaire est trois fois plus courte que l'ère secondaire. Durant ses 63 millions d'années, l'océan Atlantique s'élargit et les continents sont déjà distincts. Les climats se modifient et la géographie commence à ressembler à celle que nous connaissons. Toutefois, l'Amérique du Nord reste encore soudée au Groenland. Des mammifères de petite taille, inférieure à 50 cm, apparaissent.

L'ère quaternaire : des glaces et des hommes
L'ère quaternaire est la plus courte : elle commence il y a environ 2 millions d'années et dure encore aujourd'hui. C'est une époque marquée par un grand nombre de glaciations et par l'apparition de l'homme. A plusieurs reprises, les glaces recouvrent une grande partie des terres. La dernière glaciation s'est achevée voici 10 000 ans. L'Australopithèque est apparu il y a 3 millions d'années et l'Homo sapiens il y a 60 000 ans.

La fin des dinosaures

De nombreuses espèces de plantes et d'animaux, notamment les dinosaures, ont soudainement disparu il y a environ 64 millions d'années. Une modification importante du climat en a été la cause. Selon certains, la Terre serait entrée en collision avec une météorite qui, en se désintégrant, aurait formé une couche épaisse de poussière dans l'atmosphère. Selon d'autres, des éruptions volcaniques violentes auraient déversé des flots de lave et éjecté des poussières qui ont obscurci l'atmosphère.

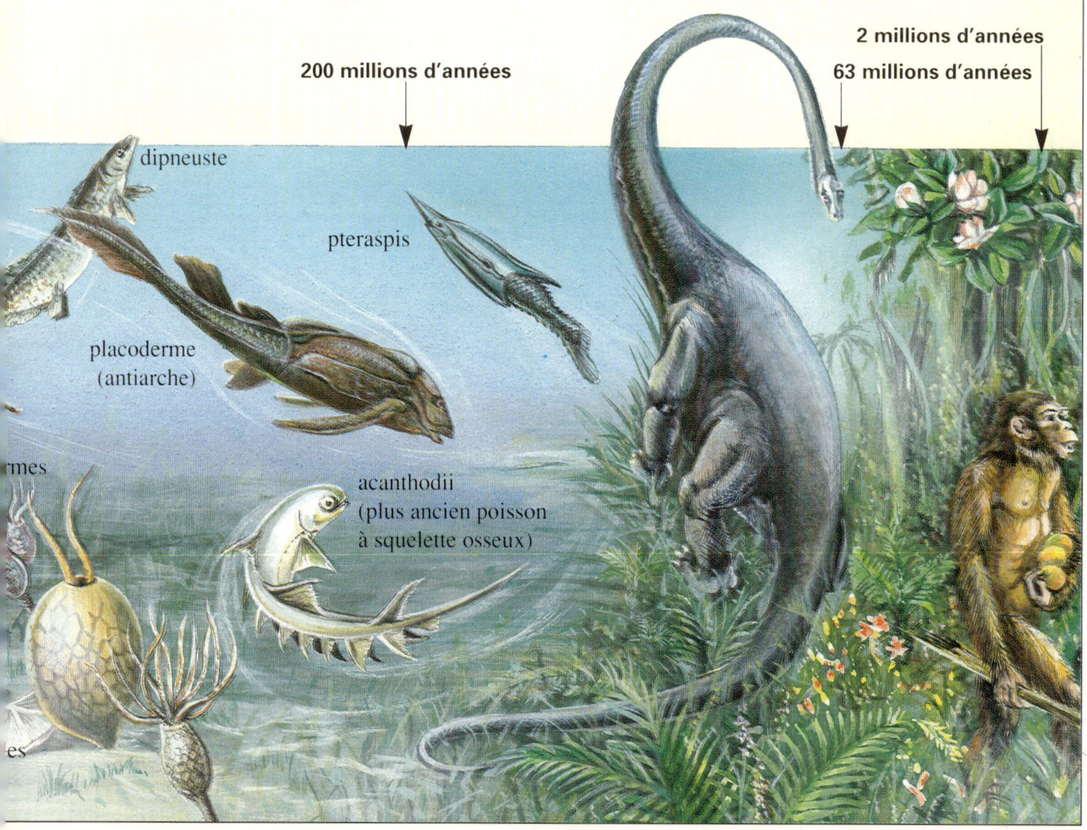

Volcans et séismes

On compte plusieurs milliers de séismes par an dans le monde et autant d'éruptions volcaniques ; seuls quelques-uns d'entre eux provoquent des catastrophes.
Ces phénomènes prennent naissance dans les profondeurs de la Terre : des forces gigantesques font craquer les roches comme de la porcelaine ou expulsent à la surface les laves, masses incandescentes de roches.

La ceinture de feu
Les séismes et les volcans ont à peu près la même localisation. Leur répartition géographique n'est pas le fruit du hasard, mais résulte de l'assemblage des plaques tectoniques qui forment la surface de la Terre. Les volcans se répartissent principalement dans les zones de faiblesse de la croûte : à la limite des plaques, près des fosses océaniques. La plupart des volcans actifs s'échelonnent autour de l'océan Pacifique, formant une « ceinture de feu ».

L'éruption volcanique
Sous la mince croûte terrestre s'étend le manteau, où les matériaux sont soumis à des pressions et des températures très fortes. Ces roches en fusion forment le magma, qui jaillit là où la croûte est plus faible : principalement au contact de deux plaques. Les sources de magma sont situées à plusieurs dizaines de kilomètres ; les plus profondes se trouvent à 100 ou 200 km.

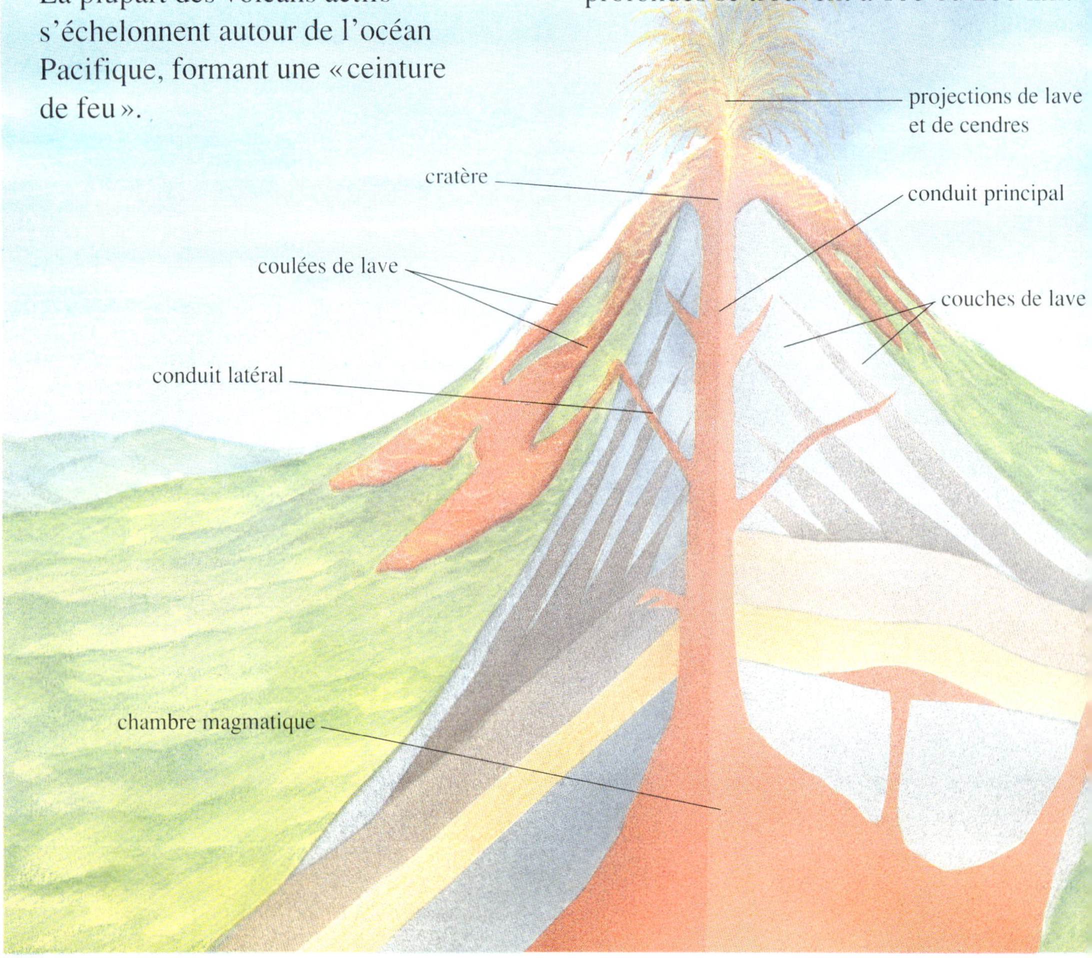

Les séismes et les ondes sismiques
Le lent déplacement des plaques tectoniques produit des déformations dans la croûte terrestre.
Ces déformations sont les plus fortes dans les régions de contact entre deux plaques, où des contraintes s'accumulent jusqu'à ce que les roches se fracturent. Ainsi l'histoire de la Californie, située à la limite de deux plaques, est jalonnée de violents tremblements de terre.
Les tremblements de terre produisent des ondes sismiques qui se propagent à travers le globe terrestre. Pour prévenir les séismes, on a établi de nombreuses stations équipées de sismographes capables d'enregistrer ces ondes et de détecter les séismes les plus faibles.

Quelques dixièmes de seconde d'une secousse sismique d'intensité VIII (échelle MSK) et les routes se fissurent, comme ici dans les îles Hawaii. Les îles Hawaii font partie de la « ceinture de feu » de l'océan Pacifique.

Le foyer et l'épicentre
Le foyer d'un séisme, c'est-à-dire sa source, se trouve à l'intérieur de la Terre, à plusieurs dizaines de kilomètres de profondeur.
Au-dessus du foyer se trouve l'épicentre du séisme, le centre de la région où le tremblement de terre se manifeste le plus violemment.
La plupart des séismes de grande ampleur ont leur foyer situé à moins de 50 km de profondeur. D'autres foyers peuvent se situer jusqu'à 700 km.

Tableau des intensités et des magnitudes

L'intensité d'un tremblement de terre correspond aux dégâts qu'il provoque; elle est mesurée avec l'échelle de Richter, numérotée de 1 à 9, qui permet de calculer la magnitude d'un séisme, c'est-à-dire l'énergie dégagée au foyer; les plus grands séismes enregistrés ont généralement une magnitude comprise entre 7 et 8,5. Il existe une autre échelle, l'échelle MSK, divisée en douze degrés notés en chiffres romains.

Richter	MSK	Conséquences
de 1	I	la secousse n'est pas ressentie
—	II	la secousse est ressentie en haut des immeubles
—	III	les vitres vibrent; balancement de petits objets
—	IV	les planchers craquent, la vaisselle s'entrechoque
—	V	les dormeurs sont réveillés; grands balancements des objets suspendus
—	VI	petites crevasses
à 4	VII	l'eau des rivières et des lacs est troublée par la vase qui remonte
5	VIII	les routes commencent à se fissurer
6	IX	glissements de terrain; chutes de rochers
7	X	ponts endommagés; voies de chemin de fer tordues
8	XI	déformations importantes du terrain; destruction des immeubles
9	XII	le paysage est entièrement bouleversé

Les roches et les fossiles

Les roches sont les matériaux de l'écorce terrestre que notre planète a produits patiemment au cours des millénaires. Elles constituent le monde minéral, au sein duquel les cailloux vulgaires côtoient les pierres précieuses. Les roches sont des mélanges de plusieurs minéraux, à l'exemple du granit, qui est un mélange de quartz, de feldspath et de mica. On distingue plusieurs types de roches selon la manière dont elles se sont formées.

Les roches sédimentaires
L'eau et le vent détruisent peu à peu les matériaux à la surface du sol, en les désagrégeant. Les débris qui en résultent se déposent en couches successives et constituent des sédiments. Au cours du temps, les sédiments sont enfouis profondément ; ils subissent alors de fortes pressions et se transforment en roches. Parmi les roches sédimentaires, on trouve le sable, le grès, le calcaire, l'argile, le schiste...

Les roches endogènes
Les roches endogènes se sont constituées à l'intérieur de la Terre, à partir de matières en fusion, le magma. On les classe en deux catégories, selon la façon dont elles sont parvenues à la surface. Les roches volcaniques, comme le basalte, ont été expulsées par les volcans ; les roches plutoniques, comme le granit, ne sont devenues visibles qu'à la suite d'une longue érosion des couches supérieures ou après une déformation de l'écorce terrestre.

Les roches métamorphiques
Toutes les roches existantes peuvent être entraînées à l'intérieur de la Terre. A une certaine profondeur, la température et la pression deviennent suffisamment fortes pour modifier la structure de ces roches qui, ainsi, se métamorphosent. Le marbre et le gneiss, par exemple, sont des roches métamorphiques.

Ce nummulite est un fossile qui abonde dans les couches calcaires et sableuses datant de l'ère tertiaire.

Les fossiles

Des roches ont conservé la trace d'animaux et de végétaux qui ont existé aux temps géologiques : les fossiles. La substance de l'animal ou du végétal s'est décomposée et a été minéralisée, c'est-à-dire transformée en minéral; parfois, les fossiles ne sont que des empreintes, l'animal ou le végétal ayant entièrement disparu. La décomposition d'êtres vivants est ainsi à l'origine de la formation de différentes roches, en particulier du charbon, et d'une huile minérale, le pétrole.

Les cristaux

La plupart des roches sont formées de cristaux. Elles sont en effet le produit d'une cristallisation, par laquelle tous les atomes de la roche sont rangés régulièrement. Ces arrangements d'atomes expliquent les diverses formes que revêtent les minéraux : prismes de quartz, cubes de pyrite... On a recensé environ 3 000 espèces minérales qui se différencient par leur mode de formation.

Les gemmes et les pierres précieuses

Un minéral, au lieu de se mélanger à d'autres pour former une roche, peut rester pur. C'est alors une gemme. On a donné le nom de pierres précieuses à quatre gemmes caractérisées par leur beauté et leur dureté : le diamant (le plus dur des minéraux, en carbone pur); le rubis, qui est rouge; le saphir, qui est bleu; l'émeraude, qui est verte. Ces gemmes sont utilisées en joaillerie après avoir été polies.

De gauche à droite, trois types de roches : une fluorite, des diamants et une vanadinite.

Les ressources minérales

Les minerais, c'est-à-dire les roches qui contiennent un élément — par exemple du fer — en quantité suffisante pour que l'on puisse l'extraire, forment des gisements. Ces gisements constituent des exceptions dans l'écorce terrestre : ce sont des zones où un élément donné se trouve concentré en quantité importante. Les dimensions des gisements sont variables, allant jusqu'à plusieurs dizaines de kilomètres carrés.

Les différents minerais

On peut regrouper les ressources minérales selon leur utilisation.

• L'énergie : charbon, pétrole, gaz naturel, uranium.

• La métallurgie : bauxite, fer, cuivre, nickel, zinc...

• La chimie : potasse, sel gemme, soufre, phosphates...

Les principaux métaux

Issu de la bauxite, l'aluminium est le métal le plus abondant de l'écorce terrestre, mais on ne le trouve jamais à l'état pur. Le cuivre est recherché pour ses propriétés conductrices. Des métaux plus rares sont d'une grande importance pour la réalisation d'alliages : manganèse, nickel, chrome, cobalt, tungstène...

Le titane possède une résistance exceptionnelle à la chaleur; il est utilisé dans les technologies de pointe, notamment en aéronautique.

L'homme remonte des entrailles de la Terre les matériaux dont il a besoin. Parfois, des minerais affleurent à la surface, permettant une exploitation plus facile qui peut donner lieu à des formes extraordinaires, comme celle de la plus importante mine à ciel ouvert de cuivre en Amérique du Nord, dans l'Utah.

Le fer
Le minerai de fer, très abondant, est à l'origine de l'industrie moderne. En faisant fondre le minerai de fer dans des hauts fourneaux, on obtient de la fonte. Celle-ci, très cassante, est alors traitée dans d'autres fours où elle est affinée et transformée en fer plus solide. L'acier est obtenu en éliminant du fer le carbone qu'il contient.

Des minerais extraits de la Terre (par an)

En millions de tonnes :	
Fer	550
Phosphate	140
Bauxite	100
Manganèse	10
Cuivre	9
Zinc	7
Chrome	5
Plomb	3,5
Nickel	0,8
Étain	0,2
En tonnes :	
Cobalt	30 000
Argent	15 000
Or	1,5

Les minerais de la mer
À la fin du siècle dernier, on s'est aperçu que des minerais métalliques se déposent au fond des océans. Pendant longtemps, ils ont été considérés comme une simple curiosité. Mais grâce aux robots qui peuvent aujourd'hui atteindre une grande profondeur (6 000 m), on a découvert que ces gisements de minerais sous-marins couvrent par endroit d'immenses surfaces. Des programmes de recherche envisagent les possibilités d'exploitation des nodules polymétalliques.

La formation du charbon
On réserve le nom de charbon aux roches qui renferment suffisamment de carbone pour être utilisables comme combustible. Le charbon résulte de la transformation d'anciens végétaux qui poussaient dans des marais il y a des millions d'années. Au cours du temps, ces débris se sont transformés en carbone sous l'action de micro-organismes, de la température et de la pression en profondeur.
On distingue ainsi, selon leur degré de carbonification : la tourbe, qui est le premier stade de formation du charbon; le lignite, dans lequel des fragments de bois sont encore reconnaissables à l'œil nu; la houille, noire et compacte; et enfin l'anthracite.

Les nodules polymétalliques

Les nodules polymétalliques se trouvent au fond des océans. Ce sont des blocs de quelques centimètres à un mètre contenant des métaux. Les nodules contiennent principalement du manganèse, du magnésium, du fer, du nickel, du cuivre.

Le pétrole et le gaz naturel

Le pétrole et le gaz naturel sont devenus indispensables à la production d'énergie. Ils le sont également dans l'industrie chimique pour la fabrication de très nombreux produits dont la diversité augmente continuellement. Éléments naturels disponibles en quantités limitées, le pétrole et le gaz ne pourront être extraits indéfiniment. D'après les estimations, les réserves mondiales s'épuiseraient au cours du siècle prochain, posant ainsi le problème des produits de remplacement.

La formation du pétrole

Comme pour le charbon, des dizaines de millions d'années ont été nécessaires pour former du pétrole. Comme le gaz naturel, celui-ci a pour origine une boue formée de débris d'animaux ou de végétaux. Après s'être déposée au fond des mers et des lacs, cette matière organique a été peu à peu enfouie. Sous l'effet de la pression et de la température, les matières organiques se sont décomposées et transformées en hydrocarbures.

Coupe d'une exploitation pétrolière

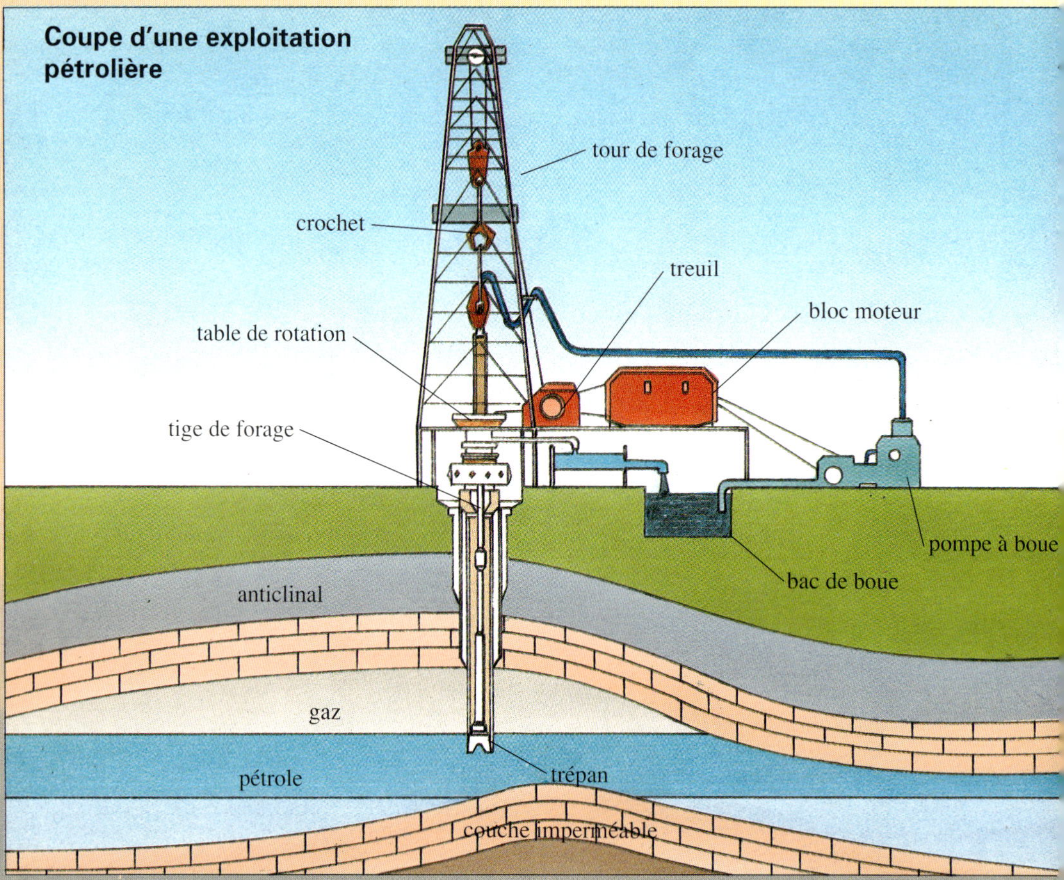

Les roches-réservoirs
Après s'être formés, le pétrole et le gaz naturel se déplacent à travers les roches poreuses et les fissures en direction de la surface. Un gisement se constitue lorsqu'une couche imperméable arrête leur migration : ils s'accumulent alors à cet endroit, remplissant les cavités des roches ; ces roches imbibées de pétrole sont les roches-réservoirs ; celles où le pétrole s'est formé sont les roches-mères.

Le gaz naturel
Un gisement peut ne contenir que du pétrole, ne contenir que du gaz, ou bien les deux. A grande profondeur, une partie du pétrole peut se décomposer en gaz : sous l'effet de la température et de la pression, les molécules du pétrole se cassent et se transforment en molécules plus légères qui forment le gaz. Les extractions de pétrole s'accompagnent souvent d'une émission de gaz naturel. Lorsqu'il est en quantité insuffisante pour être commercialisé, ce gaz inutile est brûlé dans des torchères.

Les hydrocarbures
On désigne sous le terme d'hydrocarbures les substances composées uniquement de carbone et d'hydrogène. Le pétrole brut est un mélange complexe de plusieurs centaines d'hydrocarbures différents. Le gaz naturel est surtout composé de méthane ; il contient aussi d'autres constituants comme l'éthane, le propane et le butane, en quantités beaucoup plus faibles.

Les dérivés du pétrole

A partir du pétrole on obtient des carburants (essence, kérosène...), des combustibles (fuel...), des huiles et des bitumes, des matières synthétiques (Nylon, caoutchouc...), des matières plastiques, des détergents...

Les raffineries
Le raffinage du pétrole a pour but d'obtenir des produits d'une qualité déterminée. Il s'effectue dans de hautes tours où le pétrole est chauffé. Ses divers constituants s'évaporent à des températures différentes et montent plus ou moins haut dans la tour. Les produits les plus légers, comme le gaz, sont recueillis au sommet de la tour, alors que les plus lourds, comme les huiles, se condensent dans les niveaux inférieurs.

L'exploitation du pétrole off shore, c'est-à-dire des gisements sous-marins à partir de plates-formes en pleine mer, s'est développée à partir des années 1960, en particulier en mer du Nord.

La lumière

La lumière est un rayonnement électromagnétique, au même titre que les ondes radio, les rayons X ou encore les infrarouges. Ces rayonnements se distinguent par leurs longueurs d'onde, qui varient de façon continue : celles des ondes radio se chiffrent en kilomètres, celles des rayons X en millièmes de millimètre L'œil humain n'est sensible qu'à une partie du rayonnement électromagnétique celle dont les longueurs d'onde sont comprises entre 0,4 et 0,7 millième de millimètre : c'est ce que l'on appelle la lumière. La vitesse de la lumière est de 300 000 km/s. Aucun objet ne peut la dépasser.

Le spectre de la lumière blanche

La lumière blanche est un mélange de tous les rayonnements de longueurs d'onde visibles. Si l'on fait passer de la lumière blanche, comme celle du soleil, à travers un prisme de verre, ce prisme sépare les longueurs d'onde qui composent cette lumière et les déploie de la plus courte à la plus longue ; elles forment ainsi une suite de couleurs qui s'échelonnent entre le violet et le rouge. C'est ce que l'on appelle le spectre.

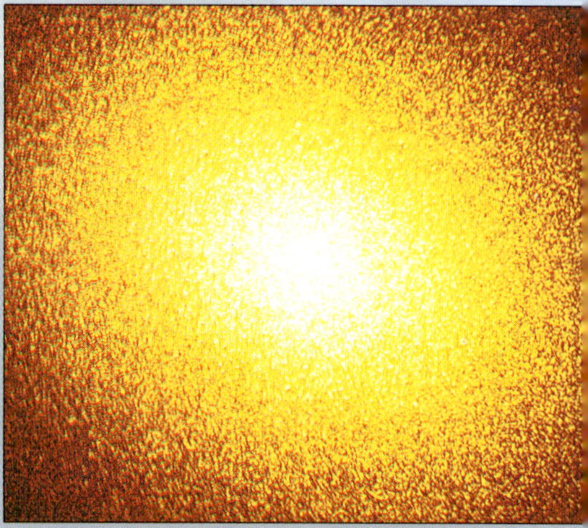

L'une des propriétés de la lumière est sa diffusion. Ici, le rayon très fin d'un laser a produit une large tache lumineuse après sa diffusion.

La nature de la lumière et l'effet photoélectrique

La découverte de l'effet photoélectrique par le physicien Hertz et son explication par Einstein, en 1905, a permis de préciser la nature de la lumière. Puisqu'une plaque de métal éclairée par un faisceau lumineux peut émettre des électrons, la lumière n'est pas seulement une onde électromagnétique. Einstein expliqua ce phénomène en démontrant que la lumière est formée de grains infimes d'énergie, les photons.

L'effet photoélectrique est essentiel pour la fabrication des cellules photoélectriques, qui permettent d'obtenir des clichés de grande qualité dans des conditions de lumière réduite.

a lumière des atomes
)'où provient la lumière ?
Elle prend naissance
u sein des atomes,
ui expulsent des photons.
)ans un atome, les
lectrons tournent autour
u noyau sur des orbites
lus ou moins éloignées.
Jn électron peut sauter
ur une nouvelle orbite
lus proche du noyau ;
nais dans ce cas, il perd
e l'énergie : celle-ci
'échappe sous la forme
'un photon.

L'absorption de la lumière
Un corps opaque arrête un rayon lumineux en réfléchissant une partie de la lumière et en absorbant une autre partie ; un corps noir l'absorbe en totalité. Que devient la lumière absorbée ?
Les photons du rayon lumineux disparaissent en cédant toute leur énergie aux électrons ; en absorbant l'énergie d'un photon, un électron quitte son orbite autour du noyau atomique et se place sur une autre plus éloignée.

Jne lumière particulière :
e rayonnement laser
.a lumière ordinaire, comme celle
l'une ampoule électrique, est dite
« incohérente » : le filament incandescent
lonne des rayonnements lumineux dont
es photons n'ont pas été émis au même
nstant ; de plus ils n'ont généralement
as la même longueur d'onde.
Au contraire, la lumière laser est
composée de rayonnements cohérents,
c'est-à-dire dont les photons ont été émis
imultanément, et possède une longueur
l'onde précise. Les rayons de lumière
aser peuvent donc aller plus loin sans
e disperser, comme le fait la lumière
ordinaire.

Un arc-en-ciel résulte de la réfraction et de la réflexion des rayons du soleil dans certains nuages.

L'énergie solaire

L'exemple le plus ancien de l'utilisation de l'énergie du Soleil est celui d'Archimède. A la bataille de Syracuse, il incendia des bateaux ennemis en concentrant sur eux le rayonnement solaire grâce à des boucliers en cuivre poli. Aujourd'hui, on utilise surtout la chaleur du Soleil pour produire de l'électricité et chauffer les habitations.

Les capteurs

Les capteurs ressemblent souvent à des boîtes plates. Leur partie avant, exposée directement à la lumière, est constituée d'un vitrage qui joue le rôle d'une serre : il laisse pénétrer le rayonnement et s'oppose à la perte de la chaleur. Une plaque métallique, disposée à l'intérieur de la boîte, absorbe la chaleur; cet absorbeur est peint en noir car un corps s'échauffe d'autant mieux que sa couleur est sombre.

Un prototype de voiture roulant grâce à l'énergie solaire.

Le mur solaire

Pour chauffer les habitations, un procédé simple consiste à utiliser un mur comme capteur. La façade sud de la maison est peinte en noir et recouverte d'un vitrage isolant; le mur en béton absorbe la chaleur du soleil et réchauffe l'air contenu entre lui et le vitrage. Cet air chaud circule dans la maison grâce à un réseau de gaines.

Les caractéristiques de l'énergie solaire

L'énergie solaire est inépuisable et n'entraîne pas de pollution. Son utilisation est cependant rendue difficile car le rayonnement du soleil ne peut être capté que de jour; de plus, il dépend des conditions météorologiques. Une surface de 1 m^2 reçoit, dans certaines conditions, environ 1 000 watts par heure, une puissance suffisante pour élever la température de l'eau à 70 °C.

Les chauffe-eau

La façon la plus simple de chauffer de l'eau au soleil est de la placer dans une cuve noire, recouverte d'une vitre. On emploie également des capteurs, dans lesquels l'eau se réchauffe au contact de la surface absorbante avant de remplir un ballon. Une surface de 6 m^2 de capteurs est nécessaire pour chauffer un ballon de 300 litres. On destine cette eau chaude aux besoins domestiques et à l'alimentation des radiateurs de chauffage.

Les fours solaires

Les fours solaires permettent d'obtenir de grandes températures grâce à d'immenses miroirs qui concentrent la lumière du soleil. Le four d'Odeillo, dans les Pyrénées, est l'un des plus puissants du monde. Il est constitué d'une soixantaine de miroirs orientables qui suivent le déplacement du soleil et renvoient son rayonnement sur un miroir parabolique de 2 000 m^2. Celui-ci concentre la lumière sur une chaudière où la température peut atteindre 3 500 °C.

La production d'électricité

La lumière est convertie directement en électricité dans les cellules photovoltaïques qui sont composées de plaques de silicium semi-conducteur, disposées en larges panneaux. Les photons de la lumière apportent de l'énergie aux électrons du silicium, créant ainsi un courant électrique. Ces cellules sont utilisées en particulier sur les satellites. Certains fours solaires permettent aussi de produire de l'électricité : leur chaudière donne de la vapeur qui actionne la turbine d'un alternateur.

Le moteur solaire

Dans les régions très ensoleillées, des moteurs utilisant la chaleur du soleil peuvent actionner des pompes. Des capteurs servent à chauffer de l'eau qui, à son tour, réchauffe un gaz. On augmente ainsi la pression du gaz, ce qui permet de mettre en mouvement un piston ou une turbine.

Des centrales solaires placées en orbite

Des centrales solaires placées en orbite autour de la Terre auraient l'avantage de capter l'énergie solaire jour et nuit, au-dessus des nuages qui en absorbent une part importante. Des projets sont à l'étude, notamment par la NASA. De tels satellites devraient comporter d'immenses panneaux de cellules solaires, de plusieurs kilomètres carrés.

L'un des premiers fours solaires construits au monde, celui d'Odeillo (Pyrénées-Orientales), a été utilisé essentiellement à des fins de recherches.

L'électricité et le magnétisme

L'électricité était déjà connue dans l'Antiquité. Mais ce n'est qu'au siècle dernier que ses applications commencent à se développer. La pile, inventée par Volta en 1800, permet d'effectuer des expériences ; on découvre que le magnétisme est lié à l'électricité. Une bobine de fil métallique dans lequel passe un courant électrique devient un électro-aimant et lorsque l'on bouge un aimant près d'une bobine, un courant électrique apparaît dans celle-ci. La « Fée électricité » introduit alors une révolution dans l'industrie.

Le courant électrique

Les objets n'ont pas de charge électrique car ils contiennent autant de charges positives, les protons, que de charges négatives, les électrons. Ces charges différentes se mêlent en s'écoulant les unes vers les autres et leurs effets s'annulent. Le courant électrique est un mouvement d'électrons ; il se produit lorsque l'une des extrémités d'un fil métallique, par exemple, possède plus de charges négatives que l'autre.
Le magnétisme, c'est-à-dire l'ensemble des effets provoqués par les aimants, est lié à l'électricité : une bobine de fil métallique dans lequel passe un courant électrique devient un électro-aimant, lui-même producteur d'électricité.

La supraconductivité

La résistance électrique de certains métaux s'annule brusquement lorsqu'ils sont refroidis à des températures proches du zéro absolu (—273 °C) : c'est la supraconductivité. Le courant électrique peut alors passer sans provoquer aucun échauffement.
Les supraconducteurs dits à « haute température » doivent être refroidis jusqu'à —268 °C. La découverte de supraconducteurs à plus haute température permettrait notamment de créer des aimants puissants et de stocker d'importantes quantités d'électricité.

Conducteurs et résistance

Selon les matériaux, le déplacement des électrons est plus ou moins facile. Dans certains, il ne s'effectue pas ; ce sont des isolants. En se déplaçant, les électrons percutent les atomes du matériau ; ces collisions sont la cause de la résistance d'un conducteur au passage du courant électrique.
La résistance est responsable de l'échauffement du conducteur : dans une ampoule électrique, le passage du courant dans le mince filament l'échauffe suffisamment pour qu'il devienne lumineux.

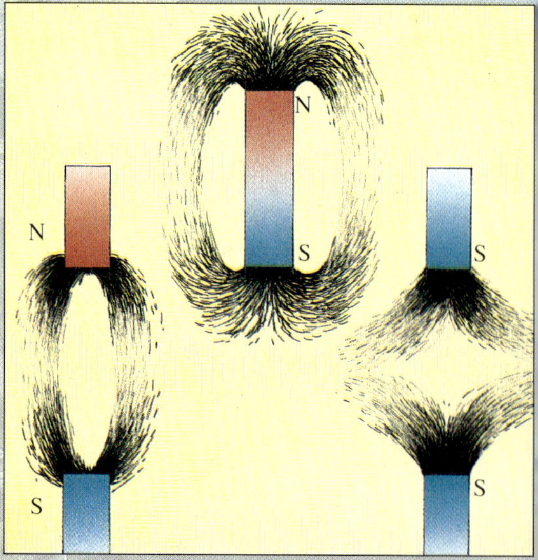

Matérialisation par de la limaille de fer (en noir) de la force magnétique entre deux pôles d'un aimant (pôle nord en rouge, pôle sud en bleu). Les pôles de mêmes signes se repoussent, les pôles de signes différents s'attirent.

.a production d'électricité

'our obtenir du courant, il faut onstamment déplacer un aimant dans .ne bobine de fil électrique. La dynamo, ue l'on utilise toujours pour produire u courant continu, fut inventée ar Zénobe Gramme en 1871. :lle est constituée de deux pièces : 'inducteur, qui comporte des aimants, t l'induit, formé d'une bobine de fil e cuivre. Un courant électrique apparaît ans cette bobine lorsqu'elle tourne u milieu des aimants.

Les différents types de centrales électriques et leur source d'énergie

- Centrales thermiques (pétrole et charbon)
- Centrales hydro-électriques (eau vive)
- Centrales nucléaires (uranium)
- Centrales marémotrices (marées)
- Centrales solaires (soleil)
- Centrales éoliennes (vent)

.es moteurs électriques

.a dynamo peut onctionner en sens nverse et devenir alors n moteur : si l'on fait asser un courant lectrique dans la bobine e l'induit, elle se met . tourner. Il existe ifférents types e moteurs électriques, nais leur principe st toujours le même.

Les alternateurs

Les centrales électriques produisent du courant alternatif, qui se prête mieux au transport à grandes distances que le courant continu, grâce à des alternateurs. Ces appareils comprennent une suite d'électro-aimants qui présentent successivement un pôle nord et un pôle sud. Lorsqu'un pôle nord s'approche d'une bobine, un courant naît dans celle-ci ; mais en même temps, le pôle sud de l'électro-aimant suivant s'approche d'une autre bobine, où il crée un courant de sens contraire.

Une application des lois du magnétisme : le train à sustentation magnétique Transrapid, en service à Hambourg (RFA).

La matière

Les anciens philosophes grecs avaient déjà tenté d'expliquer la matière en imaginant les atomes, des petites particules qui ne peuvent être décomposées et qui s'assemblent pour former les objets. On sait aujourd'hui que l'atome à lui seul constitue un objet complexe.
L'étude de la matière est devenue un domaine de recherche très vaste où se rejoignent l'infiniment petit et l'infiniment grand : la quête des infimes particules élémentaires et la recherche sur la naissance de l'univers, source de toute la matière.

Les atomes
Chaque atome est constitué d'un noyau, groupe de protons et de neutrons fortement unis, entouré d'électrons. Les neutrons ne portent pas de charge électrique alors que les protons sont chargés positivement et les électrons négativement. Un atome possède autant d'électrons que son noyau comporte de protons; ce nombre détermine l'espèce chimique de l'atome.

Les couches électroniques
Les électrons tournent autour du noyau selon des lois particulières : ils se répartissent en couches plus ou moins éloignées du noyau et pouvant contenir des nombres différents d'électrons. La première couche en comporte au maximum deux, la deuxième huit, la troisième dix-huit... Les électrons les plus éloignés sont les moins fortement liés au noyau.

Atomes et molécules
A chaque élément chimique (comme le fer, l'oxygène ou l'or) correspond un atome : leur nombre est ainsi limité aux 92 éléments naturels, plus une quinzaine d'éléments artificiels obtenus en laboratoire. Les atomes se lient entre eux pour former des molécules; certaines grosses molécules contiennent plus de 10 000 atomes.

Tracé en surface de l'accélérateur de particules (LEP) du CERN, situé à la frontière franco-suisse, à Meyrin.

.es particules élémentaires
)uelle est la structure ultime
le la matière ? Les accélérateurs
le particules, qui permettent de « casser »
es noyaux atomiques, ont révélé
'existence de centaines de particules ;
outes ne sont pas fondamentales :
louze seulement, que l'on n'arrive
as à décomposer, servent à bâtir toute
natière. Ce sont d'une part six particules
ppelées quarks qui composent le proton
t le neutron ; d'autre part six particules
ppelées leptons, parmi lesquelles figure
'électron.

Les multiples états de la matière
La matière peut exister sous trois états fondamentaux : solide, liquide, gazeux. Le plasma, un gaz de particules électrisées, représente un quatrième état. Il en existe divers autres, dits états intermédiaires, qui dépendent de l'orientation des molécules : par exemple les cristaux liquides qui sont constitués de longues molécules parallèles les unes aux autres.

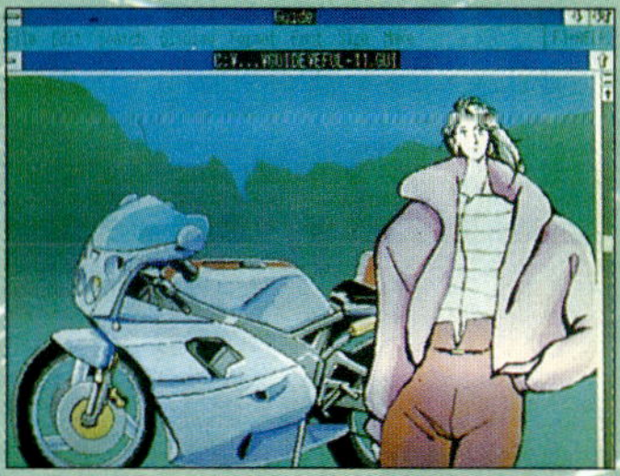

Le passage aux ordinateurs portables a été possible, entre autres, grâce à l'utilisation des cristaux liquides, qui permettent de réaliser des écrans plats.

Vue de l'intérieur du LEP. Les électrons sont accélérés dans le tube situé au premier plan.

Les forces fondamentales
La matière est soumise à quatre forces fondamentales :
- la force de gravitation qui maintient les planètes sur leurs orbites ;
- la force électromagnétique qui maintient les électrons autour du noyau ;
- la force dite nucléaire « forte », qui unit les neutrons et les protons dans le noyau ;
- la force dite faible, qui provoque certaines désintégrations nucléaires.

L'énergie nucléaire et son application civile

A l'origine de l'énergie nucléaire se trouve la découverte de la fission, en 1939 : un noyau d'atome d'uranium peut, après avoir absorbé un neutron, se casser en deux fragments. Au cours de cette fission, l'énergie qui maintenait ensemble les différents morceaux se transforme en chaleur.
L'établissement d'une réaction en chaîne, c'est-à-dire de fissions successives, permet de produire de manière continue et contrôlée la rupture des noyaux d'uranium dans les centrales nucléaires.

La réaction en chaîne
Lorsqu'un noyau d'uranium absorbe un neutron, il se casse généralement en deux morceaux ; de plus, deux ou trois nouveaux neutrons sont émis au cours de cette fission. Chacun de ces nouveaux neutrons provoque à son tour une fission, et ainsi de suite : on obtient une réaction en chaîne.

Le modérateur
Les neutrons libérés par la fission sont trop rapides pour que les noyaux d'uranium puissent les absorber. On emploie donc un modérateur qui ralentit ces neutrons : de l'eau, du graphite, du béryllium... En traversant ces matériaux, les neutrons rebondissent sur les noyaux qu'ils y rencontrent et perdent ainsi de la vitesse.

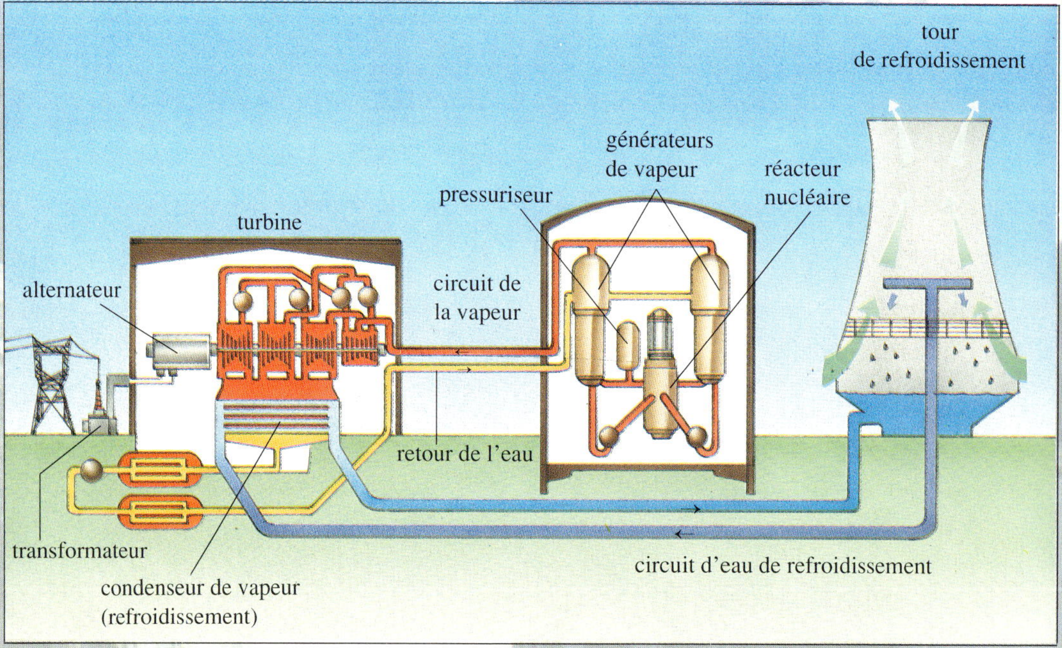

Dessin en coupe d'une centrale nucléaire de type PWR (Pressurised Water Reactor)

La constitution d'un réacteur
Le cœur du réacteur, région où se produisent les réactions de fission, est isolé par un blindage. Il est traversé par un circuit, également isolé, dans lequel circule un fluide porteur de chaleur, dit caloporteur : un gaz (gaz carbonique, hélium) ou un liquide (eau, sodium fondu). Ce fluide récupère la chaleur dégagée par la fission et produit de la vapeur dans un autre circuit qui actionne les turbo-alternateurs.

Le contrôle du réacteur
Des barres, généralement en graphite, matériau qui absorbe facilement les neutrons, peuvent être déplacées au sein de la masse d'uranium. En introduisant ce modérateur dans le cœur du réacteur, on diminue ou on augmente le nombre de neutrons pouvant provoquer des fissions : la réaction en chaîne peut être ainsi ralentie, accélérée ou arrêtée.

Les déchets radioactifs provenant d'un réacteur nucléaire sont d'abord entreposés dans une piscine pour faire baisser leur taux de radioactivité. Ils sont ensuite transportés dans une usine de retraitement de déchets nucléaires, comme celle de La Hague (Manche), où les différents éléments sont séparés. Certains, comme le plutonium, seront réutilisés ; les autres seront coulés dans du béton et stockés dans le sol (mines, carrières...).

Les filières
On distingue les différents réacteurs selon les matériaux choisis pour le modérateur et le fluide caloporteur. On parle alors de « filière », chaque filière définissant un type de réacteur. La filière « graphite-gaz », par exemple, signifie graphite comme modérateur et un gaz, généralement du gaz carbonique, comme fluide caloporteur.

Les surgénérateurs
Dans un réacteur, tout l'uranium ne subit pas la fission : certains noyaux, au lieu de se briser, se transforment en plutonium. Ce dernier peut aussi subir une fission ; mais celle-ci ne se produit qu'avec des neutrons plus rapides. Dans les surgénérateurs, l'uranium est progressivement remplacé par du plutonium que l'on utilise à son tour comme combustible.

L’aviation

En un peu moins d’un siècle, l’aviation est devenue le mode de transport le plus sûr. La conception d’un avion moderne est le résultat d’études menées dans différentes disciplines : aérodynamique, propulsion, matériaux. Depuis le premier vol, de quelques mètres, effectué par Clément Ader, l’aviation a fait de tels progrès que l’informatique, en particulier la CAO (conception assistée par ordinateur), est devenue indispensable à la réalisation d’un nouvel avion. Avec la navette spatiale, qui décolle avec une fusée et se pose comme un avion, la limite entre l’aéronautique et l’astronautique s’estompe.

Pourquoi l’avion vole-t-il ?
L’air, en abordant le bord d’attaque de l’aile, se sépare en deux courants ; l’un contourne l’aile par l’extrados, sa surface supérieure, l’autre par l’intrados, sa surface inférieure. La vitesse de l’air sur l’extrados est supérieure à la vitesse de l’air sur l’intrados : il en résulte que la pression augmente sous l’aile et diminue au-dessus. Ainsi apparaît une force capable de s’opposer au poids de l’avion : la portance.

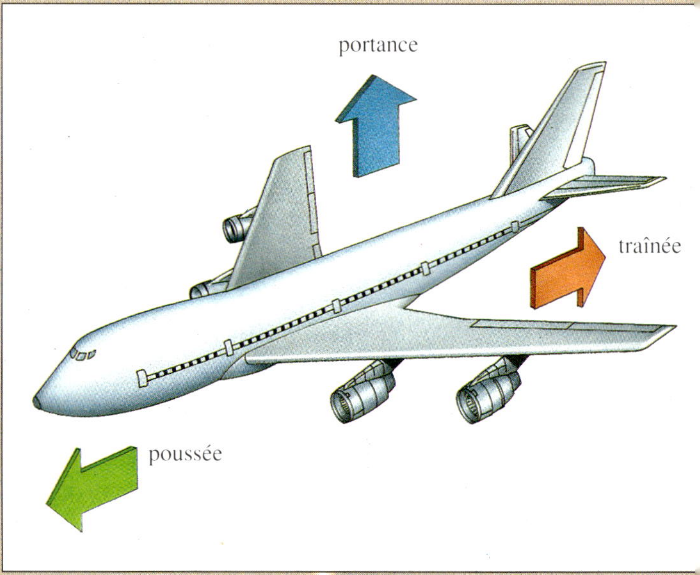

Les trois forces fondamentales intervenant dans le vol des plus-lourds-que-l’air.

Quelques dates

1890 : premier vol de Clément Ader
1903 : les frères Wright réalisent le premier virage en vol
1909 : Louis Blériot traverse la Manche
1927 : Charles Lindbergh traverse l’Atlantique Nord
1947 : l’Américain Charles Yeager franchit le mur du son
1975 : premier vol commercial supersonique de Concorde
1986 : tour du monde en 9 jours sans escales par l’avion expérimental *Voyager* (843 kg)

Les commandes de vol
Les ailerons, un au bout de chaque aile, se braquent en sens inverse l’un de l’autre ; la portance augmente du côté de l’aileron baissé et diminue du côté de l’aileron levé : l’avion s’incline. Les gouvernes de profondeur, placées sur l’empennage, permettent d’incliner l’avion vers l’avant ou l’arrière. La gouverne de direction, placée horizontalement sur la dérive, fait pivoter l’avion vers la droite ou la gauche.

Les ailes

La forme des ailes dépend de la vitesse que doit atteindre l'avion : plus celle-ci est grande, plus les ailes sont minces et leur flèche accentuée. Afin d'assurer une portance suffisante à basse vitesse, le pilote peut modifier leur forme en abaissant les volets : il augmente ainsi la cambrure de l'aile. Quelques avions militaires possèdent des ailes à géométrie variable, c'est-à-dire dont la flèche peut se modifier.

Le nombre de Mach

Le nombre de Mach correspond à la vitesse de l'avion divisée par la vitesse du son. On se trouve dans le domaine subsonique si le nombre de Mach est inférieur à 1, dans le domaine transsonique si ce nombre est voisin de 1, et dans le domaine supersonique s'il est plus grand que 1.

Les « boîtes noires » — ici de couleur rouge — enregistrent les paramètres de vol (altitude, vitesse), les communications radio et tous les incidents qui peuvent survenir. Leur lecture permet de reconstituer les instants précédant une catastrophe et d'en comprendre les causes.

Une industrie en constante évolution

Chaque catégorie d'avions (civils, militaires ou de tourisme) possède ses propres caractéristiques. Les performances et la manœuvrabilité sont essentielles pour les avions militaires. Pour les avions civils, on recherche en priorité la sécurité et la rentabilité commerciale. Après la crise pétrolière sont apparus des avions de transport à haute densité, comme le Boing 747, puis les Airbus, pouvant transporter 250 et 400 passagers.

Le transport hypersonique

Les avions de transport de demain voleront à 5 000 km/h, reliant tous les continents en quelques heures. Pour atteindre de telles vitesses, cet avion hypersonique devra voler à très haute altitude, environ 30 000 m. Il utilisera des statoréacteurs, c'est-à-dire des réacteurs dépourvus de compresseur d'air. La réalisation d'un tel avion de transport nécessite de nombreuses innovations technologiques, en particulier la mise au point de matériaux résistants à la chaleur provoquée par le frottement de l'air.

Le moteur à réaction

Les avions se propulsent en rejetant de l'air vers l'arrière : ils le font grâce aux hélices ou grâce aux moteurs à réaction. L'ère des jets, c'est-à-dire des avions propulsés par des moteurs à réaction, a commencé dès la fin de la Seconde Guerre mondiale, avec le Messerschmitt 262 allemand et le Gloster Meteor anglais.

L'action et la réaction
Les moteurs à réaction produisent une force de propulsion en éjectant des gaz à grande vitesse; c'est l'action. Une force de réaction, la poussée, se manifeste alors en sens inverse de l'éjection des gaz. Cette poussée est d'autant plus puissante que la vitesse et la masse des gaz éjectés sont plus grandes. Les moteurs d'aviation utilisent l'air pour produire ces gaz en brûlant du carburant.

Le moteur-fusée
Les moteurs des fusées se composent de deux éléments principaux : une chambre de combustion et une tuyère. La fusée emporte un carburant et un comburant, qui remplace l'air inexistant dans l'espace. Ces deux substances brûlent en se mélangeant dans la chambre de combustion. Les gaz ainsi créés, sous très forte pression et à très haute température, s'échappent à grande vitesse par la tuyère et communiquent une poussée.

Le turboréacteur
Un réacteur a la forme d'un cylindre dans lequel sont disposés un compresseur, suivi d'une chambre de combustion, d'une turbine et d'une tuyère. Le compresseur est formé d'une série de disques avec des pales. Tournant à très grande vitesse, il aspire l'air et le comprime. Cet air se mélange avec le carburant et brûle dans la chambre de combustion. Les gaz de combustion actionnent la turbine, dont la seule fonction est d'entraîner le compresseur, puis s'échappent par la tuyère.

Le réacteur d'un Airbus en cours d'entretien à Toulouse.

.e turbopropulseur
\ la place des moteurs . explosion, on utilise réquemment des moteurs urbopropulsés pour faire ourner les hélices. Dans e cas, les gaz produits ar ces moteurs ne ervent pas directement . la propulsion, mais raversent une deuxième urbine qui entraîne 'hélice.

Les turboréacteurs à double flux
Ces réacteurs comportent devant le compresseur une soufflante, c'est-à-dire un disque muni de pales de grand diamètre. Elle crée un flux d'air secondaire qui contourne le réacteur et se mélange aux gaz de la tuyère. On éjecte ainsi une masse d'air plus grande, mais dont la vitesse est moindre. Cette technique permet une importante économie de carburant et une réduction du bruit.

Le statoréacteur
Le statoréacteur est un type de moteur à réaction qui se compose simplement d'une entrée d'air, d'une chambre de combustion et de plusieurs injecteurs. Il est conçu pour fonctionner en vol à grande vitesse : cette dernière suffit alors à compresser l'air qui s'écoule vers la chambre de combustion. Le statoréacteur sert de propulseur d'appoint sur certains appareils militaires ou pour la propulsion de missiles. Il pourrait équiper de futurs avions de transport volant à très grande vitesse.

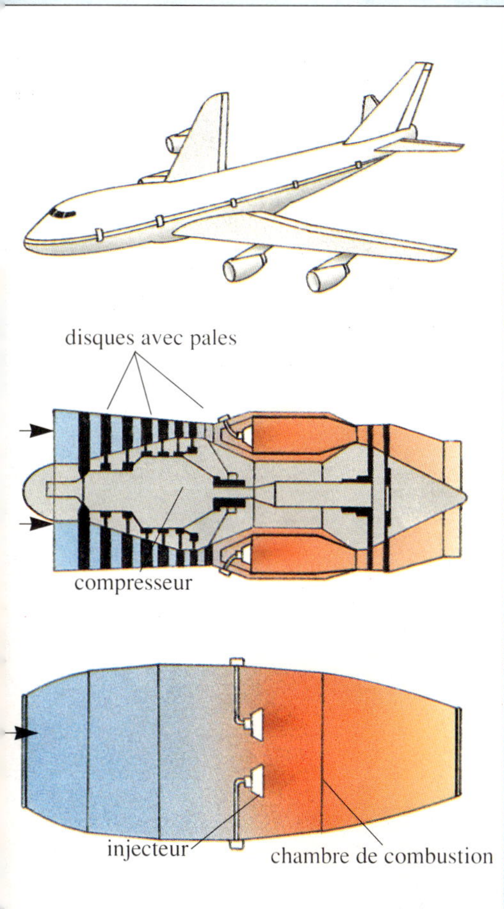

)eux types de réacteurs. Au milieu, un turboréacteur; en bas, un statoréacteur.

La postcombustion
Certains avions, en particulier militaires, ont besoin d'une grande puissance de propulsion à certains moments : décollage, interception, combat. Le pilote déclenche alors la postcombustion : un supplément de carburant est brûlé dans les gaz qui ont traversé la turbine. La température et la pression des gaz dans la tuyère sont alors accrus, ce qui augmente la poussée.

Les fusées et les programmes spatiaux

Les fusées se distinguent selon leûr usage : les fusées-sondes, destinées à l'étude de la haute atmosphère et s'élevant à plus de 100 km d'altitude ; les missiles balistiques conçus pour lancer des charges nucléaires ; les fusées spatiales, dont l'objet est de mettre sur orbite les satellites.
Les programmes spatiaux ont pour but de mieux connaître les planètes du système solaire, mais aussi d'étudier la capacité de l'homme à vivre dans l'espace durant plusieurs mois ou années.

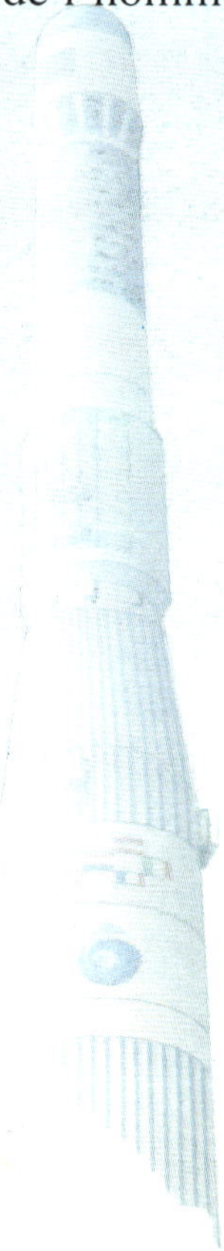

La fusée gigogne
Les fusées comportent généralement deux ou trois étages. Chaque étage possède ses propres moteurs et réservoirs. En abandonnant en cours de vol les tronçons vides, la fusée devient plus légère et accroît régulièrement sa vitesse. On munit parfois les fusées de propulseurs d'appoint, les « boosters » ; accolés au premier étage, ils fournissent une poussée supplémentaire au moment du décollage.

La propulsion des fusées
Les moteurs-fusées peuvent être de deux types, selon les propergols, ou combustibles, qu'ils utilisent. Les fusées à propergol solide sont formées d'un bloc cylindrique de poudre ; après la mise à feu, leur fonctionnement ne peut être interrompu. Les fusées à propergol liquide sont plus puissantes et leurs moteurs peuvent être stoppés, puis remis en fonctionnement en cours de vol ; les meilleures performances sont obtenues en utilisant le mélange hydrogène et oxygène liquides.

Le lancement
Pour placer un satellite sur orbite, la fusée porteuse est lancée verticalement; elle traverse ainsi rapidement les couches denses de l'atmosphère. Sa trajectoire est ensuite inclinée, jusqu'à devenir parallèle à la surface de la Terre au moment où le satellite se détache. On incline la trajectoire de la fusée vers l'est afin de profiter de la vitesse de rotation de la Terre qui tourne sur elle-même à raison de 300 mètres par seconde.

Les principales fusées spatiales

Une dizaine de fusées sont aujourd'hui utilisées pour lancer les satellites. Les principales sont :

- ❑ Delta (États-Unis)
- ❑ Atlas-Centaure (États-Unis)
- ❑ Titan (États-Unis)
- ❑ Proton (URSS)
- ❑ Ariane (Europe)
- ❑ Navette spatiale (États-Unis)
- ❑ Fusée «Longue marche» (Chine)

Les vitesses
Les missiles balistiques, qui retombent au sol sans se satelliser, ont une vitesse inférieure à 7 km/s. Pour placer un satellite en orbite terrestre, la fusée doit lui communiquer une vitesse comprise entre 7 et 11 km/s. Une sonde interplanétaire est accélérée à plus de 11 km/s afin qu'elle puisse vaincre la force d'attraction de la Terre.

Les programmes spatiaux
La conquête de l'espace se fait étape par étape, en réalisant des programmes. Les buts des principaux programmes spatiaux sont l'exploration, la survie de l'homme dans l'espace, l'exploitation des possibilités techniques qu'offrent les activités sur orbite.
L'établissement de stations orbitales nécessite la mise au point des navettes spatiales. D'autres programmes prévoient l'envoi de sondes vers les planètes du système solaire, l'installation d'une base habitée sur la Lune et, probablement, sur Mars.

Différents types de fusées

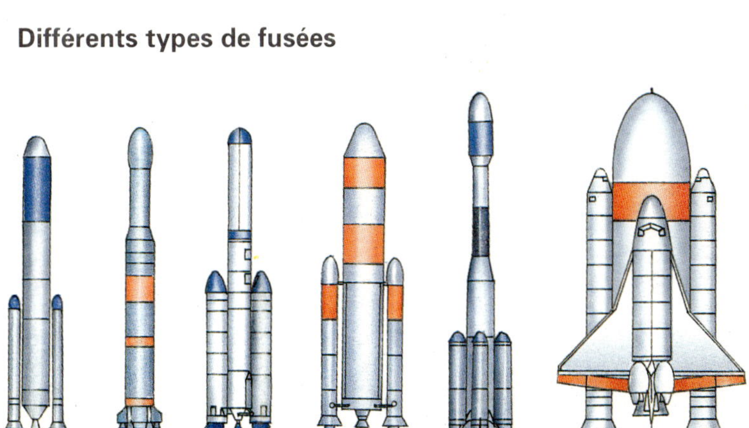

Les satellites artificiels

Les satellites artificiels remplissent diverses fonctions. Les uns observent la Terre; ils suivent notamment le déplacement des nuages ou renseignent sur la nature du sol. Les autres permettent des observations astronomiques; les sondes explorent l'espace. Les satellites de télécommunication retransmettent les conversations téléphoniques et les émissions de télévision. D'autres servent de balises radio et aident la navigation. Les satellites habités, ou stations spatiales, permettent également la réalisation d'expériences en absence de pesanteur.

La ronde perpétuelle des satellites
Les satellites voyagent autour de la Terre en décrivant une orbite. Celle-ci est due à la combinaison de la vitesse du satellite et à l'attraction de la Terre : chaque seconde, le satellite parcourt 8 km et tombe de 5 m. Comme tous les 8 km la Terre s'incurve de 5 m aussi, le satellite reste toujours à la même distance du sol. Les orbites sont généralement en forme d'ellipse; on les désigne par l'altitude du périgée, le point le plus bas, et l'altitude de l'apogée, le point le plus haut.

Les différentes orbites
A cause du frottement atmosphérique, qui ralentit les satellites, les orbites les plus basses se situent à 200 km d'altitude environ. Elles sont utilisées principalement pour l'observation de la Terre. Les orbites hautes, dont l'apogée est supérieure à 1 000 km, servent pour les satellites chargés des observations astronomiques. Dans ce cas, après le lancement, on place d'abord le satellite sur une orbite de parking, à environ 300 km d'altitude. Puis on corrige cette orbite par de petites impulsions des moteurs, jusqu'à ce qu'elle corresponde aux calculs.

La navette spatiale Discovery, peu de temps avant son lancement, en septembre 1988. Lancée comme un satellite par une fusée, la navette revient sur Terre par ses propres moyens.

Le satellite géostationnaire
Les satellites placés sur une orbite géostationnaire apparaissent immobiles dans le ciel. Cette orbite est celle des satellites de télécommunication. Elle se situe à près de 36 000 km d'altitude.

Grâce aux satellites placés en orbite géostationnaire autour de la Terre, comme TDF 1, on peut capter et diffuser des messages sur une vaste partie du globe.

La conquête de l'espace

Spoutnik I, premier satellite artificiel, est lancé le 4 octobre 1957. Le Soviétique Iouri Gagarine devient le premier astronaute en effectuant un tour de la Terre le 12 avril 1961. Les Américains Armstrong et Aldrin débarquent sur la Lune le 21 juillet 1969. Depuis le début de l'ère spatiale, plusieurs milliers de satellites ont été lancés. En l'an 2000, quelque dix mille objets — satellites, débris de satellites et éléments de fusées — graviteront autour de la Terre.

Les vols humains
A bord des navettes ou dans les stations spatiales, où ils effectuent des séjours de plus en plus longs, les astronautes sont confrontés à l'absence de pesanteur. Le corps subit de légères modifications, mais l'organisme de l'astronaute s'adapte généralement au bout de quelques jours. Le poids du corps n'existant plus, la taille des astronautes peut augmenter de 2 à 4 cm pendant les vols de longue durée. Une croissance qui disparaîtra plus tard, au retour sur Terre.

Les navettes spatiales
Les navettes spatiales prennent leur envol comme des fusées et atterrissent comme des planeurs. Le principal avantage des navettes est d'être réutilisables. Elles se composent d'un poste de pilotage et d'une soute importante. La navette américaine comporte trois moteurs-fusées qui lui servent au décollage.
La navette soviétique Bourane est lancée par l'énorme fusée Energia et la navette européenne Hermès le sera par la fusée Ariane 5.

Électronique et informatique

L'électronique commence avec l'invention des tubes électroniques, telles la diode et la triode : ces lampes à vide ont permis de détecter, émettre et amplifier les signaux électriques. Mais elle doit la plupart de ses réussites aux semi-conducteurs. Ces matériaux, comme le silicium et le germanium, ont des propriétés électriques intermédiaires entre celles des conducteurs et des isolants. Ils remplacent les lampes à vide, trop fragiles et encombrantes.

Les éléments électroniques

Les principes de l'électronique n'ont pas changé depuis l'invention des lampes à vide. Ils reposent sur l'utilisation de signaux électriques brefs, formés par des courants ou des tensions.

Les électroniciens réalisent des montages avec les différents composants tels que les résistances, les condensateurs, les diodes, les transistors...

On utilise encore des tubes électroniques particuliers, des klystrons, pour les hyperfréquences (notamment pour la télévision et les radars).

Le dopage des semi-conducteurs

Pour réaliser des composants électroniques en matériaux semi-conducteurs, ceux-ci doivent être dopés : le dopage consiste à introduire dans le silicium ou le germanium de petites quantités d'atomes d'un autre élément. Selon la nature de ces atomes (appelés impuretés), on obtient des semi-conducteurs dopés négativement (semi-conducteurs N) ou des semi-conducteurs dopés positivement (semi-conducteurs P). Leur assemblage permet de réaliser des diodes ou des transistors.

Les transistors

Inventés en 1946, les transistors ont révolutionné l'informatique. De petite taille, ils se sont révélés beaucoup plus sensibles, solides et consommant bien moins d'énergie que les anciennes lampes à vide. On les réalise en assemblant trois semi-conducteurs qui forment trois zones appelées émetteur, base et collecteur; le courant obtenu à la sortie du collecteur est amplifié par rapport au courant arrivant dans la base.

Ce circuit intégré est formé d'une plaquette de silicium dopé de manière à réaliser des diodes et des transistors.

La miniaturisation des circuits
La diffusion précise d'impuretés dans des zones microscopiques d'un même semi-conducteur permet de fabriquer des circuits intégrés. Ces dispositifs réunissent dans une pastille de silicium, dont la dimension ne dépasse pas quelques millimètres, des dizaines de milliers de composants électroniques : diodes, transistors, résistances, capacités.

L'informatique
Le mot informatique, formé des mots information et automatique, désigne le traitement de l'information par une machine automatique ; l'information peut être constituée par des nombres sur lesquels on effectue des opérations mathématiques ou des lettres.
La création des circuits intégrés a permis, dès les années 1960, un essor considérable de l'informatique et a abouti, au cours des années 1980, à la multiplication des micro-ordinateurs.
Un ordinateur de la puissance d'un micro-ordinateur usuel, construit avec des lampes à vide, occuperait un volume de plusieurs mètres cubes, voire d'une maison entière.

Les puces de l'informatique
La miniaturisation des éléments électroniques a été déterminante pour la fabrication des ordinateurs.
Les microprocesseurs, que l'on a surnommés puces, sont à la base de tout ordinateur. Ce sont des circuits intégrés spécialisés : certains effectuent le traitement des informations fournies à l'ordinateur, d'autres servent à les mémoriser.

Le microprocesseur Motorola MC 68040 équipe la dernière génération de micro-ordinateurs.

L'ordinateur

Qu'est-ce qu'un ordinateur ? C'est tout d'abord le matériel : la machine elle-même; mais ce sont aussi les logiciels : les programmes nécessaires au fonctionnement de cette machine. A la différence d'une calculatrice, l'ordinateur peut faire n'importe quel travail, à condition qu'on lui fournisse le programme décrivant le type travail.

Les mémoires de l'ordinateur
La mémoire morte est une mémoire que l'on ne peut modifier; elle contient le programme indispensable pour la mise en marche de l'ordinateur.
La mémoire vive peut être effacée; elle permet à l'ordinateur d'enregistrer les programmes et d'effectuer les calculs. Enfin, l'ordinateur est muni d'une mémoire externe, que l'on peut lui ajouter : par exemple les disquettes sur lesquelles on enregistre le travail réalisé.

Les ordinateurs classiques
Les ordinateurs de la première génération sont constitués de deux éléments de base : la mémoire centrale, qui comprend la mémoire vive et la mémoire morte, et un processeur. Le rôle du processeur est de lire les instructions stockées en mémoire et d'exécuter les unes après les autres les actions élémentaires qu'elles décrivent : c'est le principe du fonctionnement séquentiel.

Le premier calculateur électronique de l'histoire a été achevé en 1946. Conçu pour l'armée américaine, l'ENIAC (Electronic Numerical Integrator And Calculator) pesait plus de 30 tonnes.

Les bits de l'ordinateur
Dans l'ordinateur, une information correspond au passage ou à l'absence de courant électrique dans un circuit. Les ordinateurs fonctionnent selon le système binaire, qui n'utilise que deux informations : le 1 et le 0, autrement dit la présence ou l'absence de courant électrique. On donne le nom de bit à l'unité élémentaire d'information (le 1 ou le 0) ; un groupe de 8 bits correspond à un octet. Le kilo-octet (ko) vaut 1 024 octets. Une disquette de 360 ko peut recevoir 360 000 caractères (200 pages d'un livre de poche).

Les ordinateurs parallèles
Les superordinateurs de seconde génération, beaucoup plus puissants, sont construits selon un autre principe. Ils comportent plusieurs processeurs fonctionnant en même temps et effectuent simultanément plusieurs parties d'un problème : on dit qu'ils ont un fonctionnement parallèle. Pour le futur, on prévoit des ordinateurs parallèles qui utiliseraient des dizaines de milliers de microprocesseurs identiques réalisant simultanément les calculs.

Les superordinateurs
La puissance d'un ordinateur dépend de la grandeur de sa mémoire interne ainsi que de sa vitesse de calcul. Les ordinateurs classiques sont trop lents : les plus rapides d'entre eux effectuent deux cents millions d'opérations par seconde. Les superordinateurs fonctionnent aujourd'hui à des vitesses de l'ordre d'un milliard d'opérations par seconde : un superordinateur résout en moins d'une heure un problème qui aurait nécessité une année de calculs sur un ordinateur classique.

Vers les machines neuronales
L'ordinateur le plus puissant aurait probablement une organisation semblable au cerveau humain. Il devrait être constitué de très nombreux processeurs élémentaires analogues aux neurones du cerveau. Les capacités du cerveau résultent du fonctionnement simultané des innombrables neurones qui le composent. Cependant, chaque neurone est relié à des milliers d'autres, alors qu'un transistor dans l'ordinateur ne peut être relié qu'à quelques-uns de ses semblables.

Le microprocesseur, qui regroupe des centaines de transistors sur une petite plaque de silicium, a été commercialisé en 1971 aux États-Unis par la firme Intel.

Pour programmer un agenda

Les ordinateurs ne font que ce qu'on leur dit de faire : pour cela, il faut écrire des programmes. Notre langage est trop flou pour l'ordinateur. On emploie donc des langues artificielles précises dont chaque mot a toujours le même sens. Elles permettent de formuler des suites d'instructions simples et précises que l'ordinateur pourra exécuter. Il existe plus d'un millier de langages informatiques différents, adaptés à diverses applications.

Les traducteurs
Le seul langage que comprenne un ordinateur est le code binaire, c'est-à-dire un alignement de 1 et de 0. Un ordinateur ne pourra pas exécuter les instructions d'un programme tant qu'elles n'auront pas été traduites en code binaire.
Cette traduction est faite par des programmes spéciaux, le compilateur ou l'interprétateur. Le compilateur traduit entièrement le programme, puis l'interprétateur le traduit ligne par ligne et l'ordinateur les exécute.

L'algorithme
Le programmeur doit préparer une suite d'instructions qui permettront à l'ordinateur de travailler. Il établit d'abord un algorithme, c'est-à-dire un plan d'action qui résume comment la machine devra procéder exactement. L'algorithme permet de déterminer toutes les informations dont aura besoin l'ordinateur et de construire une progression logique des instructions. L'étape suivante de programmation consistera à traduire l'algorithme dans le langage informatique.

L'organigramme
Afin de suivre le déroulement logique d'un programme, on réalise souvent son schéma, ou organigramme. Il permet de voir l'enchaînement des instructions. Les organigrammes sont indispensables lorsque plusieurs programmeurs collaborent à un programme important. On emploie des symboles conventionnels : l'ovale pour le début et la fin d'un programme; le rectangle représente une opération que doit réaliser l'ordinateur et le losange symbolise une décision qu'il doit prendre.

L'introduction de l'ordinateur à l'école est le premier pas pour composer soi-même ses programmes.

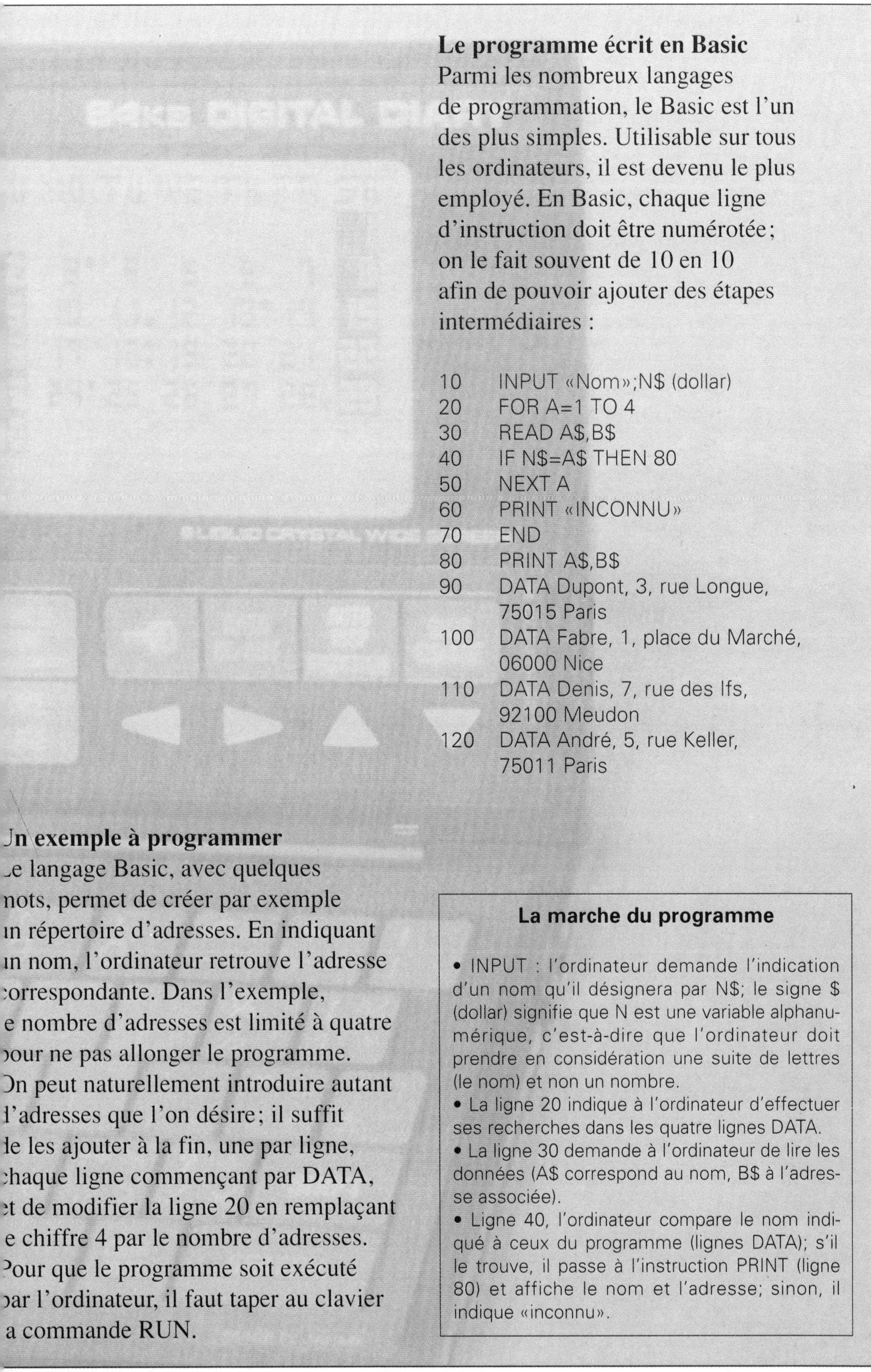

Le programme écrit en Basic
Parmi les nombreux langages de programmation, le Basic est l'un des plus simples. Utilisable sur tous les ordinateurs, il est devenu le plus employé. En Basic, chaque ligne d'instruction doit être numérotée; on le fait souvent de 10 en 10 afin de pouvoir ajouter des étapes intermédiaires :

```
10    INPUT «Nom»;N$ (dollar)
20    FOR A=1 TO 4
30    READ A$,B$
40    IF N$=A$ THEN 80
50    NEXT A
60    PRINT «INCONNU»
70    END
80    PRINT A$,B$
90    DATA Dupont, 3, rue Longue,
      75015 Paris
100   DATA Fabre, 1, place du Marché,
      06000 Nice
110   DATA Denis, 7, rue des Ifs,
      92100 Meudon
120   DATA André, 5, rue Keller,
      75011 Paris
```

Un exemple à programmer
Le langage Basic, avec quelques mots, permet de créer par exemple un répertoire d'adresses. En indiquant un nom, l'ordinateur retrouve l'adresse correspondante. Dans l'exemple, le nombre d'adresses est limité à quatre pour ne pas allonger le programme. On peut naturellement introduire autant d'adresses que l'on désire; il suffit de les ajouter à la fin, une par ligne, chaque ligne commençant par DATA, et de modifier la ligne 20 en remplaçant le chiffre 4 par le nombre d'adresses. Pour que le programme soit exécuté par l'ordinateur, il faut taper au clavier la commande RUN.

La marche du programme

- INPUT : l'ordinateur demande l'indication d'un nom qu'il désignera par N$; le signe $ (dollar) signifie que N est une variable alphanumérique, c'est-à-dire que l'ordinateur doit prendre en considération une suite de lettres (le nom) et non un nombre.
- La ligne 20 indique à l'ordinateur d'effectuer ses recherches dans les quatre lignes DATA.
- La ligne 30 demande à l'ordinateur de lire les données (A$ correspond au nom, B$ à l'adresse associée).
- Ligne 40, l'ordinateur compare le nom indiqué à ceux du programme (lignes DATA); s'il le trouve, il passe à l'instruction PRINT (ligne 80) et affiche le nom et l'adresse; sinon, il indique «inconnu».

La télévision couleur haute définition

Née en 1936, la télévision se développe rapidement et transforme notre vie. Elle continue de se perfectionner. La couleur apparaît en Europe à partir de 1966; les satellites de télécommunication permettent de capter un nombre accru d'émissions et de transmettre en direct de tous les points de la planète. En même temps, on cherche à améliorer les images formées sur le petit écran et à rendre leur qualité comparable à celle du cinéma.

L'image de télévision

Dans un poste de télévision, un faisceau d'électrons forme sur l'écran fluorescent un spot : ce point balaie l'écran de haut en bas et ligne par ligne. La définition des images habituelles correspond à 625 lignes. Les signaux radioélectriques reçus par le poste règlent l'intensité du faisceau d'électrons, rendant le spot plus ou moins brillant. L'image de télévision est ainsi faite d'un point unique qui balaie l'écran en un quart de seconde : l'œil ne le distingue pas et garde l'impression d'une image entière.

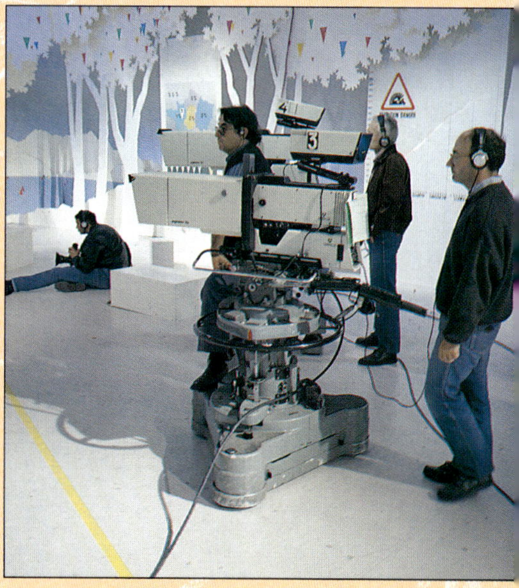

La caméra est au point de départ de la chaîne de production des images télévisées. Ici, une caméra de studio.

La caméra couleur

La caméra de télévision couleur utilise trois faisceaux d'électrons, un pour chacune des trois couleurs fondamentales. Après avoir traversé l'objectif, la lumière est décomposée en composantes rouge, vert et bleu, grâce à des miroirs dichroïques : chacun d'eux réfléchit l'une des couleurs; les trois couleurs fondamentales sont ainsi séparées, chacune formant une image sur une plaque photosensible différente.

La lumière électrique

La caméra de télévision transforme les différences de lumière d'une image en signaux électriques. L'objectif de la caméra forme l'image sur une couche de semi-conducteur qui conduit plus ou moins l'électricité selon son éclairement. Un faisceau d'électrons explore cette couche : là où l'image est sombre, la couche photosensible est moins conductrice et le nombre d'électrons qui sont transmis est moindre.

a transmission des images

'our transmettre l'image couleur, n émet trois sortes de signaux : 'une part un signal de luminance ui correspond à la luminosité de chaque oint de l'image ; un récepteur en noir t blanc ne tient compte que de ce signal ; 'autre part deux signaux de chrominance ui correspondent à la couleur. a façon dont ces signaux sont émis iffère selon les pays : en France, n emploie le système Secam ; ux États-Unis, le système NTSC ; ans d'autres, le système Pal.

La transmission

Les signaux électriques enregistrés par les caméras de télévision sont transmis par les ondes hertziennes. Toutefois, la portée de ces émissions est limitée car elles utilisent des ondes à très haute fréquence dont l'intensité diminue rapidement ; des réémetteurs locaux sont donc nécessaires. Les satellites servent de relais et captent ces signaux issus de tous les points du globe. Récemment est apparue la télévision par câble : les signaux vidéo ne sont plus diffusés par une antenne, mais sont transmis par l'intermédiaire de câbles électriques.

Les pixels

Une image peut être décomposée en zones élémentaires, les pixels : plus ils sont nombreux, meilleure est la qualité de l'image. Une image de cinéma en comporte un million ; l'image vidéo en comprend environ 400 000.

a haute définition

a qualité d'une image de télévision ugmente avec le nombre de lignes ui la composent. La télévision haute éfinition permet de former des images omposées de 1 200 lignes au lieu e 625 : reçues sur un grand écran, eur qualité sera proche de celle du film e cinéma. L'image serait également méliorée par la mise au point d'écrans lats ; ceux-ci sont constitués par un anneau comportant d'innombrables ransistors, chacun d'eux correspondant un point de l'image.

Le récepteur

A la réception, les signaux sont reconvertis en image par un processus inverse de celui de la caméra. Un récepteur couleur produit trois faisceaux d'électrons, un pour chaque couleur fondamentale. Les faisceaux convergent vers un point de l'image, lui-même composé de trois minuscules pastilles, une rouge, une verte et une bleue. On superpose ainsi trois images colorées qui, à une certaine distance, paraissent se mêler pour fournir une image en couleurs.

Les robots

Les robots modernes sont des machines programmables, c'est-à-dire qu'elles remplissent plusieurs fonctions en répondant à des ordres qui leur sont communiqués dans le but d'effectuer un certain travail. On les utilise pour des tâches pénibles et pour certains travaux de grande précision qu'ils réalisent mieux et plus vite que l'homme.
Les robots travaillent aussi dans les milieux hostiles à l'homme : l'espace, le fond des océans, les zones dangereuses des centrales nucléaires.

Les différents types de robots
Les robots sont classés par générations. Ceux de la première génération sont des machines simples qui répètent une manipulation sans modification, par exemple les travaux de manutention effectués par des portiques de déchargement.
Ceux de la deuxième génération sont capables de réagir à des modifications survenant au cours de leur tâche, par exemple les robots de soudure à l'arc.
Les robots de la troisième génération utilisent les possibilités de l'intelligence artificielle.

La sensibilité du robot
Les robots sont munis de différents capteurs qui sont leurs organes des sens : caméra vidéo, compteurs de vitesse, télémètres à laser ou à ultrasons.
Ces capteurs permettent à l'ordinateur de comparer le résultat d'une action à ce qui était prévu. Pour saisir un objet, par exemple, le premier mouvement du bras peut être trop long : le robot en effectuera alors un deuxième, et ainsi de suite jusqu'à ce qu'il atteigne l'objet.

L'intelligence artificielle
Les cerveaux des robots sont des ordinateurs. L'intelligence artificielle devrait reproduire, à l'aide d'ordinateurs une partie des comportements humains ; mais on est loin de réaliser un cerveau artificiel.
Les systèmes experts sont une première application de l'intelligence artificielle. Ce sont des programmes perfectionnés qui reproduisent le raisonnement d'un spécialiste dans un domaine très précis, comme le diagnostic de certaines maladies.

Un robot manipulateur de livres en action dans une bibliothèque.

Les possibilités d'adaptation des robots
Les robots, notamment les robots industriels, possèdent souvent des mains interchangeables. Pour atteindre n'importe quel point, le bras articulé du robot doit se déplacer suivant six axes : trois axes sont nécessaires pour bouger le bras en hauteur, largeur et profondeur; le poignet, pour s'orienter de façon quelconque, doit tourner autour de trois autres axes.

La vision
Une caméra vidéo sert généralement d'œil aux robots. Les robots peuvent reconnaître des formes d'objets, mais leur vision n'est pas parfaite. Si une machine peut distinguer des formes géométriques, elle confond souvent des objets différents, mais possédant la même forme : par exemple un bouton et une pièce de monnaie. La reconnaissance des formes est un sujet de recherche en intelligence artificielle.

Un joueur d'échecs en tête à tête avec un ordinateur.

Les ordinateurs joueurs d'échecs
Les programmes de jeux d'échecs sont un exemple des difficultés rencontrées par les chercheurs qui veulent mettre au point l'intelligence artificielle. En effet, l'ordinateur choisit un coup et prévoit toutes les ripostes possibles : s'il s'aperçoit que ce premier coup est mauvais, l'ordinateur en essaie un autre et va jusqu'au bout de ses possibilités de calcul, qui sont énormes. Mais ce n'est pas encore l'intelligence humaine : les meilleurs joueurs, grâce à leur expérience et leur intuition, sont capables de mettre l'ordinateur échec et mat.

Les principes de la chimie

Dès l'Antiquité, on savait déjà extraire des métaux de leurs minerais. Puis les alchimistes du Moyen Age réussirent à obtenir quelques produits, comme le phosphore. Mais c'est au XVIIIe siècle, avec le Français Lavoisier et l'Anglais Priestley, qu'est née la chimie moderne. Science de la transformation de la matière, elle étudie la constitution des corps et leurs mutations. Grâce aux travaux des chimistes, nous pouvons individualiser plusieurs millions de corps chimiques.

Les éléments de la chimie

Les éléments sont les constituants de la matière qui restent immuables dans les transformations chimiques. Ils forment l'ensemble des quelque cent atomes connus. On les représente par des symboles : par exemple H pour l'hydrogène, O pour l'oxygène, Na pour le sodium...

Une molécule d'eau est le produit de la liaison de deux atomes d'hydrogène (H) et d'un atome d'oxygène (O) d'où la dénomination H_2O.

Les corps simples

Les éléments s'assemblent généralement en molécules; celles qui ne sont faites que d'atomes d'un même élément forment des corps simples; celles qui comprennent des atomes différents constituent des corps composés, comme l'eau dont la molécule est faite d'un atome d'oxygène et de deux atomes d'hydrogène.

Presque tous les éléments présentent des propriétés et des aspects différents. Ils forment souvent des mélanges qu'une analyse simple permet de distinguer.

La classification des éléments

En ordonnant les atomes selon le nombre de leurs électrons, on obtient un tableau dans lequel les éléments se placent en fonction de leurs propriétés. Chaque colonne du tableau contient ainsi des éléments chimiques semblables. Dans la dernière colonne, par exemple, se trouvent regroupés tous les gaz, rares ou inertes, dont la dernière couche d'électrons est complète. Ce tableau périodique fut constitué au siècle dernier par le chimiste russe Mendeleïev, alors que les atomes n'étaient pas encore connus.

Les propriétés chimiques des électrons

Dans un atome, les électrons qui gravitent autour du noyau se répartissent en couches, chacune ne pouvant en accepter qu'un nombre limité. Les propriétés chimiques des corps dépendent de la répartition des électrons dans ces couches. Ainsi l'atome d'hydrogène, qui ne possède qu'un électron, est un élément très actif : son électron célibataire se lie rapidement avec un électron d'un autre corps. En revanche, l'hélium comporte deux électrons qui forment une couche complète; c'est un gaz inerte qui ne se lie pas avec d'autres élément.

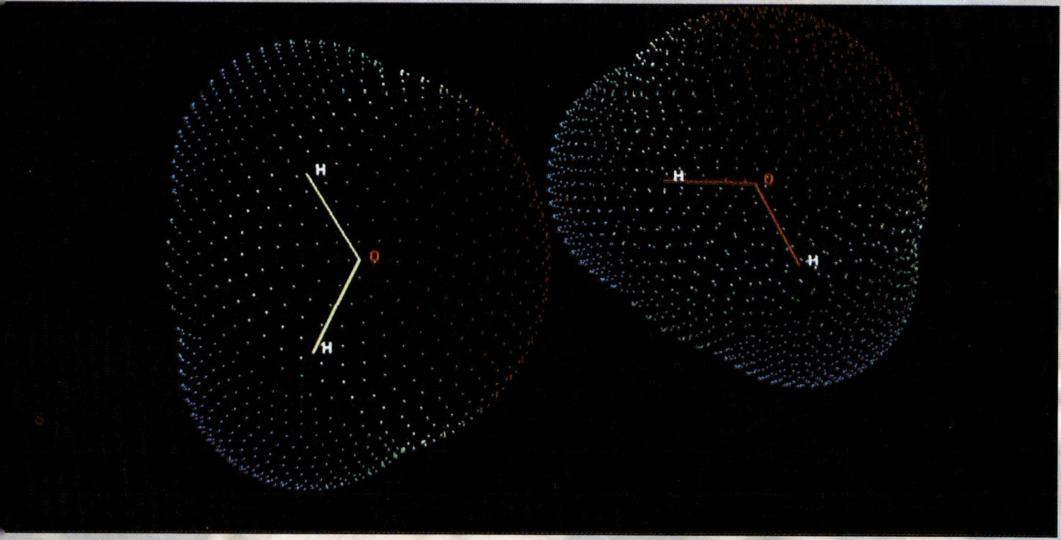

Les molécules ne sont pas des constructions rigides : elles vibrent ou se déplacent quand elles constituent un liquide ou un gaz. Ici, la reconstitution par ordinateur de la zone d'influence de deux molécules d'eau.

Les réactions chimiques

Dans une réaction chimique, plusieurs substances se combinent et en engendrent une autre : par exemple l'hydrogène et le chlore réagissent l'un sur l'autre et se transforment en chlorure d'hydrogène. Tous les éléments se combinent dans des proportions qui varient selon le nombre d'électrons qui forment leur dernière couche. Les réactions chimiques sont de différents types; parmi les plus importantes, les oxydation et réduction consistent en des échanges d'électrons.

Les catalyseurs

Le catalyseur est une substance qui ne participe pas à une réaction chimique; il déclenche la réaction ou en augmente la vitesse. C'est le cas du fer, par exemple, qui permet à l'hydrogène et à l'azote de se combiner pour former de l'ammoniaque.

La chimie et ses applications

Les applications de la chimie concernent pratiquement tous les domaines de l'industrie : fabrication des matières plastiques, des peintures, des médicaments, industries alimentaire et de l'habillement. Chaque année, des milliers de molécules nouvelles sont synthétisées ou extraites de substances naturelles. Les chimistes créent continuellement de nouveaux produits ou bien cherchent à améliorer des procédés de fabrication, en les rendant plus rapides ou moins onéreux.

Les différentes chimies
Depuis longtemps, la chimie est divisée en deux domaines : la chimie minérale, qui étudie les transformations portant sur la matière inerte, et la chimie organique, qui étudie les composés du carbone constituant les matières végétales et animales.
Cette division ne correspond cependant plus exactement aux activités de la chimie moderne, dans laquelle des spécialisations nouvelles sont apparues, comme la chimie moléculaire, qui étudie et crée des molécules possédant des propriétés spécifiques.

La chimie lourde
L'industrie chimique produit des quantités considérables de diverses substances de base, comme le soufre tiré du pétrole brut, le chlore ou l'ammoniaque, qui sont ensuite combinées pour former des produits particuliers. Le phosphate, qui entre dans la composition des engrais, n'existe pas à l'état naturel ; il se trouve sous forme combinée et doit être isolé. C'est l'un des secteurs les plus importants de la chimie dite « lourde ».

Les macromolécules
A partir de molécules simples, la chimie produit des molécules géantes formées de milliers, parfois de plusieurs centaines de milliers d'atomes. Dans ces macromolécules, les enchaînements d'atomes peuvent former de longues chaînes ou des surfaces, ou encore des volumes. Les macromolécules peuvent être constituées de petits groupes d'atomes, appelés monomères, identiques, qui s'enchaînent les uns aux autres : ces molécules géantes portent alors le nom de polymères.

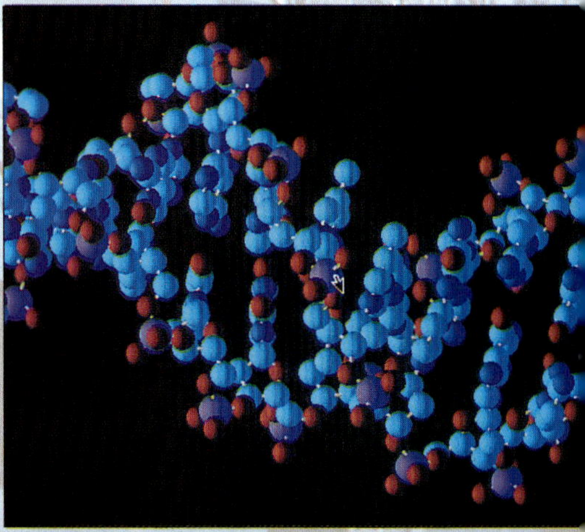

Reconstitution des éléments de la macromolécule d'ADN (acide désoxyribonucléique).

La synthèse des polymères

On réalise les enchaînements des petites molécules grâce à des réactions chimiques comme la polymérisation et la polycondensation.
Dans la première, les petites molécules modifient la répartition des liaisons entre leurs atomes et s'unissent directement. Dans la seconde, les atomes se réarrangent : certains forment des molécules d'eau qui se séparent, permettant aux autres de s'unir.

L'usage des macromolécules

De nombreuses substances naturelles sont faites de macromolécules, comme l'hémoglobine ou bien le caoutchouc. Des macromolécules artificielles, créées dans les laboratoires, permettent la fabrication de nombreux produits synthétiques : matières plastiques, fibres textiles...

Les matériaux nouveaux

Parmi les matériaux nouveaux que les procédés de fabrication modernes permettent de réaliser, on trouve notamment des céramiques utilisées pour la haute technologie.
Leur élaboration, très délicate, nécessite des poudres extrêmement fines et pures qui sont mélangées et compactées, puis cuites à plus de 1 000 °C, ou bien de nouvelles matières plastiques qui conduisent très efficacement l'électricité.

Les enzymes

La chimie joue un rôle important pour la fabrication des médicaments et, de façon plus générale, pour les recherches en biologie. Elle permet de créer des protéines de synthèse, notamment des enzymes. Celles-ci sont des macromolécules contenues dans les cellules vivantes, où elles déclenchent des milliers de réactions chimiques.
Les enzymes sont également utilisées pour diverses préparations industrielles, comme la fermentation des fromages, la brasserie ou encore les textiles et les détergents.

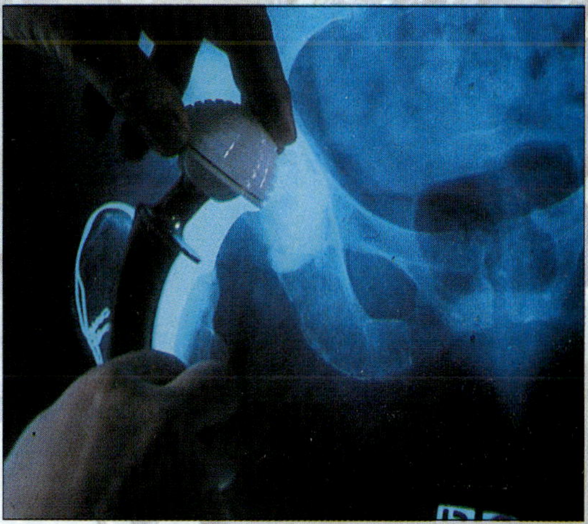

Les céramiques servent entre autres choses à confectionner des prothèses.

La pollution

La pollution n'est pas un problème récent. L'homme a toujours dégradé d'une façon ou d'une autre son environnement. Toutefois, l'expansion considérable des industries a provoqué une pollution qui ne peut plus être résorbée par la nature seule. Les substances toxiques se dispersent dans l'air, pénètrent dans le sol, sont transportées par les eaux.
Certains polluants exercent leurs effets à des distances considérables du lieu où ils ont été émis, parfois à l'autre bout du globe.

Les principales sources de pollution
Les rejets par les cheminées d'usines (sidérurgiques, chimiques, etc.), très concentrées dans certaines régions industrielles, polluent l'air au point de mettre en danger la santé des habitants, des nourrissons en particulier. L'abus d'engrais chimiques rend l'eau des nappes phréatiques impropre à la consommation. La mer voit se déverser, accidentellement ou intentionnellement (nettoyage des soutes des pétroliers) des quantités impressionnantes de pétrole. Les déchets radioactifs, ainsi que le premier grand accident nucléaire, survenu dans la centrale de Tchernobyl (Ukraine), rappellent les redoutables dangers de la pollution radioactive.

De tout temps, l'eau a été polluée par les activités artisanales, puis industrielles de l'homme. De nos jours, cette pollution a pris des proportions inquiétantes malgré les mesures d'épuration des eaux.

Le réchauffement de l'atmosphère
La pollution de l'atmosphère est l'une des plus importantes perturbations que l'homme fait subir à son environnement. La combustion du pétrole et du charbon dans les centrales thermiques libère d'importantes quantités de gaz carbonique. Celui-ci retient la chaleur dans l'atmosphère, provoquant un «effet de serre». La température de la Terre pourrait s'élever jusqu'à bouleverser le climat du globe.

Des décisions à l'échelle du monde

Près de cent pays se sont engagés à supprimer pour l'an 2000 l'utilisation des CFC. Ces composés chimiques, accusés de détruire la couche d'ozone, sont remplaçables par d'autres produits, comme l'azote ou le butane.

Le trou d'ozone
Dans la stratosphère se trouve une couche d'ozone qui filtre le rayonnement ultraviolet du Soleil. Cet ozone est détruit par les CFC, ou chlorofluorocarbones. Ces derniers sont des gaz servant de propulseurs dans les bombes aérosol ou de fluides réfrigérants. Des photos prises par satellite montrent l'existence d'un «trou» dans la couche d'ozone au-dessus du pôle Sud; les CFC pourraient en être les responsables.

Les pluies acides
Certains composés chimiques, tels les oxydes d'azote et l'anhydride sulfureux, se transforment dans l'atmosphère en acide sulfurique et en acide nitrique. Ces deux acides se dissolvent dans les gouttelettes des nuages et retombent au sol à l'occasion de pluies ou de brouillards. Dans certaines régions, ces pluies acides contaminent les eaux des lacs et des cours d'eau et contribuent au dépérissement des forêts.

Les pots à catalyse
En brûlant dans les moteurs automobiles, l'essence produit des gaz d'échappement qui contiennent en particulier du soufre et un gaz toxique, le monoxyde de carbone. Les pots d'échappement catalytiques sont constitués d'alvéoles qui contiennent du platine, du palladium et du rhodium. Ces métaux rares ont la propriété de transformer les produits toxiques des gaz d'échappement en eau et en gaz carbonique.

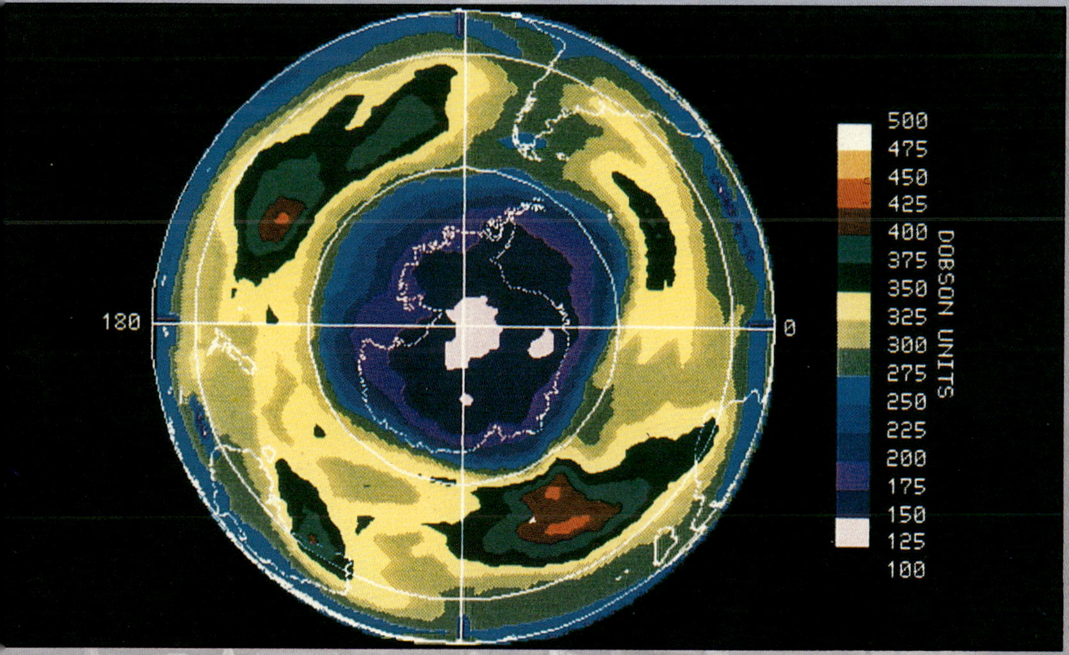

Le trou d'ozone vu à la hauteur du pôle Sud. Pris par le satellite Nimbus en septembre 1987, ce cliché montre, au centre, une tache claire signalant la minceur anormale à cet endroit de la couche d'ozone qui englobe la Terre.

Le monde de demain

Les grands projets de recherches, qui mobilisent des milliers de scientifiques, concernent en premier lieu les technologies nouvelles, mais aussi les domaines plus proches du rêve comme ceux de l'exploration de l'espace et du monde infiniment petit des particules élémentaires. Toutefois, les scientifiques doivent aussi résoudre les graves problèmes qui se posent à l'aube du XXIe siècle, comme celui de la pollution du globe terrestre.

L'intelligence des ordinateurs

Dans le domaine de l'intelligence artificielle, les biologistes collaborent avec les électroniciens et informaticiens. Les premiers s'intéressent au cerveau humain, qui reste encore mystérieux ; les seconds ne ménagent pas leurs efforts pour construire de nouveaux ordinateurs beaucoup plus puissants, dits de cinquième génération.
Le but de ces recherches est de créer une machine qui fonctionnerait à l'image du cerveau. Les premières recherches portent sur la miniaturisation encore plus poussée des circuits électroniques.

La bioélectronique

Les progrès réalisés par l'électronique permettent déjà de greffer sur l'homme des microcircuits : par exemple des récepteurs radio miniaturisés peuvent être implantés dans l'oreille d'un sourd et reliés directement au nerf auditif.
On envisage la possibilité de réaliser des muscles artificiels grâce aux alliages à « mémoire de forme » : ces nouveaux composés de titane-nickel ou or-cadmium ont la propriété de reprendre une forme particulière lorsqu'on les réchauffe.

L'observation des « premiers instants » de l'univers

Les programmes astronomiques prévoient le lancement de sondes spatiales qui continueront l'exploration des planètes du système solaire.
Des télescopes placés sur orbite autour de la Terre pourront détecter des étoiles bien plus lointaines que celles que nous connaissons aujourd'hui. Grâce aux propriétés de la lumière, ils permettront de voir des astres tels qu'ils étaient lors du big bang et de mieux comprendre la formation de l'univers.

Quelques grands programmes pour l'an 2000

La connaissance du monde dépendra des résultats de certains grands programmes scientifiques :

- le programme Géoscope étudie les profondeurs du globe terrestre; ses stations sismologiques, réparties dans le monde entier, enregistreront les tremblements de terre pendant de longues années;
- l'envoi d'un télescope spatial chargé de découvrir les conditions de l'évolution de l'univers;
- le programme Global Change étudiera l'atmosphère terrestre et effectuera une analyse précise de la couche d'ozone.

Les supraconducteurs
Les supraconducteurs doivent être refroidis à très basse température avec de l'hélium ou de l'azote liquide : cette contrainte s'oppose à leur large utilisation. La découverte de nouveaux matériaux supraconducteurs, qui ne nécessiteraient plus un tel refroidissement, apporterait des bouleversements considérables. Par exemple, ils rendraient possible la fabrication d'électro-aimants puissants pour des trains à lévitation magnétique.

Les mystères de la matière
Quels sont les constituants ultimes de la matière ? Existe-t-il une force unique qui régit le monde ? Telles sont les principales questions que se posent les physiciens des particules élémentaires. Les réponses pourraient surgir grâce aux énormes accélérateurs de particules. Le CERN, à Genève, vient d'achever la construction du LEP, gigantesque anneau de 27 km de long. Mais d'autres, plus imposants encore, seront peut-être nécessaires.

La fusion thermonucléaire
Dans les centrales nucléaires, les réactions de fission produisent de l'énergie en cassant les noyaux lourds d'uranium. Les centrales de demain pourraient utiliser la fusion qui, au contraire, fournit de l'énergie en assemblant des noyaux atomiques légers, comme ceux de l'hydrogène. De telles réactions de fusion ont lieu dans les étoiles ; elles dégagent plus d'énergie que les réactions de fission et, surtout, ne produisent pas de déchets radioactifs.

Le Tore-supraconducteur, construit au centre d'études nucléaires de Cadarache, en France, est un électro-aimant extrêmement puissant destiné à l'étude de la fusion thermonucléaire.

LANGUE ET LITTÉRATURE

Avant même que l'homme ne maîtrise l'écriture, il faisait le récit de ses origines sous forme de légendes. Beaucoup plus tard, quand les manuscrits ont quitté les ateliers de copistes des monastères pour les imprimeries, l'homme a su trouver dans le livre l'outil indispensable à l'exercice de sa liberté intellectuelle. Ainsi, en Europe, les peuples ont vu dans l'édition en langue populaire une façon d'exprimer leur originalité ou leur esprit d'indépendance régionale ou nationale. Car une langue est une longue histoire dont les mots et les phrases sont les témoins.

Les grandes œuvres de la littérature mondiale

Auteur	Œuvre	Pays	Date
Anonyme	*Mille et une nuits*	Orient arabe	Xe s.
Chrétien de Troyes	*Lancelot du lac*	France	1168
Bérout	*Tristan et Iseut*	France	1170
Roger Bacon	*Opus majus*	Angleterre	1265
Jean de Meung	*Le Roman de la Rose*	France	1275
Anonyme	*Le Roman de Renart*	France	fin XIIe siècle
Dante	*La Divine Comédie*	Italie	1307-1321
Boccace	*Le Décaméron*	Italie	1348
Anonymes	*La Chanson des Nibelungen*	Allemagne	début XIIIe siècle
François Villon	*Le Testament*	France	1461

Auteur	Œuvre	Pays	Date
François Rabelais	*Vie inestimable du grand Gargantua*	France	1534
Joachim du Bellay	*Les Regrets*	France	1558
Pierre de Ronsart	*Les Discours*	France	1560-1563
Luis de Camoes	*Les Lusiades*	Portugal	1572
Miguel de Cervantes	*Don Quichotte*	Espagne	1605
Pierre Corneille	*Le Cid*	France	1637
Molière	*Dom Juan*	France	1665
Nicolas Boileau	*Satires*	France	1666
Jean de La Fontaine	*Fables (livres I à IV)*	France	1668
Jean Racine	*Phèdre*	France	1677
Mme de La Fayette	*La Princesse de Clèves*	France	1678
Daniel Defoe	*Robinson Crusoé*	Angleterre	1719
Jonathan Swift	*Les Voyages de Gulliver*	Irlande	1726
Voltaire	*Candide*	France	1759
Jean-Jacques Rousseau	*Julie ou la Nouvelle Héloïse*	France	1761
Denis Diderot	*Le Neveu de Rameau*	France	1762

Auteur	Œuvre	Pays	Date
Goethe	*Les Souffrances du jeune Werther*	Allemagne	1774
Akinari	*Contes de pluie et de lune*	Japon	1776
Choderlos de Laclos	*Les Liaisons dangereuses*	France	1782
Cao Xuequin	*Le Rêve dans le pavillon rouge*	Chine	1791
René de Chateaubriant	*René*	France	1802
Walter Scott	*Ivanhoé*	Grande-Bretagne	1820
Alphonse de Lamartine	*Méditations poétiques*	France	1820
Percy Shelley	*Prométhée délivré*	Grande-Bretagne	1820
Alessandro Manzoni	*Les Fiancés*	Italie	1825
Fenimore Cooper	*Le Dernier des Mohicans*	États-Unis	1826
Stendhal	*Le Rouge et le Noir*	France	1830
Honoré de Balzac	*Eugénie Grandet*	France	1833
Alfred de Vigny	*Chatterton*	France	1835
Edgar Poe	*Histoires extraordinaires*	États-Unis	1840
Eugène Sue	*Les Mystères de Paris*	France	1843
Alexandre Dumas	*Les Trois Mousquetaires*	France	1844
Emily Brontë	*Les Hauts de Hurlevent*	Grande-Bretagne	1847
Charles Dickens	*David Copperfield*	Grande-Bretagne	1849
Harriett Beecher Stowe	*La Case de l'oncle Tom*	États-Unis	1852
Gustave Flaubert	*Madame Bovary*	France	1857
Charles Baudelaire	*Les Fleurs du mal*	France	1857
Victor Hugo	*Les Misérables*	France	1862
Lewis Carroll	*Alice au pays des merveilles*	Grande-Bretagne	1865

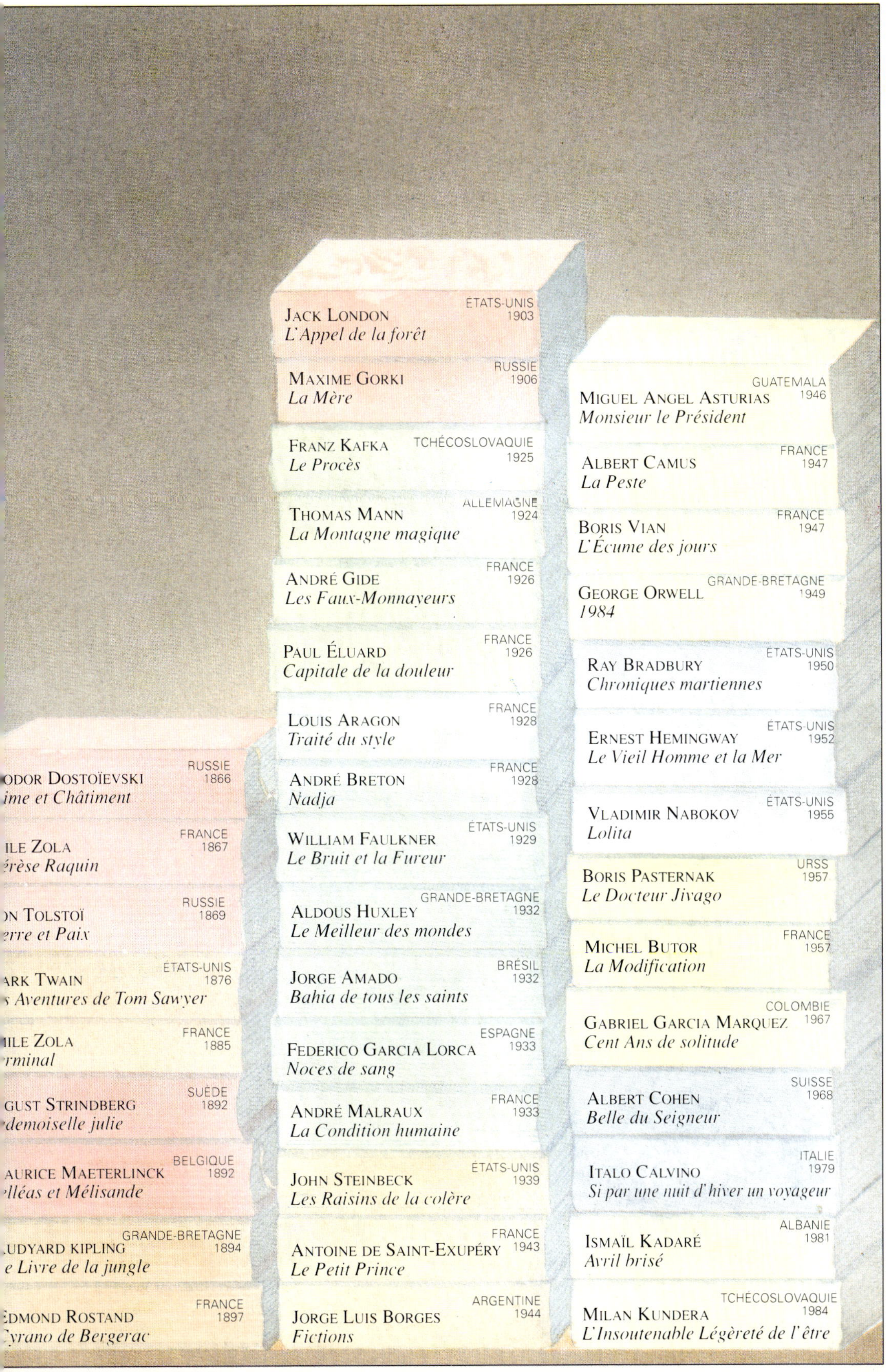
ODOR DOSTOÏEVSKI RUSSIE 1866 ime et Châtiment
ILE ZOLA FRANCE 1867 érèse Raquin
ON TOLSTOÏ RUSSIE 1869 erre et Paix
ARK TWAIN ÉTATS-UNIS 1876 s Aventures de Tom Sawyer
MILE ZOLA FRANCE 1885 rminal
GUST STRINDBERG SUÈDE 1892 demoiselle julie
AURICE MAETERLINCK BELGIQUE 1892 lléas et Mélisande
UDYARD KIPLING GRANDE-BRETAGNE 1894 e Livre de la jungle
EDMOND ROSTAND FRANCE 1897 Cyrano de Bergerac
JACK LONDON ÉTATS-UNIS 1903 L'Appel de la forêt
MAXIME GORKI RUSSIE 1906 La Mère
FRANZ KAFKA TCHÉCOSLOVAQUIE 1925 Le Procès
THOMAS MANN ALLEMAGNE 1924 La Montagne magique
ANDRÉ GIDE FRANCE 1926 Les Faux-Monnayeurs
PAUL ÉLUARD FRANCE 1926 Capitale de la douleur
LOUIS ARAGON FRANCE 1928 Traité du style
ANDRÉ BRETON FRANCE 1928 Nadja
WILLIAM FAULKNER ÉTATS-UNIS 1929 Le Bruit et la Fureur
ALDOUS HUXLEY GRANDE-BRETAGNE 1932 Le Meilleur des mondes
JORGE AMADO BRÉSIL 1932 Bahia de tous les saints
FEDERICO GARCIA LORCA ESPAGNE 1933 Noces de sang
ANDRÉ MALRAUX FRANCE 1933 La Condition humaine
JOHN STEINBECK ÉTATS-UNIS 1939 Les Raisins de la colère
ANTOINE DE SAINT-EXUPÉRY FRANCE 1943 Le Petit Prince
JORGE LUIS BORGES ARGENTINE 1944 Fictions
MIGUEL ANGEL ASTURIAS GUATEMALA 1946 Monsieur le Président
ALBERT CAMUS FRANCE 1947 La Peste
BORIS VIAN FRANCE 1947 L'Écume des jours
GEORGE ORWELL GRANDE-BRETAGNE 1949 1984
RAY BRADBURY ÉTATS-UNIS 1950 Chroniques martiennes
ERNEST HEMINGWAY ÉTATS-UNIS 1952 Le Vieil Homme et la Mer
VLADIMIR NABOKOV ÉTATS-UNIS 1955 Lolita
BORIS PASTERNAK URSS 1957 Le Docteur Jivago
MICHEL BUTOR FRANCE 1957 La Modification
GABRIEL GARCIA MARQUEZ COLOMBIE 1967 Cent Ans de solitude
ALBERT COHEN SUISSE 1968 Belle du Seigneur
ITALO CALVINO ITALIE 1979 Si par une nuit d'hiver un voyageur
ISMAÏL KADARÉ ALBANIE 1981 Avril brisé
MILAN KUNDERA TCHÉCOSLOVAQUIE 1984 L'Insoutenable Légèreté de l'être

Où sont nés les grands écrivains français?

De la Normandie à la Bourgogne et des Ardennes aux Pyrénées, chaque terre de France a vu naître des grands noms de la littérature nationale. Certains ont produit par l'évocation de leur terroir des œuvres fortes, comme Marcel Pagnol ou Guy de Maupassant. Pour d'autres, le lien avec leur région natale s'est révélé plus fragile dès que les hasards de la vie les ont transportés vers la capitale.

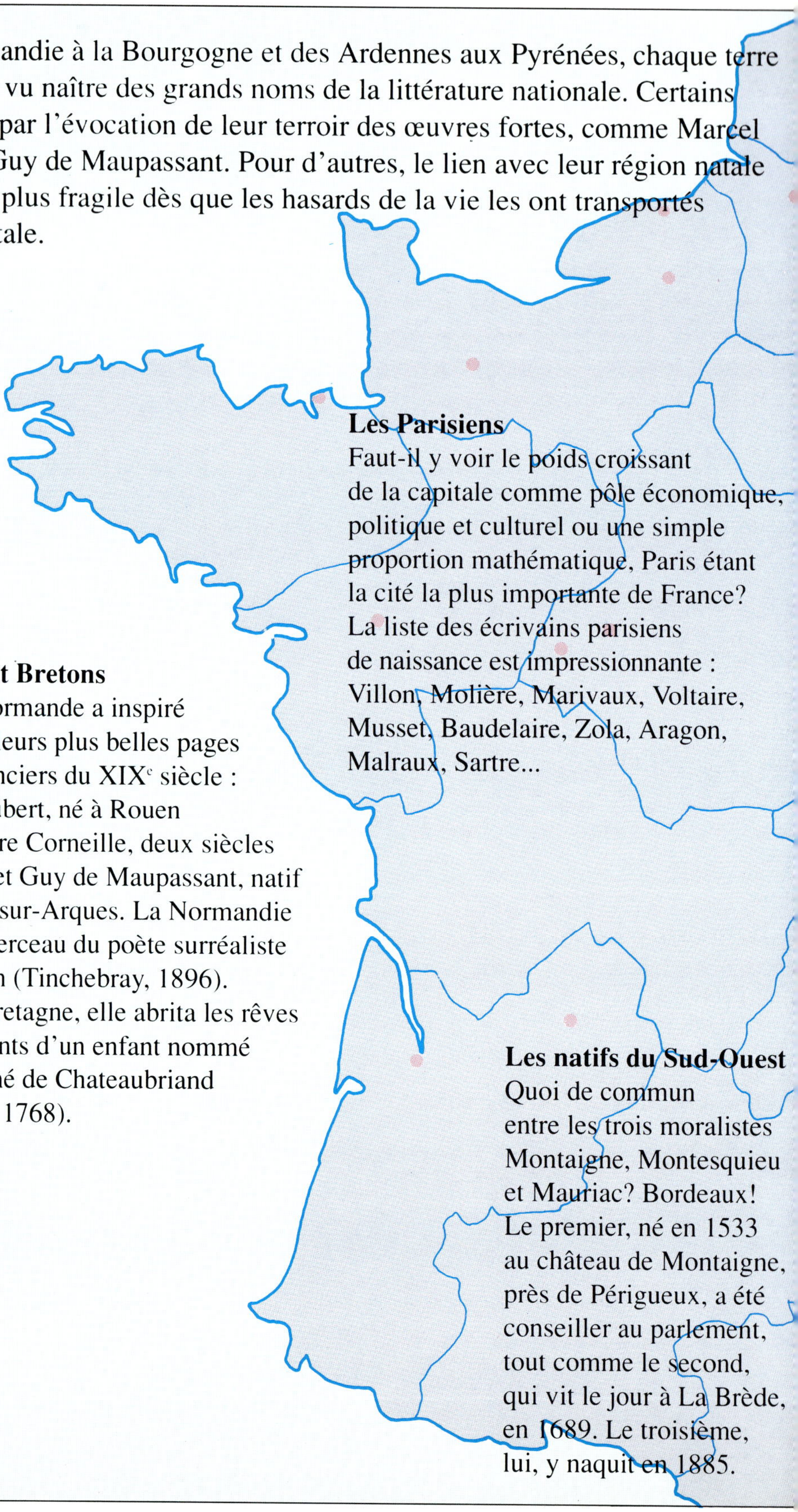

Les Parisiens
Faut-il y voir le poids croissant de la capitale comme pôle économique, politique et culturel ou une simple proportion mathématique, Paris étant la cité la plus importante de France? La liste des écrivains parisiens de naissance est impressionnante : Villon, Molière, Marivaux, Voltaire, Musset, Baudelaire, Zola, Aragon, Malraux, Sartre...

Normands et Bretons
La société normande a inspiré certaines de leurs plus belles pages à deux romanciers du XIXe siècle : Gustave Flaubert, né à Rouen (comme Pierre Corneille, deux siècles auparavant) et Guy de Maupassant, natif de Tourville-sur-Arques. La Normandie fut aussi le berceau du poète surréaliste André Breton (Tinchebray, 1896). Quant à la Bretagne, elle abrita les rêves et les tourments d'un enfant nommé François-René de Chateaubriand (Saint-Malo, 1768).

Les natifs du Sud-Ouest
Quoi de commun entre les trois moralistes Montaigne, Montesquieu et Mauriac? Bordeaux! Le premier, né en 1533 au château de Montaigne, près de Périgueux, a été conseiller au parlement, tout comme le second, qui vit le jour à La Brède, en 1689. Le troisième, lui, y naquit en 1885.

e la Manche à la Lorraine
es régions du nord et de l'est
e la France ont donné à l'Hexagone
es écrivains aussi différents que
a Fontaine (Château-Thierry, 1621),
ean Racine (La Ferté-Millon, 1639),
'hoderlos de Laclos (Amiens, 1741),
aul Verlaine (Metz, 1844), Arthur
imbaud, l'enfant le plus célèbre
e Charleville-Mézières (1854),
Paul Claudel (Villeneuve-sur-
ère, 1868).

De la Franche-Comté aux Alpes
Besançon peut se flatter d'être la ville natale de Victor Hugo, qui y est né en 1802. Un siècle plus tôt, en 1713, Diderot avait vu le jour en Haute-Marne, à Langres, à la limite de la Franche-Comté.
Mâcon la bourguignonne fut le berceau de Lamartine (1790) et, plus au sud, Grenoble fut celui de Stendhal (1783).

es écrivains de la «doulce France»
es pays de Loire, qui abritaient alors
ans leurs châteaux les cours royales,
nt vu naître trois des plus grands
crivains de la Renaissance :
abelais, qui poussa son premier cri
La Devinière, près de Chinon (1494),
u Bellay, natif du village de Liré
522), dont il chante les louanges
ans un poème célèbre *(Heureux
ui comme Ulysse...)*, et Ronsard,
riginaire du Vendômois (1524).
a Touraine est aussi la patrie
u philosophe Descartes (1596)
de Balzac (1799), qui évoque
ours dans plusieurs de ses romans.

Languedoc et Provence
Depuis les troubadours, et même si ils durent abandonner la langue d'oc originelle pour la langue d'oïl du nord, la Provence et le Languedoc ont toujours su apporter à la littérature française une tonalité différente et une sensualité qui caractérisent aussi bien le poète Ponge (Montpellier, 1899), que les romanciers Valéry (Sète, 1871), Pagnol (Aubagne, 1895) ou Giono (Manosque, 1895).

Des grands noms de la littérature mondiale

Chaque civilisation, chaque communauté unie par une même langue possède ses textes fondateurs. Il s'agit souvent d'écrits anonymes transcrivant des mythes, ou encore de récits religieux.
Puis vient l'écrivain, celui qui rompt avec la tradition littéraire, ouvre la voie à l'imaginaire, affirme sa vision des choses, présente les sentiments humains confrontés aux multiples facettes de la vie.

Grèce : le mythique Homère

Qui était Homère? Nul ne le sait, même si la légende en fait un aveugle.
On a ainsi baptisé le ou les auteurs de *l'Iliade* et *l'Odyssée*, qui aurai[en]t vécu au IXe ou au VIIIe siècle av. J.-C.
Son œuvre allait servir de modèle à tous les récits héroïques grecs et latins.

Simplicité et élégance sont les vertus de la peinture comme de la poésie chinoise de l'époque des Han. Ici, une peinture de Gu Kaizhi (IVe siècle apr. J.-C.).

Chine : l'ombre de Confucius et Lao-Tseu

Sous l'influence de la pensée de Confucius *(Livre des mutations)* et de Lao-Tseu *(Livre de la vertu et de sa voie)*, la poésie chinoise illustre la relation qui unit l'homme à la nature.
Chaque époque produisit une poésie d'inspiration paysanne dont l'âge d'or se situe à l'époque Tang (VIIe-Xe siècle apr. J.-C.).

Conteurs arabes et poètes persans

Un des plus grands auteurs arabes restera sans doute à jamais anonyme : c'est celui (ou ceux) qui rédigea *les Mille et Une Nuits*, autour du Xe siècle de notre ère.
Plus loin vers l'Orient, la poésie persane prenait son essor : Omar Khayyam (XIe-XIIe siècle) chantait les plaisirs éphémères, ouvrant la voie à Hafiz (XIVe siècle).

Miniature persane tirée du *Livre des merveilles du monde*, du poète Qazivini (XVIe siècle).

Dante, père de la poésie italienne

L'Italie littéraire puise ses sources chez les auteurs latins.
Mais le fondateur de la poésie en langue italienne est Dante Alighieri (1265-1321). Son chef-d'œuvre, *la Divine Comédie* (divisée en trois parties : *l'Enfer, le Purgatoire* et *le Paradis*) immortalise la figure de Béatrice, allégorie de la foi et de l'Église.

)on Quichotte
st né en Espagne...
;i l'on devait ne retenir
u'un nom de romancier
spagnol, ce serait celui
le Miguel de Cervantès
1547-1616), le génial
nventeur du chevalier
)on Quichotte
le La Manche.
\ la fois homme
le guerre et écrivain,
Cervantès a inventé la
orme du roman moderne,
el qu'il est pratiqué dans
a littérature occidentale.

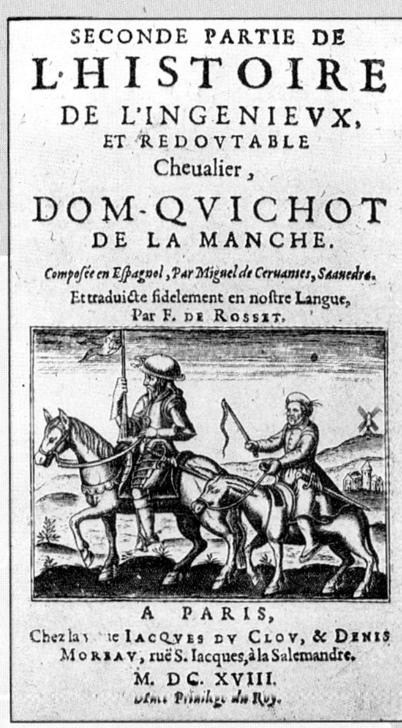

SECONDE PARTIE DE
L'HISTOIRE
DE L'INGENIEVX,
ET REDOVTABLE
Cheualier,
DOM-QVICHOT
DE LA MANCHE.
Composée en Espagnol, Par Miguel de Ceruantes, Saauedra.
Et traduicte fidelement en nostre Langue,
Par F. de Rosset.
A PARIS,
Chez la [illegible] le Iacqves dv Clov, & Denis
Moreav, ruë S. Iacques, à la Salemandre.
M. DC. XVIII.
Auec Priuilege du Roy.

La page de titre de l'une
des premières traductions
en français de *Don Quichotte*.

De Shakespare
à Edgar Poe
Le plus grand des dramaturges, William Shakespeare, domine la littérature anglaise (*Hamlet*, 1601, *le Roi Lear*, 1606). Mais il faut aussi compter avec Daniel Defoe (*Robinson Crusoé*, 1719), Jonathan Swift (*Gulliver*, 1726), Charles Dickens (*David Copperfield*, 1849), ainsi qu'avec Edgar Poe (*Histoires extraordinaires*, 1840), ce fils américain de la littérature anglaise.

ɜoethe et Kafka, pôles
les lettres allemandes
Quoi de plus opposé
que les figures de Goethe,
grand bourgeois
le Francfort, et de Franz
Kafka, juif tchèque né
ı Prague? Pourtant, tous
leux écrivent en allemand
:t tous deux vont
)ouleverser, à deux
iècles de distance,
a littérature de leur
emps. Le premier va
nsuffler le romantisme
ı toute l'Europe
les Souffrances du jeune
Verther, 1774), le second
/a annoncer des sociétés
nquiétantes, dominées
)ar une bureaucratie
ıbsurde et étouffante
le Procès, 1925).

Une illustration du roman
le Château, réalisée par l'auteur,
le Tchèque d'expression allemande
Franz Kafka.

Les peintres
de l'âme russe
Pouchkine, aussi brillant poète (*Eugène Onéguine*, 1833) que romancier (*la Dame de pique*, 1833), a inauguré une tradition reprise par tous les grands écrivains russes du XIXe siècle, un intérêt conjoint pour la politique et la littérature : tout comme Dostoïevski (*Crime et Châtiment*, 1866) et Tolstoï (*Guerre et Paix*, 1869, et *Anna Karénine*, 1877). Le théâtre sera marqué par Anton Tchekhov (*la Cerisaie*, 1904).

Les grands genres littéraires

L'histoire de la littérature est aussi celle de ses genres : au cours des siècles et selon les traditions culturelles, des règles particulières à chacun d'entre eux se sont imposées. Au XVIIe siècle, en France par exemple, ces règles étaient devenues de véritables obligations : chaque forme littéraire (tragédie, comédie poésie...) était tenue par des lois précises qu'elle ne pouvait enfreindre. Au XIXe siècle, le grand vent libérateur du romantisme a fait voler ces carcans en éclats. Mais malgré maintes remises en cause, trois grands genres ont subsisté dans le domaine de la fiction : le roman, le théâtre, la poésie.

La démarche romanesque

Qu'est-ce qu'un roman? Le récit d'une fiction, d'une histoire inventée. Le plus souvent, il ne vise qu'à distraire : durant quelques heures, il va arracher le lecteur à ses soucis quotidiens. Mais tout roman ambitieux révèle un projet plus vaste : prendre le relais de la mythologie. Comme elle, il essaie de rendre compte d'une société et de ses valeurs fondatrices. Comme elle encore, il crée des personnages symboliques de la condition humaine qui, de Don Quichotte à Robinson Crusoé, hantent désormais notre imaginaire.

Héros de roman, Robinson Crusoé est le prototype de l'exercice solitaire de la liberté et de la maîtrise de la nature grâce à l'intelligence et à la technique.

a poésie
éritier du chant, l'art poétique fut
ngtemps gouverné par les règles
: la versification. En France,
commença à s'en libérer au XIXe siècle
:âce à Baudelaire qui donna ses lettres
: noblesse au poème en prose...
Iais versifiée ou non, la poésie suit
ujours la même démarche : explorer
:s ressources du langage et lui
npruntier tous ses pouvoirs,
1 se faisant tour à tour explicative,
nouvante, évocatrice, incantatoire...
ela la rend difficilement traduisible :
omment restituer un jeu de mots,
ne image, un choc de sonorité propres
une langue précise?

'œuvre théâtrale
n principe, la pièce de théâtre n'est
as conçue pour être lue dans l'intimité,
aais pour être jouée par des acteurs.
.ussi, pendant longtemps, les auteurs
ramatiques ont-ils dû construire
ntrigues et dialogues en prenant
1 compte certains impératifs de mise
1 scène. Le XVIIe siècle exigeait
: respect de la triple unité de lieu,
e temps et d'action.
.u XIXe siècle, les romantiques
nt balayé ces conventions, auxquelles
Iusset donna le coup de grâce en créant
es drames *(Lorenzaccio)* qu'il affirmait
injouables». Au XXe siècle, Claudel
ui emboîta le pas avec *le Soulier*
e satin, qui hésite entre théâtre et poésie.

Le personnage d'Hamlet est un des héros les plus importants de la tragédie classique. Victime de sa propre vengeance, Hamlet est le symbole de l'indécision humaine face à son destin.

Essais et autobiographies
Avec l'apparition de l'humanisme à la Renaissance, l'écrivain mit en avant sa propre personnalité. Écrire pour raconter sa vie ou ses sentiments a engendré deux nouvelles formes littéraires. Montaigne, avec ses *Essais,* a fait école : toute réflexion personnelle un peu libre sur un sujet sera désormais appelée «essai».
L'autobiographie a été inventée par Rousseau qui proclamait dans ses *Confessions* : «Je veux montrer un homme dans toute la vérité de la nature, et cet homme, ce sera moi.»

Le pamphlet, littérature de combat
L'écrivain s'est ensuite engagé dans des combats. Il a alors volontiers recours au pamphlet, une attaque énergique contre les puissants ou les lâchetés de ses contemporains. Un des pamphlets les plus célèbres est celui de Victor Hugo dirigé contre Napoléon III, *Napoléon le Petit*.

Les mythes et légendes grecs

Qu'est-ce qu'un mythe? Un récit qui rend compte de ce qui reste imperméabl à la raison humaine : les mystères des commencements du monde, les secrets des comportements des hommes.
La mythologie grecque a nourri l'imaginaire occidental : la littérature européenne n'a cessé d'y puiser son inspiration et de lui emprunter ses figures les plus marquantes, d'Œdipe à Médée et d'Iphigénie à Oreste.

Mythe et tragédie
Récit aux multiples variantes, le mythe expose ce qui ne peut être expliqué : l'origine du monde (cosmogonie), la généalogie des dieux (théogonie), les conflits entre les volontés divines et humaines, la naissance des cités...
Transmis oralement, il fournit la matière des premiers écrits : en Grèce, les personnages mythiques prirent une nouvelle dimension avec la littérature épique d'Homère, puis avec la tragédie, qui connut son âge d'or pendant la splendeur d'Athènes au Ve siècle av. J.-C. Représentées pendant les fêtes sacrées, les tragédies remplissaient une fonction religieuse : elles devaient susciter la crainte des dieux et la pitié.

Œdipe répondant aux questions du Sphinx. C'est le héros tragique le plus célèbre de la mythologie grecque. Il symbolise tout à la fois l'impuissance et la responsabilité de l'homme face à son destin.

Edipe, ou la fatalité
.orsque Œdipe naît, l'oracle
e Delphes, interprète du dieu
pollon, annonce que l'enfant va tuer
on père et épouser sa mère. Le bébé
st abandonné à la naissance et tenu
our mort par ses parents.
Mais il survécut et, à la suite
e circonstances dramatiques,
a prédiction va s'accomplir : Œdipe
eviendra le meurtrier de son père
.aïos et l'époux de sa mère Jocaste.
Pour les Grecs, la leçon était claire :
uoi qu'ils fassent pour lutter contre
e sort, les hommes n'échappent
as à leur destin.

Prométhée, bienfaiteur de l'humanité
Si l'humanité devait rendre hommage à une création de la mythologie grecque, ce serait Prométhée. Ce titan (descendant du Ciel et de la Terre) déroba le feu aux dieux pour le donner aux hommes. Un méfait que Zeus ne lui pardonna pas : Prométhée fut enchaîné à un rocher et condamné à se faire dévorer le foie par un aigle pour l'éternité.
Bienfaiteur des hommes, Prométhée est aussi l'image de l'orgueil. Il incarne le savant qui, en volant ses secrets à la divinité, usurpe le rôle des maîtres du monde et oublie sa condition de mortel.

Antigone l'intransigeante
Antigone ou l'image du refus : refus
le la tyrannie, refus de la compromission.
Au péril de sa vie, l'obstinée fille
d'Œdipe va rendre les honneurs
funèbres à son frère Polynice tombé
au combat.
Elle sait ce qu'elle risque : Créon, roi
de Thèbes, a formellement interdit
que ce traître qui a porté les armes
contre sa patrie soit enterré. Antigone
mourra pour avoir préféré les morts aux
vivants, sa conscience à la raison d'État
et les lois divines aux lois des hommes.

Tiré d'une pièce de Sophocle, le personnage d'Antigone a été repris par différents auteurs, tant étrangers (l'Italien Alfieri) que français (Jean de Rotrou au XVIIe siècle et, plus près de nous, Jean Anouilh et Jean Cocteau).

La Rome littéraire

Peuple paysan et guerrier, les Romains étaient fascinés par la culture des Grecs, infiniment plus brillante que la leur. La littérature latine doit beaucoup à la littérature grecque : ses genres, ses thèmes, ses sujets. Seul le genre satirique est spécifiquement romain, manié avec talent par Horace, Martial *(Épigrammes)* ou Juvénal.
Mais Rome se méfiait de la pratique des arts qui entraîna à ses yeux la décadence d'Athènes. Aussi encouragea-t-elle une littérature civique, d'abord préoccupée des valeurs et de l'avenir de la cité. Une crainte justifiée : l'Empire romain s'effondrera, entre autres raisons, lorsqu'il délaissera les vertus militaires au profit des plaisirs décrits par Pétrone dans le *Satiricon*.

Cicéron, ou l'éloquence civique
Brillant avocat, Cicéron sera à la fois un grand orateur et un maître de la correspondance. Son art du bien-dire, la rhétorique, marquera les générations jusqu'au XIXe siècle : discours minutieusement construits, arguments énumérés dans un ordre précis, phrases rythmées de façon à soutenir (ou réveiller) l'attention du spectateur...
Modèle de classicisme, la rhétorique de Cicéron n'est pas un art gratuit : elle veut persuader ceux à qui elle s'adresse, jurés dans un procès, électeurs lorsqu'il brigue un mandat ou simplement amis dans ses lettres.

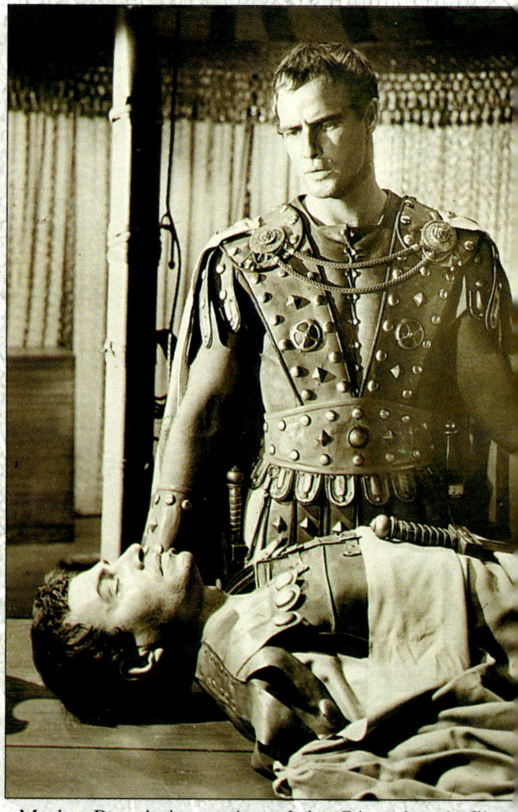
Marlon Brando interprétant *Jules César* dans le film de Mankiewicz tiré de la pièce de Shakespeare.

D'autres œuvres latines

- Lucrèce : *De natura rerum* (De la nature)
- Horace : *Odes*
- Ovide : *l'Art d'aimer* et *les Métamorphoses*
- Pétrone : *Satiricon*
- Suétone : *Vie des douze Césars*

ésar, ou l'art du récit militaire
.es *Commentaires de la guerre des Gaules* e sont pas la chronique d'un historien, mais ne œuvre de propagande : Jules César les a écrits vant de se présenter à un nouveau consulat. entendait vanter, à la troisième personne, es exploits guerriers et sa victoire sur Vercingétorix. 'ourtant, ce patricien né dans une vieille famille omaine ne cède jamais à la facilité : pas de pittoresque, as de fioritures. Une narration précise, claire, ù seuls sont mentionnés les éléments indispensables la compréhension du récit : situation des lieux, éplacement des troupes...

Une scène du film *Satyricon*. L'œuvre de Pétrone a inspiré le grand réalisateur italien Federico Fellini.

acite et l'histoire
ome se passionna constamment pour son histoire, uitte à l'inventer — ce fut la tâche des poètes — i elle restait obscure. Mais elle suscita aussi ne véritable école historique, dont Tacite fut n des meilleurs représentants.
)ans ses *Annales*, il peint une Rome déjà décadente, ouvernée par des empereurs incapables ou fous, ui avaient nom Tibère ou Néron. Soucieux des détails, e récit de Tacite est riche d'enseignements sur es personnages, la vie quotidienne et les mœurs le cette époque.

Virgile, ou l'épopée
Les douze chants de l'*Énéide*, poème que son auteur, Virgile, avait souhaité détruire, content l'histoire d'Énée, prince troyen qui dut fuir sa ville au moment de l'assaut des Grecs, et qui vint s'établir en Italie après un long périple. Ses descendants auraient fondé Rome...
Avec *l'Énéide*, Virgile donnait ses lettres de noblesse à la poésie épique latine. L'empereur Auguste en fit une épopée nationale qui a été pour Rome ce que *l'Iliade* et *l'Odyssée* étaient aux Grecs.

La littérature médiévale : troubadours et trouvères

Contemporain des croisades, qui permirent aux poésies arabe et chrétienne de s'enrichir mutuellement, l'art des troubadours exalte des valeurs qui témoignent d'une civilisation raffinée : délicatesse, douceur, respect d'autrui. Cette façon de vivre et la littérature qu'elle suscite seront dites «courtoises». Un mot dont le XXe siècle a oublié les origines, mais qui évoque toujours une politesse exquise.

Langue d'oc et langue d'oïl

Oc et oïl, deux façons de dire oui : au Moyen Age, la première est comprise dans le sud de la France, la seconde dans le nord. Les troubadours sont des poètes de cour qui s'expriment en langue d'oc. Ils sont issus de milieux divers : noble comme Guillaume de Poitiers (1071-1127) ou fils de domestique comme Bernard de Ventadour (seconde moitié du XIIe siècle). Les trouvères reprendront avec un siècle de retard la forme poétique créée par les troubadours, mais en langue d'oïl, ancêtre du français.

Le Dialogue du trouvère et de la demoiselle sous l'arbre d'amour. Miniature du XIIIe siècle.

Amour et poésie courtoise

Les troubadours récitaient des œuvres en chantant dans les cours des grands seigneurs. Principal thème : l'«amour courtois». C'est l'amour impossible d'un vassal (le troubadour) pour une femme mariée, socialement supérieure (la châtelaine). Il ne pourra la conquérir que par de multiples attentions et par un discours d'hommage à l'être aimé. Les troubadours créèrent de multiples formes poétiques, certaines très hermétiques (comme le *trobar clus*, inventé par le troubadour Marcabru au XIe siècle) d'autres plus accessibles (le *trobar ric*).

Tristan et Iseut» :
:e l'amour courtois à l'amour fatal

'uisée dans un fonds celtique, l'histoire e *Tristan et Iseut* raconte la passion ui unit Iseut, épouse du roi Marc, u chevalier Tristan. Provoqué ·ar un philtre magique, cet amour, placé ous le signe de la fatalité, se terminera ragiquement.

l ne nous reste plus en ancien français ue deux récits, incomplets, de *Tristan t Iseut* : celui de Béroul et celui le Thomas. Cette légende a inspiré les poètes du XIIe siècle, comme Marie le France, auteur d'un recueil de lais poèmes lyriques).

Chrétien de Troyes,
premier romancier connu

L'art courtois a influencé une nouvelle sorte de littérature : le roman, avec Chrétien de Troyes (vers 1135-1185). Ses récits sont inspirés des légendes bretonnes évoquant les chevaliers de la Table ronde et la cour du roi Arthur. Le romancier crée les personnages de Lancelot du Lac dans *le Chevalier à la charrette* et de Perceval, jeune homme au cœur pur, dans *le Conte du Graal*. Peu à peu, son œuvre s'orientera, au nom de la morale chrétienne, vers une condamnation de l'amour courtois.

Le «Roman de la Rose»,
ou l'attente amoureuse

Constitué de deux parties écrites à quarante ans d'intervalle par Guillaume de Lorris, puis par Jean de Meung, le *Roman de la Rose* conte une aventure amoureuse. Illustration de l'amour courtois, ce roman met en valeur les souffrances ressenties par l'amant dans l'attente indéfinie de réaliser son désir.

_a chanson de geste

_es chansons de geste lécrivent les aventures de néros légendaires (Raoul, es Quatre Fils Aymon, :tc.) ou historiques Charlemagne, Roland, :tc.). Elles ont donné plus ard naissance au roman le chevalerie.

Arletty et Alain Cuny, les troubadours des *Visiteurs du soir*, film de Marcel Carné (1942).

La littérature médiévale : farces et fabliaux

Deux pouvoirs très puissants s'exerçaient au Moyen Age : celui du roi ou des grands seigneurs sur leurs vassaux ou sur leurs serfs; celui de l'Église catholique sur les fidèles.
Cette double pression sociale et religieuse a suscité par réaction une force de dérision qui s'exprimait chaque année dans les carnavals. A cette occasion, le public applaudissait les spectacles comiques (satires, farces, fabliaux et sotties) qui mettaient en scène non des héros mais des personnages simples triomphant de l'existence par la ruse, la fourberie ou le bon sens.

Les genres comiques
Il existe déjà de la littérature comique : le *Roman de Renart*, texte écrit en octosyllabes (vers de huit syllabes), en est la meilleure preuve. Mais cette littérature n'atteint qu'une élite cultivée. Fabliaux et farces, eux, peuvent toucher l'immense majorité du peuple analphabète.
Les premiers sont récités sur les places publiques par des jongleurs montés sur des tréteaux. Les secondes, minipièces de théâtre, sont interprétées par plusieurs acteurs et contiennent des éléments comiques de mise en scène : poursuites, bastonnades...

Le «Roman de Renart»
Rédigé aux XIIe et XIIIe siècles par plusieurs auteurs, le *Roman de Renart* tourne en ridicule les défauts des êtres humains, dépeints sous les traits d'animaux. Confrontés aux mêmes problèmes, soumis aux mêmes lois et victimes des mêmes passions que les humains, ils doivent faire preuve de la même débrouillardise : si le héros, Renart, multiplie ses mauvais tours, c'est parfois pour le plaisir, souvent aussi pour nourrir sa famille.
Plus tard, le texte passera de la satire à la critique politique, s'en prenant à l'hypocrisie des puissants, nobles et prêtres.

Renart a donné son nom à toute une espèce animale, qu'on appelait «goupil» au Moyen Age.

Les fabliaux : faire rire avant tout

Composés du XIIIe au XVe siècle, les fabliaux sont de brefs textes en vers visant surtout à faire rire. Ils recourent à toutes les ficelles du comique : situations ridicules, plaisanteries obscènes, langage grossier...
Ses personnages font partie d'un répertoire populaire, du moine paillard au paysan rusé, de la femme trompant son mari au clerc prétentieux. *La Housse partie*, *le Vilain Anier* ou *le Mire de Brai* sont quelques-uns des fabliaux les plus connus.

Rue et marchands au Moyen Age. Miniature du *Livre du gouvernement des princes*, fin du XVe siècle.

Le Drapier. Bois gravé pour *la Farce de Maître Pathelin.*

La farce, ancêtre du théâtre comique

Les farces apparaissent au XVe siècle. Ces petites pièces de théâtre comiques reprennent les thèmes et les personnages des fabliaux. Assez primitives au début, elles deviennent de plus en plus élaborées. *La Farce de Maître Pathelin* annonce déjà la comédie de mœurs à la Molière : personnages tirés de la vie quotidienne, langue déjà littéraire, rebondissements...
Auparavant, au XIVe siècle, la sottie était très en vogue. Elle mettait en scène des sots, ou fous, chargés de dire la vérité. Jouée lors de la fête des fous, pendant le carnaval, elle donnait lieu à des inversions : pour un jour, un pauvre devenait roi.

La Renaissance et l'humanisme

Au XVIe siècle, les certitudes du Moyen Age fondent comme neige au soleil devant les découvertes géographiques et astronomiques. Ce bouleversement scientifique va provoquer un nouveau courant intellectuel, l'humanisme, qui va tenter de s'interroger sur la place de l'homme dans le monde. Les idées humanistes connaîtront une diffusion rapide grâce à l'imprimerie perfectionnée par Gutenberg. Toutefois, l'humanisme triomphant et optimiste du début du siècle survécut difficilement aux guerres de religion.

La Renaissance

La Renaissance est un phénomène artistique européen parti d'Italie. Rejetant le Moyen Age comme une période d'obscurantisme, elle voue un culte passionné à l'Antiquité grecque et latine, qui lui semble l'âge d'or des arts et de la pensée. Les artistes puisent leur inspiration dans les chefs-d'œuvre antiques et pratiquent ouvertement l'imitation. Cette imitation va s'avérer féconde puisqu'elle va engendrer un art nouveau.

L'humanisme

Plus qu'une doctrine, l'humanisme est une méthode : une école du doute, un appel à penser par soi-même.
Au départ, il s'agissait d'un mouvement qui voulait rétablir les textes anciens (latins, grecs, hébreux) dans leur pureté originelle, débarrassés des commentaires qu'y avait ajoutés le Moyen Age.
Les grands humanistes (comme Érasme) ont appliqué cette approche à leur réflexion sur l'homme, en essayant de la dégager du dogmatisme médiéval.

L'humanisme des lettrés ne put rien faire contre le déferlement de fanatisme des guerres de religion.

Les chantres des guerres de religion

Grâce au développement de l'imprimerie, les érudits humanistes ont pu accéder au texte de la Bible, sans la médiation de l'Église catholique. Cette remise en cause du clergé allait provoquer la Réforme, puis les sanglantes guerres de religion.
Durant cette période agitée furent publiés les *Commentaires* du chef catholique Blaise de Monluc, mais surtout le chef-d'œuvre poétique du protestant Agrippa d'Aubigné, les *Tragiques*.

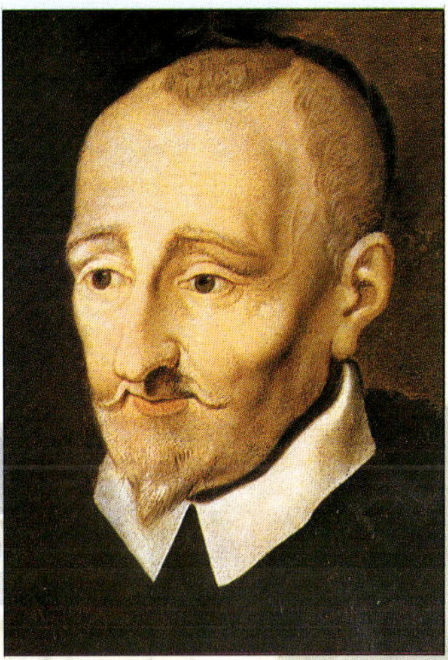

Pierre de Ronsard.

La Pléiade

Au XVIe siècle en France, un groupe de poètes qui ont pour chefs de file Pierre de Ronsard et Joachim Du Bellay prend le nom d'une constellation, la Pléiade. Qu'est ce qui les unit ? Leur culte de la poésie, leur admiration pour les maîtres latins Virgile et Horace, mais, surtout, leur volonté de défendre le français, dont François Ier a imposé l'usage dans l'administration en 1539.

La Pléiade va donc pratiquer un art poétique savant qui, par ses recherches novatrices sur le style et le vocabulaire, va permettre à la langue française de faire un grand bond en avant.

Rabelais : l'humanisme jubilatoire

Rabelais développe dans ses romans une réflexion philosophique issue de l'humanisme : un intérêt pour toutes les dimensions de l'être humain, physiques et psychiques, un appel constant à l'esprit critique, une curiosité universelle, toutes qualités incarnées par le géant Gargantua.

Illustration des idées de l'auteur, la langue rabelaisienne explore joyeusement toutes les ressources du français et est un hymne au plaisir de vivre et d'écrire.

Quelques œuvres de Rabelais

- *Pantagruel* (1532)
- *Gargantua* (1534)
- *Tiers Livre* (1546)
- *Quart Livre* (1548)

Montaigne et les «Essais»

A la fin du XVIe siècle, l'humanisme n'a plus besoin de s'affirmer avec autant de force car il a triomphé de la «barbarie médiévale». Avec Montaigne, l'humanisme du doute succède à l'humanisme triomphant de Rabelais.

Les *Essais* racontent les expériences de l'auteur, ses jugements qui changent au fil du temps. La seule affirmation constante de ce livre ouvert, divers, constamment réécrit, ce sont les valeurs de tolérance.

Le château de Montaigne, en Dordogne.

Molière

Il faudra attendre le XVIIe siècle pour qu'un fils de tapissier donne enfin ses lettres de noblesse à la comédie française. Sous le nom de Molière, Jean-Baptiste Poquelin fera rire la cour du Roi-Soleil pendant quinze ans : d'un rire franc avec les bouffonneries populaires d'un Scapin, d'un rire condescendant devant la prétention d'un «bourgeois gentilhomme», d'un rire jaune avec Tartuffe.

Molière peint par Mignard. La vie privée de Molière fit scandale. En 1662, il épouse Armande Béjart, sœur (ou fille?) de sa première compagne, Madeleine Béjart.

Molière, acteur et directeur de troupe

Molière monte sur les planches pour la première fois à 21 ans, en 1642. Il ne les quittera plus. Un an plus tard, il fonde sa troupe, «l'Illustre-Théâtre». C'est un échec. Il part en province pour une tournée de douze ans, où il s'initie à tous les répertoires.
De retour à Paris en 1658, Molière obtient la protection de Louis XIV qui lui confie la direction de la salle du Palais-Royal. Chargé d'organiser les divertissements royaux, il crée un genre : la comédie-ballet.
Acteur, auteur et directeur de troupe, il s'épuisera au travail et mourra en 1673, juste après la 4e représentation du *Malade imaginaire*.

Les ressorts de la farce

En acteur qui a joué devant tous les publics, du plus populaire au plus aristocratique, Molière sait que les ressorts de la farce sont les moyens les plus sûrs de faire rire. Il en utilisera toutes les techniques : coups de bâton, disputes, renversements de situation, jargons incompréhensibles...
Il lui empruntera des personnages stéréotypés, comme Harpagon l'avare, ou Arnolphe le vieillard tourné en ridicule par une jeune fille *(l'École des femmes)*. Mais la farce n'est pas la seule source de comique chez Molière. Il use aussi de la satire, jusqu'à provoquer la grimace...

Huit pièces de Molière

1659 : *les Précieuses ridicules*
1665 : *Dom Juan*
1666 : *le Misanthrope*
1668 : *l'Avare*
1670 : *le Bourgeois gentilhomme*
1671 : *les Fourberies de Scapin*
1672 : *les Femmes savantes*
1673 : *le Malade imaginaire*

La peinture
le caractère
Molière a contribué à
orger des mythes, comme
elui de Don Juan, mais
l a surtout créé des types,
qui incarnent pour nous
in trait de caractère
précis. A tel point qu'on
appelle un avare un
Harpagon ou un hypocrite
in Tartuffe. Personnage
le tous les temps,
ls sont restés d'actualité.
Leur force comique vient
le leur aspect mécanique :
eur obsession de l'argent,
lu pouvoir, les conduit
automatiquement
adopter telle ou telle
attitude.

Louis XIII au Palais-Cardinal, par Jean de Saint-Igny. C'est cette salle, rebaptisée Palais Royal sous Louis XIV, que dirigera Molière de 1661 à sa mort, en 1673. En 1680, l'ancienne troupe de Molière, fusionnant avec celles de l'hôtel de Bourgogne et du Marais, donnera naissance à la Comédie-Française.

Des comédies politiques et subversives
Molière ridiculise dans ses comédies les mœurs de son siècle. Il épingle ainsi les « femmes savantes » et autres « précieuses ridicules » qui se font passer pour scientifiques ou poètes, ou encore les « bourgeois gentilhommes » qui veulent s'ennoblir.
Mais l'auteur va plus loin. Dans *le Misanthrope*, il laisse entendre que la sincérité est incompatible avec la vie sociale. Dans *Tartuffe*, il dénonce ceux qui proclament haut et fort leurs vertus et leurs pratiques religieuses pour mieux monter dans l'échelle sociale.
Ces textes subversifs provoqueront les foudres des bien-pensants : *Tartuffe*, créé en 1664, sera interdit jusqu'en 1669.

Michel Bouquet dans le rôle d'Harpagon *(l'Avare)*.

Auteurs et héros du théâtre classique

La tragédie classique, qui a connu son âge d'or sous le règne de Louis XIV, est toujours une réflexion sur le pouvoir. Elle met en scène des personnages issus de la classe dirigeante, tout comme le public des pièces de Corneille ou de Racine.
Ces héros, êtres hors du commun par leur naissance, sont confrontés à des situations d'exception. Ils doivent alors prouver (surtout chez Corneille) qu'ils sont dignes de leur rang par leur courage, leur sens de l'honneur et leur empire sur eux-mêmes.

Le théâtre héroïque de Pierre Corneille
Quatre des nombreuses tragédies classiques écrites par Pierre Corneille *(le Cid, Horace, Cinna, Polyeucte)* représentent un sommet de cette forme théâtrale.
Elles mettent toutes en scène le dilemme cornélien : sommé de choisir entre ses sentiments personnels (amour, amitié...) et l'intérêt collectif, le héros préférera toujours la communauté dont il fait partie (famille, cité, État...) à lui-même. Il provoque ainsi l'admiration du spectateur.

Racine (ici peint par Mignard) fut le protégé de Louis XIV.

«Le Cid» : l'honneur avant l'amour
Un grand seigneur espagnol, Rodrigue, dit le Cid, est devenu le plus célèbre des personnages de Corneille.
Dans la pièce (1637), il sacrifie son amour pour Chimène à l'honneur de son père, incarnant ainsi l'archétype du héros cornélien.
Immense succès, la pièce déchaîna contre elle une cabale. Les ennemis de Corneille lui reprochèrent de n'avoir pas respecté les règles classiques : unité de lieu (espace unique pour l'action), unité de temps (l'action ne doit pas excéder vingt-quatre heures), unité d'action (pas d'intrigues secondaires).

«Horace», «Cinna» et «Polyeucte»
Ces trois pièces (1640, 1642 et 1643) de Corneille se déroulent dans la Rome antique. La grandeur des trois héros, Horace, Auguste (dans *Cinna*) et Polyeucte, se traduit par des actions très différentes : l'un combattra un ami pour sauver Rome, l'autre pardonnera à ceux qui l'ont trahi, le troisième se dévouera au christianisme jusqu'à la mort.
Mais cette abnégation leur fait gagner bien plus qu'ils n'ont perdu. Horace et Auguste acquièrent une gloire immortelle, l'un par son courage, l'autre pour sa clémence. Quant à Polyeucte, il sauve son âme en acceptant de périr pour défendre sa foi : la vertu contient en elle-même sa récompense.

Jean Racine, ou le huis clos des passions
Alors que Corneille nous montre des personnages positifs, maîtres d'eux-mêmes, sinon de leur destin, Racine a créé des héros impuissants à lutter contre la fatalité et qui forcent la pitié.
Prisonniers de passions (l'amour, l'ambition) qu'ils ne contrôlent pas et ne peuvent assouvir, ils seront inéluctablement broyés par un malheur qu'ils ont eux-mêmes contribué à mettre en œuvre. Sans issue, le drame racinien offre une vision pessimiste de la destinée humaine.

Corneille a également écrit des comédies. Ici *l'Illusion comique* mise en scène par Giorgio Strehler,

«Phèdre» : l'amour fou selon Racine
Si *Phèdre* (1677) est la plus fascinante des héroïnes raciniennes, c'est parce qu'elle est seule responsable de son propre malheur. Épouse de Thésée (roi d'Athènes dans la Grèce antique), elle s'éprend de son beau-fils, Hippolyte. Cette passion maudite, puisque incestueuse, cette passion malheureuse, puisque Hippolyte ne l'aime pas, elle ne parviendra ni à la vaincre, ni à la satisfaire. Comme toujours chez Racine, l'amour forcené n'entraînera que souffrance et destruction, de soi et de l'être aimé.

L'Encyclopédie, ou le savoir universel

Diderot et d'Alembert ont tenté de rassembler dans leur Encyclopédie tout le savoir du XVIIIe siècle. Mais ils ont aussi essayé de dégager des lois générales d'explication du monde et ont constamment fait l'éloge de la raison, principale source d'amélioration de la condition humaine.
Ce projet put naître lorsqu'une fraction de plus en plus large de la population des villes accéda à la culture. Depuis la mort de Louis XIV, le monde littéraire avait quitté la cour pour gagner Paris. Académies, salons, clubs et cafés se multiplièrent. Ce milieu était avide d'accéder à toutes les connaissances ; l'encyclopédisme devint à la mode.

L'origine du projet
En 1745, un libraire parisien, M. Le Breton, a l'idée de faire traduire de l'anglais la *Cyclopedia* de Chambers. Il charge le philosophe Diderot et le mathématicien d'Alembert de réécrire certains articles. Mais le projet prend de l'ampleur. En 1748, le pouvoir royal autorise la publication d'une « Encyclopédie ou Dictionnaire universel des sciences, des arts et métiers (…) traduit avec des augmentations ». Les ajouts prendront vite le pas sur la traduction.

Outre les articles, l'Encyclopédie comprenait des planches, gravures illustrant les métiers et les arts mécaniques. Ici, l'imprimeur.

La réalisation de l'Encyclopédie
Les directeurs de l'ouvrage, Diderot et d'Alembert, veulent faire le point de « toutes les connaissances éparses sur la Terre ».
Pour réaliser cet objectif ambitieux, ils font appel à de prestigieux collaborateurs : Rousseau pour la musique, Voltaire pour la littérature, Turgot pour l'économie, Buffon pour les sciences naturelles, Lavoisier pour la chimie. Financée par des souscripteurs, l'Encyclopédie comportera dix-sept volumes, publiés de 1751 à 1766.

Diderot peint par Van Loo.

Denis Diderot

Esprit curieux de tout, Denis Diderot (1713-1784), le pilier de l’Encyclopédie, exerça ses multiples talents dans la philosophie *(Lettre sur les aveugles...)*, la dramaturgie *(le Fils naturel)*, le roman, la critique d’art... Sa réflexion s’étendit aussi bien au jeu théâtral *(Paradoxe sur le comédien)* qu’à la meilleure forme de régime politique *(Supplément au Voyage de Bougainville)*.
Adversaire de l’absolutisme et défenseur de la liberté, il paya ses convictions de plusieurs mois de prison.

Quelques œuvres de Diderot

- *la Religieuse* (rédigée de 1760 à 1781)
- *le Neveu de Rameau* (rédigé de 1762 à 1777)
- *Jacques le Fataliste et son maître* (rédigé de 1765 à 1773)
- *le Rêve de d'Alembert* (1769)

’esprit des « Lumières »

’Encyclopédie incarne l’esprit les « Lumières ». Elle est un hymne la raison, source de progrès technique, ocial et moral, car elle permet le comprendre le monde et de délivrer ’homme des maux dus à l’ignorance. es encyclopédistes combattront donc out ce qui menace la liberté de pensée t d’expression : la superstition u la puissance et l’arbitraire de l’Église. Des pouvoirs qui se défendront n censurant l’ouvrage à maintes eprises. Les encyclopédistes trouveront ne aide et un soutien matériel auprès le monarques comme Catherine II le Russie et Frédéric II de Prusse.

L’engouement pour les sciences

Si l’Encyclopédie a vu le jour, c’est parce qu’elle répondait à l’attente d’un public cultivé curieux de tout, des mœurs exotiques à la mécanique, de la botanique à la composition de l’air. Devant les progrès foudroyants des sciences expérimentales au XVIIIe siècle (chimie, physique), philosophes et gens de lettres s’aperçoivent qu’il n’y a pas de domaine indigne d’intérêt.
Et l’on se passionne pour les travaux de Newton ou les dernières inventions techniques, comme la machine à coudre ou le paratonnerre...

Voltaire et Rousseau

La postérité a associé Voltaire et Rousseau dans un combat qui permit, onze ans après leur mort, en 1778, le triomphe de la Révolution en France. Brillant dans les genres littéraires les plus variés, Voltaire publia de vigoureux pamphlets mais se refusa à développer un nouveau système politique. Rousseau, quant à lui, s'intéressa moins à des causes particulières. Il fut plutôt un théoricien et rédigea notamment des projets de Constitution pour la Corse ou la Pologne et des essais philosophiques.

L'affaire Calas : un plaidoyer pour la tolérance
En 1762, un protestant sexagénaire, Jean Calas, meurt supplicié sur la roue par arrêt de justice. Il avait été jugé pour le meurtre de son fils, qu'il aurait tué pour l'empêcher de se convertir au catholicisme. Voltaire, alerté par les incohérences du procès, va en démontrer les invraisemblances dans son *Traité sur la tolérance à l'occasion de la mort de Jean Calas* (1763). Le philosophe conclut que le vieillard a été condamné parce qu'il était protestant, culte alors interdit en France. Jean Calas sera réhabilité à titre posthume en 1765.

Quelques œuvres de Voltaire

- *Zadig ou la Destinée* (conte, 1748)
- *le Siècle de Louis XIV* (1751)
- *Candide ou l'Optimisme* (conte, 1759)

Voltaire peint par Nicolas de Largillière. De son vrai nom François-Marie Arouet, Voltaire fut le protégé de plusieurs souverains d'Europe, mais subit l'hostilité de Louis XV. Il passa les dix-huit dernières années de sa vie dans son château de Ferney, près de Genève.

L'affaire de La Barre : contre une justice barbare
En 1766, le chevalier de La Barre est décapité et brûlé. Un juge d'Abbeville l'avait accusé sans preuve d'avoir mutilé un crucifix. La condamnation prononcée fut confirmée par le Parlement de Paris, qui reprocha aussi au chevalier d'être lecteur de Voltaire. L'écrivain exprimera dans sa *Relation de la mort du chevalier de La Barre* (1766) son horreur devant un verdict si disproportionné aux faits reprochés et devant les tortures infligées. Mais il n'obtiendra pas la révision du procès.

Un contrat social pour la démocratie

Aucun homme n'a naturellement le droit d'exercer une autorité sur autrui : c'est le principe de base du *Contrat social* (1762). Pour Rousseau, c'est sur un pacte que repose une société d'hommes libres. Elle délègue l'autorité politique à un gouvernement, mais celui-ci doit rendre compte de son mandat au peuple souverain. S'il confisque le pouvoir à son profit, le contrat est rompu. Car le seul État légitime est l'État démocratique, émanation de la volonté du peuple. C'est un État de droit, qui garantit par la loi les libertés de chacun.

Musicien, botaniste, philosophe, Jean-Jacques Rousseau fut aussi le précurseur du romantisme avec *la Nouvelle Héloïse*. Dans les *Confessions*, son autobiographie, il essaie de raconter sa vie le plus complètement et le plus sincèrement possible. Il est le premier écrivain à mettre sa personnalité au premier plan d'une œuvre.

«Émile» : des théories neuves sur l'éducation

Les idées de Rousseau sur l'éducation prennent le contre-pied de la pédagogie du XVIIIe siècle. Le philosophe considère dans *Émile* (1762) que l'enfant est naturellement bon et que la société le corrompt. Conclusion : il faut le protéger de la civilisation. En revanche, tout ce qui est naturel chez l'enfant devra être cultivé : le corps, les sens, l'habileté, facultés dont il devra se servir pour apprendre un métier manuel : pour Rousseau, seuls les artisans sont vraiment utiles à la société.

D'autres œuvres de Rousseau

- ❏ *Discours sur l'origine de l'inégalité* (1755)
- ❏ *la Nouvelle Héloïse* (1761)
- ❏ *Confessions* (1765-1770)

La bataille romantique

L'âge classique et les Lumières croyaient en la suprématie de la raison. Les romantiques, eux, n'auront foi que dans la vérité des sentiments. Né en Angleterre et en Allemagne, le mouvement romantique gagne la France vers 1800.
Chaque artiste se met à l'écoute de ses passions, de ses tourments et de ses rêves pour nourrir son œuvre.
Ce recours à la sensibilité et à l'imagination provoque en Europe, pendant la première moitié du XIXe siècle, une explosion littéraire et picturale rarement égalée.

Un mouvement européen
Le mouvement romantique est né et a grandi dans des conditions différentes suivant les pays : favorable aux idées révolutionnaires en Angleterre, hostile à l'esprit classique «à la française» et attiré par le passé médiéval en Allemagne.
En Angleterre, l'auteur romantique par excellence est incarné par lord Byron *(Manfred)*, puis par l'écrivain écossais Walter Scott, dont les romans d'inspiration médiévale *(Ivanhoé)* connaissent un énorme succès.
Le mouvement gagne ensuite la France, l'Italie, l'Espagne, puis les pays slaves.

Des œuvres clés du romantisme à l'étranger

- ❑ 1774 : *les Souffrances du jeune Werther,* de Goethe (roman)
- ❑ 1800 : *Hymnes à la nuit,* de Novalis poésie)
- ❑ 1812 : les *Contes* des frères Grimm
- ❑ 1817 : *Manfred,* de lord Byron (drame en vers)
- ❑ 1818 : *Frankenstein,* de Mary Shelley (roman)
- ❑ 1823 : *les Fiancés,* de Manzoni (roman)
- ❑ 1831 : *Eugène Onéguine,* de Pouchkine (poésie)
- ❑ 1847 : *les Hauts de Hurlevent,* d'Emily Brontë (roman)

Une nouvelle sensibilité
Isolé et incompris de la société, victime du «mal du siècle», le héros romantique ne peut trouver refuge que dans l'amour, «religion du bonheur terrestre».
Mais l'amour, lui aussi, est parfois un mirage. Il ne reste plus alors que le secours de la nature, ou encore, ultime recours, la mort.

Un héros romantique par excellence, lord Byron.

La victoire d'«Hernani»
Le 25 février 1830,
a Comédie-Française
présente *Hernani*,
a nouvelle pièce d'un
des chefs de file du
romantisme, Victor Hugo.
Ce soir-là, le spectacle est
dans la salle. Tandis que
les conservateurs, attachés
à la tradition du théâtre
classique, crient au
scandale, le jeune auteur
et ses nombreux amis
venus le soutenir
manifestent bruyamment
leur enthousiasme.
Lorsque, après une
représentation
mouvementée et quasi
naudible, le rideau tombe
enfin, la bataille est
gagnée, consacrant le
riomphe du romantisme.

L'Arbre aux corbeaux, de Caspar David Friedrich, maître allemand du paysage romantique.

Romantisme et politique
Sous la Restauration (1814-1830), les
romantiques français sont monarchistes
car hostiles à la bourgeoisie montante.
Après la révolution de 1830, certains
écrivains prennent conscience de l'écart
grandissant entre un peuple misérable
et un régime qui favorise le monde
des affaires.
Ainsi, un poète comme Lamartine
s'engage pour réclamer plus de justice
sociale. L'auteur des *Méditations
poétiques*, comme nombre d'artistes
romantiques, soutiendra la révolution
de 1848 qui renversera le régime
bourgeois de Louis-Philippe.

Des œuvres clés du romantisme français

- 1801-1802 : *Atala* et *René*, de Chateaubriand (romans)
- 1810 : *De l'Allemagne*, de Mme de Staël (essai)
- 1820 : les *Méditations poétiques* d'Alphonse de Lamartine
- 1826 : *Cinq-Mars*, d'Alfred de Vigny (roman)
- 1834 : *Lorenzaccio*, d'Alfred de Musset (théâtre)
- 1836 : *la Confession d'un enfant du siècle*, de Musset (roman)
- 1848 : *Mémoires d'outre-tombe*, de Chateaubriand (autobiographie)

Victor Hugo, un géant de la littérature

A 14 ans, Victor Hugo notait dans son journal : «Je veux être Chateaubriand ou rien.» Lorsqu'il meurt, à 83 ans, il a droit à des funérailles officielles et un million de Parisiens suivent son enterrement. Entre ces deux dates, une vie bien remplie et une œuvre immense, multiple, qui fait de Victor Hugo le plus grand écrivain français avec Molière.

La carrière politique
Né en 1802 à Besançon, Victor Hugo incarne à lui seul tous les remous politiques du XIXe siècle. D'abord fasciné par l'épopée napoléonienne, il rejoint à partir de 1821 les rangs de la restauration monarchique, avant de se ranger aux côtés des libéraux. Comblé d'honneurs et nommé pair de France par la monarchie de Juillet, il devient partisan de la république en 1848. Le coup d'État de Louis-Napoléon Bonaparte, contre lequel il s'élève avec force, fait de lui un proscrit. Après la chute du Second Empire, il regagne triomphalement Paris (5 sept. 1870). Élu député en 1871, puis sénateur en 1876, il est jusqu'à sa mort le symbole vivant de l'idéal républicain.

Autres grandes œuvres

1826 : *Odes et Ballades*
1829 : *les Orientales*
1840 : *les Rayons et les Ombres*
1853 : *les Châtiments*
1866 : *les Travailleurs de la mer*
1869 : *L'homme qui rit*
1874 : *Quatre-Vingt-Treize*

Le créateur du drame romantique
Dès la préface de sa première pièce de théâtre (*Cromwell*, 1827), Victor Hugo innove. A un théâtre académique aux règles figées, il oppose la conception du drame romantique «où tout ce qui est dans la nature est dans l'art». Inspirée par l'histoire — celle du XVIIe siècle français pour *Marion de Lorme* (1829) ou celle de l'Espagne pour *Hernani* (1830) et *Ruy Blas* (1838) —, son œuvre dramatique est marquée par un extrême foisonnement et le mélange constant du «sublime» et du «grotesque».

Le proscrit
La postérité a popularisé l'image du grand homme assis sur son rocher, contemplant de longues heures durant l'horizon lointain du pays natal. Pourtant, rarement exil aura été aussi fécond. A Bruxelles (déc. 1851-août 1852), puis dans les Iles anglo-normandes (Jersey et surtout Guernesey), Victor Hugo a construit son image politique et son œuvre poétique. De sa « bouche d'ombre » est sorti un pamphlet vengeur contre Napoléon III, suivi de tous les grands chefs-d'œuvre de la maturité, en particulier en poésie avec *les Contemplations* (1856) et, surtout, *la Légende des siècles*, commencée en 1859.

Victor Hugo fut aussi un bon dessinateur. A la plume et à l'encre, ses dessins traduisent un monde tourmenté et fantastique.

Un maître du roman
Après deux romans d'inspiration romantique (*Han d'Islande*, 1823, et *Notre-Dame de Paris*, 1831), Victor Hugo attend trente ans pour renouer avec la veine romanesque en publiant *les Misérables* (1862). Populaire et réaliste à la fois, Hugo y décrit un univers de misère et d'injustice sociale d'où émergent des personnages héroïques, comme Cosette et Jean Valjean. Ce monument littéraire est l'un des romans les plus lus au monde.

Prophète et guide
Voir et donner à voir : fidèle à ce credo poétique, Victor Hugo s'est senti investi d'une mission, mettre sa plume au service de l'humanité. Toute sa vie, il a dénoncé l'injustice, l'ignorance et la misère, les trois fléaux de son temps, en s'illustrant notamment dans le combat contre la peine de mort.

L'âge d'or du roman français au XIXe siècle

En marge, puis contre les sensibilités exprimées par le mouvement romantique, des romanciers vont peu à peu préférer à leurs rêves la description de la réalité sociale, historique et psychologique. Du réalisme balzacien au naturalisme de Zola, le roman acquiert ses lettres de noblesse. Influencés par la démarche scientifique et par l'évolution artistique en général (la peinture plus particulièrement), les auteurs procèdent à de minutieuses observations, à de longues enquêtes pour rendre leurs œuvres les plus proches de la réalité possible.

Stendhal, ou la passion à l'italienne

Jeune soldat de Napoléon, Stendhal (pseudonyme d'Henri Beyle) découvrit l'Italie à 17 ans. Il en tomba amoureux. Sans doute parce qu'il y reconnut les vertus qui allaient caractériser son œuvre : l'alliance de la passion et de la désinvolture, le goût du drame et la pudeur des sentiments. Contemporain du mouvement romantique, Stendhal s'en distingue par son art de présenter avec légèreté des personnages ardents, avec vivacité des situations tragiques et d'intervenir sans cesse dans le récit pour juger ou railler ses héros.

Les principaux romans de Stendhal

- *le Rouge et le Noir* (1830)
- *la Chartreuse de Parme* (1839)
- *Lucien Leuwen* (inachevé, 1855)

Honoré de Balzac, romancier surhumain

A l'aide de cafés et de nuits blanches, Balzac a accompli en un quart de siècle un travail de titan. Sa *Comédie humaine*, gigantesque édifice où vont et viennent plus de 2 000 personnages, rassemble 85 romans et 50 ébauches. But avoué : faire «concurrence à l'état civil».
Grâce à des dons d'observation et à une imagination hors du commun, le romancier a créé un monde peuplé, comme dans la réalité, de toutes les couches sociales, tous les caractères, toutes les passions.

Quelques œuvres de Balzac

- *Eugénie Grandet* (1833)
- *le Père Goriot* (1834-1835)
- *les Illusions perdues* (1837-1843)
- *Splendeur et misère des courtisanes* (1839-1847)

;ustave Flaubert, ou l'obsession de la perfection

-e jeune Flaubert fut d'un lyrisme échevelé, comme
n témoignent *les Mémoires d'un fou*, écrits à 16 ans.
'our se punir de ses aspirations romantiques, l'écrivain
'imposera une «discipline» réaliste de plus en plus
xacerbée. Pour rédiger *Salammbô*, il dépouille
les dizaines de livres sur la Carthage antique.
\ cette hantise du vrai s'ajoute l'obsession de la forme :
:Car le but de l'art, c'est le beau avant tout.»
Jne obsession qui en fera un des plus purs stylistes
le la langue française.

Les principales œuvres de Flaubert

- *Madame Bovary* (1857)
- *Salammbô* (1862)
- *l'Éducation sentimentale* (1869)
- *Bouvard et Pécuchet* (1881)

Le procès de «Madame Bovary»

Madame Bovary, publié en 1856 dans une revue, scandalisa aussitôt. Quoi? On pouvait dépeindre, dans une bourgade normande, une femme trompant son mari sans la condamner explicitement? Les censeurs reprochaient à Flaubert de se comporter en observateur, non en juge. Le procès, qui eut lieu en janvier 1857, fut aussi celui du réalisme. Flaubert fut acquitté et le roman, publié en avril, remporta un succès.

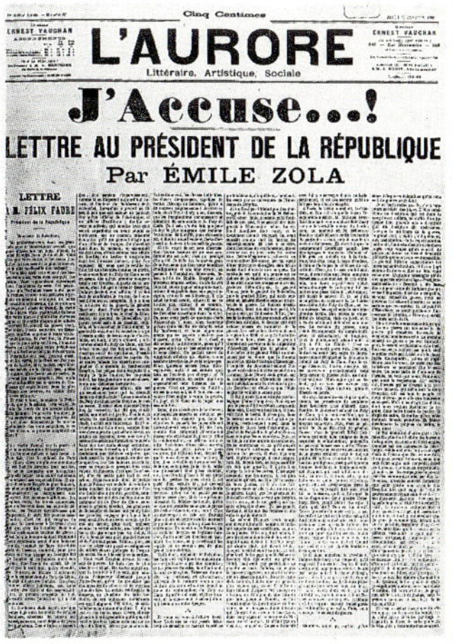
Cinq Centimes
L'AURORE
Littéraire, Artistique, Sociale
J'Accuse...!
LETTRE AU PRÉSIDENT DE LA RÉPUBLIQUE
Par ÉMILE ZOLA

La une de *l'Aurore* du 13 janvier 1898 : dans son célèbre article « J'accuse », Zola dénonce le procès truqué fait au capitaine Dreyfus, accusé et condamné à tort pour trahison de l'armée française.

;mile Zola, le naturaliste

'our Zola, les instincts, l'hérédité et les milieux
ociaux déterminent en grande partie l'être humain.
;ette doctrine «naturaliste» éclaire ses romans,
hacun précédé d'une «enquête sociologique» effectuée
vec tout son savoir-faire de journaliste. Son grand
euvre sera le cycle des *Rougon-Macquart*.
;ette série de vingt romans, publiés à partir de 1871,
pour objectif d'être une «histoire naturelle et sociale
'une famille sous le Second Empire».

Les thèmes romanesques

Au XIXe siècle, jamais la France n'a connu pareille mutation économique et sociale : la bourgeoisie accède à tous les postes de pouvoir et s'enrichit à une vitesse foudroyante.
Par l'intermédiaire d'une presse de plus en plus florissante, la réalité offre tous les jours mille sujets en or aux romanciers soucieux de rendre compte de leur époque. Aux thèmes éternels tirés de la psychologie humaine s'ajoutent ceux fournis par la réalité sociale (place de la femme et de l'artiste), qui s'imposent dans les œuvres des plus grands romanciers.

Les multiples visages de l'ambition
Depuis qu'un caporal s'est fait empereur sous le nom de Napoléon, quel petit bourgeois ne rêve des plus hautes destinées? C'est pourquoi l'ambitieux est le type même du héros de roman au XIXe siècle. Symbolisée par le Rastignac de Balzac *(le Père Goriot)*, l'ambition est le ressort de Julien Sorel (*le Rouge et le Noir*, Stendhal) qui en découvre tous les aspects jusqu'à en mourir. Chez Flaubert, en revanche, elle est objet de dérision *(Bouvard et Pécuchet)*. Ses personnages ne reculent devant rien pour leur ascension sociale, à commencer par la conquête des femmes. Mais la chute est parfois aussi dure que l'ascension fut rapide (Lucien de Rubempré, *les Illusions perdues*, Balzac).

Les bourgeois caricaturés par Daumier.

La perversité de l'argent
«Enrichissez-vous!» lançait aux Français le ministre Guizot sous la monarchie de Juillet (1830-1848). Le conseil reflète l'époque : depuis que la Révolution a aboli les privilèges de naissance, tous les moyens sont bons pour faire fortune, même l'escroquerie (le baron de Nucingen, *la Comédie humaine*, Balzac). La Bourse permet de gagner rapidement beaucoup d'argent... ou d'en perdre plus encore (*la Curée, l'Argent*, Zola). La dette impayée devient le pire des crimes. Le héros endetté n'a comme seule issue que la mort (*la Peau de chagrin*, Balzac).

;plendeurs et misères de Paris
?'est au XIXe siècle que Paris devient a capitale financière, administrative ːt culturelle qu'elle est aujourd'hui.)ans les romans, elle apparaît alors ːomme le lieu de tous les contrastes, le toutes les rencontres. L'argent y attire ıussi bien les ambitieux que les femmes ːntretenues (*Splendeurs et misère les courtisanes*, Balzac; *Nana*, Zola). Mais sous ce vernis doré s'agite une cité grouillante, nécessiteuse et laborieuse *l'Assommoir*, *le Ventre de Paris*, Zola).

La province, refuge ou ennui
Si Paris incarne la ville lumière, reine de la mode et des plaisirs, la province est d'abord le lieu de l'isolement. Cet isolement peut provoquer l'ennui profond qui poussera *Madame Bovary* (Flaubert) à se faire l'artisan de son propre malheur. Mais il peut aussi engendrer le bonheur : à l'agitation parisienne s'oppose la douceur de vivre, aux vices de la capitale la vertu de la France profonde. Refuge de la pureté, seule la province peut encore cacher une femme véritablement aimante comme Mme de Mortsauf, dans *le Lys dans la vallée* (Balzac).

Jean Gabin, dans *la Bête humaine*, de Renoir, d'après Zola.

Le prix de la révolution industrielle
Qui l'a mieux illustré que Zola? Sous le Second Empire (1852-1870), la France prend son essor : elle exploite ses ressources minières *(Germinal)*, développe les chemins de fer *(la Bête humaine)*, crée de grands magasins *(Au bonheur des dames)*. Mais ce capitalisme sauvage appauvrit encore une classe ouvrière exploitée et misérable, qui ne trouve parfois d'autre refuge que l'alcool *(l'Assommoir)*.

Les poètes maudits

C'est Verlaine qui appela «poètes maudits» toute une génération d'écrivains de la fin du XIXe siècle qui se reconnaissaient un père spirituel : Charles Baudelaire. Les *Fleurs du mal* avaient été, en 1857, la révélation d'une nouvelle poésie, d'un art qu'un poète avait nourri de sa vie-même : une existence de malheurs et de débauches.
Une nouvelle figure de l'écrivain s'impose, en marge de la poésie officielle. Au contraire de celle-ci, qui cherchait à transfigurer ou à idéaliser, le poète maudit veut exprimer les sentiments vrais des hommes.

Charles Baudelaire,
«Enfer ou Ciel, qu'importe...»
Viens-tu du ciel profond ou sors-tu de l'abîme/Ô Beauté?
C'est la question centrale de l'œuvre baudelairienne. Le poète, qui cherche à fuir le «spleen», l'ennui de l'existence, aime les femmes sensuelles, l'alcool et les drogues (*les Paradis artificiels*, 1860). Mais il aspire aussi à se délivrer de ce triple esclavage pour s'élancer vers un monde spirituel, idéal, où tout ne serait qu'«ordre et beauté, luxe, calme et volupté».

L'œuvre de Baudelaire
Outre *les Fleurs du mal,* son principal ouvrage, condamné et censuré dès sa parution en 1857, Baudelaire écrivit des critiques d'art (il fut le premier en France à reconnaître le génie du musicien allemand Wagner), des poèmes en prose *(le Spleen de Paris)* et des *Journaux intimes*, parfois d'une violence extrême *(Mon cœur mis à nu).*

Baudelaire vécut de sa plume car sa famille lui avait interdit de toucher au patrimoine hérité de son père.

Dandys et marginaux
Maints artistes du XIXe siècle manifestèrent leur volonté de se démarquer de la société bourgeoise et conventionnelle. Ils menèrent une vie scandaleuse et marginale, hors des normes établies, mais aussi en affichant des tenues d'une élégance excessive pour le bon goût. Pour Baudelaire, qui incarna tous ces non-conformismes, le dandysme n'était que le «symbole de la supériorité aristocratique de l'esprit», ouvrant la voie aux décadents.

rthur Rimbaud, l'enfant prodige

21 ans, Rimbaud tournait éfinitivement le dos à la littérature. n cinq ans, il avait fui sa ville natale es Ardennes, vécu une liaison ımultueuse avec Verlaine, et, surtout, ccumulé une œuvre majeure, éditée lus tard sous le nom de *Poésies* t *Illuminations*. Lui-même ne publia, compte d'auteur, qu'un seul livre : *Jne saison en enfer* (1873). près avoir abandonné la poésie, se fit voyageur : négociant à Harar Abyssinie), trafiquant d'armes à Aden Arabie)... A 37 ans, il meurt d'un cancer Marseille. Son œuvre fulgurante omme son silence d'adulte allaient n faire une figure de légende.

aul Verlaine, poète de la mélancolie

'auteur des *Poèmes saturniens* (1867) era partagé toute sa vie entre le désir l'une existence paisible de petit-ourgeois et le goût des plaisirs, du vin t de la violence qui l'entraînèrent hors es rails de la vie sociale (notamment ors de ses scandaleuses amours avec Rimbaud). Mais c'est surtout la douceur t la mélancolie qui caractérisent cette oésie hantée par le souci de l'harmonie : De la musique avant toute chose...», crivait-il en 1874, définissant ainsi merveille son propre *Art poétique*.

L'art rimbaldien

Il pourrait être défini en trois mots.
Provocateur : «On n'est pas sérieux quand on a dix-sept ans.»
Rebelle : «Je me suis armé contre la justice. Je me suis enfui.»
Visionnaire : «Je veux être poète et je travaille à me rendre voyant... Il s'agit d'arriver à l'inconnu par un dérèglement de tous les sens.»

Rimbaud et Verlaine peints par Fantin-Latour.

Quelques œuvres de Verlaine

- *Fêtes galantes* (1869)
- *Romances sans paroles* (1874)
- *Sagesse* (1881)
- *Jadis et naguère* (1885)

Les surréalistes

L'horreur de la Première Guerre mondiale frappa de plein fouet toute une génération. Pour les jeunes artistes, la provocation semble être le meilleur moyen de réagir contre un monde devenu fou. Elle allait devenir la raison d'être du groupe Dada, fondé en Suisse en 1917 par le poète Tristan Tzara. Et Dada allait permettre à un autre mouvement de prendre son envol : le surréalisme. En révolte contre un monde que la raison ne peut déchiffrer, les surréalistes ont ouvert l'art à la dérision, au rêve et au désir. C'est pourquoi ils ne restèrent étrangers à aucun domaine littéraire ou artistique.

L'influence de la psychanalyse

Les travaux du Dr Freud commencent à être connus en France au début du XXe siècle. Que disent-ils? Que l'homme n'est pas régi par sa seule raison, mais par des désirs qu'il refoule et que la société réprime. Cet «inconscient» remonte parfois à la surface, par le discours lorsqu'il n'est pas contrôlé (associations libres, lapsus, jeux de mots) et par les rêves. Les surréalistes exploiteront ce matériau d'une richesse incroyable pour faire jaillir le plus profond d'eux-mêmes.

André Breton

Le surréalisme doit beaucoup à la figure charismatique d'André Breton. Il en a défini l'esprit et a entraîné dans son sillage plusieurs générations d'artistes. Tout ce qui mettait l'homme à nu l'a fasciné : le rêve, l'hypnose, la psychanalyse, la folie. Il a ainsi réhabilité des écrivains maudits comme Rimbaud et des littératures tenues pour marginales comme les textes d'humour noir. Mais il fut surtout un grand poète qui fit l'éloge de l'attente, du hasard *(Nadja)* et de l'amour fou.

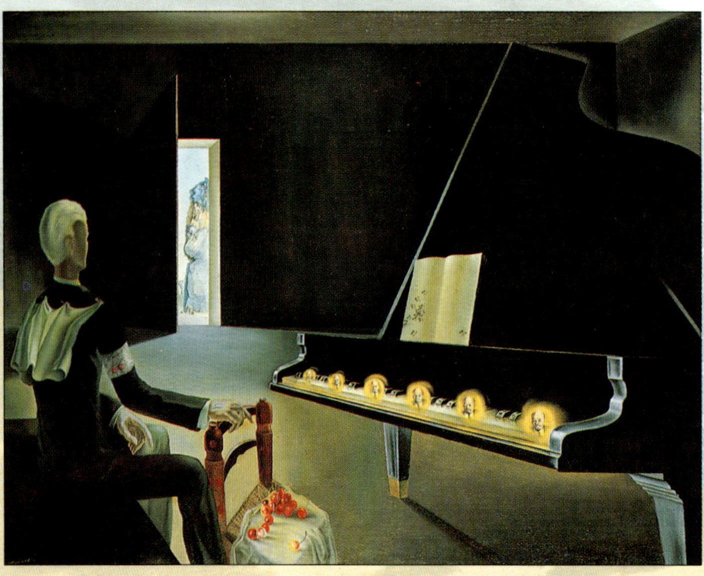

Six Images de Lénine sur un piano (1931), par Salvador Dali.

Quelques œuvres d'André Breton

- 1920 : *les Champs magnétiques* (avec Philippe Soupault)
- 1923 : *Clair de Terre*
- 1924 : *Manifeste du surréalisme*
- 1928 : *Nadja*
- 1932 : *les Vases communicants*
- 1937 : *l'Amour fou*

'écriture automatique

n quoi consiste l'écriture automatique? écrire sans idée préconçue ce qui ient à l'esprit, «en l'absence de tout ontrôle exercé par la raison, en dehors e toute préoccupation esthétique u morale» *(Premier Manifeste u surréalisme)*. Pour André Breton, ette technique permet d'exprimer : «fonctionnement réel de la pensée». es *Champs magnétiques*, premier texte oétique surréaliste, furent rédigés ainsi.

Un collage surréaliste (1964-1965) dû à Saul Steinberg.

Le groupe surréaliste

Il s'est fait et défait au hasard des affinités ou des conflits avec André Breton. A un moment ou à un autre, les poètes suivants en ont fait partie : Louis Aragon (parti en 1932 parce qu'il n'arrivait pas à concilier communisme et surréalisme), Paul Éluard, Robert Desnos, René Crevel, Philippe Soupault, Antonin Artaud, René Char... Sans oublier Tristan Tzara, fondateur du mouvement Dada, précurseur du surréalisme.

'hanger la vie

lus encore qu'une esthétique, le surréalisme st une conception de l'existence, un appel à vivre ans entraves. Par des actes symboliques (par exemple 'insulter le cadavre de l'académicien Anatole France), : mouvement a cherché à briser tous les tabous, eprenant ainsi la tradition de provocation chère u mouvement Dada.

évolutionnaire, le groupe surréaliste eut des relations ompliquées avec le parti communiste. Trop épris e liberté pour s'en accommoder, André Breton : rapprocha vers 1932 de Trotski et de son concept e «révolution permanente».

Quelques œuvres d'écrivains surréalistes

- *L'Ombilic des limbes* (Antonin Artaud, 1925)
- *Le Paysan de Paris* (Louis Aragon, 1926)
- *Capitale de la douleur* (Paul Éluard, 1926)
- *Corps et Biens* (Robert Desnos, 1930)
- *Le Marteau sans maître* (René Char, 1934)

Les maîtres du roman au XXe siècle

Fini le temps du romancier qui sait tout et n'apparaît jamais! Dans la première moitié du XXe siècle, le roman est en crise. Comme outil de compréhension et de description du monde, le genre semble avoir atteint son apogée au XIXe siècle.
Aussi, les œuvres de Gide, Proust ou Céline ne prétendent-elles pas à remplir ce rôle. Souvent écrites à la première personne, elles sont une exploration de la conscience plus qu'une explication de l'univers.

Le problème du point de vue
Les écrivains réalistes se plaçaient au-dessus de leurs personnages et cherchaient à donner dans leurs œuvres une explication objective du monde. Au XXe siècle, des romanciers novateurs comme Proust ou Céline vont adopter une technique romanesque différente. Dans leurs romans, c'est souvent le personnage principal qui raconte son histoire, à la première personne, livrant une vision ouvertement subjective de la société.
Ce qui devient intéressant, c'est moins l'univers décrit que le sujet qui exprime ses émotions et ses tourments.

Véritable maître à penser, André Gide va marquer par ses combats des générations d'écrivains. Il dénonce le colonialisme dans *Voyage au Congo* (1927) et la réalité soviétique dans *Retour d'URSS* (1936). Il tiendra pendant cinquante ans son journal (1889-1949).

Gide : la condamnation du réalisme
Dans *les Faux-Monnayeurs*, le seul de ses livres qu'il qualifiera de roman, Gide met en scène un écrivain... qui écrit *les Faux-Monnayeurs* et s'interroge constamment sur son œuvre. Gide casse ainsi les conventions du roman du XIXe siècle, qui racontait de façon linéaire les aventures d'un héros unique. Le titre même de l'ouvrage est une condamnation du réalisme. Car *les Faux-Monnayeurs*, ce sont d'abord les auteurs qui mettent en circulation des histoires inventées qu'ils veulent faire passer pour vraies.

Quelques œuvres d'André Gide

1897 : *les Nourritures terrestres*
1902 : *l'Immoraliste*
1914 : *les Caves du Vatican*
1919 : *la Symphonie pastorale*

A la recherche du temps perdu»
e Proust, l'histoire d'une conscience

)'une certaine façon, Proust est l'héritier de Balzac : omme lui, il décrit les métamorphoses de la société. 1ais *A la recherche du temps perdu* est aussi l'histoire 'une conscience humaine qui part sur les traces e ses souvenirs. Lorsque l'on a mesuré ses effets, temps perdu est retrouvé. Il pourra être préservé ar le romancier, qui raconte ce qui a été vécu t lui donne un sens en le transfigurant par l'art. :onséquence de ce passage de la réalité à la fiction : *la recherche du temps perdu* n'est pas une utobiographie. Le narrateur qui dit «je» dans le roman 'est pas l'auteur, même s'il lui ressemble beaucoup...

Marcel Proust, qui était asthmatique, commence en 1908 à se consacrer exclusivement à ce qui sera son chef-d'œuvre. Ce qui ne l'empêcha pas de se passionner pour la peinture, la musique et la littérature.

:éline, de son vrai nom Louis-Ferdinand Destouches, se partagea pendant longtemps entre ses activités de médecin et d'écrivain. Auteur de trois pamphlets antisémites, il fuit la France en 1944 et n'y reviendra qu'en 1951.

Des romans de Céline

1932 : *Voyage au bout de la nuit*
1936 : *Mort à crédit*
1957 : *D'un château l'autre*

Céline : un nouveau langage romanesque

Si les romans de Céline marquent un tournant de la littérature française, c'est parce qu'ils sont écrits dans une langue toute nouvelle. Céline ne s'essaye pas à l'analyse psychologique comme ses devanciers du XIXe siècle. Il cherche à rendre l'émotion brute, en employant tous les moyens : argot, raccourcis, tournures populaires...
Les personnages céliniens s'expriment dans une langue parlée, au rythme très élaboré. La phrase accélère ou ralentit au gré de ce que veut signifier l'écrivain : choc, tendresse, désarroi...

Les écrivains engagés

En 1933, Hitler accède au pouvoir en Allemagne. Partout en Europe, le danger fasciste ne cesse de croître. C'est alors que de nombreux intellectuels français choisissent définitivement leur camp : à droite, comme Maurras; résolument à gauche, comme André Malraux.
Le catholique Georges Bernanos, de son côté, cherche une autre voie sous le coup d'événements comme la guerre civile espagnole.
Cet engagement total dans les affaires du monde, comme homme public et comme citoyen, Sartre en fera vingt ans plus tard un devoir. Il incarnera pendant les trente ans de l'après-guerre la figure même de l'écrivain engagé.

André Malraux, l'aventurier
La vie d'André Malraux est un roman.
A 22 ans, il part au Cambodge découvrir (et quelque peu piller) l'art khmer.
A 35 ans, il s'engage dans les rangs républicains durant la guerre d'Espagne.
En 1944-1945, il part combattre l'armée nazie à la tête de la brigade Alsace-Lorraine. Il rencontre alors le général de Gaulle, qui en fera un ministre de l'Information en 1945 et un prestigieux ministre de la Culture de 1959 à 1969.

André Malraux romancier
Dans les années 1920, Malraux comprend l'importance du mouvement communiste qui se développe en Asie : *les Conquérants* (1928) et surtout *la Condition humaine* (prix Goncourt 1933) retracent l'épopée révolutionnaire chinoise. Plus généralement, il montre la contradiction qui peut surgir entre l'engagement révolutionnaire et la révolution elle-même, entre l'exigence de liberté individuelle et les contraintes du destin collectif.
L'Espoir (1937) lui permettra d'évoquer de façon flamboyante une guerre d'Espagne encore inachevée.

Toute sa vie, André Malraux s'est passionné pour l'art. Dans *la Métamorphose des dieux* (1954-1976), il s'est interrogé sur le sens de la création.

Georges Bernanos : de l'extrême-droite à l'antifranquisme
L'auteur du *Journal d'un curé de campagne* suivra un parcours original dans les années tourmentées de l'entre-deux-guerres. Militant du mouvement nationaliste l'Action française, il rompt dans les années 1930 avec ses amis d'extrême-droite.
En reportage sur la guerre d'Espagne, ce catholique fervent prend là-bas fait et cause pour les républicains. Les atrocités de cette guerre lui inspirent un livre-témoignage : *les Grands Cimetières sous la lune*.

Jean-Paul Sartre, l'intellectuel de gauche

Des années 50 à sa mort, Sartre fut l'intellectuel figure de proue de la gauche française. Il dénonça autant le colonialisme français en Algérie que l'invasion de Prague par les Soviétiques ou la guerre du Vietnam. Animateur de la revue *les Temps modernes*, il contribua aussi à fonder le quotidien *Libération* en 1973.

Jean-Paul Sartre était aussi un dramaturge. On le voit ici pendant une répétition de *la Putain respectueuse*, au Théâtre Antoine en 1946.

Jean-Paul Sartre et l'existentialisme

Philosophe de formation, Sartre s'est longuement interrogé sur la notion de liberté. Pour lui, dans un monde sans absolu, sans dieu, l'homme se définit d'abord par ce qu'il fait de son existence (d'où l'«existentialisme»). Il est libre d'agir, mais cette liberté, qui influe sur la vie d'autrui, lui donne des responsabilités auxquelles il ne saurait échapper.

L'absurde et la révolte chez Camus

L'Étranger (1942) est la saisissante histoire d'un homme indifférent à tout : à la mort de sa mère comme à un meurtre qu'il commet. Son insensibilité naît du sentiment de l'absurdité de la vie. Confronté à cette absurdité, un seul moyen de réagir : la révolte individuelle contre la condition humaine (*l'Homme révolté*, 1951).
Il met en garde contre les risques de l'abdication du sens critique chez l'écrivain devant l'engagement politique.

Albert Camus, un prix Nobel

Né en Algérie dans un milieu modeste, Camus doit renoncer à l'enseignement à cause d'une tuberculose. Il s'oriente alors vers le journalisme. Arrivé à Paris en 1938, il collabore pendant la guerre à un journal clandestin de la Résistance, *Combat*. Après 1945, il se consacre à son œuvre (théâtre, essais, romans).

Quelques œuvres de Sartre et de Camus

- ❑ *la Nausée* (Sartre, roman, 1938)
- ❑ *le Mur* (Sartre, nouvelles, 1939)
- ❑ *Caligula* (Camus , théâtre, 1945)
- ❑ *Huis Clos* (Sartre, théâtre, 1944)
- ❑ *la Peste* (Camus, roman, 1947)
- ❑ *les Justes* (Camus, théâtre, 1949)
- ❑ *les Séquestrés d'Altona* (Sartre, théâtre, 1959)

Le théâtre moderne

Dans les années 1950 surgit en France un théâtre radicalement nouveau, fondé sur le refus de la psychologie qui, depuis Molière, servait de moteur aux personnages et à l'intrigue.
Ces pièces sans histoire et sans héros étaient signées de deux dramaturges, l'un d'origine irlandaise, Samuel Beckett, l'autre d'ascendance roumaine, Eugène Ionesco. Leurs œuvres rencontrèrent un succès immédiat qui ne se démentit plus.

Un théâtre de l'absurde
Le théâtre de Beckett ou de Ionesco a été qualifié de «théâtre de l'absurde». Il met en effet en scène l'absurdité d'un monde qui ne sait pas où il va et d'une condition humaine réduite à l'impuissance.
Mais contrairement aux existentialistes, les deux auteurs ne tirent aucune conséquence de ce non-sens. Leurs personnages n'incarnent aucune lutte, ne proposent aucun idéal. Ils témoignent plutôt de l'impossibilité de communiquer un message.

Eugène Ionesco, né en Roumanie en 1912, est venu s'installer en France en 1938. Il a été élu à l'Académie française en 1970.

Ni intrigue, ni action
Dans le théâtre traditionnel, chaque héros agit en fonction de ses désirs, provoquant des événements qui font évoluer l'intrigue.
Chez Beckett, c'est l'inverse. Privés de volonté propre, les personnages ne font rien. Ils se contentent d'attendre quelqu'un *(En attendant Godot)* ou quelque chose qui n'arrive jamais. Et ils parlent sans cesse, avec un langage dénué de sens, sans prise sur le monde. Un langage qui n'a d'autre signification que de témoigner de leur existence.

Sept pièces de Ionesco

1950 : *la Cantatrice chauve*
1951 : *la Leçon*
1952 : *les Chaises*
1954 : *Amédée ou Comment s'en débarrasser*
1959 : *Tueur sans gages*
1960 : *Rhinocéros*
1962 : *Le roi se meurt*

Samuel Beckett, né en 1906 en Irlande et mort à Paris en 1989. Il a écrit en français ses pièces de théâtre. Mais ce prix Nobel de littérature est aussi l'auteur de romans : *Molloy, Malone meurt, l'Innommable*.

Une dramaturgie baroque

Jean Genet ou Fernando Arrabal marquent aussi une volonté de remise en cause du théâtre classique. Mais leur dérision se manifeste autrement : à l'absence d'action et à l'austérité chez Beckett s'opposent le trop-plein, l'exubérance d'un Genet ou d'un Arrabal. Le premier tend à la bourgeoisie (*les Bonnes*, 1947) ou aux militaires (*les Paravents*, 1961) un miroir déformant qui fera scandale. Le second, qui a fui l'Espagne franquiste, fait défiler sur scène une cohorte cauchemardesque d'illuminés, de bourreaux, de sadiques et d'opprimés (*Pique-nique en campagne*, 1958, *l'Architecte et l'Empereur d'Assyrie*, 1967), qui évoque l'univers surréaliste d'un Dali ou d'un Buñuel.

Quatre pièces de Beckett

1953 : *En attendant Godot*
1957 : *Fin de partie*
1963 : *Oh les beaux jours*
1964 : *Comédie*

Le Living Theater

S'inspirant des idées développées par Antonin Artaud dans *le Théâtre et son double* (1938), certaines troupes théâtrales, comme le Living Theater new-yorkais de Julian Beck, cherchèrent dans les années 50 et 60 à créer un «théâtre total».
Il s'agissait d'ébranler le spectateur : ne plus s'adresser à sa raison, mais à ses sens. Les comédiens font appel à toutes leurs ressources vocales et corporelles pour bouleverser le public.
Le Living Theater mit en scène des pièces comme celle de Sophocle (*Antigone*) ou de Brecht, avant de créer des «happenings» : les spectateurs sont invités à participer à la représentation.

Madeleine Renaud dans *Oh les beaux jours*. Mise en scène de Roger Blin, Théâtre du Rond-Point, 1981.

La francophonie

Aujourd'hui, environ 70 millions de personnes parlent français hors de l'Hexagone : en Europe (Suisse, Belgique), en Amérique du Nord (Canada, Louisiane), en Afrique, aux Antilles et au Moyen-Orient. Qu'il soit implanté depuis trois siècles, comme au Québec, ou importé depuis le XIXe ou le XXe siècle par la colonisation, comme au Maghreb, ce français d'outre-mer ou de l'étranger a suscité des littératures particulières, dites francophones.

Le français pour exprimer la «négritude»

Les valeurs de l'homme noir ont été niées par l'homme blanc colonisateur, qui a imposé les siennes : tel est le constat commun, dans les années 1930, du Sénégalais Léopold Sendar Senghor et de l'Antillais Aimé Césaire, qui engendreront deux traditions littéraires différentes. Né en Afrique noire, le premier partira dans ses œuvres à la recherche de la «négritude», l'authentique culture nègre (*Ce que l'homme noir apporte*, 1939). Le second, militant indépendantiste martiniquais, va dresser un sévère constat des méfaits colonialistes (*Discours sur le colonialisme*, 1951).

Le Sénégalais Sembène Ousmane est aussi cinéaste : il traite de sujets politiques dans un style oscillant entre réalisme et fantastique.

Espagnol, Jorge Semprun a vécu en exil à Paris où il a édifié une œuvre en français et en castillan.

Chaque littérature francophone a eu ses chefs de file.

- ❑ Suisse : Charles Ramuz (*Derborence*, 1943)
- ❑ Afrique noire : le Sénégalais Léopold Sendar Senghor (*Chants d'ombre*, 1945, *Liberté*...)
- ❑ Antilles : le Martiniquais Aimé Césaire (*Moi, laminaire*, 1982); le Haïtien René Depestre (*Hadriana dans tous mes rêves*, prix Renaudot 1988)
- ❑ Île Maurice : Malcolm de Chazal (*Sens plastique*, 1948)
- ❑ Liban : le poète Georges Schehadé, également auteur dramatique (*l'Émigré de Brisbane*, 1965); la romancière Andrée Chédid (*la Maison sans racines*, 1985)

Littératures du Maghreb

Comme ceux d'Afrique noire, les écrivains du Maghreb vivent avec une double culture : la leur et celle du colonisateur. Dans les années 50, l'Algérien Kateb Yacine dénonçait en français, langue du colonisateur, le sort injuste de son peuple opprimé (*Nedjma*, 1956). Mais une fois l'indépendance acquise, les perspectives littéraires ont changé. Les nouvelles générations, incarnées par exemple par Rachid Boudjedra (*la Répudiation*, 1966) s'interrogent sur l'avenir du Maghreb d'aujourd'hui, partagé entre l'exigence du progrès et le poids des traditions musulmanes.

Le Marocain Tahar ben Jelloun, prix Goncourt 1987 pour *la Nuit sacrée*, est un des écrivains du Maghreb les plus lus en France.

Prix Goncourt 1973 avec cet ouvrage, le Suisse Jacques Chessex adopte un style truculent pour évoquer les élans passionnels piégés par les contraintes familiales et sociales.

Québec et Acadie, îlots français en terre anglaise

Suisses, Belges ou Canadiens francophones sont confrontés au même problème : le français est une langue nationale parmi d'autres, qui doit lutter pour conserver sa place. Au Canada, la situation est rendue encore plus difficile par la proximité d'un puissant voisin anglophone, les États-Unis. Aussi la littérature québécoise et acadienne est-elle une littérature de combat, qui affirme la volonté de continuer à parler français. Un français qui, en trois siècles, s'est éloigné de celui pratiqué dans la métropole. Les romans d'Antonine Maillet (*Mariaagelas*, 1973, *les Cordes de bois*, 1977) nous permettent de découvrir cette langue violente et imagée.

Le Belge Pierre Mertens, critique littéraire, qui a reçu le prix Médicis 1987 pour *les Éblouissements*, symbolise l'importance de la littérature belge d'expression française.

L'histoire de la langue française

Le français vient d'un langage dérivé du latin et parlé dans le nord de la France. S'il a triomphé des autres dialectes et patois, c'est parce qu'il était employé par les rois de France. Il est ensuite devenu la langue de toute la nation à partir du XIXe siècle, sous l'effet du développement de la presse, des communications et surtout de l'instauration de l'école obligatoire. Aujourd'hui, les Français parlent dans tout l'Hexagone une langue à peu près semblable. Toutefois, des différences de plus en plus profondes s'installent entre le langage parlé et la langue écrite. Ce phénomène est dû autant à des raisons historiques que culturelles.

A l'origine : une langue romane

Du celte, la langue des Gaulois, il ne nous reste que quelques mots désignant des lieux ou des plantes : dune, trou, chêne, bruyère...
Le français proprement dit vient du latin. Pas du latin des troupes de César, qui conquirent la Gaule en 51 av. J.-C., mais d'un latin «vulgaire», déformé par l'accent gaulois.
Ce langage, le roman, forme le fonds primitif du français. Le premier texte écrit en roman qui nous soit parvenu date de 842 : c'est le *Serment de Strasbourg*, qui confirmait l'alliance entre deux des petits-fils de Charlemagne.

L'ancien français (Xe-XIIIe siècle)

Invasions et influences locales ont morcelé le latin en de multiples dialectes. Au Moyen Age, ils étaient répartis en deux grands groupes : au nord, le groupe d'oïl; au sud, le groupe d'oc.
L'ancien français vient de la langue d'oïl, parlée en Ile-de-France, où se trouvaient le roi et sa cour. L'unification linguistique se fera sous l'impulsion politique. L'administration élabore à partir du Xe siècle une langue commune à tout le pays, l'«ancien français» Grâce au *Roman de la Rose* (XIIIe siècle), cette langue devient une langue littéraire.

Gravure tirée d'une des premières éditions du *Tiers Livre des faits et dicts héroïques du noble Pantagruel*, de François Rabelais.

Le moyen français (XIVe-XVIe siècle)
Les usages du français se multiplient. Il devient peu à peu la langue universitaire, détrônant le latin. En 1538, François Ier, par l'ordonnance de Villers-Cotterêt, rend son emploi obligatoire dans les tribunaux. Conséquence de cette expansion : il faut forger des mots nouveaux, des termes de droit, de médecine... On francise le latin à tour de bras : *academia* devient académie, *facilitas* facilité. Plus de 40 % des mots-souches du français sont nés durant cette période. A la fin du XVIe siècle, le français peut tout exprimer : techniques, sentiments, théologie...

Le français classique (XVIIe-XVIIIe siècle)
A la fin du XVIe siècle, la langue française est stabilisée et ressemble phonétiquement à la nôtre. Les XVIIe et XVIIIe siècles se soucieront surtout de légiférer, de définir le «bon usage» du français, celui de la cour évidemment. En 1635, Richelieu crée l'Académie française. Elle est chargée de définir les emplois corrects de chaque mot et de bannir les termes jugés non convenables. Elle le fera dans un *Dictionnaire de la langue française* dont le premier sera publié en 1694. Mais la langue «classique» ainsi définie reste celle d'une élite.

Le français devient la langue de tous les Français
A partir de 1789, les révolutionnaires veulent répandre leur message de liberté et d'égalité et imposer à toute la nation les lois votées à Paris. L'État va donc chercher à généraliser l'emploi de la langue française. En 1794, le français devient obligatoire dans les actes officiels. Mais il faut attendre la fin du XIXe siècle pour que chaque enfant apprenne le français à l'école, grâce à la scolarité obligatoire. Le nombre de personnes ne parlant qu'un dialecte local diminue. Au XXe siècle, le phénomène s'accélère avec le développement de l'instruction. Mais aujourd'hui, les médias, et en particulier la télévision, font pénétrer dans tous les foyers une langue parlée qui s'éloigne de la langue écrite.

L'école gratuite, laïque et obligatoire de Jules Ferry enseigne à chaque Français sa langue nationale.

Les multiples facettes d'une langue

En principe, tous les Français parlent la même langue, mais ils ne parlent pas le même langage. Le vocabulaire change selon les classes sociales, les milieux professionnels, l'univers culturel. De plus, la parole n'a pas toujours la même signification selon qu'elle transmet une information, traduit une émotion ou exprime un ordre.

Les pouvoirs du langage
Dans sa fonction la plus neutre, le langage permet à celui qui parle de communiquer des informations à celui qui l'écoute. Mais il peut aussi devenir un instrument de pouvoir lorsqu'il sert à donner des ordres, à exprimer une émotion (interjections, exclamations...), à fabriquer une illusion (mensonge, fiction...).

L'influence du milieu
Qu'il soit social, culturel ou professionnel, le milieu qui nous a formés influence notre langage : parler « branché» de la pub, argot des truands, verlan des lycéens (s'exprimer à l'envers : « meuf » pour femme, « ripou » pour pourri)...
A ce vocabulaire marqué socialement s'ajoutent des termes techniques, souvent anglais, qui envahissent de plus en plus le vocabulaire courant, du scanner médical à la pole position en langage sportif.

Savoir bien parler, s'exprimer clairement et convaincre son interlocuteur que l'on est celui ou celle qu'il attend est un atout dans la recherche d'un emploi. Ici, un entretien d'embauche.

Les registres de langue
Les registres de langue varient selon les interlocuteurs. Quand on est détendu, en compagnie amicale ou familiale, on a tendance à user d'un registre familier (plaisanteries, langage allusif, recours à l'argot). Lors d'une conversation avec une personne que l'on connaît peu, on se sert d'un registre standardisé : vocabulaire courant et correct, respect des règles grammaticales. Pour convaincre une assemblée, on utilise un registre soutenu (mots précis, tournures de phrases recherchées...).

Langue parlée, langue écrite
La grande différence entre langue parlée et langue écrite, c'est probablement le temps de la réflexion. Celui qui parle veut le plus souvent exprimer immédiatement quelque chose : l'important, c'est le message. La personne qui écrit songe à la forme. Elle rétablira par exemple la négation dans sa totalité, écrivant «je n'aime pas» là où la conversation tend à dire «j'aime pas». Elle fera appel à un vocabulaire plus large, à des figures de style plus rares : les écrits — surtout les écrits littéraires — exploitent bien plus que la parole les ressources linguistiques.

Par sa force de conviction, un orateur parvient à faire passer son message.

Le langage se transforme
Comme toute langue vivante, le français évolue constamment. Certaines règles tombent en désuétude : ainsi le recours au subjonctif imparfait ou plus-que-parfait est-il de plus en plus rare. A l'inverse, l'emploi des abréviations se multiplie. Sous l'influence des slogans publicitaires, la syntaxe change (« Un verre, ça va, trois verres, bonjour les dégâts ! »). L'orthographe elle-même n'est plus considérée comme un bastion intouchable : on s'occupe de sa réforme.

Les langues régionales

Il y a cent ans, la majorité des Français usait d'une langue maternelle autre que le français : breton, corse, alsacien, occitan... Avec le développement de l'enseignement et l'accroissement du rôle des médias, la situation s'est complètement inversée.
Aujourd'hui, si les langues régionales reprennent de la vigueur, c'est grâce aux associations qui luttent pour préserver la culture de leur région.

Les régions et leur langue
Il existe en métropole huit langues régionales.
• L'occitan, le provençal, le catalan et le corse, tous d'origine latine; l'occitan regroupe diverses « langues d'oc », pratiquées par plus de deux millions de personnes dans trente départements du sud de la France.
• Le flamand et l'alsacien sont d'origine germanique; l'alsacien est la langue régionale la plus vivante en France : 80 % des Alsaciens l'emploient et elle sert encore de langue maternelle, ce qui est de plus en plus rare pour les autres parlers régionaux.
• Le breton est d'origine celtique : il témoigne donc d'une culture très ancienne.
• Enfin le basque, dont on ignore encore l'origine : aucun rapprochement avec une autre langue ne s'est révélé fructueux.

Langue, dialecte, patois
Variété régionale d'une langue, le dialecte est un système linguistique autonome qui permet (en principe) de tout exprimer. Tel n'est pas le cas du patois. Parler local et souvent rural, il se contente de déformer la langue (ou le dialecte) en employant des tournures spécifiques ou en transformant les sonorités (en picard, par exemple, les « a » se prononcent presque comme des « o »).

A la frontière entre le monde germanique et le monde latin, l'Alsace veut trouver dans le bilinguisme une chance pour demain.

e créole
ux Antilles françaises
t à La Réunion, les gens
arlent le plus souvent
réole, un mélange
e langues locales
t occidentales (éléments
e français, d'anglais,
'espagnol...).
e mélange varie
'un DOM-TOM
l'autre : le créole
artiniquais diffère
u créole guadeloupéen.

L'enseignement des langues régionales
Longtemps interdites à l'école, les langues régionales sont aujourd'hui enseignées à tous les niveaux, du primaire à l'université. Ainsi, en Bretagne, les écoles Diwan dispensent tous les cours (matières générales et techniques) en breton. Symbole de cette reconnaissance des cultures locales : en 1970, l'Éducation nationale a autorisé les candidats au bac à présenter en option la langue de leur région. Depuis, chaque année, des milliers de lycéens préparent cette épreuve.

'expression d'une culture régionale
près s'y être longtemps opposé, l'État a fini par aider
s cultures régionales à s'exprimer. Le mouvement
'est accéléré avec la décentralisation (1982)
t l'explosion des médias (radios libres...).
epuis 1968, les valeurs « régionalistes » avaient fait
ne percée (retour à la terre, goût pour l'artisanat...).
ortés par ce courant, des chanteurs comme
lan Stivell avaient acquis une notoriété nationale.
es langues et les cultures régionales sont parfois
éfendues par des mouvements régionalistes forts
n Corse par exemple).
a difficulté consiste à faire vivre pleinement
es langues qui n'ont pas forcément suivi l'évolution
u monde moderne.

Frédéric Mistral (1830-1914) s'est consacré à la langue provençale. Son œuvre capitale, *Mireille* (1859), un poème en douze chants, lui demanda huit années d'efforts. Mistral reçut le prix Nobel de littérature en 1904.

L'étymologie, ou l'histoire des mots

Dresser l'arbre généalogique des mots et rendre ainsi à la langue sa profondeu et sa richesse est un exercice fascinant, mais aussi périlleux : l'étymologie (formée des mots grecs *etumos*, vrai, et *logos*, discours) est cette science pleine d'embûches qui nous restitue le vrai sens des mots (leur sens originel). Elle suppose une connaissance approfondie de l'histoire et des mécanismes linguistiques.

Fonds primitif et emprunts

D'où vient le vocabulaire français? Essentiellement du fonds primitif roman, la langue latine populaire parlée en Gaule à la fin de l'Empire romain. Le gaulois ne nous a laissé que quelques dizaines de mots ruraux (sillon, glaner...) et les invasions germaniques nous ont surtout légué des termes militaires (à commencer par le mot « guerre », du francique *werra*).

A ce socle latin, celte et germanique, se sont ajoutés au cours des siècles de nombreux apports qui traduisent l'influence d'autres cultures. A la Renaissance, les érudits formèrent d'innombrables vocables scientifiques à partir du latin et du grec, langues savantes par excellence. Aujourd'hui, c'est à l'anglais que le français fait le plus d'emprunts.

L'arabe nous a transmis des termes mathématiques : « algèbre » (de *al-djabr*, réduction), mais aussi « chiffre » et « zéro ».

Préfixes et suffixes

La langue ne se contente pas de francise des termes étrangers. Elle possède ses mécanismes propres pour former des familles de mots à partir d'un mot-souche. Le français se sert notamment des préfixes, placés devant la racine, ou de suffixes, placés après. Les préfixes viennent généralement de prépositions (à, en, par) ou d'adverbes (« bien » a permis de former « bienheureux »). Les suffixes, eux, dérivent fréquemment des terminaisons gréco-latines : « tion » (ac-tion) provient du latin *tionem*, « isme » (capital-isme, commun-isme...) de la finale *ismum*.

Les changements phonétiques
La prononciation des mots a évolué au cours des siècles. Les termes latins *placere*, *regina* ou *diurnu* ont été transformés en « plaisir », « reine » ou « jour ».
Ces métamorphoses sont nées de certaines lois de la langue latine : accentuation de syllabes au détriment d'autres, insistance plus ou moins appuyée sur les voyelles. Avec le temps, par exemple, les « a » brefs sont devenus des « e » : *mare* a donné « mer », *carum* « cher », etc.

Les Aztèques nous ont transmis le mot « cacao » *(cacahuatl)* à la suite de la conquête de l'Amérique par les Espagnols. Il en est de même pour « tomate » *(tomatl)* et « cacahuète » *(tlacacahuatl)*.

Les doublets

En traduisant en français des termes latins, la Renaissance a créé des doublets, c'est-à-dire des couples de mots qui dérivent de la même source latine, mais qui n'ont pas le même sens et n'ont pas suivi la même évolution phonétique. L'un a été modifié au cours des siècles, l'autre est généralement transcrit presque littéralement du latin. *Auscultare* a ainsi donné naissance à « écouter », mais aussi à « ausculter », au XVIe siècle.

La méthode étymologique
L'étymologiste ne se borne pas à établir des filiations sur la base d'une apparente parenté. Il essaie aussi de vérifier la pertinence de ses hypothèses en cherchant quand et où le mot étudié est apparu. Avant d'affirmer trop vite, par exemple, que « choucroute » vient de « chou », il va chercher si ce terme, né en Alsace, ne se rapproche pas plutôt d'un mot germanique. Et en effet, choucroute vient de *surkrut*, qui signifie « herbe aigre ». Il évitera ainsi des déductions hâtives, à l'origine de nombreuses erreurs. Car la première règle, en étymologie, c'est de se méfier des évidences...

Les noms propres

A qui sait les lire, les noms de lieux révèlent l'histoire de France. Car ils portent, tout comme les noms de famille, l'empreinte de l'évolution du pays : certains remontent à l'époque gallo-romaine, d'autres aux invasions germaniques.
Mais ils traduisent aussi la diversité de l'Hexagone, par leurs indications topographiques (mont, val...) et par les influences régionales, linguistiques et culturelles qu'ils ont subies.

Comment nommer un lieu ?
Les premiers habitants de la France désignaient un lieu par ses caractéristiques. Arles vient de *ar* qui signifiait sans doute vallée dans une langue prégauloise. Le terme celte *barro* (hauteur) aurait donné bar (comme dans Bar-le-Duc).
Avec l'arrivée des Romains, les lieux tirèrent davantage leur nom des constructions : *via* (voie, d'où Courbevoie), *balneum* (bains publics, d'où Bagnères).
A partir du Ve siècle, la France christianisée commença à donner à ses villages le nom de saints : il existe aujourd'hui 238 Saint-Martin en France...

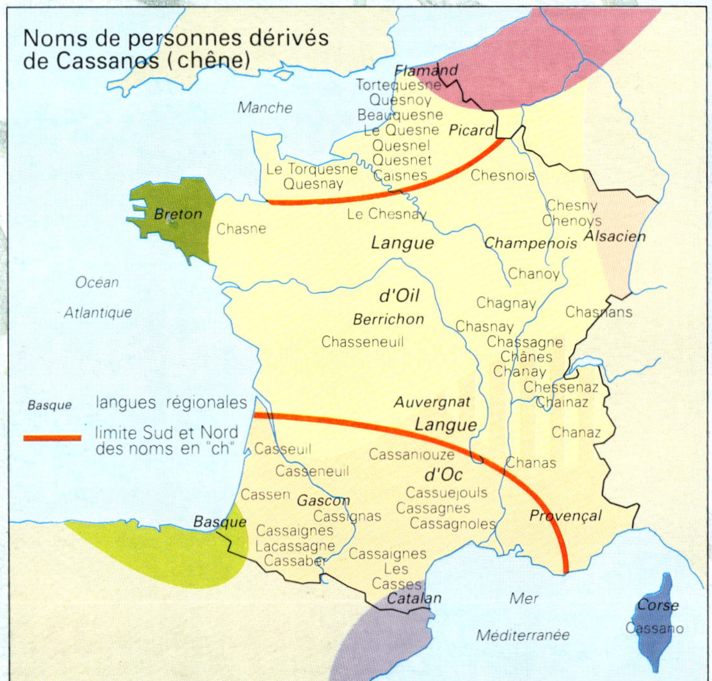

Les influences régionales
Les noms de lieux trahissent leur région : Baigorry (Pyrénées-Atlantiques) ne peut être expliqué sans le mot basque *bai* (rivière), Quimper (Finistère) sans le recours à *Kemper* (confluent en celte).
La racine commune *cassanos* (chêne), qui date probablement de l'époque prégauloise, a produit dans le nord et en Normandie des noms en « quesn » : Quesnoy, Quesnay...
Dans le Sud-Ouest, le même terme est à l'origine des noms en « cass » : Casseuil, Cassen... Enfin, dans le reste du pays, il a donné des vocables en « cha » et en « che » : Chasseneuil, Chenoys...

.a toponymie, science de l'origine des noms

:hacun peut chercher à comprendre, de façon lus ou moins intuitive, les noms des lieux ui lui sont chers. Mais la toponymie n'est pas ne affaire simple. Il faut allier de solides bases 'étymologie à une excellente connaissance e l'histoire pour éviter les explications erronées. ar exemple, quoi de plus évident a priori que les noms n « ville » (Villefranche, Villeparisis, Lunéville...) ? ourtant, ils peuvent renvoyer à *villa*, qui signifiait grande propriété» à l'époque gallo-romaine, ıais aussi à « ville » qui signifiait village au Moyen Age.

es prénoms se transforment

lus de 58 millions de Français : partagent 300 000 noms de famille ifférents. Beaucoup d'entre eux étaient l'origine des prénoms chrétiens ou ıifs, comme François, Denis ou David, ıcore utilisés tels quels aujourd'hui. lais c'est aussi le cas d'Andrieu, lichelet ou Simenon, déformations :spectives d'André, Michel ou Simon. lus difficile encore à déceler, les noms rovenant de prénoms d'origine :rmanique : Arnaud, Arnould viennent : la racine allemande *arin* (aigle) ; ugo, Huguenin, Gounod ı Gonnet sont des avatars de Hugues le *huc*, intelligence). Des noms qui :mblent typiquement français comme ambert, Guichard ou Guillemin sont ı réalité un héritage des Germains.

Du surnom au nom de famille

Les habitants d'une même commune prirent l'habitude, à partir du Moyen Age, de se donner des surnoms. Ceux-ci faisaient référence à une caractéristique physique (Leroux, Leborgne), morale (Lebon, Ledoux, Courtois), à un métier (Lecharpentier, Leclerc) ou à une proximité géographique : chaque Dupont avait un ancêtre voisin d'un pont.
Enfin, les nouveaux venus étaient désignés par leur province ou leur pays d'origine : Langevin (l'Angevin)...
Ces surnoms, transmis de père en fils, sont devenus patronymes.

Les « Dupont et Dupond » inventés par Hergé dans *Tintin*. Si Dupont est un des patronymes les plus courants de France, Dupond est beaucoup plus rare.

À quoi sert un dictionnaire?

Si une bibliothèque ne devait compter qu'un seul livre, ce serait un dictionnaire. Outil indispensable pour comprendre des mots nouveaux, il peut prendre des formes multiples, englober plus ou moins de termes, être plus ou moins exhaustif...
Mais il n'est jamais complètement neutre, quelle que soit la bonne volonté de ses auteurs : expliquer le langage, c'est toujours un peu expliquer le monde avec une vision plus ou moins imprégnée de l'air du temps.

Dictionnaire et encyclopédie
Qu'est-ce qu'un dictionnaire?
«Un recueil de mots rangés dans un ordre convenu», répond le *Petit Robert*.
Traditionnellement, on distingue deux sortes de dictionnaires : les dictionnaires de langue ou de mots, les dictionnaires de choses ou encyclopédies.
Les premiers expliquent les mots, classés par ordre alphabétique. Les secondes étudient l'ensemble des connaissances que recouvre le vocabulaire.

Un dictionnaire peut être plus ou moins complet. Un ouvrage courant de type *Petit Robert* comporte 50 000 mots expliqués. Mais le *Grand Dictionnaire encyclopédique Larousse* (1982) comprend 180 000 articles.

A l'origine, les dictionnaires bilingues
Les dictionnaires de langue française sont nés de la floraison des dictionnaires bilingues de la Renaissance. Ainsi le dictionnaire français-latin de Robert Estienne (1539), en s'enrichissant régulièrement d'explications en français, a fini par donner un dictionnaire de plus en plus monolingue.
Mais ce n'est qu'à la fin du XVIIe siècle que paraissent les premiers ouvrages réellement monolingues.

\ quoi sert un dictionnaire?
.es dictionnaires répondent
. de multiples besoins. On peut être
.mené à consulter un dictionnaire
›our lire, écrire, traduire, parler...
Jn dictionnaire de langue française
ndiquera ainsi au lecteur de Corneille
que cœur signifiait aussi courage
.u XVIIe siècle. Un dictionnaire
les synonymes peut aider un écrivain
. éviter les répétitions. Une encyclopédie
ournira les éléments d'un exposé
. un élève dans la détresse... La liste
.'est pas close!

En 1985, lors de son 350e anniversaire, l'Académie française, réunie sous la présidence de son secrétaire perpétuel, Maurice Druon, a tenu séance solennelle sous le regard de son fondateur, le cardinal de Richelieu.

Le dictionnaire, reflet de son époque

Un dictionnaire reflète toujours son temps. D'abord parce qu'il fige à un moment donné le sens d'un mot qui va forcément évoluer. Ensuite parce qu'il reproduit les convictions de ses auteurs.
Émile Littré définissait l'homme comme un «animal raisonnable». Cette notion est abandonnée par le *Petit Robert* : l'homme devient «l'être appartenant à l'espèce animale la plus évoluée de la Terre».
Pour ne pas se périmer, un dictionnaire doit sans cesse tenir compte de l'évolution du vocabulaire, des dernières inventions techniques. Il consacre des mots nouveaux, en fait tomber d'autres dans l'oubli. L'édition annuelle du Larousse est un baromètre de notoriété.

Cinq grands dictionnaires

- *Dictionnaire des mots et des choses* de Richelet (1680)
- *Dictionnaire universel* de Furetière (1690)
- *Dictionnaire* de Littré (1863-1872)
- *Grand Dictionnaire universel du XIXe siècle* de Larousse (1863-1876)
- *Dictionnaire alphabétique et analogique de la langue française* de Robert (1953-1954)

Le roman policier et la science-fiction

La littérature policière, fantastique ou de science-fiction entraîne le lecteur dans un monde différent, celui de la délinquance, de l'étrange, du futur imaginaire de la planète Terre ou de l'univers.
Mais dans ses réussites comme dans ses échecs, cette littérature ne se contente pas d'être un moyen d'évasion. Elle a pris le relais des contes ou des romans d'anticipation (Jules Verne) pour créer de nouveaux héros (le détective, l'aventurier de l'espace...) et se faire le support de mythes modernes.

Le roman policier à énigmes
Dans le roman policier à énigmes, grande spécialité anglaise, le crime est un prétexte qui permet à l'enquêteur de se livrer à son jeu favori : exercer son sens logique en démasquant le coupable et provoquer ainsi l'étonnement admiratif d'un entourage incapable de trouver la solution, quoique disposant des mêmes indices.
Un art dans lequel se sont illustrés successivement le Sherlock Holmes de Conan Doyle, l'Arsène Lupin désinvolte de Maurice Leblanc, l'Hercule Poirot d'Agatha Christie...

Humphrey Bogart, interprétant Philip Marlowe dans *le Grand Sommeil*, d'Howard Hawks, d'après le roman de Raymond Chandler.

Le roman noir américain
Le roman noir américain naît dans les années 1920 à l'époque de la guerre des gangs et de la prohibition. Les truands sans scrupules de Dashiell Hammett *(le Faucon maltais)* ou de Raymond Chandler *(le Grand Sommeil)* répandent des bains de sang pour survivre dans un monde dominé par la violence et l'argent, où seul le «privé» incarne encore, parmi juges et hommes politiques corrompus, le souci de justice.
Réalisme et dénonciation sociale caractérisent cette tradition découverte en France dans les années 1940 grâce à la «Série noire» de Marcel Duhamel.

Simenon et San-Antonio

Deux auteurs de romans policiers écrits en français se distinguent par l'ampleur de leur œuvre. Le prolifique romancier belge Simenon (Maigret est le héros de plus d'une centaine de romans ou nouvelles) s'attache surtout à peindre une vie quotidienne où la routine pèse de façon insupportable sur des personnages d'apparence ordinaire. Aux antipodes de cette réalité morose se situe l'univers fantaisiste de San-Antonio (pseudonyme du Français Frédéric Dard) où la narration est prétexte à un délire verbal et à une verve rarement égalée.

La science-fiction

Le récit de science-fiction, apparu au début du XXe siècle, est placé sous le signe de la vitesse et de la technique et se situe le plus souvent dans le futur et des galaxies inconnues. Réflexion globale sur l'humanité et la civilisation, la démarche de la science-fiction est presque expérimentale. Elle imagine à quoi ressemblerait un monde sans eau (*Dune*, de Frank Herbert), un monde sans livres (*Fahrenheit 451*, de Bradbury), un monde sans libertés (*1984*, d'Orwell). Elle a même réfléchi au *Meilleur des mondes* (Aldous Huxley).

Le fantastique

De Mary Shelley (*Frankenstein*) à Edgar Poe, les plus grands écrivains du XIXe siècle ont donné ses lettres de noblesse au fantastique. Le propre de ce type de roman est de semer le doute par la situation ambiguë de ses héros : ils évoluent dans un monde soumis aux lois de la raison et sont pourtant confrontés au surnaturel. Par ce mélange de réel et d'impossible, le fantastique évoque un univers de cauchemar dont le héros est prisonnier (*la Métamorphose*, Franz Kafka).

King Kong, filmé en 1933 par le réalisateur américain Ernest B. Schoedsack, est l'un des plus fabuleux mythes cinématographiques.

La bande dessinée et la chanson

Le plaisir du texte peut se goûter seul — dans les romans de Flaubert ou les poèmes de Baudelaire — ou accompagné de musique dans les chansons de Jacques Brel, de dessins dans les bandes dessinées de Régis Franc. Qu'est-ce qui est primordial dans la chanson? L'air ou le refrain? Et dans la bande dessinée? Le dialogue ou le graphisme? Peu importe : l'un n'existe pas sans l'autre.

La BD est née dans la presse

La bande dessinée s'est développée avec l'essor de la presse. Conçue au début du XXe siècle pour distraire ses lecteurs, elle fut d'abord comique et caricaturale (en France, *la Famille Fenouillard* ou *Bécassine*). Dans les années 1930 aux États-Unis, elle s'affirme grâce aux super-héros Tarzan, Batman, Superman... Mais c'est en Europe que va naître le premier personnage de bande dessinée doté d'une certaine complexité : Tintin, dont le métier de reporter permet au dessinateur Georges Rémi, dit Hergé, d'évoquer les bouleversements de certains pays (l'invasion de la Chine par le Japon, toile de fond du *Lotus bleu*).

Tintin, personnage inventé par Hergé, est le plus connu des héros de BD («mon seul rival», disait le général de Gaulle).

Quelle est la grande invention linguistique de la bande dessinée? L'onomatopée. Ici, un dessin de Gotlib.

La BD : avec ou sans bulles?

Le texte de BD se scinde d'habitude en deux. D'une part un dialogue (dans des bulles) qui explicite l'action, caractérise les personnages (le capitaine Haddock et sa litanie d'injures!). D'autre part un commentaire en complément. Dans d'autres BD, comme celles d'Hugo Pratt *(Corto Maltese)* ou Régis Franc *(le Café de la plage)*, le texte ne se contente pas d'être un complément de l'image : il a sa portée et son style propre. Des auteurs comme Loustal-Paringaux *(Cœurs de sable)* sont allés plus loin; ils ont supprimé les bulles et séparé le texte de l'image pour permettre à chacun d'exister pleinement.

Quand les poètes se font paroliers
Art mineur ou art majeur, la chanson française compte parmi ses paroliers occasionnels des écrivains prestigieux comme Raymond Queneau *(Jolie Môme)*, Boris Vian *(le Déserteur)*, René Char *(Chanson des villes)*, Jean-Paul Sartre *(la Rue des Blancs-Manteaux)* et surtout Louis Aragon, dont des dizaines de poèmes, de *Il n'y a pas d'amour heureux* à *Est-ce ainsi que les hommes vivent?*, furent popularisés par l'interprétation d'Yves Montand, Jean Ferrat ou Léo Ferré.

La chanson, une forme poétique
La chanson est le support le plus populaire de la poésie, d'une poésie vivante, orale, qui se transmet de bouche à oreille, se fredonne dans les rues, se grave dans les mémoires. Il existe en France une lignée d'auteurs-compositeurs-interprètes qui a toujours accordé une grande importance au texte : elle débute avant-guerre avec Charles Trenet, se poursuit dans les années 50-60 avec Jacques Brel, Georges Brassens ou Barbara et continue aujourd'hui avec Jacques Higelin, Alain Souchon ou Jean-Jacques Goldmann.
A la fin des années 80, des groupes comme Noir Désir ont réussi la difficile alliance d'une tradition musicale rock anglophone et d'un texte français travaillé *(Aux sombres héros de l'amer)*.

Jacques Brel faisant ses adieux à l'Olympia en 1966.

CULTURES D'HIER ET D'AUJOURD'HUI

Peindre, sculpter, bâtir, danser, chanter, jouer avec les mots (au théâtre ou au cinéma), avec les notes de musique, ou encore avec son corps (le sport) sont des formes d'expression qui permettent à l'homme d'entrer en relation avec les autres. Chaque période de l'histoire culturelle de l'humanité a été marquée par un style particulier.
En cette fin de XXe siècle, l'esprit de création cherche des supports de plus en plus originaux pour s'exprimer. Ce siècle est aussi celui de l'information, qui est devenue le domaine privilégié de la communication, instrument et enjeu de pouvoir.

Les grandes expressions artistiques

Quelle que soit sa forme, l'art est un moyen d'expression : l'artiste ressent le besoin de dire quelque chose, d'exprimer des sentiments, de communiquer aussi. Il doit donc découvrir la forme d'expression qui lui convient le mieux : Van Gogh fut peintre, Mozart musicien. Le choix est d'autant plus important que l'art exige du travail, des efforts, un perfectionnement constant.

Danser

Danser, c'est se mouvoir avec plus ou moins d'élégance dans l'espace, selon la musique et le sentiment que l'on désire traduire. Le danseur, seul ou guidé par un chorégraphe, doit mesurer, penser ses gestes et les harmoniser entre eux. Les expressions du visage peuvent aussi s'intégrer à la chorégraphie, que l'on danse un ballet classique ou un tango.

Cette danseuse de l'île de Bali s'exprime essentiellement avec le haut du corps : la tête, les bras et les mains. A la différence de la plupart des autres traditions chorégraphiques, cette danse n'utilise pas les sauts.

Filmer

Raconter une histoire avec une caméra est un art difficile. Pour donner du rythme à son récit, le cinéaste s'attarde plus ou moins sur une scène, sur des détails. Tout est soumis à l'effet que l'on veut produire sur le spectateur : un film d'Ingmar Bergman sera forcément plus lent qu'un western de John Ford. Le cinéaste peut aussi utiliser la musique pour renforcer l'impact de ses images.

Chanter

Le chant est une émission de sons selon une mélodie plus ou moins compliquée. La tâche du chanteur est, toujours pour des raisons expressives, de moduler, c'est-à-dire de varier la hauteur, l'intensité, la longueur des sons. Mais moduler ne suffit pas. Encore faut-il rythmer habilement son chant.

Écrire
Tout le monde a écrit quelque chose dans sa vie. Mais parvenir à l'art d'écrire suppose mille attentions : un poète sera plutôt attentif à la beauté des mots, aux sonorités, et un romancier privilégiera, entre autres, leur efficacité descriptive. Quel que soit le genre littéraire, l'écrivain varie la longueur des phrases s'il veut créer une atmosphère particulière.

Sculpter
Le sculpteur taille ou modèle une œuvre selon le matériau qu'il a choisi. Rien ne l'empêche de travailler avec plusieurs matières : si le marbre resta longtemps la matière noble, le XXe siècle a découvert les richesses potentielles de l'acier ou du verre.
La sculpture doit être harmonieuse, ce qui suppose que le sculpteur sache équilibrer les masses, les différents éléments de l'œuvre.

Autoportrait discret d'un photographe.

Peindre
Le peintre travaille généralement sur une toile, mais il peut aussi utiliser comme support un mur, un panneau de bois... En dehors des problèmes de cadrage et de composition, tout tient dans le maniement de la peinture elle-même. Les couleurs seront plus ou moins nombreuses, plus ou moins vives. La touche d'un peintre est différente d'un artiste à l'autre. Raphaël tenait à ce que le spectateur ne puisse voir le passage du pinceau sur la toile. Van Gogh, au contraire, travaillait par touches épaisses.

Photographier
La photographie enregistre le réel avec fidélité et prive l'image du rythme, des sons. On pourrait croire que le photographe dispose de peu de liberté. Or il n'en est rien. Le choix du noir et blanc, que font les plus grands photographes, permet des effets lumineux savants. La couleur elle-même est transformée grâce à des filtres; en outre, le photographe a le choix du cadrage ou des rapports de formes. Enfin, par des manipulations, il réalise des montages surprenants.

De grandes réalisations architecturales

Le grandiose sied au pouvoir, qu'il soit religieux, politique ou financier. Ainsi, les hommes ont érigé en son honneur les monuments les plus impressionnants, quand ils en avaient les moyens techniques et financiers. Simples ou raffinés, élancés ou trapus, les temples, palais et châteaux ont mobilisé les matériaux les plus résistants, ce qui a assuré leur survie. Ils constituent un fonds culturel capital qui nous permet de mieux connaître les civilisations passées.

Les mégalithes de Stonehenge
Ces pierres monumentales avaient été disposées en un grand cercle. Cet édifice, situé en Angleterre, remonte à 1900-1600 av. J.-C. Il semble qu'un peuple ait voulu ériger là un temple solaire.

Le sphinx de Gizeh
Ce lion couché à l'effigie du pharaon Khephren a été construit en Égypte vers 2550 av. J.-C. Cette œuvre illustre un goût pour la monumentalité à la gloire du roi, élevé au rang d'un dieu.

Le temple de Poséidon de Paestum
Il a été construit vers 450 av. J.-C. par les colons grecs de la Grande-Grèce (Italie). Majestueux, il représente la perfection de l'architecture grecque du Ve siècle av. J.-C., au même titre que le Parthénon d'Athènes.

Le temple guerrier de Chichen Itza
Avec ses piliers sculptés en bas relief de figures de soldats, ce temple du Xe siècle exalte la nature militaire de la civilisation toltèque qui, venue du nord, avait occupé le plateau central du Mexique à la fin du VIIIe siècle.

Le mausolée d'Akbar à Sikandra
Située dans la vallée du Gange, la ville de Sikandra abrite ce palais édifié en l'honneur de l'empereur moghol de l'Inde Akbar le Grand (1542-1605). Grand bâtisseur, ce prince n'eut de cesse de mêler les traditions architecturales musulmanes et indiennes.
Elles sont illustrées ici par l'harmonieuse juxtaposition du marbre blanc et du grès rouge.

La cathédrale de Reims
La cathédrale de Reims, située en Champagne, a été commencée vers 1210. Sa hauteur sous voûte est de 38 m, ce qui en fait l'un des grands monuments de la Chrétienté. Son décor sculpté est particulièrement riche.

La Banque de Hong Kong
Ce gratte-ciel de 47 étages dessiné par l'architecte Norman Foster est l'un des plus fabuleux des années 80 : selon le principe des ponts suspendus, quatre pylônes géants soutiennent, à intervalles irréguliers, des structures en acier.

Les arts dans le monde

La vision occidentale et moderne de l'art est fondée sur l'affirmation de l'individu. Cette attitude n'est pas universelle et d'autres civilisations n'assignent à l'artiste qu'un rôle d'exécutant. Celui-ci est chargé de perpétuer une tradition technique, iconographique et stylistique très élaborée. L'art des civilisations traditionnelles est d'abord un rite social, la plupart du temps lié à une pratique religieuse.

L'art océanien
En l'absence d'écriture, l'art est un moyen privilégié pour exprimer les traditions. Les peuplades de Nouvelle-Guinée multiplient les portraits en bois des ancêtres mythiques, protecteurs du monde des vivants.
A ces productions de dimensions modestes s'opposent, dans l'île de Pâques, les immenses statues de pierre hautes de 5 m, dressées sur des plates-formes où l'on exposait les morts. Elles représentent aussi les esprits protecteurs.

Ces étranges statues géantes de l'île de Pâques, la plu orientale de l'océan Pacifique, ont été construites par des Polynésiens sur les flancs du volcan Rano Raralen, entre le Ve et le XVIe siècle.

Masque africain représentant l'esprit d'un ancêtre.

L'art d'Afrique noire
La sculpture d'Afrique noire est parente des plus anciennes statues égyptiennes : même goût pour la rigidité des corps et l'impassibilité des visages.
La sculpture africaine se divise essentiellement en deux groupes, les statuettes et les masques.
Les statuettes représentent les ancêtres du clan : le sculpteur les taille dans le bois, soignant particulièrement les parties nobles comme le visage.
Quant au masque, image d'ancêtre là encore, il confère la force à qui le porte au cours de danses rituelles. Des peintres comme Braque ou Picasso ont retrouvé dans ces formes une inspiration.

’Orient indien

’art indien offre une grande variété
sculptures, fresques, etc.). Les temples
ont couverts de sculptures aux formes
t aux attitudes précisément déterminées,
ar l’art indien est lié au sacré.
.es styles sont très contrastés :
la sérénité exprimée par l’art
le la dynastie des Gupta (IVe-VIIe siècle),
n peut opposer la mise en scène
le l’histoire de Visnu à Mâvalipouram
VIIe siècle), qui exprime toute
a violence d’une lutte surhumaine.

L’art de l’île de Sri Lanka offre les mêmes caractéristiques que l’art indien : exubérance des couleurs et des personnages, comme dans ce détail d’un temple hindouiste de Colombo.

’art précolombien

’art précolombien comprend
outes les réalisations des civilisations
ui se sont succédé en Amérique du Sud
t centrale pendant trois millénaires,
usqu’à la conquête espagnole. Incas,
Mayas, Olmèques et Zapotèques
nt laissé des vestiges monumentaux
ux formes géométriques de grandes
limensions (temples, palais et villes).
ls ont aussi excellé dans le travail
le la poterie et de la céramique,
insi que dans celui des métaux précieux,
n particulier l’or.

Les formes traditionnelles de l’art musulman (arabesques et lignes épurées) se sont facilement adaptées aux nouveaux matériaux, tant pour l’architecture civile que sacrée. Ici, le mausolée Bourguiba à Monastir (Tunisie).

L’art extrême-oriental

Chinois et Japonais ordonnent les créations artistiques en fonction de leur rapport
plus ou moins étroit avec l’esprit. Ainsi l’écriture — et donc la calligraphie —
prennent-elles une place majeure puisqu’elles sont le véhicule même de la pensée.
En revanche, l’architecture et la sculpture sont considérées comme des réalisations
simplement artisanales, au même titre que la céramique. La peinture est souvent
riche de brio et de fantaisie poétique; elle cherche de préférence à célébrer
la beauté fugitive de l’instant.

La peinture et la sculpture

L'histoire de l'art est marquée par un constant assouplissement des règles. Les grands artistes sont ceux qui ont apporté un style nouveau, une vision du monde originale, quitte à heurter les traditions établies et les académies, par nature conservatrices.

Mais l'invention n'est pas qu'une question de choix du sujet ou de la lumière : les artistes ont aussi innové par l'adoption de nouveaux matériaux.

Cette fresque romane, *le Baiser de Judas* (XIIe siècle), est pleine de vie malgré une certaine raideur des personnages et la simplicité des couleurs.

Parmi toutes les madones peintes par l'Italien Raphaël Sanzio, dit Raphaël, cette *Vierge à la chaise* (1514) constitue un sommet dans l'art classique où la couleur et les traits sont portés à la perfection. Il ressort de cette composition stéréotypée (une mère et un enfant) une grande simplicité.

Michel-Ange, *Pietà* (1499). Cette œuvre est l'une des plus belles jamais sculptées : les personnages sont parfaits; aucune douleur ne vient troubler les visages. Tout est idéalisé.

Rembrandt, *Philosophe en méditation* (1633). Rembrandt, contrairement à Raphaël, privilégie l'obscurité : elle permet tous les mystères, toutes les rêveries.

Van Gogh, *Église d'Auvers-sur-Oise* (1890). La couleur atteint ici son intensité maximale, au service d'une vision exaltée. Avec Van Gogh, la peinture se libère d'une contrainte très ancienne : respecter les couleurs de la réalité.

Rodin, *Balzac* (1898). Le sculpteur a évoqué la puissance créatrice de l'écrivain en choisissant des formes massives.

Tinguely, la fontaine Stravinski (1983) à Paris, près du centre Georges-Pompidou. Grâce à cette clé de sol en métal, le sculpteur suisse Tinguely renoue avec la sculpture symbolique.

Kandinsky, *Jaune, rouge, bleu* (1925). Pour Kandinsky, un art abstrait peut exprimer des impressions. Il joue des couleurs, des lignes, des formes plus ou moins nettes. Le sujet existe toujours, mais le traitement est totalement libre : l'artiste exprime son univers intérieur.

L'art antique

Avant l'épanouissement de la culture grecque, aucune civilisation n'avait considéré que l'art et la beauté puissent avoir de l'intérêt en eux-mêmes : les arts égyptiens ou sumériens, par exemple, étaient uniquement religieux et dynastiques. La Grèce, au contraire, s'efforça de définir les principes d'une beauté universelle, libérée de toute contrainte religieuse et fondée sur la rigueur géométrique et arithmétique (sens des proportions). L'art antique atteignit son apogée aux Ve et IVe siècles avant notre ère. Les Romains ne firent que copier les modèles parfaits ainsi conçus.

Un goût de perfection
Le temple grec, largement récupéré par les bâtisseurs romains, est un modèle de perfection, à Athènes notamment. Le Parthénon, rebâti au Ve av. J.-C., donne une impression de puissance et de légèreté en même temps, grâce au savant emploi des colonnes cannelées. Le côté sud d'un autre temple, l'Érechthéion, est garni non plus d'une galerie de colonnes, mais de statues féminines, les cariatides.

Les Romains ont développé plus particulièrement la décoration intérieure de leurs demeures. Passés maîtres dans l'art de la mosaïque, ils ont aussi développé l'art de la fresque murale. Ici, la maison des Vettii, à Pompéi.

Des dieux bien rangés
Les attitudes des dieux grecs sont généralement très codifiées : Zeus, père et maître des dieux, est toujours assis; Poséidon, dieu de la mer, brandit un trident. Quant à Aphrodite, déesse de l'amour, elle naît des ondes.

Une céramique d'une grande richesse
La Grèce a produit un nombre de vases considérable. Initialement décorés de motifs géométriques (IXe-VIIe siècle av. J.-C.), ils s'ouvrent vite à la représentation des hommes. Se multiplient alors scènes de guerre, de mythologie ou de la vie quotidienne. Grâce au commerce maritime, les céramiques grecques s'exportent dans tout le Bassin méditerranéen.

a sculpture, art majeur
a sculpture grecque est artie d'un « archaïsme ». elui-ci est caractérisé ar une symétrie n peu raide, d'inspiration gyptienne, et par es expressions figées : e sourire, par exemple, st toujours le même. uis cet art a évolué ers un style plus naturel, lus souple, qui a donné es plus belles œuvres : raxitèle, Phidias u Polyclète ont multiplié es *Hermès*, les *Apollon*, es éphèbes à la beauté déalisée.

Les plus beaux exemples de la sculpture grecque représentent des héros ou des dieux. Ici, le *Poséidon* (dieu des mers) d'Artémision.

L'apport romain
S'ils furent de prodigieux bâtisseurs (théâtres, amphithéâtres, stades, routes et aqueducs), les Romains ne se révélèrent pas comme de grands créateurs. En effet, ils se contentèrent le plus souvent de copier les modèles de l'art grec, tant en peinture qu'en sculpture.
Leur principale contribution consiste en un enrichissement de la représentation des êtres et des objets. En revanche, nombre de leurs pavements en mosaïque constituent de véritables réussites.

Des chefs-d'œuvre de la sculpture grecque

- *Discobole* (musée du Vatican)
- *Laocoon* (musée du Vatican)
- *Vénus de Milo* (musée du Louvre)
- *Poséidon* (musée d'Athènes)

L'art médiéval

La fin des invasions barbares (Normands au IXe siècle, Hongrois au Xe siècle) permet à la France de retrouver un équilibre politique et une prospérité favorables à la création artistique : l'art roman prend son essor au XIe siècle et s'épanouit au XIIe. Il est relayé par l'art gothique, qui court du XIIIe au XVe siècle.
Au goût fréquent du roman pour la figuration schématisée et les édifices plutôt modestes, succède la prédilection du gothique pour le réalisme et les églises vastes.

Une architecture variée
L'architecture romane (XIe-XIIe) est d'une grande diversité. Elle est en effet issue du prodigieux bouillonnement artistique qui suit la fin des invasions.
En Provence, les églises sont souvent trapues et sombres.
En Normandie, au contraire, les architectes élèvent des édifices hauts, larges et bien éclairés.

L'entrée de l'enfer telle que l'imaginait le sculpteur du tympan de l'église Sainte-Foy de Conques, dans l'Aveyron (fin XIe-début XIIe siècle).

L'épanouissement de la sculpture
La sculpture médiévale, romane en particulier, offre la même évolution que l'architecture. Chaque région a son style.
La fantaisie des sculpteurs a multiplié, au mépris de la vraisemblance, les personnages inattendus : les vices, par exemple, sont souvent symbolisés par des monstres bizarres et grimaçants.

La nef gothique de la cathédrale d'Amiens.

Un art audacieux
Les premières cathédrales dites «gothiques» apparaissent au milieu du XIIe siècle : Notre-Dame de Paris est fondée en 1163. Vinrent ensuite les plus vastes et les plus hautes : Reims, Amiens, Chartres...
La dernière mise en chantier, Beauvais, était la plus haute d'Occident : sa voûte culminait à 48 m. Mais les piliers, par soucis d'élégance, étaient trop fins et trop espacés : la voûte du chœur s'effondra en 1284.

La rosace de la cathédrale Notre-Dame de Chartres.

La lumière de Dieu

C'est vers la fin du XIIe siècle que s'ouvrent de vastes verrières dans les murs des cathédrales. Ces vitraux représentent des scènes religieuses, mais parfois aussi des scènes plus profanes : vie de Charlemagne, à Chartres, par exemple; vitraux «des métiers» un peu partout, offerts par les diverses corporations. La lumière ainsi diffusée doit éclairer l'âme des hommes et les mener à «comprendre la lumière de Dieu», dit l'abbé Suger.

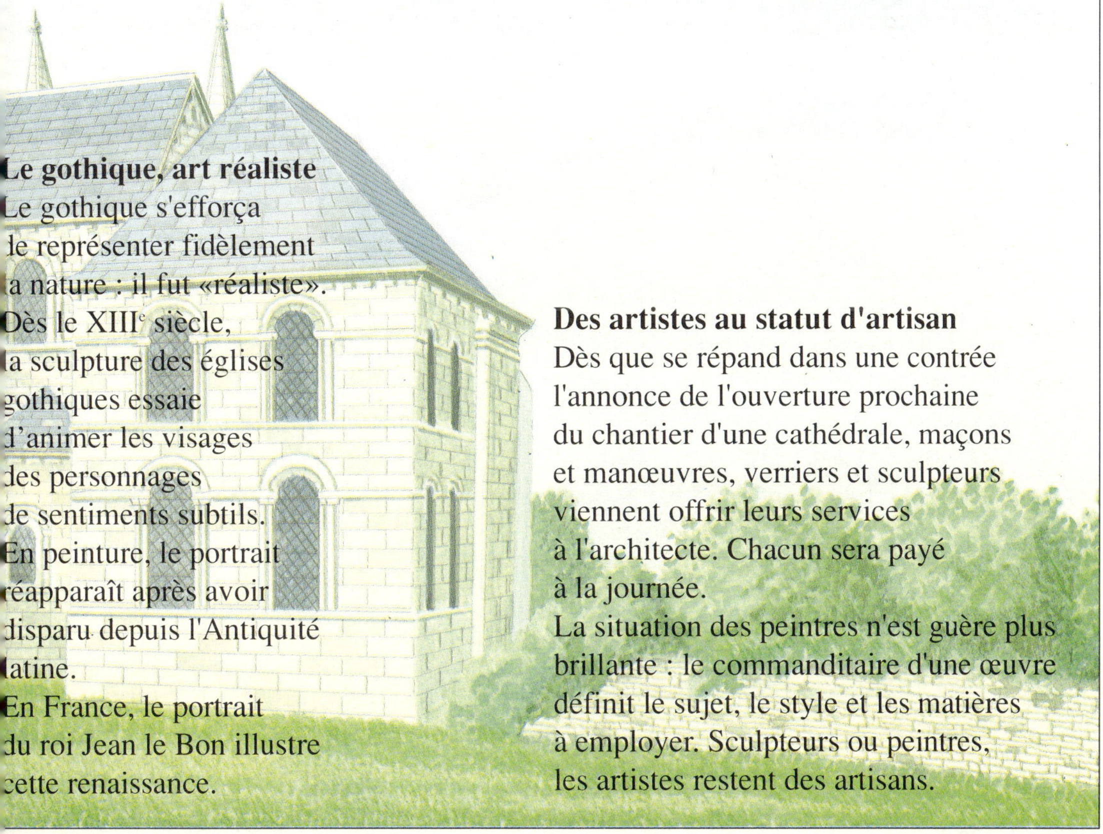

Le gothique, art réaliste

Le gothique s'efforça de représenter fidèlement la nature : il fut «réaliste». Dès le XIIIe siècle, la sculpture des églises gothiques essaie d'animer les visages des personnages de sentiments subtils. En peinture, le portrait réapparaît après avoir disparu depuis l'Antiquité latine. En France, le portrait du roi Jean le Bon illustre cette renaissance.

Des artistes au statut d'artisan

Dès que se répand dans une contrée l'annonce de l'ouverture prochaine du chantier d'une cathédrale, maçons et manœuvres, verriers et sculpteurs viennent offrir leurs services à l'architecte. Chacun sera payé à la journée.
La situation des peintres n'est guère plus brillante : le commanditaire d'une œuvre définit le sujet, le style et les matières à employer. Sculpteurs ou peintres, les artistes restent des artisans.

L'art baroque

Le baroque fut à l'origine un style artistique lié à l'effort de l'Église catholique pour reconquérir les fidèles, après le concile de Trente (1545-1563). En effet, pendant la Renaissance (XVe-XVIe siècle), l'art était essentiellement aristocratique et intellectuel.
Rome désirait au contraire stimuler et impressionner le plus grand nombre grâce à un style richement orné. Ce fut l'art baroque, qui submergea l'Europe du XVIIe et du XVIIIe siècle et suscita un pullulement de créateurs, ce qui donne toute sa complexité au mouvement.

Une architecture pour éblouir les foules
La papauté pense redonner du souffle à la Chrétienté en se lançant dans une vaste campagne de construction d'églises et de décorations.
Aussi est-ce d'abord à Rome que le baroque conquiert l'architecture : les façades s'incurvent, les décorations se multiplient jusqu'à la surcharge, mêlant dorures, fresques et statues commandées aux meilleurs maîtres.

Bacchus, par le Caravage.

La maîtrise du clair-obscur
C'est le Caravage qui va imprimer la plus profonde marque à la peinture baroque italienne.
Il reprend des sujets chrétiens, mais les traite très dramatiquement, avec de forts contrastes de lumière et d'ombre.
L'Europe entière sera influencée par le «caravagisme» : Georges de La Tour en France, Rembrandt en Hollande.

Le baroque espagnol
L'Espagne est le pays où les aspects les plus outranciers du baroque ont été développés. Les frères Churriguera accumulent les ornements sculptés au point que les décorations étouffent l'architecture. Ainsi le maître-autel de l'église San Esteban (1693), à Salamanque, dont la surabondance ornementale (colonnes torses enrubannées, végétaux...) stupéfia les contemporains.

Le peintre de la femme
Pierre Paul Rubens est l'un des plus brillants peintres baroques. Il étudie l'art en Italie, puis apporte en Flandre, sa patrie, le sens de la monumentalité, du mouvement et de la lumière librement diffusée. Mais il est aussi le peintre inspiré des corps de femme aux formes opulentes et sensuelles.

La virtuosité du Bernin
Le baroque romain est incarné par le Bernin. Architecte et sculpteur, il élève dans la basilique Saint-Pierre un gigantesque baldaquin à colonnes torses. Il conçoit aussi la quadruple colonnade qui borde la place Saint-Pierre et quantité d'édifices et de fontaines de Rome qui font de son atelier le plus brillant d'Europe. Sculpteur sans égal en son temps, il a profondément influencé la sculpture européenne des XVIIe et XVIIIe siècles par son style sensuel et tourmenté.

Le baroque en Amérique du Sud
Ce sont les colons espagnols et portugais qui exportèrent l'art baroque vers l'Amérique du Sud. Au Mexique, en particulier, se trouve l'une des plus belles réalisations de ce temps, l'église Santo Domingo (1724-1731) à Oaxaca : le décor est composé de stucs dorés et de statues peintes.

La cathédrale de Puebla, au Mexique.

L'esprit classique

Au début du XVIIe siècle et dans toute l'Europe, le baroque a favorisé l'expression personnelle et brillait par sa richesse, son opulence et ses démesures. Mais en France, les milieux artistiques officiels se firent les champions d'un retour à l'ordre. Louis XIV se servit de l'art classique comme d'un modèle de rigueur qu'il souhaitait imposer à tous et fit de Versailles le symbole de sa politique culturelle.

Le Grand Trianon, à Versailles.

Le temple du Roi-Soleil
En 1661, Louis Le Vau, architecte, et Charles Le Brun, peintre, entreprennent la construction du château de Versailles. Mais Versailles est plus qu'un immense palais : les jardins composent un vaste et harmonieux spectacle perpétuel dont la perfection a ébloui l'Europe entière et a assis la réputation du roi. Immense chantier pendant des décennies, Versailles mobilisa plusieurs générations d'artistes.

L'art des jardins
Dessinateur de jardins et de parcs, André Le Nôtre incarne l'esprit classique. Versailles lui doit une partie de sa magie : les jardins y sont un théâtre parfaitement ordonné où les fleurs rares ornent des parterres à la géométrie impeccable. Déjà bien lancé par Catherine de Médicis au XVIe siècle, le jardin à la française connaît, à Versailles, son âge d'or.

La sculpture classique
En sculpture, c'est François Girardon qui représente le classicisme. Son art est calme, mesuré, épris d'harmonie antique. On est loin des convulsions et des torsions de la sculpture baroque. Vite reconnu par ses pairs, Girardon a beaucoup travaillé à Versailles où il exécuta, entre autres, *Apollon servi par les nymphes* (1668), dans le bosquet d'Apollon. La chapelle de la Sorbonne abrite une autre de ses œuvres, le tombeau de Richelieu (1675-1677).

Un art de la sobriété

C'est Nicolas Poussin qui incarne le mieux l'idéal classique en peinture : ses sujets sont empruntés à l'Antiquité, à la Bible ou à l'histoire. Son art est sobre, nullement troublé par des attitudes ou des gestes exagérément dramatiques. Poussin fonde son art sur un rapport harmonieux entre raison et sensibilité, entre vérité et poésie.

On retrouve la même mesure dans l'architecture : François Mansart, au château de Maisons-Laffitte par exemple, utilise les colonnades et les frontons de style antique, la symétrie étant l'absolue priorité.

Présence de l'Antiquité

Comme leurs confrères italiens des XVe et XVIe siècles, les artistes français furent marqués par l'art antique. La colonnade du Louvre, les frontons triangulaires en sont imprégnés. Ce style dépouillé, dont la Florence du XVe siècle offre les meilleurs exemples (réalisations de Brunelleschi : église San Lorenzo, hôpital des Innocents...), a séduit une grande partie de l'Europe aux XVIIe et XVIIIe siècles : l'Angleterre avec Christopher Wren, l'Allemagne avec Carl Langhans, la Russie avec Andreï Voronikhine.

Orphée et Eurydice, par Nicolas Poussin.

Le romantisme

La mesure et la rigueur de l'art classique étaient peu favorables à l'expression de la personnalité et de la vie intérieure. Le romantisme affirma les droits de l'individu à vivre ses passions avec le maximum d'intensité.
Il en vint à exprimer ce que l'être avait de plus intime. Surtout, à la beauté abstraite et universelle de l'art classique, il substitua une beauté relative et propre à chacun. Le règne de la diversité était venu.

Un mouvement international
Le romantisme représente une sensibilité dont toute l'Europe a témoigné.
Si les idées maîtresses du romantisme ont été formulées dans l'Allemagne des années 1790, le mouvement lui-même, avec des formes variées, a des représentants jusqu'en Russie et en Norvège.

Le règne de Delacroix
Le grand peintre romantique français est Eugène Delacroix. Fasciné par l'Afrique du Nord et par l'Orient, il utilise une palette vive et riche.
Mais il est aussi un peintre du mouvement et de la sensualité.
Sa passion pour une matière riche et onctueuse l'a fait surnommer par Ingres le «balai ivre».

La Mort de Sardanapale, par Eugène Delacroix.

Une inspiration renouvelée

Le romantisme est une révolution des sujets et des genres. Quand Théodore Géricault peint en 1819 *le Radeau de «la Méduse»*, il fait scandale : il traite en effet en très grand format, réservé à la peinture d'histoire et aux scènes mythologiques, une scène de l'actualité immédiate, ici le naufrage d'un navire français.
Les romantiques puisent aussi abondamment dans la littérature moderne : Delacroix tire ses sujets de l'œuvre de Goethe ou de Walter Scott.

Le Radeau de «la Méduse», par Théodore Géricault.

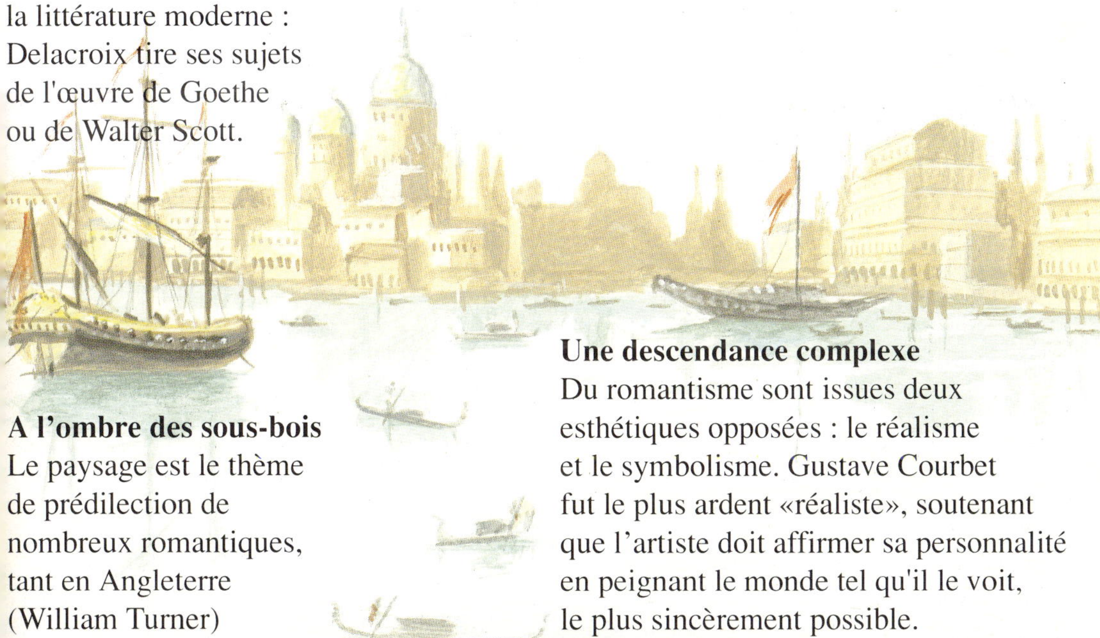

A l'ombre des sous-bois

Le paysage est le thème de prédilection de nombreux romantiques, tant en Angleterre (William Turner) qu'en France (école de Barbizon, Camille Corot) et en Allemagne (Caspar David Friedrich).
Pour beaucoup d'artistes, la nature apparaît comme un refuge contre la laideur et la vulgarité du monde.

Une descendance complexe

Du romantisme sont issues deux esthétiques opposées : le réalisme et le symbolisme. Gustave Courbet fut le plus ardent «réaliste», soutenant que l'artiste doit affirmer sa personnalité en peignant le monde tel qu'il le voit, le plus sincèrement possible.
Les symbolistes, quant à eux (Odilon Redon, Gustave Moreau), prétendent que l'expression de l'individu doit passer par l'exploration des rêves et des mythes antiques. «Il faut peindre uniquement ce qu'on n'a jamais vu et qu'on ne verra jamais», dit le poète Tristan Corbière.

L'impressionnisme

Né vers les années 1870, l'impressionnisme s'ingénie à faire sentir la densité de l'atmosphère (vent, soleil...) et à rendre les plus subtils effets de lumière, comme les reflets sur l'eau. Ce respect de la vérité lumineuse conduit à accorder plus d'importance à la couleur — particulièrement intense — qu'au dessin. L'impressionnisme ruine donc entièrement l'esthétique classique qui fondait la beauté sur la perfection du dessin.
Après des débuts difficiles, l'impressionnisme a conquis de nombreux amateurs et reste, aujourd'hui, l'art préféré du public.

Un style déroutant
Lors de leur première exposition à Paris en 1874, les impressionnistes choquent par leur refus d'une peinture lisse et méticuleuse comme le public l'aime : ils préfèrent cribler la toile de touches pâteuses, vivement colorées.
Le public et les critiques, désemparés par cette liberté, considérèrent ce style comme du barbouillage.

Paysage à Fragny par Camille Pissarro. Pissarro fut, avec Monet, Sisley et Renoir, l'un des fondateurs du groupe impressionniste.

L'art de la fugue
Monet, Pissarro, Renoir et les autres aiment tout particulièrement peindre en plein air, délaissant les ateliers trop sombres où le contact avec la nature n'existe pas. Leurs escapades sont favorisées par la récente invention du tube de peinture, plus maniable que les pots traditionnels.

Le goût de la ville
Autre motif d'étonnement pour le public : les impressionnistes s'emploient à peindre le monde qui les entoure : ils recherchent autant les thèmes traditionnels (labours, campagne fleurie ou enneigée...) que les sujets plus modernes (villes, ponts, gares...). Surtout, ils refusent les artifices des peintres classiques qui introduisent des anecdotes mythologiques au sein de leurs paysages, dans le seul but d'ennoblir le sujet.

L'une des multiples représentations de *la Cathédrale de Rouen* par Claude Monet.

Claude Monet, «pape» de l'impressionnisme

Monet est le peintre impressionniste qui a poussé le plus loin les principes du groupe. Considérant que la peinture doit rendre compte le plus fidèlement possible des effets de lumière, il multiplie ses «séries» : il peint plusieurs fois la cathédrale de Rouen, des meules ou des peupliers, à des saisons et des heures différentes. Dans certaines œuvres de la fin de sa vie, le sujet n'a plus aucune importance : seule compte la sensation lumineuse. Quelques-unes de ses dernières peintures sont presque abstraites.

Le peintre du soleil éclatant

Le Hollandais Vincent Van Gogh arrive à Paris en 1886 et rencontre les peintres impressionnistes. La richesse colorée de leurs œuvres le fascine. Il s'installe en Arles en 1888 et développe une peinture expressive et riche en pâte. Pourtant, contrairement aux principes impressionnistes, ses couleurs ne sont plus dictées par la simple observation du réel, mais sont choisies en fonction de ses propres sensations.

Autoportrait, par Van Gogh.

L'architecture moderne

L'adoption de nouveaux matériaux a permis des progrès considérables en architecture. La pierre traditionnelle devait être taillée et exigeait un assemblage. Le béton, en revanche, peut être moulé et adopter des formes variées. Le métal permet de monter des armatures légères et résistantes. Chicago fut le premier champ d'expérimentation de ces nouveaux matériaux : en 1871, un incendie ravagea la ville, qui était à reconstruire. Les architectes répondirent à ces besoins nouveaux en inventant l'architecture moderne : c'est à Chicago que, en 1885, s'est élevé le premier gratte-ciel.

Le vivier allemand

L'Allemagne du début du siècle est aussi à l'avant-garde de l'innovation. L'agence de Peter Behrens accueille successivement Mies Van der Rohe, Gropius et Le Corbusier, trois architectes qui dominent cette période. Gropius, en particulier, sera un grand pédagogue : en 1919, il fonde à Weimar le Bauhaus (Maison du bâtiment). Cette école est un champ de création expérimentale où l'on cherche à trouver l'équilibre idéal entre formes et matériaux, entre aspects fonctionnels et méthodes de production. Fermé en 1933 par le régime hitlérien, le Bauhaus a eu une influence majeure sur les architectes de notre siècle.

Charles-Édouard Jeanneret, dit Le Corbusier, a construit la villa Savoye à Poissy (Yvelines) de 1929 à 1931. Il s'est aussi intéressé à l'urbanisme et à l'habitat collectif. En 1922, il présenta un projet de «ville contemporaine de 3 millions d'habitants» : l'emplacement de chaque activité y était rigoureusement déterminé, mais le plan restait assez souple et adaptable pour permettre des agrandissements ultérieurs.

Une création d'Antoni Gaudi, à Barcelone (parc Guell).

Une architecture baroque

Au début du XXe siècle, l'Allemand Erich Mendelsohn et le Catalan Antoni Gaudi représentent la tendance baroque de l'architecture moderne. Avant d'être conquis par les thèses du Bauhaus, Mendelsohn réalise quelques ouvrages aux formes expressives, grâce à la souplesse des matériaux modernes : son observatoire Einstein, à Potsdam, est bâti en 1920.

Gaudi, tout en utilisant les matériaux traditionnels (il refuse même le ciment), élève des édifices aux formes fantastiques et compliquées, très représentatives du style Art nouveau. Son œuvre principale reste l'église de la Sagrada Familia, à Barcelone.

Le musée Guggenheim à New York a été construit par l'un des architectes les plus talentueux des États-Unis, Franck Lloyd Wright, auteur également de la célèbre Maison sur la cascade à Bear Run, en Pennsylvanie.

Vers un pluralisme des conceptions

L'architecture mondiale contemporaine est d'une diversité prodigieuse. En effet, le style conçu au début du siècle par le Bauhaus (formes blanches, rectangulaires, vastes surfaces vitrées, toits plats...) a évolué. Il a été dépassé par les réalisations d'architectes très différents les uns des autres : l'Américain Peï (la pyramide du Louvre), l'école du Catalan Ricardo Boffil et ses réalisations néo-classiques à Montpellier et à Barcelone, le Danois von Preckelsen et son défi de la Grande Arche à La Défense.

Art abstrait et surréalisme

L'art abstrait est un mouvement international qui domine tout le XXᵉ siècle. Né dans les années 1910, il est encore fécond aujourd'hui. Son principe est simple : la beauté n'est pas forcément liée à la reproduction du réel. Elle peut naître de l'harmonie de formes pures, de couleurs et de lignes. L'anecdote disparaît au profit de la suggestion poétique.
Le surréalisme, au contraire, reste attaché à l'anecdote, quitte à s'en servir pour créer le plus imaginatif des univers.

Un précurseur : Paul Gauguin
Sans être un peintre abstrait, Gauguin ouvre la voie au XXᵉ siècle. En effet, dans certains de ses tableaux tahitiens, les choses et les êtres ont une couleur arbitraire, irréaliste, mais profondément liée à une émotion particulière.
Cette audace, qui consiste à rejeter les couleurs «naturelles» enseignées dans les écoles d'art, contient en germe le principe de l'art abstrait.

Les pionniers
Dans les années 1910, en plusieurs points d'Europe, des peintres en arrivent à se détacher de la représentation du réel. C'est la naissance de l'art abstrait.
Le peintre français d'origine russe Vassily Kandinsky peint diverses «improvisations» très lumineuses et le Russe Casimir Malevitch tente un *Carré noir sur fond blanc* (1915).

La solution cubiste
Pablo Picasso et Georges Braque ont eux aussi, par des voies différentes, conduit à l'abstraction.
Si leurs premières œuvres cubistes, dans les années 1907-1910, laissent aisément deviner un sujet, les tableaux des années 1911-1913 choisissent d'exclure toute référence au réel.
De plus, à l'opulence colorée de Kandinsky, ils préfèrent les compositions aux couleurs terreuses.

L'un des derniers paysages de Georges Braque, *les Usines du Rio Tinto à l'Estaque* (1910), près de Marseille, peint au moment où il s'affirme comme l'un des maîtres de l'école cubiste avec Picasso.

ligueur géométrique
:ontre effusion lyrique

.'art abstrait géométrique est le courant e plus rigoureux de l'abstraction. ncarné par le Hollandais Piet Mondrian :t le Français Auguste Herbin, il part lu principe que la beauté absolue est liée des rapports de formes géométriques simples aux couleurs plates. Cette conception, qui eut son heure de gloire ıvant 1940, proscrivait toute effusion. .a sécheresse formelle de l'abstraction géométrique a conduit certains créateurs le l'après-guerre à refuser cette forme l'art. Pour Pierre Soulages, Camille Bryen ou Jackson Pollock, le renouveau le l'abstraction devait passer par l'attention à l'instinct et à l'intuition, voire par le sentiment religieux, comme chez Jean Bazaine et Jean Le Moal.

Dans son œuvre, Camille Bryen a traversé toute l'aventure de la peinture au XXe siècle : surréaliste, puis tachiste, il travaille à partir de 1950 en touches de couleur associées à des giclures. Ici, *Précambryen* (1956).

Ce collage de Max Ernst montrant *Ubu imperator* fait partie d'une série illustrant *Ubu roi* (1923).

Le surréalisme

Le surréalisme n'est pas vraiment un style; il serait plutôt une imagerie poétique qui joue de la bizarrerie et du rêve. Salvador Dali est le peintre surréaliste qui a le plus exploité l'apport de la psychanalyse pour nourrir son imagination.

L’art moderne

Depuis les années 1960, la pratique de l’art a explosé en mille tendances, affirmant sa santé et son appétit d’aventures inattendues. L'art abstrait continue de se développer, mais il est de plus en plus concurrencé par de multiples formes de représentations du réel.
Cette seconde moitié du XXe siècle est en effet marquée par le retour de l'objet, représenté le plus parfaitement possible (hyperréalisme) ou exposé tel quel, plus ou moins travaillé (nouveau réalisme).

Comme la plupart des écoles artistiques nées après 1945, le mouvement hyperréaliste a vu le jour aux États-Unis et a trouvé ensuite des émules en Europe. Ici, une peinture murale à Saint-Jean-de-Losne (Côte-d’Or).

L’hyperréalisme
Apparu dans les années 60 à New York, ce réalisme radical entend peindre tous les aspects de la vie quotidienne sans exception : vie urbaine, supermarchés... Les plus extrémistes poussent la rigueur jusqu’à donner en peinture l’illusion d’une photographie : ainsi la *Cathédrale d’Amiens* d’Andrey P. Flack.

L’art cinétique
La notion d’art cinétique est née en 1954. Cet art joue sur des effets d'illusion optique, grâce à des surfaces rayées, ponctuées ou animées de damiers. Yaacov Agam et Victor Vasarely sont les personnalités les plus marquantes de ce mouvement qui se renouvelle par le recours à l’informatique.

L’art d’aujourd’hui est matière à dérision.

Le nouveau réalisme
Les nouveaux réalistes, apparus au début des années 60, utilisaient des matériaux directement empruntés à la réalité quotidienne, parfois les plus humbles. Ainsi, Raymond Hains ou François Dufrêne se servaient d'affiches lacérées, encadrées comme des tableaux. Quant à Daniel Spoerri, il collait des restes de repas sur des panneaux de bois.

Les artistes contemporains sont de plus en plus attirés par la production d'œuvres éphémères. Ici, Claude Giordano et ses peintures sur corps.

Une sculpture aux mille facettes
La sculpture contemporaine est aussi richement diverse que la peinture. Arman crée également des assemblages d'objets quotidiens (clés à molette, pendules, violons...); César assemble et soude des matériaux de récupération; Augustin Cardenas ou Patricia Rowland perpétuent la tradition de la sculpture abstraite.
Quant aux artistes de l'art minimal, ils préfèrent les pièces simples produites en usine (boules de Pol Bury, etc.).

La vague du pop'art
Ce nom, employé pour la première fois en 1955, désigne un courant né aux États-Unis et représenté par Robert Rauschenberg, Jasper Johns et Andy Warhol. Le projet de ces artistes est de donner une valeur artistique aux objets de la vie quotidienne, tels qu'ils sont présentés chaque jour dans les affiches, la publicité, les magazines.

Le happening, art des limites
Considérant que l'acte de peindre reste trop extérieur, un certain nombre d'artistes, à partir des années 60, se sont mis à utiliser leur corps comme support d'une «intervention» *(happening)*.
Le Québécois Claude-Paul Gauthier, par exemple, reproduit à l'infini les gestes des ouvriers des travaux publics, dans une ambiance assourdissante et avec une lumière artificielle aveuglante.

La musique

L'histoire de la musique occidentale est celle d'un épanouissement complexe. Au cours du temps, la multiplication progressive des instruments, l'adoption de gammes nouvelles, parfois empruntées aux autres civilisations, ont permis les développements les plus riches.
Aujourd'hui, le recours à la technique électro-acoustique et à l'ordinateur ouvre de nouvelles voies aux créateurs.

Le chant grégorien
La musique savante du haut Moyen Age n'existe pas en dehors des monastères. Ce sont les religieux qui conservent, enseignent et écrivent une musique essentiellement adaptée aux messes et aux différents offices et que l'on appelle « musique sacrée ».
Le répertoire est surtout composé de « chants grégoriens », nés au VIe siècle, sous le pape Grégoire le Grand.

La tradition courtoise
A partir du XIe siècle, des poètes-chanteurs, les troubadours, pratiquent une musique savante en dehors de l'Église. Ils s'accompagnent d'instruments (flûte, vielle, tambourin...) et développent un répertoire très apprécié de la noblesse, l'« amour courtois ». Certains d'entre eux, comme Guillaume IX, duc d'Aquitaine, sont de grands seigneurs.

Un troubadour jouant de la lyre à bras.

Un musicien très fécond
Jean-Sébastien Bach est l'un des plus grands musiciens baroques.
Il est l'auteur d'une œuvre particulièrement riche : pièces religieuses (messes, passions, cantates), compositions pour instruments solistes (le *Clavier bien tempéré*, partitas pour violon...) ou pour orchestre (concertos, suites...).

Quelques types d'œuvres

- ❑ symphonie : composition pour orchestre
- ❑ concerto : composition pour orchestre et un instrument soliste
- ❑ sonate : composition pour instrument soliste
- ❑ passion : récit de la passion du Christ, pour orchestre et chanteurs
- ❑ requiem : messe pour les morts

Le siècle des Italiens

Depuis longtemps, la musique cherchait à se mêler au spectacle théâtral. Elle y parvient au début du XVIIe siècle, quand Jacopo Peri et Claudio Monteverdi inventent l'opéra. Le succès est d'autant plus foudroyant que l'opéra est un spectacle « grand public ». C'est aussi en Italie qu'est créé l'opéra religieux, l'oratorio.

Mozart, l'incomparable

Enfant prodige, Wolfgang Amadeus Mozart produisit en trente ans environ six cents œuvres : opéras (*la Flûte enchantée*, 1791), symphonies, sonates, quatuors, messes et concertos. Claveciniste virtuose, il imposa contre les règles de son temps une musique légère et libérée des contraintes, un hymne permanent à la liberté.

L'orchestre contemporain est formé généralement d'une trentaine de premiers et seconds violons, de violoncelles et de contrebasses placés à droite et à gauche du chef d'orchestre. Au centre, ce dernier fait face aux altos et aux instruments à vent : hautbois, flûtes, clarinettes, bassons, cors, trompettes, trombones et tubas, ainsi que les percussions.

La passion romantique

Après deux siècles qui voient naître la symphonie, la sonate et le concerto, le XIXe éclate comme un orage. Les compositeurs expriment leurs passions à travers leur musique. Beethoven, Berlioz, Mahler ou Wagner écrivent des œuvres gigantesques. Mahler exige mille musiciens et choristes pour jouer sa 8e symphonie ; la *Tétralogie* de Wagner est un opéra qui s'étire sur plus de quinze heures.

Le XXe siècle, temps des crises et des renouveaux

Lassés des traditions, nombre de créateurs adoptent de nouvelles gammes, chinoises ou hindoues. Arnold Schönberg met au point une gamme de douze notes. Depuis les années 50, les recherches se sont encore intensifiées à l'aide des techniques nouvelles : ordinateurs et électro-acoustique, sous l'impulsion d'Iannis Xenakis, Pierre Schaeffer ou Pierre Boulez.

Le chant

Le chant est probablement né avec l'humanité, dont il est une expression élémentaire, naturelle et spontanée. Il offre une variété infinie de modulations possibles, depuis l'incantation primitive jusqu'à l'air d'opéra.
De nos jours, la conservation des chants folkloriques (dits «de tradition orale») est une priorité ethnologique et culturelle.

Le chant des dieux
Le chant des civilisations primitives est un chant à caractère sacré, magique et fonctionnel : il permet d'implorer les divinités, d'attirer les bienfaits de la nature, de chasser les mauvais esprits. Il accompagne toutes les grandes étapes de l'existence : naissance, mariage, mort, guerre... Le «répertoire» se transmet par tradition orale, souvent par le biais de rites d'initiation.

Le chant sacré
Le chant tel que nous le connaissons semble naître très tôt : déjà les Égyptiens pratiquaient un chant élaboré et élégant. Mais il faut attendre le Moyen Age pour que l'enseignement du chant se généralise : Gui d'Arezzo au XIe siècle en facilite la transmission par l'adoption de la portée musicale.
Les écoles monastiques et épiscopales vont devenir des centres importants d'où sortiront troubadours et trouvères.

Une étourdissante maîtrise
Le *bel canto* (beau chant) est italien. Dès le XVIe siècle, les Italiens étaient passés maîtres dans l'art du chant, conjuguant émotion et simplicité.
C'est d'ailleurs en Italie que naît l'opéra : le 6 octobre 1600, Ottavio Rinuccini et Jacopo Peri font représenter leur *Eurydice*. Le succès de ce genre en Europe sera aussi celui des «castrats». Ces hommes qui tenaient des rôles féminins brillaient par une virtuosité vocale qui éblouit les auditoires jusqu'au XVIIIe siècle.

Le rôle de *Norma*, dans l'opéra de Vincenzo Bellini, est l'un des plus prestigieux pour une cantatrice.

Jazz, blues et negro spirituals
Le chant occupe une place essentielle dans le jazz, les negro spirituals et le blues. Cab Calloway, Billie Holiday, Sarah Vaughan et Ella Fitzgerald lui ont donné ses lettres de noblesse. C'est Louis Armstrong qui inventa, en 1926, le *style scat* qui consiste à employer des onomatopées au lieu de paroles.

La chanteuse de jazz américaine Sarah Vaughan a une voix qui lui permet de chanter avec une égale justesse tous les grands classiques du jazz.

Le chant folklorique
Le chant folklorique est riche de traditions souvent fort anciennes : les récitations védiques (Inde), les expressions vocales des aborigènes d'Australie ou de certaines ethnies d'Afrique noire sont pratiquées depuis trois millénaires.
Le chant de « tradition orale » (c'est-à-dire non transmis par des partitions) requiert parfois une véritable virtuosité vocale : ainsi le chant flamenco ou le jodel tyrolien. Curieusement, ce dernier est assez proche de certains chants pygmées.

Le chant expérimental
En dehors de la pratique traditionnelle, le chant est l'objet de recherches très audacieuses. Les *Aventures* et *Nouvelles Aventures* du musicien contemporain György Ligeti tirent leur intérêt d'effets de voix inattendus : cris, gémissements, aboiements... qui doivent composer une nouvelle expressivité.

Différents types de voix

❑ Voix de femme :

soprano	(la plus aiguë)
mezzo-soprano	
contralto	(la plus grave)

❑ Voix d'homme :

haute-contre	(la plus aiguë)
ténor	
baryton	
basse	(la plus grave)

La chanson de variété

Au XXe siècle, les moyens techniques mis au service de la chanson ont favorisé son extraordinaire développement : chaque année, ce sont plus de 30 000 chansons qui s'écrivent. Plusieurs dizaines de sociétés d'édition diffusent des millions de disques et de cassettes. La chanson est un art populaire par excellence : elle emploie surtout des mélodies simples et faciles à mémoriser. Toute la gloire va au chanteur, ses accompagnateurs (sauf exceptions rares) restant anonymes et parfaitement interchangeables.

Le genre noir de la chanson réaliste

En vogue depuis la fin du XIXe siècle, la chanson réaliste exploite le vaste thème du malheur. Quand l'interprète dispose d'une voix déchirante, le succès des histoires d'amour contrarié ou voué à l'échec est assuré. Ainsi Édith Piaf a dominé le genre pendant vingt-cinq ans, de 1937 à 1963, avec des chansons comme *Milord* ou *Non, je ne regrette rien*. Depuis, Pia Colombo ou Barbara ont développé ce style.

Édith Piaf sur scène.

La chansonnette amoureuse

A la fin des années 1920, un jeune Corse, Tino Rossi, va exploiter un filon inépuisable : la chanson d'amour. «Chanteur de charme» qui vendra des millions de disques durant des décennies, il savait jouer d'une voix langoureuse et d'un œil de velours.
Le fonds du répertoire est fondamentalement heureux : l'amour, chez Tino Rossi, ne connaît pas les drames de la chanson réaliste.
Depuis, le genre a été servi avec des bonheurs divers par Sacha Distel, Mireille Mathieu ou Claude François. Sans en arriver à la noirceur de la chanson réaliste, Serge Lama ou Alain Souchon ont parfois donné à la chanson d'amour une gravité nouvelle.

Charles Trenet.

La chanson fantaisiste, un genre difficile

Très pratiquée, la chanson fantaisiste présente de grandes inégalités. Il n'est pas simple, en effet, de faire rire et l'humour résiste mal au temps. Ce qui faisait rire jadis laisse totalement indifférent aujourd'hui. Des auteurs-compositeurs de talent ont tout de même réussi à constituer un répertoire de valeur : ainsi les Frères Jacques, Henri Salvador, Pierre Perret ou Jacques Dutronc.

La chanson engagée

Réapparue après 1945, la chanson engagée prend entre autres pour cible l'institution militaire, en particulier avec Boris Vian : *la Java des bombes atomiques, les Joyeux Bouchers, le Déserteur* mêlaient fantaisie et humour mordant.
Plus tard, Léo Ferré dénonça la torture en Algérie. Jean Ferrat, Colette Magny ou Catherine Ribeiro nourrissent aussi leur répertoire de leurs révoltes et de cris d'alarme. Jacques Higelin a repris le flambeau.

Le coin des poètes

Couronné par l'Académie française qui lui décerna son prix de Poésie (1967), Georges Brassens est le modèle de ces auteurs-compositeurs qui ne comptent que sur leur texte et leur guitare pour conquérir un public. La verdeur de langage parfois, la pudeur et la chaleur humaine le plus souvent constituent un art original et intimiste dont Guy Béart, Yves Duteil, Henri Tachan ou Michel Jonasz essaient de maintenir la tradition.

Johnny Hallyday.

Le temps des idoles

Le 22 juin 1963, un récital de Johnny Hallyday, Sylvie Vartan et Richard Anthony réunit 150 000 jeunes à Paris, place de la Nation. C'est le début en France de ce culte frénétique des idoles. Les chanteurs deviennent des personnages de légende dont on collectionne avidement les photos, les disques dédicacés, les reliques parfois (morceau de vêtement, mèche de cheveux...). Les fans sont regroupés au sein de clubs, véritables officines commerciales. Les idoles des années 1980 s'appellent Madonna, Mickaël Jackson, Jeanne Mas...

La musique pop

La musique pop désigne aussi bien les complaintes nostalgiques du blues que le goût du hard-rock pour les rythmes élémentaires. Des années 1950 à aujourd'hui, les branches de cette musique se sont multipliées et constituent la part majeure de la culture musicale de la jeunesse contemporaine. Langage universel qui touche toutes les couches de la société, la musique pop est beaucoup plus qu'une expression du conflit des générations : elle porte souvent une revendication de liberté et dénonce la société moderne. Les Beatles, Jimi Hendrix ou Eric Clapton lui ont donné ses lettres de noblesse.

La greffe du jazz et du blues
Essentiellement noir à l'origine, le blues était composé de «chants de travail» *(work songs)* et de chants religieux *(negro spirituals)* qui rythmaient autrefois la vie des esclaves. Les bluesmen puisèrent aussi bien dans ce répertoire que dans les chansons de tradition blanche. Chuck Berry, Memphis Slim furent de grands chanteurs de blues. De là sortit le rythm and blues, dans les années 1940, incarné par Joe Turner et T. Bone Walker.

Une des nombreuses formations de jazz évoluant à La Nouvelle-Orléans dans les années 1930.

Quelques grands succès des Beatles

- ❑ *Can't Buy Me Love*
- ❑ *Sergeant Pepper's lonely Hearts*
- ❑ *Let it Be*
- ❑ *Yellow Submarine* (film)

Le dynamisme du rock
La plupart des effets utilisés par le jazz et le rythm and blues sont récupérés par le rock, apparu dans les années 1950 avec Eddie Cochran et Elvis Presley. Privilégiant la vigueur rythmique, le rock a appauvri les capacités d'invention de ses modèles : la part d'improvisation est réduite au minimum et les musiciens se contentent le plus souvent d'assurer un accompagnement impeccable au chanteur qui récolte les lauriers : Presley fut surnommé «The King».

Le nouveau souffle du folk
Aux rythmes précis et secs du rock, le folk oppose une forme de nonchalance et des harmonies incertaines. Très expressif, le folk est d'abord un art du texte : Woodie Guthrie est un chanteur social qui exprime une vision désabusée de la vie. Il influencera Bob Dylan, le plus grand chanteur folk, qui devint l'incarnation d'une certaine musique contestataire au cours des années 1960, bien représentée aussi par Joan Baez *(Sacco et Vanzetti)*.

Le phénomène hippie et la musique psychédélique
La revendication de liberté est indissociable de la jeunesse et les «hippies» en sont l'expression : ils prônaient la liberté absolue des comportements face aux traditions morales de la société. Il revint à leur musique d'exprimer cette revendication. Certains groupes allaient jusqu'à interpréter des morceaux composés sous l'influence de stupéfiants.

De 1962 à 1969, le succès des Beatles a constitué un véritable phénomène de société. Ces «quatre garçons dans le vent» nés à Liverpool ont révolutionné la chanson populaire. De gauche à droite, John Lennon (parolier et chanteur), Ringo Starr (batteur), Paul McCartney (compositeur et bassiste) et George Harrison (guitariste).

Quand la musique se veut barbare
Dans les années 1960, les Beatles charmaient et leur musique se voulait raffinée. Les Rolling Stones, au contraire, opposèrent leur goût pour l'exhibitionnisme et la violence : ils étaient avant tout des «bêtes de scène». Engagés dans une forme de cérémonie barbare et obsédante, ils accumulent les provocations, comme le firent plus tard Nina Hagen, les groupes Clash, No Future et tant d'autres.
Leurs fils spirituels jouent du hard-rock : les rythmes sont encore plus élémentaires, les voix et les instruments multiplient les accents rauques et rageurs. Les noms de ces groupes évoquent la guerre ou la mort : Iron Maiden, Scorpions, Black Sabbath.

La danse

La danse est une activité humaine très ancienne : aucune civilisation ne l'a ignorée, même si le sens et l'importance en sont différents d'une communauté à l'autre : un Dogon, un Balinais, un Anglais pratiquent une danse qui est fonction de leur culture.
Profondément liée au sacré dans les civilisations traditionnelles, la danse tend aujourd'hui à devenir un simple divertissement.

La danse des premiers temps

La danse occupe, comme le chant, une place majeure dans les civilisations primitives. Elle accompagne tous les événements de la vie sociale et doit susciter la clémence des dieux, en cas de sécheresse par exemple, comme chez les Indiens d'Amérique. Dans ce cas, c'est un membre important de la tribu qui danse, seul ou en entraînant les autres individus : le sorcier la plupart du temps, ou le chef.

Dans les danses exécutées lors des cérémonies du culte vaudou, les danseurs entrent en transe et effectuent des figures acrobatiques. Ici, au Bénin.

L'oubli du sacré

La danse européenne n'offre plus de caractère sacré, même si certaines danses folkloriques y puisent leur origine : ainsi la ronde autour de l'arbre de Mai, qui rappelle d'anciens rites de fertilité. Quant aux danses de la Saint-Jean, elles sont liées au feu, donc à la purification. Aujourd'hui, la plupart des gens ont oublié les liens qu'entretenait la danse avec le sacré.

Ces jeunes danseuses zaïroises rythment leurs pas avec un hochet.

Le ballet classique
Le ballet classique apparaît au XIXe siècle avec son cérémonial de pointes, de chaussons et de robes de tulle blanc : *Coppélia* ou *Giselle* composent un mode de féerie et de grâce légère propre à faire oublier la vie quotidienne. Les danseurs mobilisent une technique très codifiée depuis deux siècles : pirouettes, entrechats, fouettés... Le spectateur vient d'ailleurs pour admirer la virtuosité des danseurs.

Les ballets de Maurice Béjart, comme *Souvenir de Leningrad*, incarnent le désir de synthèse de tous les styles à partir d'une base classique.

Le ballet moderne
Le ballet moderne se distingue du ballet classique par sa volonté d'élargir le répertoire des gestes. Il intègre les danses d'autres civilisations, le yoga ou même les gestes de la vie quotidienne. Chaque partie du corps doit exprimer la pensée et participer à l'action aussi naturellement que possible.
Le danseur insiste sur le dépouillement et occupe la scène très différemment du danseur classique. Les principaux représentants du ballet moderne sont Merce Cunningham et Carolyn Carlson.

La danse du samedi soir
Si la danse collective se perd de plus en plus, la danse en couple ou solitaire occupe une place grandissante dans la société moderne. L'invention de styles est constante : les rythmes brésiliens se retrouvent dans la rumba ou le mambo; le fox-trot, le charleston sont américains, de même que le rock ou le slow.
Et le répertoire s'enrichit continuellement : smurf, rap, new-wave et, dernièrement, la lambada...

Les grandes dates de l'histoire du cinéma

1902 *le Voyage dans la Lune*, Georges Méliès (France)
1915 *Naissance d'une nation*, David W. Griffith (États-Unis)
1922 *Docteur Mabuse*, Fritz Lang (États-Unis)
1925 *le Cuirassé "Potemkine"*, Eisenstein (URSS)
1927 *Napoléon*, Abel Gance (France)
1928 *la Foule*, King Vidor (États-Unis)

1930 *l'Age d'or*, Luis Buñuel (Espagne)
1933 *King Kong*, Merlan C. Cooper (États-Unis)
1934 *l'Impératrice rouge*, Josef von Sternberg (États-Unis)
1936 *les Temps modernes*, Charlie Chaplin (États-Unis)

1935 premier long métrage en couleurs : Becky Sharp, Mamoulian (États-Unis)

1941 *Citizen Kane*, Orson Welles (États-Unis)
1945 *Rome ville ouverte*, Roberto Rosellini (Italie)
1948 *le Voleur de bicyclette*, Vittorio De Sica (Italie)
1948 *le Troisième Homme*, Carol Reed (Grande-Bretagne)
1950 *Quand la ville dort*, John Huston (États-Unis)
1951 *le Fleuve*, Jean Renoir (France)
1953 *les Vacances de M. Hulot*, Jacques Tati (France)

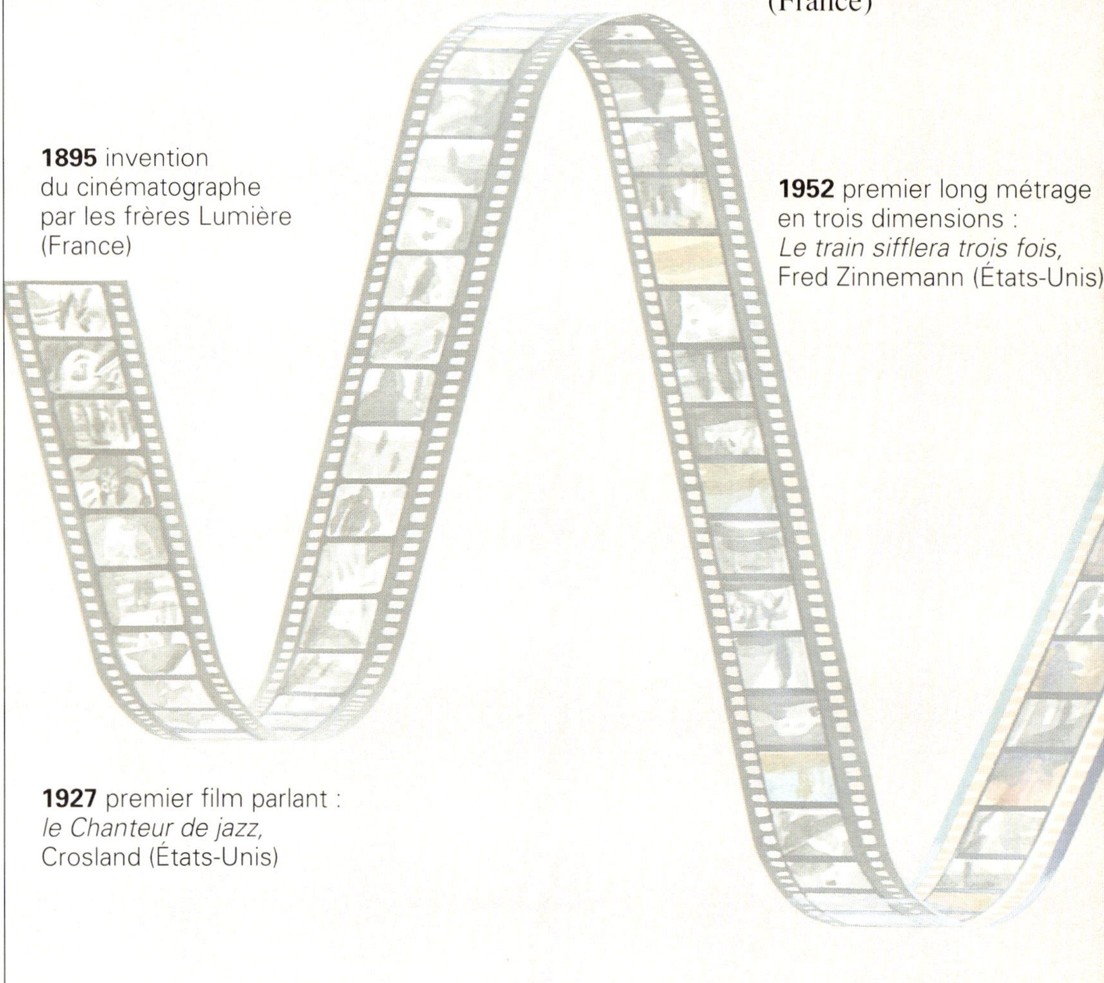

1895 invention du cinématographe par les frères Lumière (France)

1952 premier long métrage en trois dimensions : *Le train sifflera trois fois*, Fred Zinnemann (États-Unis)

1927 premier film parlant : *le Chanteur de jazz*, Crosland (États-Unis)

1954 *la Strada*, Federico Fellini (Italie)
1961 *West Side Story*, Robert Wise (États-Unis)
1963 *les Oiseaux*, Alfred Hitchcock (États-Unis)
1971 *Orange mécanique*, Stanley Kubrick (États-Unis)
1971 *Mort à Venise*, Luchino Visconti (Italie)
1973 *Alice dans la ville*, Wim Wenders (RFA)
1975 *le Parrain*, Francis Ford Coppola (États-Unis)
1976 *Taxi Driver*, Martin Scorsese (États-Unis)
1977 *Rencontre du 3ᵉ type*, Steven Spielberg (États-Unis)
1978 *Voyage au bout de l'enfer*, Michael Cimino (États-Unis)
1979 *Manhattan*, Woody Allen (États-Unis)
1980 *le Dernier Métro*, François Truffaut (France)
1982 *ET*, Steven Spielberg (États-Unis)
1984 *la Maison et le Monde*, Satyajit Ray (Inde)
1985 *Papa est en voyage d'affaires*, Émir Kusturica (Yougoslavie)
1989 *le Grand Bleu*, Luc Besson (France)
1990 *Cyrano de Bergerac*, Jean-Paul Rappeneau (France)

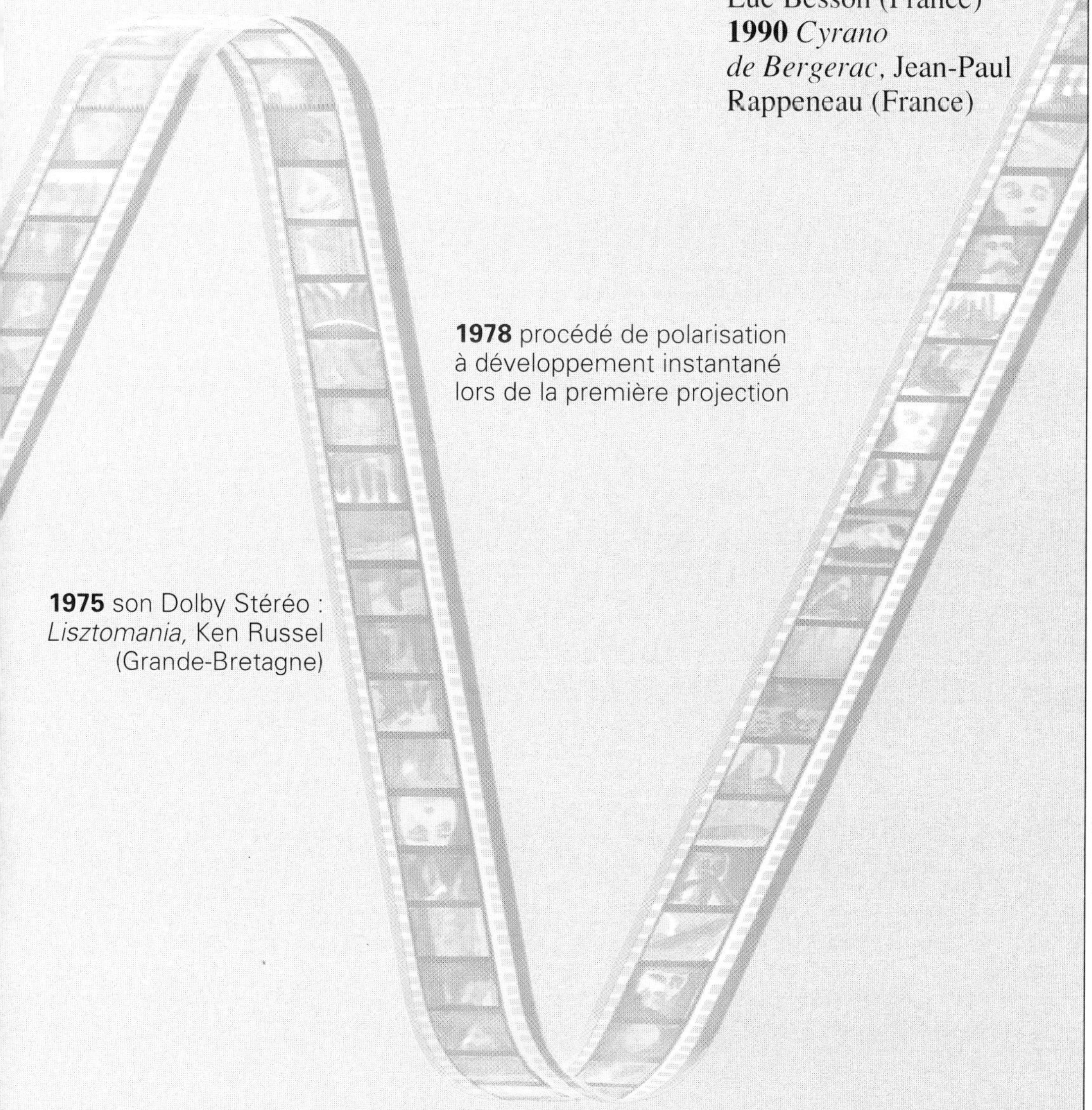

1978 procédé de polarisation à développement instantané lors de la première projection

1975 son Dolby Stéréo : *Lisztomania*, Ken Russel (Grande-Bretagne)

Les genres au cinéma

Comme la littérature, le cinéma a longtemps eu ses genres nobles, tel le drame. Mais des metteurs en scène de talent ont su donner leurs lettres de noblesse à des genres parfois tenus pour mineurs. En effet, le western, la comédie ou le fantastique poussent rarement l'analyse psychologique des personnages. Ce manque de profondeur n'est pourtant pas une fatalité : John Ford ou Ernst Lubitsch sont de fins psychologues.

Servi par le talent d'acteur de Dustin Hoffman (à gauche), *Little Big Man* a rénové le genre du western. Les Indiens cessent en effet d'apparaître comme des êtres cruels ou insignifiants pour redevenir, grâce au metteur en scène Sam Peckinpah, des hommes à part entière.

Le western, un genre à part entière

Le premier western naît en 1911 en Californie : *The Law of the Range*. Son succès est rapide et le cinéma parlant l'amplifiera : King Vidor signe un chef-d'œuvre avec *Billy the Kid* en 1930. Très vite, le western bâtit une «légende de l'Ouest» et met l'accent sur l'héroïsme individuel comme dans *la Chevauchée fantastique*, de John Ford (1939).

Le western est un genre spécifiquement américain qui ne s'est pratiquement pas développé ailleurs. Mais en Italie, le «western spaghetti», qui fut tout d'abord une parodie du genre, a été élevé au niveau du modèle grâce à Sergio Leone *(Il était une fois dans l'Ouest)*.

Le chatoiement de la comédie musicale

La comédie musicale prend son essor aux États-Unis à la fin des années 1930. C'est un produit de la reconstruction économique après la grande crise commencée en 1929; la gaieté de la comédie musicale convenait parfaitement à ces temps de renouveau et d'optimisme.

Mae West, puis Gene Kelly, Leslie Caron, Fred Astaire ou Ginger Rogers y trouveront la gloire en multipliant les prouesses chorégraphiques jusqu'aux années 1950 (*Un Américain à Paris*, de Vincente Minnelli).

Les Italiens et les Américains, rois de la comédie

Aux États-Unis, Ernst Lubitsch prit plaisir à décrire avec verve le monde de la fête et du plaisir. Vincente Minnelli préfère croquer méchamment les travers de la société américaine.

On retrouve cette cruauté en Italie où Dino Risi tire le genre vers la bouffonnerie *(les Nouveaux Monstres)*.

Science-fiction et fantastique

Longtemps la science-fiction a peu attiré les réalisateurs. Si l'on excepte Fritz Lang (*Metropolis*, 1922), il faut attendre les années 60 pour que Stanley Kubrick tourne un vrai chef-d'œuvre : *2001, l'odyssée de l'espace*. Depuis les années 1970, la science-fiction a tendance à compenser la pauvreté des scénarios par des prouesses technologiques (*la Guerre des étoiles*, 1977).

Le film policier et de suspense

L'intérêt du film policier tient dans le mystère, le suspense. Le film noir a ainsi donné les œuvres les plus spectaculaires : Humphrey Bogart a campé avec talent le héros fatigué, mal rasé et imbibé de whisky, mais toujours prêt à l'action. Quant à Alfred Hitchcock, il est le plus grand auteur de films à suspense (*la Mort aux trousses, les Oiseaux...*).

Après *la Guerre du feu* et *le Nom de la rose*, le cinéaste français Jean-Jacques Annaud s'est affirmé avec *l'Ours* comme un des maîtres du cinéma ambitieux et spectaculaire.

Autres genres

- ❏ Films de guerre (Raoul Walsh, Pierre Schoendoerffer)
- ❏ Films historiques (Cecil B. de Mille, Joseph L. Mankiewicz)
- ❏ Films sociologiques (Claude Chabrol)
- ❏ Films-Opéras (Joseph Losey, Franco Zeffirelli)
- ❏ Films psychologiques (Alain Resnais, Éric Rohmer)

Être acteur au théâtre et au cinéma

L'acteur est l'interprète d'un texte, l'incarnation d'un personnage auquel il prête voix, gestes, expressions du visage... Les règles du jeu de l'acteur ont été l'objet de nombreux écrits théoriques (Stanislavski, Artaud, Brecht...), mais essentiellement dans le domaine du théâtre. Le cinéma, lui, a créé un nouveau type d'acteur.

Acteur et public
L'acteur de théâtre est directement engagé par son jeu. Il est face au public et ne peut compter que sur son talent pour séduire la salle. Le public vit au rythme du comédien.
Au contraire, l'acteur de cinéma est lointain : que le film soit diffusé mille fois ne changera rien à sa performance, qui est figée sur la pellicule. Si la scène est mauvaise, il lui suffira de la rejouer. Et les techniciens peuvent manipuler la bande son ou la bande image.

Pour être acteur au cinéma, il faut souvent faire preuve de patience lors des tournages. Pour lutter contre l'angoisse de l'attente, rien de mieux que la relecture de son rôle comme le fait ici l'acteur italien Marcello Mastroianni lors du tournage de *Salut l'artiste*.

Acteur et texte
L'acteur de théâtre doit servir un texte : la contrainte est ici un principe absolu. Le cinéma, en revanche, permet plus de souplesse. Le metteur en scène peut faire évoluer sa conception du personnage en fonction de l'acteur et même construire son film autour de lui, comme le préconisent Elia Kazan et les membres de l'Actors Studio aux États-Unis.
En France, Louis de Funès, Jean-Paul Belmondo, Gérard Depardieu ont eu droit à ce traitement de faveur. Pour le comédien, le risque est de s'enfermer dans un seul type de rôle : Delon et le policier intraitable ou Bourvil et le benêt inoffensif. Le phénomène est encore accru pour les seconds rôles.

Seconds rôles et figurants

La hiérarchie des comédiens est commune au théâtre et au cinéma. Derrière les premiers rôles, les seconds rôles, puis les figurants (appelés «utilités» au théâtre). Ils peuvent être nombreux au théâtre, mais jamais autant qu'au cinéma : en 1959, William Wyler en dirigea cent mille lors du tournage de *Ben Hur*.

Seconds rôles et figurants sont recrutés lors des «castings», séances au cours desquelles le candidat dit un petit texte devant le metteur en scène.

Comédien et metteur en scène

L'acteur apporte avec lui un «savoir-jouer», sa compétence et sa sensibilité. Le metteur en scène de cinéma a participé à l'élaboration du scénario et des scènes. Le comédien doit se plier à ses exigences.

Au théâtre, le metteur en scène dispose d'un texte qu'il ne peut changer, mais qu'il fait interpréter.

Aussi les relations acteur/metteur en scène sont-elles complexes : Clouzot, Zulawski ou Bresson sont des cinéastes autoritaires, avec qui l'acteur est contraint d'abandonner sa personnalité.

Lors du tournage d'*Une affaire de femmes*, Claude Chabrol donne les dernières directives à Guillaume Foutrier. La force de conviction du metteur en scène emporte l'adhésion du jeune acteur.

La production d'un film

Si l'on compare les chiffres d'affaires des différents secteurs industriels, l'industrie cinématographique est quantité négligeable. Mais sa place dominante dans l'audiovisuel en fait une puissance majeure dans la production de biens culturels de ce siècle.
La réalisation d'un film français revient en moyenne à 10 millions de francs, mais certains films américains pulvérisent les records : en 1985, *Cotton Club* a coûté plus de 250 millions de francs. Le marché est alimenté par près de deux cents sociétés de production de longs métrages.

Le producteur, homme-orchestre
Le producteur de films est nécessairement quelque peu aventurier. Amoureux du cinéma ou homme d'affaires, il doit réunir des financiers, des artistes (metteur en scène, acteurs, dialoguistes, décorateurs...) et des techniciens.
Il est difficile de réunir l'équipe dont on rêve : acteurs et techniciens ne sont pas toujours disponibles à cause d'autres engagements. Le producteur attend alors que chacun soit libre.

L'art du risque
Le producteur joue son va-tout à chaque film. Toute interruption de tournage met ses finances en péril; que le film ne puisse être achevé et c'est la catastrophe. A l'imitation des autres industriels, le producteur de cinéma essaie d'ajuster son offre en fonction de la demande et recourt aux études de marché.
Mais la production cinématographique reste parfois risquée : *Cléopâtre* (1963) de Mankiewicz coûta 44 millions de dollars et ne rapporta que 26 millions.

La poule aux œufs d'or
Le cinéma peut dégager des profits fabuleux pour trois raisons principales : le cinéma est une production de masse qui touche des millions de spectateurs; le producteur est propriétaire du film et peut le louer aux distributeurs pendant des décennies; enfin, pour les superproductions, le producteur n'hésite pas à inonder le marché de produits dérivés (posters, tee-shirts, montres...) qui exploitent la popularité d'un héros *(Batman)*.

Le cinéma indien est le plus productif du monde. Avec plus de 800 longs métrages par an, il produit six fois plus de films que la France. C'est également l'un des pays où l'on va le plus au cinéma.

Un financement complexe

Le producteur a le choix entre plusieurs montages financiers. L'État, en France en particulier, peut coproduire, de même que des organismes privés.

Le producteur peut aussi disposer d'aides diverses :

• avances sur recettes, dépendantes du ministère de la Culture;
• avances des circuits de distribution en salles ou des chaînes de télévision qui diffuseront le film;
• aides d'organismes professionnels.

Les grandes salles de cinéma qui accueillaient autrefois un ou deux milliers de spectateurs ont laissé la place depuis la fin des années 1960 à des complexes multisalles. Ceux-ci tentent de répondre à la concurrence de la télévision et offrent plus de choix au public.

Les grands producteurs

Ce sont les compagnies américaines qui dominent le marché : Universal, 20th Century Fox, Paramount, United Artists (qui intègre la célèbre Metro Goldwyn Mayer), Warner Bros.

Ces superpuissances financières peuvent monter des projets toujours plus coûteux. De plus, elles contrôlent souvent la distribution, de sorte que les petits producteurs éprouvent des difficultés à conserver leur indépendance.

La production française : des stratégies contrastées

Claude Berri (Renn Productions) et Marin Karmitz (MK2) ont choisi de lutter avec des armes différentes. Berri parie sur le cinéma grand public (*l'Ours*, de Jean-Jacques Annaud; *Jean de Florette* et *Manon des Sources*) et n'hésite pas à mobiliser de gros budgets. Marin Karmitz, au contraire, joue la carte de l'artisanat et se met au service d'auteurs, comme Claude Miller.

Le cinéma d'animation

Le terme de cinéma d'animation désigne toute production procédant d'une succession de phases conçues séparément et enregistrées image par image. Ce cinéma peut faire appel au dessin, mais aussi à des marionnettes ou à des éléments abstraits.
Le dessin animé américain, avec son cortège de caricatures cocasses, a dominé le monde jusqu'en 1945. Mais d'autres pays ont su développer un art original.

Naissance d'un art
Les premiers grands studios d'animation sont fondés après 1913 par Raoul Barré et John R. Bray. En 1921 apparaît *Félix le chat*. Avec Walt Disney, créateur de Mickey Mouse en 1928, le cinéma d'animation américain prend son essor. Disney a créé un style où dominent l'humour et la caricature sympathique. Mais c'est Tex Avery qui est allé le plus loin dans l'outrance et le burlesque. Il est le créateur, en particulier, du chien Droopy, qui promène en permanence son air accablé.

L'âge d'or
L'apparition du son, puis de la couleur (1932) donnent un second souffle au cinéma d'animation. Des ateliers Disney vont sortir des personnages qui incarnent le dessin animé américain : Pluto (1930), Donald Duck (1936), que l'on retrouvera abondamment dans les bandes dessinées. Disney produit aussi des longs métrages : *Blanche Neige* (1937), *Bambi* (1942)... Les productions Disney ont porté le dessin animé à un point de perfection (graphisme, rythme, mimiques) inégalé.

Deux des héros les plus célèbres de Walt Disney, Mickey la souris et Pluto le chien.

L'animation de marionnettes
Très tôt, le Polonais Ladislav Starevitch travailla avec des marionnettes articulées. Il utilisa aussi des insectes séchés. Mais c'est de Tchécoslovaquie que vinrent les chefs-d'œuvre du genre, avec en particulier Jiri Trnka qui produisit *le Prince Bayaya* en 1930 et les *Vieilles Légendes tchèques* en 1953. Karel Zeman, tchèque aussi, combine marionnettes et dessins avec des personnages et des décors réels : *l'Invention diabolique*, 1957.

Un cinéma d'animation au rabais
La télévision est aujourd'hui submergée de dessins animés d'origine essentiellement japonaise. L'industrie du cinéma d'animation japonais s'est développée avec des séries, produites à peu de frais et pauvres d'invention : mimiques réduites à quelques mouvements de lèvres, graphisme monotone, scénarios répétitifs...
Commercialement très rentables, ces dessins animés s'imposent sans mal, au détriment de créations authentiques : œuvres soviétiques ou du Français Paul Grimaud, entre autres.

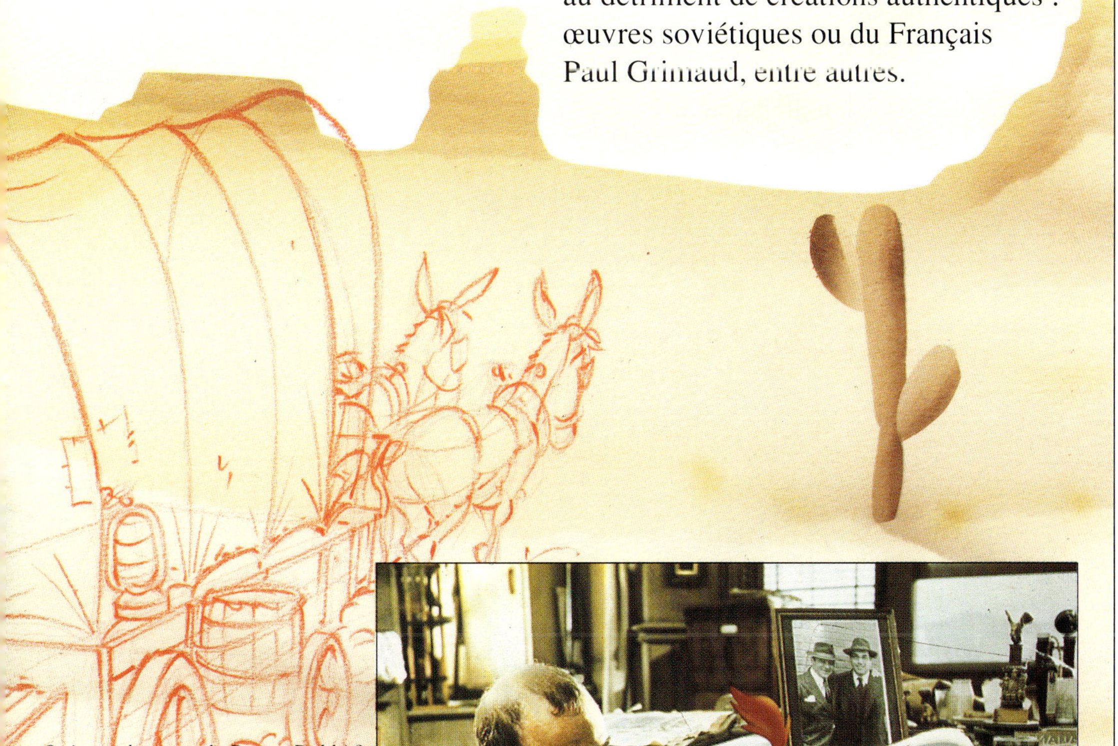

Qui veut la peau de Roger Rabbit? (1988), de Steven Spielberg, marque le retour en force du cinéma d'animation en long métrage. Personnages et décors réels côtoient très naturellement des personnages dessinés (les *toons*). Roger Rabbit, le lapin, fume de vrais cigares. Dans une scène éblouissante, l'acteur Bob Hoskins conduit une voiture dessinée, poursuivi par des toons au volant d'une vraie voiture!

Le traitement de l'information

Grâce à la télévision, nous sommes habitués à assister à certains faits d'importance mondiale en direct. Cela a été le cas pour la révolution roumaine en décembre 1989. Nous avons suivi ces événements en direct, tout comme des millions de Roumains. Se poursuivant pendant des jours, ils ont donné lieu à un nombre très important de «nouvelles» diffusées par la presse écrite ou audiovisuelle. Mais avant d'être lue dans un journal ou entendue à la télévision, l'information a suivi un parcours complexe.

A l'origine, un informateur

Pour qu'il y ait une information ou une nouvelle, il faut qu'un témoin rende compte indirectement ou directement de ce qu'il a vu ou entendu.
Les informateurs sont de deux ordres : involontaires (témoins d'accidents) ou volontaires (correspondants locaux d'agences de presse ou de journaux).
Ces correspondants transmettent leurs informations, suivant leur nature, aux services spécialisés : sports, économie, politique, arts...

Le téléscripteur est l'instrument privilégié des agences de presse pour diffuser les nouvelles, comme ici à l'AF-P (Agence France-Presse).

A la recherche des informations

Les organes de la presse écrite ou audiovisuelle peuvent décider de faire une enquête approfondie sur le terrain. Par exemple quand des enquêtes judiciaires sont en cours sur des affaires financières, un journal délègue sur place un envoyé spécial chargé de recueillir des témoignages. Il porte parfois le nom de grand reporter.

Le sort d'une information

C'est au service compétent d'estimer la portée, l'importance d'une nouvelle. Elle peut être signalée par quelques lignes (on dit une «brève»). Elle peut donner lieu à un article plus conséquent ou à un petit billet présenté en encadré. Si elle est très importante, la rédaction en chef peut décider d'en faire un grand titre de l'édition en première page (on dit la «une») ou bien de consacrer un éditorial sur la question. Auparavant, le journaliste responsable aura vérifié la véracité des informations afin de ne pas engager à tort la responsabilité de son organe de presse.

Télévision ou presse écrite

Dans le journal télévisé, la rédaction de l'information est concise, accompagnée d'images d'archives ou d'actualité. Un sujet traité à la télévision plus de trois minutes fait partie des nouvelles importantes. La même nouvelle dans un quotidien donnera lieu à un article à la «une» et développé sur plusieurs colonnes.
Dans les magazines hebdomadaires ou mensuels, le même sujet donnera lieu à un dossier complet, avec plusieurs articles. La presse est un instrument incomparable pour obtenir une masse de renseignements sur un sujet.

Ce car de reportage de la SFP est une véritable usine de production et de diffusion d'images. Il comprend une régie complète en liaison directe avec les studios de télévision.

Les risques du métier

Le métier de journaliste est exaltant parce qu'il permet de voyager, de connaître des pays et des milieux sociaux et professionnels variés.
Il est parfois dangereux. Enquêter sur la mafia en Italie est extrêmement périlleux, tout comme devenir correspondant de guerre. Les journalistes peuvent aussi être pris comme otages, car ils sont souvent suspects aux yeux des combattants. Chaque année, des journalistes ou des photographes de presse sont tués en faisant leur métier.

Le journalisme est un métier dangereux. La soif du scoop peut aller à l'encontre des intérêts d'un régime. C'est l'expérience qui a coûté la vie au journaliste britannique Farzad Bazoft, exécuté pour espionnage par l'Irak en mars 1990.

Les supports de presse

Les progrès techniques de la révolution industrielle et l'alphabétisation ont consacré le règne de la presse écrite à partir du XIXe siècle. Aujourd'hui, les télécommunications permettent d'amplifier encore la diffusion de l'information dans toutes les couches de la société.

L'audience du journal télévisé
Il se développe aux États-Unis à partir de 1940. En France, c'est Pierre Sabbagh qui crée, en 1949, le premier journal télévisé. Mais seuls 3 700 récepteurs étaient alors en service.
Aujourd'hui, le journal télévisé est reçu quotidiennement par plus de 15 millions de postes! Cette audience exceptionnelle donne au présentateur un pouvoir difficile à gérer.

Les agences de presse
Le développement de la presse et la complexité croissante de ses champs d'investigation ont nécessité, dès le XIXe siècle, la création d'agences spécialisées dans la collecte et la transmission des informations.
L'une des principales est l'Agence France-Presse, née en 1944 de l'agence Havas. Elle fournit les nouvelles à des centaines de stations de radio, de journaux et d'autres agences de presse.

Les quotidiens, seigneurs de la presse
Le quotidien est généralement tenu pour la forme noble du journalisme, bien que le marché des quotidiens soit plus étroit que celui des périodiques. L'intérêt de la formule tient à sa capacité à suivre l'actualité de très près, sans pour autant sacrifier les explications de fond. Selon son lectorat, il donne plus ou moins d'importance aux différentes rubriques : politique, culture, sports...

La presse féminine est l'une des plus dynamiques. Cela se traduit par le lancement régulier de nouveaux titres sur le marché.

La presse féminine

Excellents supports publicitaires, les magazines hebdomadaires destinés aux femmes ont un succès considérable. Longtemps cantonnés à la mode, la cuisine et la santé, ils se sont ouverts depuis quelques années aux grands problèmes contemporains. Cette presse tente de concilier information large et conseils pratiques.

Une presse pour les adolescents ?

Il n'existe pas de presse généraliste pour les adolescents. Nombre d'entre eux ont recours pour cela à la presse achetée par leurs parents. En effet, la presse pour adolescents est de plus en plus spécialisée, qu'il s'agisse de bandes dessinées, d'articles courts de vulgarisation scientifique comme dans *Science et Vie Junior*, de musique (*Salut les copains* est l'un des plus anciens titres de la presse musicale). Le mensuel *Phosphore* nourrit une ambition plus vaste : étroitement lié à la vie scolaire, il essaie de suivre l'actualité et s'efforce d'alimenter des rubriques culturelles qui dépassent la simple énumération des concerts rock.

A la différence de la presse pour adolescent, la presse pour enfant de 1 à 7 ans connaît un succès grandissant, comme le montre la multiplication des titres.

Le journalisme en France

La presse en France offre un spectacle très contrasté : puissante en province (*Ouest-France* est le quotidien le plus important de France avec un tirage de 1 million d'exemplaires), en crise à Paris (où le nombre des titres de quotidiens s'est réduit à huit).
Concurrencée par l'audiovisuel, elle souffre du reproche d'être trop politique et donc peu crédible. Au-delà de ces reproches, le traitement de l'information reste un aspect très délicat du métier de journaliste.

Peut-on être objectif?
On reproche souvent aux journalistes de manquer d'objectivité. C'est négliger deux réalités.
D'abord l'information suppose toujours un choix, car il est impossible de traiter chaque jour tout ce qui se déroule sur la planète.
Ensuite le journaliste qui essaie d'expliquer un événement, d'en énoncer les causes, le fait avec sa sensibilité, sa compréhension du monde, ses analyses.
Au bout du compte, c'est au lecteur d'avoir assez de sens critique pour rectifier ce qui lui semble fautif.

Entre répercuter strictement les propos de l'homme politique ou bien débattre contradictoirement, le journaliste politique a, en France, des difficultés pour choisir son rôle.

Quelle information pour quel public?
Un journal ne peut contenter tout le monde.
Il doit viser un lectorat dont la capacité de maîtrise de l'information et le degré d'intérêt pour telle ou telle rubrique imposeront un contenu.
Un quotidien régional, par exemple, s'adresse à des lecteurs soucieux de retrouver les faits de la vie locale dans la presse, au détriment des affaires internationales qui leur semblent bien éloignées de leurs préoccupations. Inversement, un grand quotidien national insistera sur cette actualité internationale : *le Monde* exprime cette ambition.

Quelle mise en scène pour l'info ?
La présentation de l'information répond à des règles et à des choix précis. Le titre sera plus ou moins spectaculaire, plus ou moins fantaisiste. L'attrait pour la formule choc et le calembour ont assuré la réputation de *Libération* et du *Canard Enchaîné*. *Le Monde,* au contraire, préfère les titres sobres. L'utilisation des photos est un autre élément important. Tel journal publiera des photos brutales (meurtre, guerre...) pour satisfaire le goût de ses lecteurs pour les scènes macabres. Tel autre les excluera de ses pages, considérant que le texte se suffit. Certains magazines se sont fait une spécialité de reportages-photos particulièrement spectaculaires.

Grâce aux moyens de communication les plus sophistiqués, les hommes ont la sensation de vivre l'histoire en direct. Les journalistes, en couvrant les événements, ont pour tâche de la leur faire comprendre.

Devenir journaliste
Le journalisme est une activité ouverte, c'est-à-dire qu'elle peut être exercée par toute personne qui estime avoir les qualités nécessaires. Une bonne formation historique, littéraire, de politique internationale permet de faire ses preuves dans l'un des centaines de périodiques qui paraissent en France. Toutefois, obtenir le diplôme de l'École de journalisme de Lille ou suivre les cours du Centre de perfectionnement des journalistes, rue du Louvre à Paris, donne la possibilité d'entrer de plain-pied dans la profession.

La longue histoire du sport

En un peu moins d'un siècle, le sport est devenu un phénomène de société à l'échelle de la planète. Ses plus grandes vedettes (Michel Platini, Carl Lewis ou Ivan Lendl) sont connues d'un point à un autre de la Terre par des millions d'amateurs.
Mais les sports, comme toute autre activité sociale, ont une longue histoire qui remonte à l'Antiquité.

Le sport dans l'Antiquité
Depuis l'aube des temps, les hommes ont inventé des jeux collectifs ou individuels dans le but de se mesurer les uns aux autres. C'est dans la Grèce antique que l'effort physique a été porté à son point le plus haut. Dans le cadre des grandes festivités organisées tous les huit ans à Olympie en l'honneur de Zeus, les Grecs se mesuraient depuis le VIIIe siècle av. J.-C. dans des épreuves de course, de lancer, de saut, de pugilat et de lutte. Elles furent supprimées en 393 apr. J.-C. par l'empereur Théodose Ier.

La civilisation grecque a porté au plus haut point l'idéal de perfection du corps que seul un entraînement intensif permet d'atteindre : ici, le discobole de Miron.

L'Angleterre réinvente le sport
Au XIXe siècle, les collèges britanniques réforment les principes de l'éducation traditionnelle et réintroduisent l'exercice physique dans les principes éducatifs. Des jeux collectifs apparaissent à partir des jeux de balle traditionnels : jeux de balle au pied ou à la main, ou encore mêlant les deux.
Dans ces collèges, où étudie l'élite de la jeunesse anglaise, se développe une morale sportive : le goût de l'effort gratuit et un esprit de compétition acharné *(fighting spirit)* n'empêchent nullement de respecter les règles communément admises *(fair-play)*.

Le sport gagne l'Europe
Rapidement, le sport conquiert le Continent sous l'aspect de la culture physique. Des sociétés gymniques apparaissent en Allemagne ou en Bohême dans les années 1830. Elles prolifèrent dans un climat patriotique afin de forger les hommes de demain. A l'origine, les activités physiques sont soit liées à la préparation militaire des jeunes gens (maniement des armes et forme physique : escrime, tir, natation, gymnastique, boxe), soit aux jeux d'argent (hippisme). En France, la première fédération sportive à voir le jour est celle de la gymnastique (1873).

Le temps des pionniers
C'est au début du XXe siècle que la majeure partie des grands sports a vu le jour : clubs et fédérations se multiplient. Le premier club de football en France date de 1876, au Havre, et doit l'existence aux marins anglais de passage.
Les Jeux olympiques modernes sont nés à Athènes en 1896, grâce à un aristocrate français, le comte Pierre de Coubertin. En même temps, les premières rencontres internationales opposent des sélections des meilleurs joueurs en football, rugby. Quant au cyclisme, il naît en France dès 1868.

Une dimension mondiale grâce à la radio, puis à la télévision
Après la Première Guerre mondiale, et durant un demi-siècle, la radio va être l'alliée efficace du sport. Mais c'est avec l'avènement de la télévision en couleurs et des transmissions en direct (dans les années 1970) qu'il devient le premier des grands spectacles. Parlant une seule langue, celle du corps, le sport s'impose à tous au-delà des frontières. Les Jeux olympiques et la Coupe du monde de football sont suivis dans tous les pays.

Les sports d'hiver, patinage ou ski, ont pris leur essor en France après la Première Guerre mondiale. Mais pendant quarante ans, ils restèrent réservés aux gens les plus fortunés.

Les sportifs aujourd'hui

Pratiquer un sport de compétition, c'est jouer avec et contre les autres. Les sportifs sont amenés à développer des qualités diverses, présentes à des titres divers dans chaque activité physique : intensité de l'effort en boxe, concentration au tir, endurance au tennis, souplesse en gymnastique, force en haltérophilie, etc.
Dans la palette des sports du passé, d'aujourd'hui et de demain, il y en a pour tous les goûts. De plus en plus, le sport tend à devenir un métier comme les autres.

Qui fait quoi?
Suivant les modes, le grand public se passionne pour un sport. Après l'éclosion des sports d'hiver, il y eut celui du tennis, puis aujourd'hui du golf. En règle générale, plus les sports exigent de la force — on parle de sports énergétiques —, plus ils sont pratiqués par les ouvriers ou les employés.
Plus un sport exige de connaissances ou d'infrastructures pour le pratiquer, plus les cadres s'y adonnent.

L'enfant est très vite amené à s'exprimer avec son corps en s'aidant d'accessoires simples comme le ballon, instrument type des sports collectifs.

La médecine au service du sportif
Le sportif est un excellent sujet pour la médecine. Il permet d'étudier plus précisément le comportement des organes durant l'effort.
La médecine sportive est devenue une branche spécifique, tant au niveau de la surveillance médicale que du traitement des lésions corporelles survenues lors des compétitions.
Désormais, il n'y a plus d'entraînement sérieux sans musculation et tests médicaux.

A la pointe de la recherche
La préparation scientifique des champions et la recherche de la performance ont transformé le matériel dont disposent les sportifs.
Le sauteur à la perche bénéficie de perches aux fibres de verre testées en laboratoire. Le vélo de Laurent Fignon est cinq fois moins lourd que celui du vainqueur du Tour de France il y a cinquante ans. Les études sur l'aérodynamisme pour gagner la moindre seconde sont très poussées.

Le sport au féminin

Longtemps les femmes ont été interdites sur les aires de sport (premières épreuves féminines d'athlétisme aux Jeux olympiques de 1928). A l'école, il a fallu attendre le XXe siècle pour qu'elles prennent part à l'éducation physique. De plus en plus pratiquantes, les femmes ont investi les sports qui requièrent plus de souplesse que de force : gymnastique, natation synchronisée, patinage, etc. Depuis une vingtaine d'années, elles ont pu imposer leur pratique du football, du cyclisme ou des sports de combat (judo) dans les mœurs.

Le sport à l'école

En France, le sport à l'école se heurte toujours à une certaine réticence.
Les horaires des cours répartis sur toute la journée rendent difficile une pratique intensive. Quelques lycées sont dotés de sections spéciales qui permettent aux jeunes sportifs de mener de front un entraînement poussé et la poursuite des cours. De nombreuses compétitions sont organisées dans le cadre de l'ASSU (Association sportive scolaire et universitaire).

L'Asie est le berceau de nombreux sports de combat (arts martiaux) qui s'imposent désormais dans le monde entier (jiu-jitsu, judo, boxe chinoise, karaté, etc.). Ici, le kendo.

Les principaux sports en France
(nombre de licenciés)

❑ Football	1 500 000
❑ Tennis	1 200 000
❑ Ski	800 000
❑ Basket-Ball	355 000
❑ Rugby	180 000
❑ Hand-Ball	165 000
❑ Équitation	140 000
❑ Voile	100 000

Les sports régionaux

De nombreuses manifestations sportives sont profondément ancrées dans les cultures locales : la pelote et les épreuves de force en Pays basque, la lutte en Bretagne, les épreuves de bûcherons en Suisse ou en Écosse. Il en est de même des combats contre les taureaux dans l'aire culturelle espagnole.

Quelques grands rendez-vous sportifs

L'histoire épique des sports s'écrit en quelques occasions qui drainent vers les stades et, surtout, les écrans de télévision des millions de spectateurs. Mais ces grands événements ne doivent pas faire oublier que toutes les disciplines sportives récompensent chaque année des dizaines de milliers d'hommes et de femmes qui s'affrontent pour remporter des titres mondiaux, continentaux, nationaux, régionaux. Des compétitions omnisports sont organisées à l'imitation des Jeux olympiques (Jeux méditerranéens, du Commonwealth, de la Francophonie, du Pacifique Sud...).

Les Jeux olympiques
Organisés tous les quatre ans depuis 1896 par une organisation autonome des fédérations sportives, le Comité olympique international, les Jeux olympiques sont le rendez-vous sportif par excellence. Ils rassemblent pendant quinze jours l'élite de tous les pays des sports les plus populaires et spectaculaires (en premier lieu l'athlétisme). Le titre olympique est le plus envié de tous. Les États-Unis et l'Union soviétique sont les pays les plus titrés de l'histoire (la France arrive à la 6e place).

La Coupe du monde de football suscite parfois des rencontres fameuses. Le match Brésil-France de Guadalajara, en 1986, fut un des plus beaux spectacles de football jamais offerts. Ici, Platini marquant le but égalisateur pour la France.

La Coupe du monde de football
Le sport collectif le plus pratiqué dans le monde a également son rendez-vous planétaire tous les quatre ans, alternativement en Europe et en Amérique. Vingt-quatre équipes sont qualifiées pour l'occasion, grâce aux «poules» organisées par zones continentales. Le plus grand pays du football par le talent de ses joueurs est le Brésil (3 victoires). Mais l'Italie (3 victoires), l'Allemagne fédérale (2) et l'Argentine (2) font partie des meilleures équipes de l'histoire de la Coupe du monde, fondée par le Français Jules Rimet en 1932.

Le Tour de France cycliste
Pionnière dans l'organisation des courses cyclistes, la France voit se dérouler sur son sol deux des épreuves les plus prestigieuses du monde du vélo : la course de ligne en un jour Paris-Roubaix et le Tour de France par étapes. Avec ses millions de spectateurs sur les routes pendant trois semaines au mois de juillet, le Tour de France a une portée internationale avec la participation des Colombiens et les victoires de l'Américain Greg Lemond (1986-1989). Le Belge Eddy Merckx, les Français Jacques Anquetil et Bernard Hinault l'ont remporté chacun cinq fois.

Le cyclisme est un des sports les plus éprouvants : ses héros n'on pas tardé à être surnommés les «forçats de la route».

Les rencontres de boxe
La boxe est appelée le «noble art» et a été, jusque dans les années 1950, un des sports les plus populaires. Dès les années 1920, grâce à la radio, les grandes rencontres firent des champions de véritables héros nationaux (Georges Carpentier, puis Marcel Cerdan pour la France). Depuis, la multiplication des fédérations internationales a affaibli l'impact de ce sport d'où émergent les figures de Cassius Clay ou, plus récemment, de Mike Tyson.

La coupe Davis de tennis
La coupe Davis est une compétition par équipes nationales d'au moins deux joueurs et l'une des plus enviées par les tennismen. Organisée en quatre matchs de simple et un de double, la coupe est remise chaque année à l'issue de rencontres éliminatoires. Après une longue domination des États-Unis puis de l'Australie, la mondialisation du tennis se révèle dans les palmarès les plus récents avec les victoires de la Suède ou de l'Allemagne fédérale. L'attrait pour cette compétition résiste à la concurrence des organisateurs des tournois les plus célèbres, ceux d'Australie, de France, de Grande-Bretagne et des États-Unis.

Le sport et la société

Dès sa naissance, le sport a été confronté à l'argent, à la politique et à la tricherie (sous la forme du dopage). Son histoire est jalonnée de scandales plus ou moins importants qui ont pour effet d'entacher la morale sportive et l'image flatteuse que les médias, les responsables de fédération et les sportifs eux-mêmes veulent donner de leur activité.

La morale sportive
Générosité dans l'effort, héroïsme et courage devant l'adversité, neutralité en politique, gratuité et esprit chevaleresque, telles sont les vertus que l'on s'accorde à demander aux sportifs dès qu'ils entrent en compétition.
La compétition sert à classer celui qui va le plus vite, est le plus fort ou vise le plus précisément.

L'amateurisme en question
Pour atteindre les sommets, il faut du temps, de l'argent et être soutenu. Les règles de l'amateurisme qui ont régné pendant plus d'un demi-siècle dans le mouvement olympique ont été battues en brèche par la publicité et le développement du sport-spectacle (réadmission du tennis en 1988, critères de sélection des joueurs adaptés pour le football). Dans les années 1930 déjà, la boxe, le cyclisme et le football avaient créé des sections professionnelles.

Les faux amateurs
La pratique du sport a toujours été autant un moyen de loisir individuel qu'un moyen de promotion sociale, voire d'intégration. Dans certains pays à régime socialiste, les athlètes d'État n'ont d'amateur que le nom puisqu'ils vivent pour et de leur sport.
Dans certains sports, comme le rugby, les médias parlent souvent d'amateurisme « marron » : les sportifs ne perçoivent pas de salaire, mais profitent d'avantages matériels ou de postes de travail adaptés (fonctionnaires municipaux, représentants commerciaux, etc.).

Les salaires de la sueur
Depuis la fin des années 1970, grâce aux retombées publicitaires de leurs exploits dans les médias et pour les fabricants qui les emploient, les sportifs de haut niveau gagnent des fortunes pendant les quelques années de leur carrière. La gloire sportive aboutit à des excès et à la recherche de moyens illicites pour y parvenir (dopages et tricheries en tout genre).

La violence, déjà présente sur les stades, a contaminé les supporters. Le phénomène du hooliganisme a fait plusieurs dizaines de morts au stade du Heysel (Bruxelles) en 1985, lors de la finale de la coupe d'Europe des champions entre Liverpool et Turin.

La violence des supporters

Parfois théâtre de la violence entre les joueurs lorsque ceux-ci dépassent les règles du jeu, la compétition sportive a produit récemment des scènes barbares. On se souvient du drame du stade du Heysel, à Bruxelles, en 1985, ou de celui du stade de Sheffield (Grande-Bretagne) en 1989. Les nombreuses violences exercées par des bandes de supporters fanatisés, les hooligans, illustrent un autre aspect de nos sociétés sportives : un spectacle qui sert de défouloir aux haines et aux passions partisanes.

Le sport, instrument politique

Les États développent une politique sportive qui leur apporte un certain prestige. Le sport joue un rôle également dans la lutte contre l'apartheid (boycott de l'Afrique du Sud). La politique peut se servir du sport pour manifester un point de vue (boycott des Jeux olympiques de Moscou par les Occidentaux en 1980 et ceux de Los Angeles par les Soviétiques et leurs alliés en 1984) ou pour renouer des relations diplomatiques (tournée américaine de tennis de table en Chine ou match de football Iran-Irak en 1989).

Le dopage

Pour améliorer leurs performances, certains sportifs absorbent des médicaments puissants permettant d'emmagasiner une énergie supplémentaire (amphétamines) ou de développer la musculature (anabolisants). Généralement, ces médicaments déséquilibrent l'organisme et sont dangereux. Les sports individuels sont les plus menacés par le dopage, surtout quand il s'agit de sports qui exigent plus de force (haltérophilie, cyclisme, natation, athlétisme) que de précision (tir, escrime...).

Les nouveaux aventuriers

Le sport a toujours eu des relations avec la technique. Aller sans cesse plus vite est une des sensations et des défis les plus partagés par les hommes. Dans cette aventure, les sports mécaniques ont la première place (course automobile, motocyclisme).
Aujourd'hui, le sol terrestre ne suffit plus comme terrain d'entraînement. La mer, à travers le développement de la voile, devient un lieu propice à l'exercice sportif, ainsi que l'air, pour les amateurs de Deltaplane, de parachutisme, etc.

Le mythe du Paris-Dakar
La course automobile, où dominaient la formule 1 et les rallyes traditionnels, s'est enrichie ces dernières années de formules plus aventureuses, comme le Paris-Dakar, à travers le Sahara. Elle renoue avec la tradition du raid (Croisière noire et Croisière jaune de Citroën).
En investissant dans ces courses d'énormes moyens financiers et techniques, les grandes firmes ont certes ôté tout espoir aux amateurs de les remporter : elles ne leur enlèvent toutefois pas celui de vivre une aventure hors du commun.

Les épreuves de voile repoussent toujours plus les limites de l'effort humain : course par escales, voyage en solitaire, tour du monde. La construction des voiliers coûte des millions, mais contribue à la réalisation de matériaux nouveaux.

Les exploits en solitaire
L'aventurier d'aujourd'hui a moins de mondes exotiques à découvrir; il lui faut un exploit physique. Souvent périlleux, ces exploits demandent une préparation minutieuse, tant physique que matérielle. Traverser l'Atlantique à la rame, faire le tour du monde sans escale, gravir le mont Blanc en courant sont devenus des défis acceptés par de plus en plus de jeunes.

Les nouveaux sports
En Europe, plus particulièrement en France, les jeunes sont attirés par de nouveaux sports, surtout à la suite de l'influence de la télévision. Les sports traditionnels américains, révélateurs d'une autre mentalité, commencent à intéresser le public : football américain, baseball. Sans compter les diverses manières de faire des acrobaties à bicyclette, à moto, à patins à roulettes et sur skate-board.

Les handicapés et le sport
Les défis personnels que les handicapés se lancent en pratiquant un sport illustrent la formidable attraction qu'exerce la recherche de l'exploit. Les handicapés ont leurs propres fédérations et leurs épreuves nationales et internationales.

Les sportifs dans la société de demain
Devenu un marché considérable, le sport est aussi une industrie de spectacle et de consommation. Remarquable support publicitaire, le sport a vu se développer les activités de sponsoring. L'idéologie sportive est de plus en plus utilisée dans les langages de tous les jours, en politique comme en économie. Les sociétés font appel aux qualités d'effort, de discipline des sportifs pour rendre plus performants les travaux de leurs cadres.

L'aventure peut être au coin de la rue, sur un skate-board. Toutes les figures qui défient les lois de la pesanteur méritent d'être tentées.

INDEX

Cet index répertorie tous les noms propres, les grands thèmes et les termes scientifiques mentionnés dans Mega Senior. Le nom des œuvres (littérature, peinture, chanson, etc.) est indiqué en italique.

A

B

INDEX

C

INDEX

D

INDEX

E

F

G

H

INDEX

I

J

K

L

INDEX

M

INDEX

N

O

P

INDEX

Q

S

T

INDEX

U

V

W

X

Y

Z

CRÉDIT PHOTOGRAPHIQUE

L'ensemble de la recherche iconographique a été réalisé par l'agence photographique Explorer (Antoinette Charniot).

Académie française, 387; Aérospatiale, 174-175, 303; A.F.-P., 70, 71 ht, 440; A.F.-P., Fouet G., 157 bas; A.F.-P./Haas E., 66 ht; AGIP, 67 bas; A.P.N., 58; Bernand, 339, 349 bas, 373 bas, 429; Bibliothèque Nationale, Paris, 344; Bibliothèque de France-D. Perrault architecte/Denance B., 176-177; Borredon Th., 443 bas; Bulloz, 24 d, 45, 357; BSN, 127; C.E.A./Explorer-Wyzocki P., 326; C.E.R.N., 298-299, 299; C.E.R.N.-Sharp, 298; C.N.E.S., 308; C.N.R.I., 213, 244-245, 245, 250-251, 252-253, 257 (2); C.N.R.I./Elscint, 251; Cambazard M., 400 a; Carde G., 36 ht; Casterman, 385, 390 ht; Cedri-Salmer, 371; Centre Georges-Pompidou, 401 d; Charmet J.-L., 269; Christophe L., 424-425, 433; Cinémathèque française, 342-343, 343, 363, 388, 436-437; Cinéstar, 318-319, 340, 341, 389, 435, 434-435; Coppens Yves, 14; Conseil de l'Europe, 179; Costa S., 401 c; Dagli Orti G., 20, 38 bas, 43, 367, 446; Dargaud, 390 bas; Doc. Nathan, 444-445; Dorval D., 399 ht; Edimédia, 383; Enguerand/T. Valès, 351; Errath Ch., 396 b; Explorer Archives, 18 ht, 39 bg, 47 g, 49, 50, 51 (2), 52, 57, 59 hg, 61, 65 ht, 84, 334 bas, 338, 342, 345 bas, 347 ht, 354, 358, 359, 376; Explorer Archives/A.D.P.C., 348, 420; Explorer Archives/Charmet J.-L., 12 (2), 13 (2), 45 bas, 55 bas, 150, 151, 269, 334 h, 346, 349 h, 362, 377, 380, 430; Explorer Archives/Coll. Sauvel, 447; Explorer Archives/Desmarteau, 154; Explorer Archives/Fiore, 155; Explorer Archives/F.P.J., 267; Explorer Archives/Fodil, 55 ht; Explorer Archives/Lausat B., 42 g, 335 bas, 373 ht; Explorer Archives/Le Creusot ADPC, 53 bas; Explorer Archives/Le Toquin A., 149 ht; Explorer Archives/Mary Evans Picture Library, 53 ht, 152, 258, 356; Explorer Archives/Tetrel P., 45; Explorer/Abbey Michael Science Source, 206-207, 207 ht; Explorer/Baumgartner Rosi, 120; Explorer/Bell James, 210-211, 212; Explorer/Berthoule, 404 ht; Explorer/Biophotos Associates Resarchers-Science Source, 204, 207 bas, 262, 262-263; Explorer/Blanc Pattin Ch., 288-289; Explorer/Bohin J.-Luc, 412, 415 ht; Explorer/Boizot F., 428 ht; Explorer/Bordes, 98, 104; Explorer/Borredon Th., 101, 108, 130, 164, 437; Explorer/Boutin G., 37, 105 bas, 107, 160, 169, 187, 290; Explorer/Bramaz/Schuster, 129; Explorer/Cambazard, 261, 404 bas; Explorer/Carde G., 82, 448, 448-449; Explorer/Casio, 314; Explorer/Cecil Fox-Science Source, 212-213; Explorer/Charmet J.-L., 59 bas, 144, 246, 247, 446-447; Explorer/Cheuva P., 12 a, 90, 163, 287; Explorer/Chino E., 295; Explorer/Clément, 25, 208-209, 255; Explorer/Courau J.-P., 40, 113, 407; Explorer/Cros G., 418 bas; Explorer/Dagli Orti, 38 bas; Explorer/Daily Telegraph, 30, 100; Explorer/Daily Telegraph-Hugh Busby, 312-313; Explorer/P. Dayanandan/Science Source, 204-205, 205; Explorer/Delarbre/175, Explorer/Délu C., 87 g, 180; Explorer/Desmarteau, 436; Explorer/Dubois Michel, 322-323; Explorer/Dupont J., 28, 139 ht, 405; Explorer/Duruel, 270; Explorer/Errath, 172, 222-223, 250; Explorer/Fiore, 35; Explorer/FPG International, 267; Explorer/Frances S., 184; Explorer/Gérard G., 143 ht, 287 b; Explorer/Gérard J.-F., 218; Explorer/Girard Luc, 183 d; Explorer/Gladu Y., 227; Explorer/Gohier F., 83, 273, 288, 293; Explorer/Grandadam S., 394; Explorer/Grave Eric/Science Source, 206; Explorer/Hache F., 260, 415 bas; Explorer/Hervy, 81, 268-269; Explorer/Huguier F., 106; Explorer/Jalain F., 109, 347 bas; Explorer/Joffre J., 294, 320, 322; Explorer/Ken Straiton, 397 bas d.; Explorer/Kerneis A., 143 bas; Explorer/Krafft, 92, 285; Explorer/Kubacsi, 88; Explorer/Le Coz, 248-249, 260-261; Explorer/Lenars Ch., 19 ht, 96; Explorer/Le Toquin A., 182, 217, 219, 268, 294-295; Explorer/Loirat L.-Y., 141, 143 m (2), 176; Explorer/Lorne P., 87 d; Explorer/Maille Ph., 173; Explorer/Malglaive E. de, 135 ht, 302-303, 379; Explorer/Mar D., 133; Explorer/Mary Evans Picture Library, 258; Explorer/Moatti J., 422; Explorer/Morel Cl., 381; Explorer/Morgan Science Source, 135 bas, Explorer/Munoz de Pablos, 168-169; Explorer/N.A.S.A. Researchers Inc., 270-271, 277, 278-279, 280; Explorer/Nacivet J.-P., 75, 118, 292-293, 395, 418 ht; Explorer/Nicolas A., 131, 449; Explorer/Nou J.-L., 36 bas, 382, 397 ht; Explorer/Pelletier A., 220; Explorer/Perret G., 419; Explorer/Perier A., 146; Explorer/Perno J., 46; Explorer/Porett Tom/Science Source, 249; Explorer/Poupinet, 128; Explorer/Publiphoto/Carrière B., 134; Explorer/Raynal J.-J., 414-415; Explorer/Renson, 80; Explorer/Roy Ph., 22, 116, 122, 139 bas, 165, 319; Explorer/Rozbroj, 202, 303, 324-325; Explorer/Salou L., 76, 296-297; Explorer/Schuster-Brama Z., 313; Explorer/Schuster/Waldkirch, 297; Explorer/Science Source, 274, 326-327; Explorer/Science Source-Jerry Ferrara, 266-267; Explorer/Science Source-Hank Morgan, 271; Explorer/Sebert, 110; Explorer/Straiton K., 105 ht; Explorer/Sylvain, 183 g, 287 a; Explorer/ Tabopoulos, 24 g; Explorer/T.C.L., 275; Explorer/Tetrel P., 17, 166, 406, 408; Explorer/Thibaut N., 304; Explorer/Thomas A., 39 bd, 41 ht, 112, 222; Explorer/Thomas B., 324; Explorer/Thomas J., 78, 304-305; Explorer/Thomas P., 33, 314, 443 ht; Explorer/Thouvenin G., 354-355; Explorer/Tovy A., 38 ht, 396 d; Explorer/Truchot R., 21; Explorer/Vanier R., 218-219; Explorer/Veiller H., 149 bas, 397 bas g.; Explorer/Weisbecker, 94; Explorer/Weiss, 216-217; Explorer/Will & Denis McIntyre-Science Source, 259; Explorer/Wolf A., 126, 414; Explorer/Wolf, 254-255; Explorer/Wysocki P., 254, 318, 326, 378; Explorer/Yann Arthus Bertrand, 170, 300-301, 301; Fondation Jean-Monnet, 178; Gamma, 65 bas, 68, 71 bas, 441 bas; Gamma/Anderson, 116-117, 252; Gamma/Bouvet E., 103; Gamma/Denize R., 425; Gamma/Morvan A., 158, 158-159; Gamma/Guerret F., 102; Gamma/Helson S., 188-189; Gamma/Hires C., 167; Gamma/Le Bot, 253; Gamma/Piel P., 111., 188; Gamma/Prayer J., 434; Gamma/Schachres, 424 bas; Gamma/Shone, 114; Gérard B., 428 bas; Giraudon, 19 bas, 23 bas, 24, 27 hd, 29, 32, 34, 39 ht, 42 (2), 44, 45 (3), 48, 142, 365, 369 ht, 411; Gohier F., 396 a; Hudelot Cl., 23 ht; I.B.M., 312; Interpress, 348-349; Jacana, 208 dr; Jacana/Amsler K., 220-221; Jacana/Carré Claude, 210; Jacana/Chaumeton H., 208 g, 216, 221, 230; Jacana/Claye M., 209; Jacana/Gohier F., 226-227; Jacana/Konig R., 224-225, 228; Jacana/Labat J.-M., 225; Jacana/Le Roy N., 286; Jacana/Lorne, 231; Jacana/Moiton, 211; Jacana/Nardin C., 223; Jacana/Prigent Ph., 230-231; Jacana/Robert, 229; Jacana/Ross K., 224; Jacana/Volot R., 203; Keystone, 64, 67 ht, 157 ht; Lanaud R., 400 a; Larousse, 386; Lauros-Giraudon, 413 bas; Layma Y., 132; Leloir J.-P., 391, 421, 423, 424 ht; Lenars Ch., 398 bas; Lyonnaise Communication, 174; Magnum, 66 bas; Magnum/Landy E., 426-427; Magnum/McCullin, 427; Magnum/Seymour Chim D., 370; Motorola, 311; Musée national d'Art moderne/Centre Georges-Pompidou, 366; Musée de l'Homme/Coster, 10-11; N.A.S.A./C.N.R.S., 325; N.C.I./Science Source, 248; Pelletier A., 108-109; Photo Researchers/Fields J., 290-291; Photo Researchers/Seitz B., 272-273; Poffer-Foto, 444; Presse-Sports, 451; Presse-Sports/Laudrain, 450; Presse-Sports/Pichon-Lecoq, 452, 453; Publiphoto/Faugère M., 426; R.M.N. (Réunion des Musées nationaux), 353, 398-399, 400 d, 401 b, 409, 410, 413, 416, 417 bas, 417 ht; Rhône-Poulenc, 323; Ribieras, 41 bas; Roger-Viollet, 24 (2), 27 hg, 47 d, 56, 59 hd, 60, 62, 63, 335 ht, 345 ht, 350, 355, 361, 364, 368, 369 bas, 372; Roger-Viollet/Lipnitzki, 371; Roy Ph., 340-341; S.F.P./Pierdet J.-Cl., 441 ht; Science Source/Hank Morgan, 292, 308-309; Science Source/Biophoto, 262-263; Sygma/Bureau, 69 g; Sygma/Nogues, 69 m; Sygma/Philippot, 69 d; Tetrel P., 400 d, 400 b; Théâtre de l'Europe, 177; Thibaut. N., 399 bas; Thomas A., 27 bas; Thomas F., 396 c; Thomas P., 18 bas; UGINE, 321; Valentin J., 398 ht; Vandystadt Yann Arthus-Bertrand, 85; Varin J.-Ph., 432; Villerot S., 76-77, 78-79; Walt Disney, 438, 439; Yann Arthus Bertrand, 418-419; Yves Saint Laurent Couture/Dubussy J., 125.

Gamma/Shone Su, 70 ; Wostok Press/Korganow G., 71 ht ; Sipa Press/Boulat A., 71 bas ; Sipa Press/Boccon-Gibod, 103 ; Gamma/Stachoxicz J., 111 ; Wostok Press/Tacevski N., 160.

Couverture : Yann Arthus Bertrand; A. Tovy; Ph. Hurlin; E.S.A./C.N.E.S.; A. Roux; A. Thomas; R. Baumgartner; E. Chino; Gamma/De Keerle; Giraudon.

Quatrième de couverture : Kubacsi; Ph. Roy; P. Cheuva; Schuster/Waldkirch; Schuster/Bramaz.

ISBN : 2.09.277037.3
N° éditeur : 10001869
Imprimé en France. Septembre 1993
par Mame Imprimeurs à Tours (n° 30267).